FALÜ JIN SHEQU CONGSHU
·法律进社区丛书·

刘知函 ‖ 主编

民间借贷与担保
实用法律指南

刘 健◎著

MINJIAN
JIEDAI YU DANBAO SHIYONGFALÜZHINAN

中国政法大学出版社
2017·北京

图书在版编目（ＣＩＰ）数据

民间借贷与担保实用法律指南 / 刘健著. —北京 ：中国政法大学出版社，2016.11
ISBN 978-7-5620-7129-7

Ⅰ．①民… Ⅱ．①刘… Ⅲ. ①民间借贷－法律－中国－指南②担保法－中国－指南
Ⅳ．①D923.64　②D923.24

中国版本图书馆CIP数据核字(2016)第263681号

出 版 者	中国政法大学出版社
地　　 址	北京市海淀区西土城路 25 号
邮寄地址	北京 100088 信箱 8034 分箱　邮编 100088
网　　 址	http://www.cuplpress.com（网络实名：中国政法大学出版社）
电　　 话	010-58908437（编辑室）58908334（邮购部）
承　　 印	保定市中画美凯印刷有限公司
开　　 本	710mm×1000mm　1/16
印　　 张	29.5
字　　 数	530 千字
版　　 次	2017 年 6 月第 1 版
印　　 次	2017 年 6 月第 1 次印刷
定　　 价	58.00 元

民间借贷在我国有着悠久的历史，在其漫长的发展过程中，出现了很多的问题和难题。民间借贷起源于何时并没有明文记载，但最早可以追溯到殷商时期。新中国成立后，民间借贷发展经历了一波三折。十一届三中全会后，我国转向市场经济以及改革开放的发展，使得民间借贷得到允许。2005年，中国人民银行提出了民间借贷相对于正规金融的竞争优势，强调了民间借贷在经济发展中的积极作用。2012年，温家宝总理指出，民间借贷是正规金融的补充，具有一定的积极作用。要加强对民间借贷的引导，同时要严厉打击高利贷、地下钱庄等非法金融活动。现如今，民间借贷发展迅猛，带来了积极影响的同时，也产生了很多问题。因此，关于民间借贷问题的研究、介绍和说明意义重大。

本书主要从三个部分对民间借贷问题进行较为系统的介绍，旨在为社会大众对关系到个人切身利益的民间借贷活动，提供相应的指导和指引。本书试图采用浅显易懂的语言使得普通的读者都能够理解、运用，以促进民间借贷活动更加规范，减少矛盾冲突，构建和谐社会。

第一篇主要说明民间借贷所涉及的一些基本理论问题，如民间借贷的现状、民间借贷的概念、民间借贷合同、利息、利率、民间借贷合同的履行、民间借贷债的转让、民间借贷的担保以及违约责任等，对民间借贷的理论进行了较为系统的介绍和梳理。

第二篇为案例分析，由于民间借贷关系复杂，很多问题的认定和处理都存在着问题，本部分主要选取了实践中较为复杂以及较难认定的案例，通过深入的分析，详细的阐述说理，以便明确其性质，为后来案件的认定和广大读者解决日常生活中遇到的民间借贷问题提供切实的帮助。本部分选取的案例都是法院判决已经生效的案例，对于其中一些案例涉及新的法律法规的部分，已经依据最新的法律法规予以重新编写。另外，本书案例主要来源于北大法宝——中国法律资源总库中的司法案例和最高人民法院发布的典型案例。

第三篇主要介绍的是民间借贷案件所涉及的相关法律法规以及相关部门发布的涉及民间借贷的规定等，为解决民间借贷案件提供快速的法律检索，使得本书更加实用。这部分对《最高人民法院关于审理民间借贷案件适用法律若干问题的规定》进行了详细的说明。

总之，本书力图通过理论的阐述、案例的分析、法条的检索，为社会大众提供借鉴与参考，并且力图为民间借贷纠纷案件的解决尽一分力量，使得参与民间借贷的人员越来越懂得法律法规，以便减少纠纷，及时化解矛盾，在民间借贷活动开始时就能够及时防止事后纠纷的发生，构建和谐社会。但是，受限于本人的能力，本书还存在着一些缺陷，希望通过法治的不断进步以及他人的完善使得民间借贷活动越来越规范，纠纷越来越少。

刘　健
2016 年 8 月 6 日

CONTENTS 目 录

第二篇
案例分析

第三篇

法律法规

第一篇

基本理论

第一节 民间借贷的历史发展

一、中国古代民间借贷的历史

民间借贷在我国有着悠久的历史，在漫长的发展过程中，一直都是我国广大农村地区重要的资金融通方式。民间借贷起源于何时并没有明文记载，但是，应该出现在私有制产生之后，社会成员之间有了贫富差距，进而产生借贷，最早可以追溯到殷商时期。《吕氏春秋·慎大》写到"发巨桥之粟，分财弃责，以振穷困"，即将人民欠官府的债务取消以安抚穷困的人，可见商代就已经有了借贷行为。春秋战国时期自给自足的小农经济模式逐步确立，人地比例失调，导致了贫富差距进一步扩大，为了维持生活，贫困者向富有者借贷，使得民间借贷活动大量增多，主要是实物借贷，即种子，也包括货币借贷。汉代的民间借贷高度发展，出现了专门从事放贷取利的职业放贷人，即"子钱家"。至唐代，关于民间借贷已有法令规范，《杂令》中规定了民间借贷契约的订立、利率的最高限度、契约的履行方式、履行期限、质押物处置及保人责任等。宋代民间借贷主要通过以血缘关系为纽带的宗族形式和以地域为纽带的合会形式来进行互助性的调剂。明代的民间借贷较为发达，农村借贷不仅采取当事者直接融资的形式，还出现了以居间人为媒介和以小额衣物作典押的间接融资以及预扣利息的借贷。清代当铺继续发展，民间出现的互助救济性合会借贷组织在一些地方小规模运作和发展。民国时期，我国的金融市场并未受银行体系的制约，民间借贷行为大量存在。

二、新中国成立后民间借贷的发展

新中国成立后，民间借贷发展经历了一波三折。1949 至 1953 年社会主义改造完成这一时期，政府鼓励和发展农村民间借贷，对债权人予以保护，强调了民间借贷发展的重要性。对农村进行社会主义改造，民间借贷成为重点，从允许到逐步代替到严重打压，民间借贷基本消失，仅在亲戚朋友之间小范围存在。十一届三中全会后，我国转向发展市场经济以及实行改革开放，使得民间借贷得到允许。2005年，中国人民银行提出了民间借贷相对于正规金融的竞争优势，强调了民间借贷在经济发展中的积极作用。2012年，温家宝总理指出，民间借贷是正规金融的补充，具有一定的积极作用，要加强对民间借贷的引导，同时要严厉打击高利贷、地下钱庄等非法金融活动。现如今，民间借贷发展迅猛，带来了积极影响的同时，也产生了很多问题。

第二节　民间借贷的现状

如上文所述，民间借贷这种古老的融资方式自其出现至今，经历了限制、取缔，但是最后依旧顽强地以某种方式客观地存在着。这说明了民间借贷的存在有其必然的理由，下面将对这一原因加以阐述。

一、民间借贷存在和发展的原因

1. 民间借贷存在的经济基础

民间借贷的产生正是社会生产力发展，私有制出现以及贫富差距过度拉大导致两极分化的必然结果。也就是说，民间借贷本身就是社会生产力发展所带来的一种社会现象。但是，从相反的角度来看，民间借贷的存在也正说明了社会生产力仍旧不够发达。社会生产力不够发达，社会的物质产品仍旧没有丰富到足以满足所有社会成员按需消费的地步，社会阶级分化与贫富差距依旧存在，因而民间借贷才有了存在的经济基础。即使是在消灭了剥削阶级的社会主义社会中，贫富不均、两极分化仍旧存在，从而导致互剂余缺的民间借贷仍旧存在。如果社会生产力高度发达，按需分配成为现实，那么相信也没有谁会从事民间借贷行为。

2. 社会传统的影响

正如上文所述，民间借贷历史悠久，起源于夏商，在中国古代逐渐发展。新中国成立以后，民间借贷发展经历了一波三折，受到了严重的打击。但随着改革开放的推进，市场经济的发展，我国民间借贷日益活跃，成为中小企业融资的重要渠道。此外，正如费孝通先生所说，我国的传统社会是一个典型的以血缘、地缘和人缘为基础形成的乡土社会。在以乡土社会为基础的传统社会中，各成员更加注重人际关系的往来，相互之间保持了密切的联系。这样以亲缘、人缘为中心的社会关系网络具有安全可靠、风险共担的优势，为民间借贷发展奠定了基础。而随着现代社会的发展，地域上已不构成限制，从熟人社会转向陌生人社会。但是，民间借贷的发生大部分依旧存在于熟人之间，基于彼此的信赖而发生。

3. 民间借贷自身存在的优势

民间借贷与金融机构的贷款相比有其优势，正因如此，其才可以不断发展。金融机构贷款的申请审查严格，审批程序复杂。申请者需要事先准备自己的申请资料，包括自身的资产情况证明、贷款用途等，并且需要层层审批，耗时长。而商机转瞬即逝，若资金跟不上，可能导致商机白白地浪费。民间借贷不需要长时间的等待，手续简便，即用即借，时间快速，借款人通常仅需要一个担保人或一张借条就可以从贷款人那里获得资金。而且二者是在地缘、人缘、血缘的基础上，基于彼此的信任而借贷的，借贷主体多为亲朋好友、长期合作或有担保的客户，借贷双方相互了解，能够以较低的成本获取到借款人的相关信息，从而最大限度地消除了由于信息不对称而引起的借贷风险。另外，虽然民间借贷的利息可能高于银行贷款利率，但是，借贷主体之间彼此同意，且基于二者的意思自由而订立借贷合同属于合法行为，民间借贷的诸多方便也是借款人愿意选择此种方式的理由。

4. 供求关系的影响

一方面，正规金融在农村扩展业务获得的收益会远小于在此过程中所投入的成本。因此，农民很难通过正规金融渠道解决资金问题，只能寻求民间借贷。民间借贷充当了正规金融的补充者和竞争者，弥补了金融机构的不足。另一方面，随着我国经济的快速增长，中小企业需要更多的资金以扩大发展规模。而城市中小银行和农村信用社等中小型正规金融机构资金配置的比例低，使得通过正规金融渠道获得的资金供给难以满足中小企业的资金需求，即供求关系不均衡，这就使得民间借贷有存在和发展的空间。

二、民间借贷的现状

1. 融资规模不断扩大，交易活动逐渐公开

当前我国民间借贷市场规模巨大，波及范围广泛，增长速度极快。2005 年我国民间借贷规模为 13 741 亿元，2014 年达到 85 340 亿元，约为 2005 年的 6.2 倍。可见我国民间借贷规模之庞大，增长速度之快。据相关调查显示，目前 60% 的中小企业对银行提供的金融服务感到不满意，77.3% 的中小企业通过民

间借贷方式融资。民间借贷在社会经济生活中所起的作用逐渐得到社会大众的认可，一定程度上转变为私营企业，民营企业和个体户解决资金问题的有效途径。因此，民间借贷逐渐由暗转明，由"地下交易"变为"地上交易"。从贷款的投资方向看，主要集中在新型工业领域对资金的需求、房地产开发领域对资金的需求以及农业产业化对资金的需求三方面。[1]

2. 民间借贷使用范围增大，方式多样化

传统民间借贷一般用于家庭的突发事件，如结婚、疾病、上学等生活支出以及购房等一次性大额支出的周转。近年来经济不断发展，中小企业蓬勃发展以及对资金的需求，使得民间借贷的范围扩展到中小企业经营和投机获利。另外，民间借贷的传统方法一般是发生在熟人之间的口头协议、借据等。近年来，众多的融资中介和网络信贷开始参与到民间借贷中，使民间借贷更加成熟。如一些组织或个人利用自己的信用优势从银行以低息借款然后高息放贷，从中赚取利差，这是专业放贷者的代表。还有一些组织或个人专门为借款者提供担保，使得民间交易得以进行，收取一定数额的担保费。也有部分组织或个人为借贷双方牵线搭桥，收取中介费。

3. 民间借贷利率不断提高，并且地区间有差异

互联网金融资产交易平台微金发布的《中国民间利率市场化报告》显示，各地的借贷市场呈现稳步扩张趋势，民间借贷规模逐渐增大。该报告数据显示，2014年前三季度，民间借贷利率最高的省份为山东省，平均利率为28.06%，北京市则最低，平均利率为25.45%。而从总体数据看，全国民间借贷市场的平均利率从2013年11月份的25.81%一路上扬，尽管中途有些许回落，但至2014年6月已经达到27.45%。截至2014年9月份，全国民间借贷市场平均利率水平跌至27.14%，足见民间借贷的高利率。另外，由于经济水平的差别，东西部的借贷利率有所不同。在不发达的西部地区，民间借贷的利率较高，而在经济活跃的东部地区则较低。这是因为与西部地区相比，东部经济发达地区民间金融的市场化程度较高，手中有盈余资金的主体盈利观念较强，资金的流动性大，从而使得借贷资金的供给量较大。

4. 借贷风险增加，导致纠纷频繁发生

中小企业难以从正规金融机构获得资金的状况，极大地推动了民间借贷的快速发展。虽然民间融资可以缓解中小企业的资金问题，也在一定程度上对我

---

〔1〕 参见 http://www.proresearch.org/shidian/zt/201503/110030.html，最后访问日期：2016年3月31日。

国经济的发展起到了积极的作用，但是却隐藏着巨大的金融风险，并且由于缺乏有效的监管，造成很多纠纷的发生，大大增加了投资风险。随着民间借贷规模的扩大，涉及金额的增加，而借贷双方的信用、交易的程序、资金的用途都没有任何说明和保证，一旦借款者欠钱不还或资金不足以及经营出现困难时，就会导致不能清偿债务，这时就会产生纠纷。司法实践中也证实了此种情况，以温州市为例，2006 年全市两级法院每年审理民间借贷纠纷案件 2785 件，到 2012 年则达到 19 446 件，可以明显地看到增加量。

5. 民间借贷主要发生在市县经济区域

正如上文所述，中小企业和民营企业推动了民间借贷的快速发展。这也说明了在民营经济发达地区，资金需求量大，资金循环周期短，商品流动性强，进而以盈利为目的的民间借贷规模大，利率高。而与之相反，在民营经济和中小企业较落后的地区，民间借贷规模有限，资金数额小，商品活跃程度低，流动范围狭窄。市县区域是大多数民营经济和中小企业的常驻地，因此，可以说民间借贷主要发生在市县经济区域。

第三节　民间借贷的效应分析

民间借贷是一柄双刃剑，一方面它有金融机构无可比拟的优势，如方便快捷等，是对金融机构职能的有益补充；另一方面，由于缺乏相应的监管措施，民间借贷也产生了许多问题，对金融秩序和社会可能造成冲击，不利于经济的发展。

一、民间借贷的正面效应

1. 解决了中小企业融资困难的问题，促进了经济发展

民间借贷的发展与中小企业的活跃密不可分，二者彼此促进，共同发展。中小企业从金融机构融资困难是制约民营经济发展的重要因素，而民间借贷资金的注入，解决了中小企业的资金困难，维持了中小企业的正常运行，促进了企业生产经营规模的扩大，加速了企业的发展壮大。如果没有民间借贷资金的注入，许多企业都将面临资金短缺问题，进而使得企业发展停滞，甚至是倒闭。实践证明许多有市场、有前途的企业因资金短缺无法得以继续发展。

2. 促进了民间闲散资金的利用

民间借贷的发展为民间大量的闲散资金找到了出路。随着经济的发展和人民生活水平的提高，民间积累了大量的闲散资金。并且人们的投资意识不断加

强，而银行存款利率连续下调，并开征利息税，不符合广大民众对投资的需求。民间借贷的发展，正符合民众追求最大化利益的需求，也使庞大的民间闲散资金得到了充分的利用。

3. 民间借贷促进金融服务水平的提高

从本质上说，金融机构从事着吸收存款，发放贷款来赚取利息差的金融业务。而民间借贷的发展壮大，使得一些本应该向金融机构贷款的企业，因为民间借贷的便利转而向民间融资，这就使银行等金融机构不仅在吸收存款方面受到损失，而且在贷款方面也受到损失，即每一笔民间贷款的发生都让银行承受着存款与贷款的双重损失，从而失去了盈利的机会。民间借贷与金融机构贷款存在着事实上的竞争关系。在现代市场竞争日趋激烈的情况下，我们的金融机构为了生存和发展就不得不加快改革与完善自身的步伐。而我国民间借贷大规模、大范围的发展使得民间巨额资金在金融机构控制外交易，造成了巨额存贷资源及市场份额的流失。为了更好地竞争，金融服务水平必须提高。

二、民间借贷的负面效应

1. 扰乱了正常的金融秩序

在民间借贷中，高利率普遍存在，并且高利贷的存在是不争的事实。一方面，高利率弱化了国家运用利率杠杆调控资金供求关系的能力，不利于中央银行对市场资金利率的统一管理。另一方面，虽然民间借贷为中小企业融资带来了便利，但是过高的利息支出同时也加重了生产经营者或者农民的负担，不利于企业的经营和发展。因此，高利率的存在严重干扰与侵犯了国家对储蓄与借贷等金融管理的正常秩序。

2. 可能引起群体性事件以及破坏社会稳定

一方面，民间借贷规模越来越大，资金越来越多。若仅靠当事人的诚实信用来维系交易安全，资金链一旦运转不灵或者某一环节中断，势必导致企业停产甚至倒闭、破产。而这时就会引发大量民间借贷放贷人、工人以及企业的交易方集体讨债，严重的会哄抢企业的财产，极易引发群体性事件。另一方面，在民间借贷高度发展，而监管制度缺乏的条件下，直接或间接引发了许多犯罪行为。如因为借款人无力还款，出借人对借款人实施非法拘禁行为以及有的出借人会纠集社会人员对借款人实施恐吓威胁等不法行为，还有的以高利贷为赌博提供资金，加剧了赌博犯罪等等，这些行为都破坏了社会的稳定。

3. 容易引发金融类犯罪

我国法律将损害金融管理秩序的行为规定为犯罪，而民间借贷的高利息收入很可能使得一些企业和个人铤而走险，构成金融类犯罪。此类犯罪主要有高利转贷罪、非法吸收公众存款罪、集资诈骗罪等，并且这些犯罪涉及面广，涉案金额巨大，受害人员较多，可能导致社会的不稳定。

本章参考文献

1. 江丁库主编：《民间借贷法律规范与操作实务》（第 2 版），法律出版社 2015 年版。

2. 任传东："中国农村民间借贷的历史演进研究"，西南财经大学 2010 年硕士学位论文。

3. 魏雯："我国民间借贷发展及其监管研究"，首都经济贸易大学 2014 年硕士学位论文。

4. 吴中辉："民间借贷的法理分析与规制建议"，湖南大学 2005 年硕士学位论文。

5. 彭陆军："我国现行民间借贷的效应分析及对策思考"，载《金融论苑》2005 年第 7 期。

6. 王伟、田俊领、谢东军："试论民间借贷法律监管问题及建议"，载《金融发展研究》2013 年第 6 期。

第二章
民间借贷概述

第一节 民间借贷的概念、特征

一、民间借贷的概念

2015 年 6 月 23 日最高人民法院审判委员会第 1655 次会议通过《最高人民法院关于审理民间借贷案件适用法律若干问题的规定》，其中第 1 条第 1 款规定，民间借贷是指自然人、法人、其他组织之间及其相互之间进行资金融通的行为。这是对民间借贷概念的界定。并且本规定明确了不适用民间借贷规定的情形，即第 1 条第 2 款："经金融监管部门批准设立的从事贷款业务的金融机构及其分支机构，因发放贷款等相关金融业务引发的纠纷，不适用本规定。"可见，金融机构存贷业务不属于民间借贷的范畴。

根据上述规定可以看出民间借贷可以分为自然人与自然人之间，自然人与企业之间，企业与企业之间的民间借贷三种类型。

二、民间借贷的特征

1. 民间借贷的法律特征

（1）民间借贷是一种民事法律行为。借贷双方通过签订书面借贷协议或达成口头协议形成特定的债权债务关系，从而产生相应的权利和义务。合法的债权债务关系一旦形成便受法律保护。合法的借贷关系才能受到法律的保护，如果明知借款人借款用于诈骗、贩毒、吸毒等非法活动，仍予以出借的，国家法律不予保护，出借人不仅得不到保护，还会受到民事、行政乃至刑事法律的制裁。若一方乘人之危，或用欺诈、胁迫等手段使对方违心借贷的，则属于可撤销民事法律行为，有责任的出借人只能收回本金。

（2）民间借贷是出借人和借款人的合约行为。借贷双方是否形成借贷关系以及借贷数额、借贷标的、借贷期限等取决于借贷双方的书面或口头协议。只要协议内容合法，都是允许的，受到法律的保护。

（3）民间借贷的标的物必须是属于出借人个人所有或拥有支配权的财产。不属于出借人或出借人没有支配权的财产形成的借贷关系无效，不受法律的保护。

（4）民间借贷关系成立的前提是借贷物的实际交付。民间借贷中的自然人与自然人之间的借款合同是实践性合同。借贷双方间是否形成借贷关系，除对借款标的、数额、偿还期限等内容意思表示一致外，还要求出借人将货币或其他有价证券交付给借款人，这样借贷关系才算正式成立。

（5）民间借贷可以有偿，也可以无偿，是否有偿由借贷双方约定。只有事先在书面或口头协议中约定有偿的，出借人才能要求借款人在还本时支付利息。对于无偿借款合同，逾期还款的是否支付逾期利息在后文利息利率一章将专门予以说明。

2. 民间借贷的特点

这里所说的特点是民间借贷与其他融资方式或者借贷方式相比所具有的特点，不同于民间借贷的法律特征。主要有以下几点：

（1）民间借贷具有灵活、方便、利高、融资快等优点，运用市场机制，融通各方面资金为发展商品经济服务，满足生产和流通对资金的需求。

（2）民间借贷出于自愿，借贷双方较为熟悉，信用程度较高，对社会闲散资金有较大吸引力，可吸收大量社会闲置资金，充分发挥资金的效用。且民间借贷的利率杠杆灵敏度高，随行就市，灵活浮动，资金滞留现象少，借贷手续简便，减去了诸多中间环节，提高了资金使用率。资金使用效益得以发挥，这在目前中国资金短缺情况下，无疑是一有效的集资途径。

（3）民间借贷吸引力强，把社会闲散资金和那些本欲扩大消费的资金吸引过来贷放到生产流通领域成为生产流通资金，在一定程度上缓解了银行信贷资金的不足，对消费的扩大也起了一定作用。

（4）它向现存的金融体制提出了有力的挑战。随着民间借贷走红于网络经济，传统的民间借贷业务被搬到网络平台上进行。民间借贷逐渐失去其隐蔽性，有关交易认证、记账、清算和交割等均通过网络完成，借贷双方足不出户即可实现借贷目的，快速完成交易。目前，网络借贷资金主要用于个人初期创业、短期信用卡资金周转或装修、购物等消费领域。虽然其交易额度受到一定限制，但因双方属于无担保的信用借贷，因而在实践中还是备受推崇的。虽然有人提出，网上借贷存在着监管空白，是金融诈骗的滋生地，是高利贷的温床，但不可否认的是，随着网络实名制的推行，民间借贷交易方式的电子化转型正在成为一种新趋势而蓬勃发展。

但是，观察到民间借贷在利用其特点发挥积极作用的同时，我们也要看到影响民间借贷发展的消极因素。首先，由于法律的不明确、体制的不完善，以及认识的不统一，致使一些地方的民间借贷处于非法状态或放任失控状态，法律未确立其合法地位。因而，它更多地是以地下活动或半地下活动的方式进行的，这无疑为一些不法分子乘机进行金融诈骗活动提供了方便。其次，民间借贷虽具灵活方便的特点，但带有盲目性，风险系数极大，往往因投资于风险事业而受其危害，成为社会不安定因素。再次，信贷经营者往往经营管理能力差，亦无严密的财会、簿记制度，一旦大宗金融交易失败，对金融市场、生产和流通都是个冲击。最后，借贷手续简便，一不考虑资信，二无财产担保，尤其是民间借贷走红网络后，每每发生纠纷无法解决。并且，一些人借机放超高利息，进行高利贷活动，干扰了金融市场。对以上现象，都需要我们从立法上加以研究解决。

第二节　自然人之间的民间借贷

民间借贷是指自然人、法人、其他组织之间及其相互之间进行资金融通的行为。民间借贷首先表现为自然人与自然人之间的民间借贷。

自然人是指在自然状态下出生的人。而自然人之间的借款合同有效，需要行为人具有相应的民事权利能力和民事行为能力。公民的权利能力不受限制，因其自然出生而享有民事权利。但行为能力则有所不同，其从事的民事活动是否能够有效，则看其是否具有相应的民事行为能力。《中华人民共和国民法通则》（以下简称《民法通则》）规定了行为人从事民事法律行为应当具有相应的民事行为能力，并且将自然人的民事行为能力分为三种情况，即完全民事行为能力、限制民事行为能力和无民事行为能力。

民事行为能力是指民事主体独立地以自己的行为，为自己或他人取得民事权利和承担民事义务的能力。我国《民法通则》对完全民事行为能力人做了相关规定，即18周岁以上的公民是成年人，具有完全民事行为能力，可以独立进行民事活动，是完全民事行为能力人。16周岁以上不满18周岁的公民，以自己的劳动收入为主要生活来源的，视为完全民事行为能力人。按照最高人民法院的解释，16周岁以上不满18周岁的自然人，能够以自己的劳动收入为主要生活来源，并能维持当地群众一般生活水平的，可以认定为以自己的劳动收入为主要生活来源的完全民事行为能力人。若这两个年龄段的公民没有精神问题，就具有完全民事行为能力。具有完全民事行为能力的人所从事的民间借贷活动具有法律效力。

根据《民法通则》的规定，限制民事行为能力人包括10周岁以上的未成年人，不能完全辨认自己行为的精神病人。10周岁以上的未成年人是限制民事行为能力人，可以进行与他的年龄、智力相适应的民事活动，其他民事活动由他的法定代理人代理，或者征得他的法定代理人的同意；不能完全辨认自己行为的精神病人是限制民事行为能力人，可以进行与他的精神健康状况相适应的民事活动，其他民事活动由他的法定代理人代理，或者征得他的法定代理人的同意。《中华人民共和国合同法》（以下简称《合同法》）规定了限制民事行为能力人订立与其年龄、智力、精神健康状况相适应的合同以及纯获利益的合同是有效的。而限制民事行为能力人所订立的其他合同，属于效力待定的合同，即在订立时不能确定是有效还是无效。这些合同，要等待限制民事行为能力人的法定代理人追认，法定代理人追认的，就是有效合同，若法定代理人明确表示拒绝追认或者经相对人催告后在规定期限内不答复的，视为拒绝追认，此时合同无效。即限制民事行为能力人订立与其年龄、智力、精神健康状况相适应的民间借贷合同有效，否则效力待定。无民事行为能力人所从事的民间借贷行为无效，若已发生民间借贷权利或义务，应当由其法定代理人承受。

第三节　自然人与企业之间的民间借贷

《最高人民法院关于审理民间借贷案件适用法律若干问题的规定》明确了自然人与企业之间的借贷属于民间借贷，自然人与企业之间的民间借贷包括自然人向企业借款与企业向自然人借款两种情形。并且相关的批复也说明，公民与非金融企业之间的借贷属于民间借贷，只要当事人双方的意思表示真实，即可认定有效。无论自然人向企业借款还是企业向自然人借款，只要双方的意思表示真实，即为有效的民间借贷。

这里的企业包括企业法人与其他组织。关于其他组织，《最高人民法院关于适用〈中华人民共和国民事诉讼法〉的解释》第52条规定："民事诉讼法第四十八条规定的其他组织是指合法成立、有一定的组织机构和财产，但又不具备法人资格的组织，包括：（一）依法登记领取营业执照的个人独资企业；（二）依法登记领取营业执照的合伙企业；（三）依法登记领取我国营业执照的中外合作经营企业、外资企业；（四）依法成立的社会团体的分支机构、代表机构；（五）依法设立并领取营业执照的法人的分支机构；（六）依法设立并领取营业执照的商业银行、政策性银行和非银行金融机构的分支机构；（七）经依法登记领取营业执照的乡镇企业、街道企业；（八）其他符合本条规定条件的组织。"

另外，为了规范自然人与企业之间的民间借贷活动，我国相关司法解释也对自然人与企业的借贷合同无效的情形做出了规定。《最高人民法院关于审理民间借贷案件适用法律若干问题的规定》第14条规定："具有下列情形之一，人民法院应当认定民间借贷合同无效：（一）套取金融机构信贷资金又高利转贷给借款人，且借款人事先知道或者应当知道的；（二）以向其他企业借贷或者向本单位职工集资取得的资金又转贷给借款人牟利，且借款人事先知道或者应当知道的；（三）出借人事先知道或者应当知道借款人借款用于违法犯罪活动仍然提供借款的；（四）违背社会公序良俗的；（五）其他违反法律、行政法规效力性强制性规定的。"《最高人民法院关于如何确认公民与企业之间借贷行为效力问题的批复》规定："具有下列情形之一的，应当认定无效：（一）企业以借贷名义向职工非法集资；（二）企业以借贷名义非法向社会集资；（三）企业以借贷名义向社会公众发放贷款；（四）其他违反法律、行政法规的行为。"即只要不违反法律、行政法规的禁止性规定，并且双方的意思表示真实，自然人与企业之间的民间借贷活动就是有效的民间借贷。若违反法律，则需要承担相应的后果，如民间借贷合同无效，甚至触犯刑法的相关规定。

自然人与企业之间的民间借贷需要注意的问题：

第一，企业向内部职工借款是否合法有效。企业与职工之间存在着内部管理关系，企业为了生产以及扩大投资而向内部职工借款是否有效需要从两方面来判断：一方面，企业与职工之间的借款中出借人是不是特定的自然人；另一方面，企业是否确实将借款用于生产经营。《最高人民法院关于审理非法集资刑事案件具体应用法律若干问题的解释》规定，未向社会公开宣传而在单位内部针对特定对象吸收资金的，不属于非法吸收或者变相吸收公众存款。此种情形中企业的职工是特定对象，因而不属于非法集资行为，属于合法的融资行为。但是，若企业未将资金用于生产经营，则存在非法集资的嫌疑。如企业在严重亏损、无力偿还的情况下，虚构业绩和项目向企业职工集资，届时不能清偿的就存在非法集资嫌疑。

第二，企业向职工出借资金是否合法有效。由于企业职工遇到经济困难，急需资金，企业为了树立良好的形象以及体现对职工的关怀，会向职工出借资金以帮助职工渡过难关。这种情况下，双方意思表示真实，且不违反法律法规的相关规定，是合法有效的民间借贷活动，受法律保护。但是，如果企业约定的利率超过年利率36%，超过部分的利息约定无效。这是对民间借贷活动利率的限制性规定。

第三，企业向社会个人借款是否合法有效。如上文所述，判断企业向职工借款合法与否的标准，同时也是企业向社会个人借款合法与否的标准。一方面，出借人是不是特定的人。如是企业主的亲戚朋友和家人、客户、企业的职工等，只要双方的意思表示真实，即属于合法的借贷行为。如果企业向与自己没有经营、社会关系的不特定自然人借款，则存在非法集资的嫌疑。另一方面，是否应用于本企业的生产经营。若将资金应用于生产经营，则不属于非法集资，而是合法借贷行为。如果将资金高利转贷出去，谋取非法利益，则属于非法经营行为，应承担相应的法律责任。

第四节　企业之间的民间借贷

企业之间的借款是指非金融企业之间互相拆借资金的民事行为。关于企业借贷合同的效力，《中华人民共和国商业银行法》（以下简称《商业银行法》）第11条第2款明确规定："未经国务院银行业监督管理机构批准，任何单位和个人不得从事吸收公众存款等商业银行业务。"因为货币借贷是一种金融业务，其关系到一国经济的长期稳定，只能由国家指定的金融机构专营，非金融机构企业之间的借贷历来为我国法律所禁止。长期以来，司法实务中对企业间借贷合同是一概否定其效力的，即认为企业间借贷合同非法，应归于无效。关于企业借贷利息处理、对企业之间非法借贷纠纷案件的处理，最高人民法院出台的司法解释规定借款人只返还本金，不计利息。并且，对自合同约定还款期满之日起，至法院判决确定借款人返还本金期满期间内，当事人已取得的利息或约定但尚未取得的利息全部予以追缴。中国人民银行1996年发布的《贷款通则》对企业之间的借贷一般也以违反国家金融监管而认定其无效。

但是，近年来随着我国社会主义市场经济的不断发展，许多企业尤其是中小微企业在经营过程中存在着周转资金短缺、融资渠道不畅的发展瓶颈，通过民间借贷或者相互之间拆借资金成为企业融资的重要渠道。2015年8月6日，《最高人民法院关于审理民间借贷案件适用法律若干问题的规定》改变了民间借贷原有的司法解释，首次确认企业间的借贷效力。该解释第11条规定："法人之间、其他组织之间以及它们相互之间为生产、经营需要订立的民间借贷合同，除存在合同法第五十二条、本规定第十四条规定的情形外，当事人主张民间借贷合同有效的，人民法院应予支持。"根据该规定，企业之间的借贷合同若要生效应当符合以下条件：

一是企业之间的民间借贷行为发生是因为生产、经营需要。正常的企业间借贷一般是为解决资金困难或生产急需偶然为之，但不能以此为常态、常业。作为生产经营型企业，如果以经常放贷为主要业务，或者以此作为其主要的收入来源，则有可能导致该企业的性质发生变异，变为未经金融监管部门批准从事专门放贷业务的金融机构。另外，生产经营型企业从事经常性放贷业务，必然会严重扰乱金融秩序，造成金融监管紊乱，损害社会公共利益。

二是不具有《合同法》第52条规定的情形，即合同具有有下列情形之一的，合同无效：①一方以欺诈、胁迫的手段订立合同，损害国家利益；②恶意串通，损害国家、集体或者第三人利益；③以合法形式掩盖非法目的；④损害社会公共利益；⑤违反法律、行政法规的强制性规定。这一条是对所有的合同都适用的条款，企业之间的民间借贷也适用这一规定。

三是不存在《最高人民法院关于审理民间借贷案件适用法律若干问题的规定》第14条规定的人民法院应当认定民间借贷合同无效的情形：①套取金融机构信贷资金又高利转贷给借款人，且借款人事先知道或者应当知道的；②以向其他企业借贷或者向本单位职工集资取得的资金又转贷给借款人牟利，且借款人事先知道或者应当知道的；③出借人事先知道或者应当知道借款人借款用于违法犯罪活动仍然提供借款的；④违背社会公序良俗的；⑤其他违反法律、行政法规效力性强制性规定的。

第五节　民间借贷的关联人

民间借贷的主体主要是出借人和借款人，但在一些情况下还存在着其他关联人的参与，如居间人（包括介绍人和中介人）、见证人、保证人等，这些关联人因行为性质和法律地位不同，其权利义务也各不相同。

一、民间借贷的居间人

民间借贷的居间人是指在借款人和出借人之间介绍情况、说和借贷的人。居间人的作用是了解借贷当事人情况，劝说有钱人将金钱借给特定的缺钱人，或者劝说缺钱人向特定的有钱人借款。有的居间人还就借款数额、利息、期限等在双方当事人之间说和，对当事人之间的纠纷进行协调，促使双方达成借款协议。居间人在民间借贷关系中不是借贷合同的当事人，不享有任何实体权利，也不承担任何实体义务。但如果居间人的恶意行为造成出借人到期不能收回借款的，根据《民法通则》第58条和《合同法》第52条的规定，居间人与借款人恶意串通损害出借人利益的，除民间借贷合同按无效处理外，借款人因此取得的财产应当归还出借人，造成出借人本金和利息不能收回损失的，居间人还应当承担相应的民事责任，与借款人承担连带赔偿责任。

近来，P2P网络借贷平台比较受欢迎，但P2P网络借贷平台实质上充当的就是居间人，其"中介"合同完全符合居间合同所具有的法律特征。我国《合同法》第424条规定："居间合同是居间人向委托人报告订立合同的机会或者提供订立合同的媒介服务，委托人支付报酬的合同。"在居间合同中，接受委托，报告订立合同机会或者提供交易媒介的一方为居间人，给付报酬的一方为委托人。在P2P网络借贷平台的居间合同中，P2P网络借贷平台的营业人是居间人，P2P网络借贷平台是居间人服务的形式、手段，投资方和融资方是委托人。《最高人民法院关于审理民间借贷案件适用法律若干问题的规定》也说明了这一问题，第22条规定："借贷双方通过网络贷款平台形成借贷关系，网络贷款平台的提供者仅提供媒介服务，当事人请求其承担担保责任的，人民法院不予支持。网络贷款平台的提供者通过网页、广告或者其他媒介明示或者有其他证据证明其为借贷提供担保，出借人请求网络贷款平台的提供者承担担保责任的，人民法院应予支持。"这是网络贷款平台提供者以自己的行为被推定为保证人。

二、民间借贷的见证人

民间借贷的见证人是指当场目睹出借人与借款人发生借贷关系并可以作证的人。在民间借贷发生时，出借人对借款人不放心，为防止日后借款人赖账，或者借款人为了让出借人放心，说明自己不会赖账，邀请第三者出面见证，出面见证的第三人为见证人。民间借贷的见证大致有两种情况：一是双方当事人交接借款时请见证人亲眼见证；二是请见证人在借据上签名。交接借款时见证人的亲眼见证具有很强的证明力，而对于在借据上签名并未看到出借人向借款人交付借款的见证人来说，其只对自己目睹的事实具有见证能力，即只能证明双方写了一张借条，不能证明是否支付借款。另外，见证人与居间人都是作为借贷合同当事人之外的第三者，既不享有实体上的权利，也不承担实体上的义务，但二者也有不同，见证人在发生纠纷时有作证的义务。

三、民间借贷的保证人

民间借贷的保证人是指与出借人（债权人）约定，为借款人（债务人）提供债务担保，当借款人不能履行债务时，由其按照约定代偿债务的一方当事人。保证人有可能兼居间人、介绍人、见证人，但主要的身份是担保人，他不是民间借贷的当事人，而是保证关系中的当事人，主要任务是在借款人不能履行债务时，按照约定履行代偿债务的义务。民间借贷的保证人与居间人和见证人不同，对于借款人未按规定履行债务的，保证人需要按照约定的方式由自己代债务人承担履行的责任。

实践中，因为当事人法律知识的欠缺，我们经常会遇到行为人本来是居间人或介绍人或见证人，在借据、借条等合同文书上未写明自己是居间人或介绍人或见证人，却在借款人书名位置上签字，结果在书面上被确认为共同借款人，以及行为人本来是居间人或介绍人或见证人，却在借据、借条等合同文书上保证人书名位置上签字，结果在书面上被确认为保证人。对于此类纠纷，《最高人民法院关于审理民间借贷案件适用法律若干问题的规定》第 21 条规定："他人在借据、收据、欠条等债权凭证或者借款合同上签字或者盖章，但未表明其保证人身份或者承担保证责任，或者通过其他事实不能推定其为保证人，出借人请求其承担保证责任的，人民法院不予支持。"因此，为了减少不必要的麻烦，关联人在借款合同等文书上签字时，要确切地表明自己是见证人还是保证人。

第三章
民间借贷合同

第一节　民间借贷合同形式

一、合同形式的概述

合同形式，是指当事人合意的外在表现形式，是合同内容的外在表现，是合同内容的载体，包括法定的或约定的订立合同的特殊形式要求。[1]我国《合同法》第10条规定："当事人订立合同，有书面形式、口头形式和其他形式。法律、行政法规规定采用书面形式的，应当采用书面形式。当事人约定采用书面形式的，应当采用书面形式。"

现在各国对合同形式以不要式为原则，一般不加限制，法律只规定特定种类的合同必须具备书面形式或其他形式。我国《合同法》也发生了从"要式为主，不要式为辅"到"不要式为主，要式为辅"的转变，除法律、行政法规规定采用书面形式的外，当事人多数情况下有选择合同形式的自由。我国《合同法》第36条规定："法律、行政法规规定或者当事人约定采用书面形式订立合同，当事人未采用书面形式但一方已经履行主要义务，对方接受的，该合同成立。"可见，即使法律、行政法规规定采用书面形式订立合同，当事人未采用书面形式并已经履行主要义务，对方接受的，合同依然成立。这时合同的主要内容已经履行完毕，当事人对此也无异议，理应赋予该合同成立的效力。

---

〔1〕 王玉梅：《合同法》（第2版），中国政法大学出版社2014年版，第33页。

二、合同的主要形式

1. 口头形式

口头形式是指当事人只用语言为意思表示订立合同，而不用文字表达协议内容的形式。凡当事人无约定、法律未规定须采用特定形式的合同，均可采用口头形式。口头形式简便易行，效率高、成本低，在日常生活中经常被采用。集市的现货交易、商店里的零售等一般都采用口头形式。但口头形式的缺陷在于发生争议时当事人必须举证证明合同的存在及合同关系的内容，而口头形式缺乏文字的证明，难以证明合同的存在，也不易分清当事人之间的权利义务责任。因此，对于不能即时清结的合同和标的数额较大的合同以及交易复杂的合同，不宜采用口头形式，以避免产生纠纷。

2. 书面形式

书面形式是指当事人双方用文字等有形方式表达当事人之间的意思表示，即当事人的意思表示具有书面的载体，包括合同书、信件和数据电文等可以有形表现所载内容的形式。[1]书面形式中当事人采用文字形式所为意思表示，其优势是便于当事人履行合同，便于管理和监督；有据可查，便于举证，当事人的权利义务关系规定明确，便于预防和处理纠纷。对于不宜采用口头形式订立的合同，如标的数额较大、交易复杂的合同等，当事人宜使用书面形式。

3. 其他形式

其他形式主要是指推定形式，是指当事人未用语言、文字表达其意思表示，仅用行为甚至沉默向对方发出要约，对方接受该要约，做出一定的或指定的行为作为承诺，合同成立。如房屋租期届满后，双方当事人并未口头或是书面延长租期，承租人继续交纳房租，出租人接受房租的，由此可推知当事人双方之间的租赁合同继续有效。对于以沉默的方式使合同成立的情形，只有在法律有规定或者当事人之间有约定的情况下，才可以视为意思表示。因此，原则上不作为的默示不构成意思表示，除非法律有规定或当事人有约定。

三、民间借贷的合同形式

1. 口头借贷

《最高人民法院关于审理民间借贷案件适用法律若干问题的规定》第 2 条第 1 款规定："出借人向人民法院起诉时，应当提供借据、收据、欠条等债权凭证

---

[1] 王玉梅：《合同法》（第 2 版），中国政法大学出版社 2014 年版，第 36 页。

以及其他能够证明借贷法律关系存在的证据。"这就强调民间借贷应当订立书面合同。但是，民间借贷的当事人基于人缘、地缘的关系或信赖关系，如亲戚朋友之间，往往也会以口头形式建立借贷关系，不一定采取书面形式出具借条、借据等。法律并未强制要求民间借贷采取书面形式，允许口头方式订立借贷合同。因此，以口头方式订立借贷合同合法。但是，由于口头方式在发生纠纷时有举证困难等风险，如对借款数额、有无借贷发生举证困难，因此，不推荐订立口头借贷。

2. 借条、借据

借条、借据属于书面合同，是借款人出具给出借人的书面凭证。借条或借据是借款人单方出具，以书面形式记载借贷数额、利率、期限等内容的合同，只要出借人予以接受，民间借贷就成立。一旦发生纠纷，借条、借据就是有利的证据，是对借款事实的有力证明。

3. 借款协议、借款合同

借款协议、借款合同是比较正式的书面借贷合同，比借据、借条和口头借贷形式更加规范，由双方当事人在借款协议和借款合同上签字或者盖章，内容更加完整，详细记载双方的权利义务，等等。

4. 数据电文

数据电文是网络和科技发展的结果，是新型的订立合同的方式，即当事人利用传真、电子邮件、微信、QQ等工具进行协商，明确双方的权利义务关系等，对合同内容达成一致。数据电文也是当下比较流行的订立合同的方式，方便快捷。

第二节　民间借贷合同的内容

合同的内容是指合同的当事人订立合同的各项具体意思表示，具体体现为合同的各项条款。各项条款是确定当事人权利义务的依据。根据《合同法》第12条第1款规定，合同的内容由当事人约定，一般包括以下条款：

（1）当事人的名称或者姓名和住所。当事人是合同的权利义务承担者，没有当事人则订立不了合同。因此，订立合同应该首先确定合同的当事人。当事人的名称使权利义务的承担者确定，住所则有助于确定诉讼管辖地、合同履行地等等。

（2）标的。标的是合同关系的客体，没有标的不能成立合同，是合同的必备条款，不可缺少。因此，订立合同时标的应该清楚地写明。

（3）数量。数量即标的物的履行数量，是合同标的物的具体化，不确定则无法履行合同。

（4）质量。质量同数量一致，也是合同标的物的具体化，不确定则无法履行合同。

（5）价款或者报酬。价款是取得标的物应支付的代价，报酬是获得服务应支付的代价。合同条款一般应具有价款或者报酬的规定。

（6）履行期限、地点和方式。履行期限是指当事人交付标的和支付价款或报酬的日期。也就是依据合同的约定，权利人要求义务人履行的请求权发生的时间。履行期限是一项重要条款，当事人必须写明具体的履行起止日期，避免因履行期限不明确而产生纠纷。履行地点就是按照合同约定或者实际履行义务的地点。履行地点关系着诉讼管辖、所有权转移、风险承受等方面的内容。履行方式即当事人履行合同的具体方式。

（7）违约责任。违约责任是指合同当事人一方不履行合同义务或履行合同义务不符合合同约定所应承担的法律后果，是促使当事人履行合同的有效动力。

（8）解决争议的方法。解决争议的方法即当事人运用何种方式解决争议。当事人可以自由选择仲裁或诉讼的方式解决纠纷。

《合同法》第 197 条第 2 款规定："借款合同的内容包括借款种类、币种、用途、数额、利率、期限和还款方式等条款。"由于民间借贷具有灵活性等特点，其只需要具备合同内容的几点即可成立，其他事项则为可约定可不约定的内容，约定与否不影响合同的效力。民间借贷只要记载借款数额和借款人名称即可生效。其他事项，如借款用途、利息、期限、争议解决方法等，则可视情况约定，不影响民间借贷合同的效力。

第三节　民间借贷合同的成立和生效

一、合同成立与生效的概述

民间借贷合同的成立是指出借人与借款人就借贷事项的意思表示达成一致。《合同法》第 25 条规定："承诺生效时合同成立。"即借款人与出借人订立了借款合同或者出借人收受借款人出具的借条、借据的，即使未提供借款，借款合同已经成立。合同的生效是指已经成立的合同具有法律约束力，合同是否生效取决于是否符合法律规定的有效条件。合同的一般生效要件包括：①主体合格，行为人具有相应的民事行为能力；②意思表示真实；③不违反法律和社会公共利益。某些特殊合同，须办理特殊手续，如批准、登记等。

合同的成立与生效是两个不同的概念，二者有区别也有联系。合同生效以合同成立为提前，合同不成立就无所谓生效与否。反之，一个合同生效了，就意味着它已经成立了。而合同成立并不意味着合同生效。合同成立后是否生效，主要分以下几种情况：①大多数合同成立即生效，也就是说合同成立与合同生效是在同一时间。罗马法曾规定了"同时成立之原则"，认为法律行为的成立与效力同时发生。我国《合同法》第44条第1款规定："依法成立的合同，自成立时生效。"②合同成立后永远不生效，即无效合同。③合同成立后处于效力待定状态，是否生效要看合同成立时缺乏的生效要件后来能否得到补正。④合同成立后并不立即生效，生效时间由所附期限决定。⑤如果法律、行政法规明确规定某一类合同应当办理批准、登记手续才生效的，则批准、登记手续为该合同的生效要件，未予办理的，该合同未生效。但应注意，只要在一审法庭辩论终结前办理了批准、登记手续的，人民法院应当认定该合同已生效。

二、自然人之间的借贷何时生效

自然人之间的借贷何时生效关系到民间借贷合同是诺成合同还是实践合同的问题。诺成合同，是指以缔约当事人意思表示一致为充分成立条件的合同，即一旦缔约当事人的意思表示达成一致即告成立的合同。实践合同，是指除当事人意思表示一致以外尚需交付标的物才能成立的合同。我国《合同法》第210条规定："自然人之间的借款合同，自贷款人提供借款时生效。"这表明自然人之间的借款合同是实践合同，出借人与借款人之间达成一致意见后，借款合同成立。只有出借人向借款人提供借款之后，借款合同才生效。另外，出借人与借款人虽未订立书面借款合同，但出借人已经实际提供借款的，口头合同也能生效。

关于自然人之间借款合同的生效要件，《最高人民法院关于审理民间借贷案件适用法律若干问题的规定》第9条规定："具有下列情形之一，可以视为具备合同法第二百一十条关于自然人之间借款合同的生效要件：（一）以现金支付的，自借款人收到借款时；（二）以银行转账、网上电子汇款或者通过网络贷款平台等形式支付的，自资金到达借款人账户时；（三）以票据交付的，自借款人依法取得票据权利时；（四）出借人将特定资金账户支配权授权给借款人的，自借款人取得对该账户实际支配权时；（五）出借人以与借款人约定的其他方式提供借款并实际履行完成时。"

三、其他主体之间订立的借贷合同的性质

对于其他主体之间订立的借贷合同是诺成合同还是实践合同有不同的认识。

有学者主张民间借贷合同都是实践合同，只有出借人提供借款合同才生效。但是，这不符合我国法律法规的规定。

《最高人民法院关于审理民间借贷案件适用法律若干问题的规定》第 10 条规定："除自然人之间的借款合同外，当事人主张民间借贷合同自合同成立时生效的，人民法院应予支持，但当事人另有约定或者法律、行政法规另有规定的除外。"《合同法》第 210 条只规定了自然人之间的借款合同属于实践合同，并未规定其他主体之间订立借贷合同是诺成合同还是实践合同。根据这两条规定，除自然人之间借款合同外，其他主体之间订立的借贷合同，除当事人明确约定为实践合同和法律、行政法规另有规定外，都属于诺成合同。即出借人未向借款人提供借款，也不影响借款合同的效力，合同自成立时生效。

第四节 民间借贷合同的无效

一、民间借贷合同无效的情形

无效合同是相对于有效合同而言的，是指合同虽然成立，但因其违反法律、行政法规、社会公共利益，而被确认为无效。无效合同是已经成立的合同，因欠缺生效要件，不具有法律约束力，不受国家法律保护。无效合同自始当然无效，合同一旦被确认无效，就产生溯及既往的效力，即自合同成立时起就不具有法律约束力，以后也不能转化为有效合同。民间借贷合同的无效与一般合同的无效都适用《合同法》第 52 条的有关规定，即①一方以欺诈、胁迫的手段订立的损害国家利益的合同；②恶意串通，并损害国家、集体或第三人利益的合同；③以合法形式掩盖非法目的的合同；④损害社会公共利益的合同；⑤违反法律和行政法规的强制性规定的合同。下面将分别加以分析。

1. 一方以欺诈、胁迫的手段订立的损害国家利益的合同

欺诈是指以使他人发生错误认识并因而为意思表示为目的，当事人故意陈述虚伪事实或者隐瞒真实情况的行为。[1]欺诈的构成要件包括欺诈方主观上有故意，欺诈方在客观上实施了欺诈行为，被欺诈方因欺诈而陷入了错误并因错误而为意思表示，欺诈订立的合同损害了国家利益。胁迫是指以给他人的人身或者财产造成损害为要挟，迫使对方作出不真实的意思表示的行为。胁迫的构成要件包括胁迫人具有胁迫的故意，胁迫人实施了胁迫行为，胁迫行为须为非法，被胁迫人产生恐惧心理并订立了合同，因胁迫订立的合同损害了国家利益。

---

〔1〕 崔建远：《合同法》（第 2 版），北京大学出版社 2013 年版，第 88 页。

对于民间借贷合同，双方当事人自愿借贷，意思表示真实是合同有效的必备要件之一，而采取欺诈、胁迫的手段迫使对方订立民间借贷合同，属于违背相对方意愿的行为，缺乏有效的合同成立要件，可请求法院撤销使之无效。如果损害国家利益，直接认定为无效。

2. 恶意串通，并损害国家、集体或第三人利益的合同

恶意串通，损害国家、集体或者第三人利益的合同，是指双方当事人非法串通，以损害国家、集体或第三人的利益为目的而订立的合同。这类合同包括主客观两方面的因素：在主观方面，当事人具有恶意，即双方串通，通过订立合同损害国家、集体或者第三人的利益。这种串通，可以表现为明示的方式，如当事人双方事先达成协议或者一方当事人作出意思表示，对方当事人明知其目的非法而用默示的方式接受。它可以是双方共同作为，也可以是互相配合。客观因素为合同损害国家、集体或第三人的利益。在民间借贷合同中，第三人恶意串通进行民间借贷活动，目的是获得非法利益。但合同无效不以其获得或者必然获得非法利益为要件，只要危及国家、集体或第三人的利益合同即无效。

3. 以合法形式掩盖非法目的的合同

以合法形式掩盖非法目的，是指当事人订立的合同在形式上是合法的，但在合同订立的目的和内容上是非法的。因被掩盖的目的和内容非法，在后果上损害了国家、集体和第三人的利益，所以此类合同无效。在民间借贷合同中，借款人向出借人借赌资，出借人明知而提供，并且双方在借条用途上写资金周转等理由，这就属于以合法形式掩盖非法目的的民间借贷行为。

4. 损害社会公共利益的合同

社会公共利益是指关系到全体社会成员的利益，它与国家利益不完全相同，国家利益主要是国家作为主体而享有的利益，而社会公共利益主要是社会全体成员所享有的利益。在这一概念中包括有关公共道德的内容。在我国，一般认为社会公共利益主要包括两大类，即公共秩序与公共道德两个方面。社会公共利益不同于合同当事人的利益，如果订立合同直接损害的是某个具体的当事人的利益，则应当援引其他法律规定来撤销合同或者宣告合同无效。

5. 违反法律和行政法规的强制性规定的合同

所谓强制性规定是指直接规定人们的意思表示或事实行为，不允许人们依其意思加以变更或排除适用，否则，将受到法律制裁的法律规定。[1]法律、行

---

〔1〕 耿林：《强制规范与合同效力》，中国民主法制出版社2009年版，第44页。

政法规的强制性规定，分为"管理性"强制性规定和"效力性"强制性规定两种。所谓"效力性"强制性规定，是指对违反法律及行政法规的强制性规定的私法上的行为，在效力后果上以私法上的方式予以一定制裁的强制性规定。也就是说，当事人所预期的私法上的法律效果会受到一定的消极影响，或无效，或效力待定等。"管理性"强制性规定，是指它被违反后，当事人所预期的私法上的效果不一定会受到私法上的制裁的强制性规定，但这并不排除它可能受到刑事上或者行政上的制裁。[1]其中，违反它不会受到私法上的制裁。

此外，《最高人民法院关于审理民间借贷案件适用法律若干问题的规定》第14条规定了民间借贷合同无效的具体情形："具有下列情形之一，人民法院应当认定民间借贷合同无效：（一）套取金融机构信贷资金又高利转贷给借款人，且借款人事先知道或者应当知道的；（二）以向其他企业借贷或者向本单位职工集资取得的资金又转贷给借款人牟利，且借款人事先知道或者应当知道的；（三）出借人事先知道或者应当知道借款人借款用于违法犯罪活动仍然提供借款的；（四）违背社会公序良俗的；（五）其他违反法律、行政法规效力性强制性规定的。"

二、民间借贷合同无效的法律后果

《合同法》第58条对合同无效的法律后果做出了规定："合同无效或者被撤销后，因该合同取得的财产，应当予以返还；不能返还或者没有必要返还的，应当折价补偿。有过错的一方应当赔偿对方因此所受到的损失，双方都有过错的，应当各自承担相应的责任。"因此，依据该条规定，合同无效的法律后果主要有返还财产、折价补偿、赔偿损失三种。而对于民间借贷合同来讲，其合同无效的法律后果主要是返还借款和赔偿损失两种。

1. 返还借款

返还财产，是指合同当事人在合同被确认为无效或者被撤销以后，对已经交付给对方的财产，享有返还财产的请求权，对方当事人对于已经接受的财产负有返还财产的义务。在民间借贷合同中是出借人向借款人提供借款，所以借款人承担返还借款的责任。

2. 赔偿损失

民间借贷合同无效给出借人带来损失，返还借款措施不足以弥补的，借款人还应当赔偿其损失。依据《合同法》第58条规定，有过错的一方应当赔偿对

[1] 耿林：《强制规范与合同效力》，中国民主法制出版社2009年版，第44页。

方因此所受到的损失，双方都有过错的，应当各自承担相应的责任。

本章参考文献

1. 崔建远：《合同法》（第 2 版），北京大学出版社 2013 年版。
2. 陈兴良主编：《民间借贷操作指引与纠纷解决》，中国法制出版社 2015 年版。
3. 耿林：《强制规范与合同效力》，中国民主法制出版社 2009 年版。
4. 王玉梅：《合同法》（第 2 版），中国政法大学出版社 2014 年版。
5. 王利明：《合同法研究》，中国人民大学出版社 2015 年版。
6. 隋彭生：《合同法要义》，中国政法大学出版社 2003 年版。

第四章
民间借贷利息、利率

第一节　民间借贷利息、利率的概述

民间借贷对我国经济的发展起到了重要的作用，而利率是民间借贷的核心因素。利率作为金融产品的价格，不仅是整个金融体系和金融市场中最为活跃的因素，也是整个金融体系和金融市场的核心。[1]研究利率离不开对利息的研究。下面首先对民间借贷的利息加以阐述。

一、民间借贷利息、利率的概念

对于利息的界定，研究成果比较多。如威廉·配第认为，利息是因暂时放弃货币的使用权而获得的报酬，是放贷人对自己做出的在某个特定的时间之前不收回贷出货币的承诺的补偿；[2]亚当·斯密认为，利息来自"使用货币所获得的利润的一部分"；[3]凯恩斯则认为，利息是在"一个特定期间内放弃流动性的报酬"；[4]而马克思指出，利息是劳动人民创造的剩余价值的一部分，这个剩余价值就是经济的增长部分。[5]追根溯源，利息真正来源于经济体的实际增长。西方经济学普遍采取利润分割论，认为利息的根本来源是资本被使用后

---

〔1〕　朱大旗、沈小旭："论利率市场化的法律意蕴"，载《法学家》2004 年第 2 期。

〔2〕　[美] 威廉·配第：《赋税论》，邱霞、原磊译，华夏出版社 2006 年版，第 53 页。

〔3〕　[美] 亚当·斯密：《国民财富的性质和原因的研究》（上卷），郭大力、王亚南译，商务印书馆 1983 年版，第 328 页。

〔4〕　[美] 凯恩斯：《就业、利息与货币通论》（重译本），高鸿业译，商务印书馆 2006 年版，第 170 页。

〔5〕　[德] 马克思：《资本论》，人民出版社 1997 年版，第 147 页。

产生的利润，即利息是利润的一种分割。[1]而民间借贷利息就是指从事民间借贷活动暂时放弃货币的使用权而获得的报酬。

利率是指一定时期内利息额同借贷资本总额的比率，以公式表示为：利率＝利息/本金。从借款人的角度看，利率是借款人使用资本的单位成本，是借款人因使用放贷人的货币资本而向放贷人支付的价格；从放贷人的角度看，利率是放贷人借出货币资本所获得的报酬率。[2]而民间借贷利率是指，借贷主体因从事民间借贷活动所获得的利息额与借贷本金的比率。民间借贷利率与官方利率不同，官方利率的高低一般取决于一国的中央银行。而民间借贷利率由民间借贷市场的状况决定，具有自发性，一般取决于民间资本市场的供求关系、产业利润水平、国民经济发展水平、预期通货膨胀率、国家货币政策、国家经济形势等基本因素。与官方利率差别最大的就是民间借贷利率可以因借贷双方的个人感情、信用、借款期限、借款用途、借款金额以及有无担保人等而有所不同，可以双方合意约定。

二、影响民间借贷利率的主要因素

民间借贷利率由民间借贷市场的状况决定，具有自发性。民间借贷的双方通常按照当地风俗习惯、信用、市场行情、人情关系等因素综合考虑协商确定借贷利率，具有自由性。影响民间借贷利率的因素主要有以下几方面：

1. 资金供求关系

民间借贷利率受资金供求关系的影响，当政府对民间借贷的管制宽松，放贷人短期内获得的收益较大时，进入民间借贷市场的放贷人就越多，供过于求的状况就会出现，最终会导致借贷利率的下降；相反，一旦市场上出现资金需求大于资金供给的情况，利率水平就会提高。

2. 传统习惯

我国民间借贷利率的历史经验表明，利率变化至少受到地域习惯、传统文化与借贷双方个人感情的影响。在我国，区域发展水平不均衡，东中西部各个地区的产业规模、金融机构、资本和人力方面都有着很大的差距，这就导致民间借贷利率的地域差别。另外，不同的传统文化可能导致对高利贷的态度大相径庭，有的深恶痛绝，有的习以为常。而借贷双方的个人感情对民间借贷利率的影响较大，在熟人社会里，彼此的信任决定了借贷利率较低，甚至免息借贷。

---

[1] 张正勇、戴泽伟："利息功能的理论辨析——兼论民间融资的合理性与高利贷之成因"，载《经济理论探索》2012 年第 7 期。

[2] 强力："我国民间融资利率规制的法律问题"，载《中国政法大学学报》2012 年第 5 期。

而在完全陌生的社会中，可能导致利率较高。

3. 借款用途

借款用途也会影响民间借贷利率。我们发现一般用于对中小企业以及民营经济生产投资的民间借贷，其利率会相对较高，因为此类投资的规模较大，承担的资金风险水平高。反之，用于对生活需要的民间借贷，由于没有或者只有较少收益，利率也比较低。

4. 借款人信用以及还款能力

实践中，借款人的信用以及还款能力也是影响民间借贷利率的一个方面。出借人虽然可能因为高额收益出借资金，但是借款人的信用以及还款能力是其首先考虑的要素。一般来说，经济实力强、信用好的借款人，可以按时还款，较为安全，所以借贷利率较低。反之，信用不好和经济实力不强的借款人甚至可能借不到资金，或者需要以更高的利率来借贷。

5. 监管规则

民间借贷已经被纳入我国金融监管的体系之中，对于民间借贷利率的规范，在坚持以市场为导向的同时，政府和金融监管部门也进行间接干预，以实现对民间借贷利率的规范化管理，从而保证民间借贷利率市场化目标的最终实现，真正形成正规金融机构与民间金融市场相辅相成、相得益彰的良好布局。这也直接影响了民间借贷的利率高低。

6. 货币政策

国家货币政策是影响民间借贷利率的主要因素。从金融学角度讲，信贷政策比较宽松时，市场上流动性资金就会充裕，民间借贷市场供给增加，那么利率就会出现下降。反之，当金融机构收紧贷款，市场资金吃紧，民间借贷的需求增加，利率就会随之提高。

7. 借贷期限

借款期限也影响民间借贷的利率。一般来讲，短期的民间借贷利率较高，而长期的借贷利率水平较低，即民间借贷利率和借贷期限存在负相关的关系。

第二节　民间借贷利率的法律规制

目前，关于民间借贷的立法落后于社会实践，相关规定散见于《民法通则》《物权法》《刑法》《担保法》《合同法》《非金融机构和非法金融业务活动取缔办法》《贷款通则》等法律法规和规章以及最高人民法院的司法解释等。下面仅对涉及利率的有关规定予以说明。

《合同法》第 211 条规定："自然人之间的借款合同对支付利息没有约定或者约定不明确的，视为不支付利息。自然人之间的借款合同约定支付利息的，借款的利率不得违反国家有关限制借款利率的规定。"而关于国家对借款利率的限制规定，1991 年颁布的《最高人民法院关于人民法院审理借贷案件的若干意见》的规定已经废止，2015 年新颁布的《最高人民法院关于审理民间借贷案件适用法律若干问题的规定》第 26 条规定："借贷双方约定的利率未超过年利率24%，出借人请求借款人按照约定的利率支付利息的，人民法院应予支持。借贷双方约定的利率超过年利率 36%，超过部分的利息约定无效。借款人请求出借人返还已支付的超过年利率 36% 部分的利息的，人民法院应予支持。"第 28 条规定："借贷双方对前期借款本息结算后将利息计入后期借款本金并重新出具债权凭证，如果前期利率没有超过年利率 24%，重新出具的债权凭证载明的金额可认定为后期借款本金；超过部分的利息不能计入后期借款本金。约定的利率超过年利率 24%，当事人主张超过部分的利息不能计入后期借款本金的，人民法院应予支持。按前款计算，借款人在借款期间届满后应当支付的本息之和，不能超过最初借款本金与以最初借款本金为基数，以年利率 24% 计算的整个借款期间的利息之和。出借人请求借款人支付超过部分的，人民法院不予支持。"可以看出民间借贷双方可以约定复利，但总利息不能超过限度。第 25 条规定："借贷双方没有约定利息，出借人主张支付借期内利息的，人民法院不予支持。自然人之间借贷对利息约定不明，出借人主张支付利息的，人民法院不予支持。除自然人之间借贷的外，借贷双方对借贷利息约定不明，出借人主张利息的，人民法院应当结合民间借贷合同的内容，并根据当地或者当事人的交易方式、交易习惯、市场利率等因素确定利息。"

1988 年颁布的《最高人民法院关于贯彻执行〈中华人民共和国民法通则〉若干问题的意见（试行）》第 122 条规定："公民之间的生产经营性借贷的利率，可以适当高于生活性借贷利率。如因利率发生纠纷，应本着保护合法借贷关系，考虑当地实际情况，有利于生产和稳定经济秩序的原则处理。"第 123 条规定："公民之间的无息借款，有约定偿还期限而借款人不按期偿还，或者未约定偿还期限但经出借人催告后，借款人仍不偿还的，出借人要求借款人偿付逾期利息，应当予以准许。"第 125 条规定："……在借款时将利息扣除的，应当按实际出借款数计息。"

第三节　民间借贷利息、利率需要注意的问题

在民间借贷纠纷案件中，对利息问题的处理往往比较复杂。本节拟针对民

间借贷纠纷中几个关于利息利率复杂问题的处理予以说明。

一、高利贷的处理

我国民法学界通说认为借贷的利率只要超过或者变相超过国家规定的最高借款利率的限度，即构成高利贷。《合同法》第 211 条第 2 款规定："自然人之间的借款合同约定支付利息的，借款的利率不得违反国家有关限制借款利率的规定。"而关于国家对借款利率的限制规定，2015 年《最高人民法院关于审理民间借贷案件适用法律若干问题的规定》第 26 条规定："借贷双方约定的利率未超过年利率24%，出借人请求借款人按照约定的利率支付利息的，人民法院应予支持。借贷双方约定的利率超过年利率36%，超过部分的利息约定无效。借款人请求出借人返还已支付的超过年利率36%部分的利息的，人民法院应予支持。"即超过年利率36%的，超出部分属于高利贷而不予保护。

实践中，借款人借入高利贷时，其对自身的还款能力存在着盲目的认识或者寄希望于不切实际的幻想，事实上根本不具备还款能力，这就导致出借人的债权不能实现。另外，出借人以高利贷借贷的行为不仅具有社会危害性，而且也破坏了金融秩序，已经严重影响到了市场环境，给社会带来不稳定。为了避免出现这些情况，国家明文禁止高利贷行为。

人民法院处理高利贷案件时，通常依据不同情况区别对待：一方面，借贷双方只是在借贷合同上约定了超过年利率36%，而实际尚未开始履行利息时，法院对超过的部分不予保护。另一方面，借款人已经偿还的款项中包含超过年利率36%计算的利息，已经收取的超过的利息部分冲抵本金。另外，如果债务人已经自愿履行，后由于某种原因诉至法院，债务人可否要求其返还呢？

对此，笔者认为民间借贷作为民事活动的一种，理应遵循意思自治原则。在民间借贷行为中，当事人从一开始的借贷行为到后面的还贷行为，都是根据自己的民事行为能力进行判断而从事的民事活动，国家应当尊重当事人的意思自治，予以较少的干涉。对于超过年利率24%而低于36%的，双方都是以自身意愿做出的处分自我财产的行为，只要不损害他人合法权益，而且不损害国家、集体的利益，这部分利息应当由当事人自己根据自愿原则来进行处理。所谓意思自治原则，即私法自治原则，也叫自愿原则，它是指民事主体在法律允许的范围内自由地按照自己的意思，自主自愿地设立、变更、终止民事权利义务关系的基本原则。[1]意思自治原则就是在市场经济环境下，对于自己的行为，自

---

[1] 魏振瀛主编：《民法》，北京大学出版社、高等教育出版社出版2000年版，第25页。

主进行民事活动，对自身行为负责，享有利益，承担风险，确保其可以在不受他人干涉的情况下实现自我的价值。因此，笔者认为民间借贷中超过年利率24%而低于36%的利息应当遵循当事人意思自治的原则。但对于超过年利率36%的情形，《最高人民法院关于审理民间借贷案件适用法律若干问题的规定》明确规定，超过约定的利率自愿支付利息或违约金，且没有损害国家、集体和第三人利益，借款人又以不当得利为由要求出借人返还的，人民法院不予支持，但借款人要求返还超过年利率36%部分的利息除外。即对于支付的超过36%部分的利息，能够要求返还。

二、逾期利息无约定时的利率适用

逾期利息，是指借款人超过约定借款期限后仍然占用资金而应该向放贷人支付的机会成本。我国《合同法》第207条规定："借款人未按照约定的期限返还借款的，应当按照约定或者国家有关规定支付逾期利息。"这是对有期限合同收取逾期利息的规定。而对于民间无息借款有约定期限的合同以及无息借款且无还款期限的合同是否收取逾期利息，在《最高人民法院关于贯彻执行〈中华人民共和国民法通则〉若干问题的意见（试行）》第123条明确规定："公民之间的无息借款，有约定偿还期限而借款人不按期偿还，或者未约定偿还期限但经出借人催告后，借款人仍不偿还的，出借人要求借款人偿付逾期利息，应当予以准许。"需要注意的是，民间无息借款在约定期限内不负支付利息的义务，无息借款且未约定还款期限的借款人在催告截止日期前可以不支付利息。

另外，对于支付的逾期利息采用何种利率也存在着问题。《最高人民法院关于贯彻执行〈中华人民共和国民法通则〉若干问题的意见（试行）》第124条规定："借款双方因利率发生争议，如果约定不明，又不能证明的，可以比照银行同类贷款利率计息。"但如果借贷双方在借贷合同中有约定借期内利率，但没有约定逾期利率的，根据《最高人民法院关于审理民间借贷案件适用法律若干问题的规定》第29条："借贷双方对逾期利率有约定的，从其约定，但以不超过年利率24%为限。未约定逾期利率或者约定不明的，人民法院可以区分不同情况处理：（一）既未约定借期内的利率，也未约定逾期利率，出借人主张借款人自逾期还款之日起按照年利率6%支付资金占用期间利息的，人民法院应予支持；（二）约定了借期内的利率但未约定逾期利率，出借人主张借款人自逾期还款之日起按照借期内的利率支付资金占用期间利息的，人民法院应予支持。"这也是双方为实现各自最大化利益的合意的体现。逾期利息仍属于利息，仍然是资金的使用成本。资金依然被借款人占有使用，只是对还款日期的拖延，与延长借款日期并没有差别，是对借款日期的顺延，按照借贷双方在借贷合同中约定的借期内利率计算逾期利息。因此，当借贷双方在借贷合同中有约定借期内利率而没有约定逾期利率时，应将当事人合同期内的利率扩张到逾期利息的计算。

三、借贷双方利息约定不明确时的规则适用

民间借贷双方对利息的约定不明确，出借人主张有息借款，而借款人主张无息借款，但是双方都没有证据证实各自的主张的，对此种情形的处理，法律有不同的规定。《最高人民法院关于贯彻执行〈中华人民共和国民法通则〉若干问题的意见（试行）》第 124 条规定："借款双方因利率发生争议，如果约定不明，又不能证明的，可以比照银行同类贷款利率计息。"据此可以看出，若民间借贷双方对利息的约定不明确的，可以依照法定利率计算。而《合同法》第211 条规定："自然人之间的借款合同对支付利息没有约定或者约定不明确的，视为不支付利息。"即当事人之间若约定利息不明确的，视为无息贷款。二者规定不一致，这就导致《最高人民法院关于贯彻执行〈中华人民共和国民法通则〉若干问题的意见（试行）》与《合同法》的规定发生冲突。二者发生冲突后，比较二者的效力可以看出，《合同法》的效力较高。另外，2015 年《最高人民法院关于审理民间借贷案件适用法律若干问题的规定》第 25 条规定："借贷双方没有约定利息，出借人主张支付借期内利息的，人民法院不予支持。自然人之间借贷对利息约定不明，出借人主张支付利息的，人民法院不予支持。除自然人之间借贷的外，借贷双方对借贷利息约定不明，出借人主张利息的，人民法院应当结合民间借贷合同的内容，并根据当地或者当事人的交易方式、交易习惯、市场利率等因素确定利息。"因此，当事人之间对利息的约定不明确的，借款人不负支付利息的义务。

另外，需要注意的是《合同法》第 211 条针对的仅仅是自然人之间的借贷合同，2015 年《最高人民法院关于审理民间借贷案件适用法律若干问题的规定》完善了对其他主体的规定。如此规定，是因为自然人之间的民间借贷，一般是由于借款人为满足个人生存发展或者家庭临时意外而借贷，适用无息的规定有助于照顾弱势群体。而对于生产性借贷的借款人而言，借款主要是为满足生产经营的资金需求，这类借款人一般通过借贷是能够从生产经营效益中获得利润收入的，若适用无息的规定则有不妥。

四、复利的处理

复利，就是指将原本金的利息计入本金后继续生息所产生的利息，民间俗

称"利滚利"或者"驴打滚"。我国法律原则上禁止复利计息，如《最高人民法院关于贯彻执行〈中华人民共和国民法通则〉若干问题的意见（试行）》第125 条规定："公民之间的借贷，出借人将利息计入本金计算复利的，不予保护……"而《最高人民法院关于审理民间借贷适用法律若干问题的规定》第28条规定："借贷双方对前期借款本息结算后将利息计入后期借款本金并重新出具债权凭证，如果前期利率没有超过年利率24%，重新出具的债权凭证载明的金额可认定为后期借款本金；超过部分的利息不能计入后期借款本金。约定的利率超过年利率24%，当事人主张超过部分的利息不能计入后期借款本金的，人民法院应予支持。按前款计算，借款人在借款期间届满后应当支付的本息之和，不能超过最初借款本金与以最初借款本金为基数，以年利率24%计算的整个借款期间的利息之和。出借人请求借款人支付超过部分的，人民法院不予支持。"可以看出民间借贷双方可以约定复利，但总利息不能超过限度。

本章参考文献

1. 袁春湘：《民间借贷法律规制研究：以利率为中心》，法律出版社2015 年版。

2. 江丁库主编：《民间借贷法律规范与操作实务》（第2 版），法律出版社2015年版。

3. 郑晶："民间借贷利率管制研究"，兰州大学2014 年硕士学位论文。

4. 于蒙、王林清："管控到疏导——我国民间借贷利率规制的路径选择与司法应对"，载《法律适用》2012 年第5 期。

5. 强力："我国民间融资利率规制的法律问题"，载《中国政法大学学报》2012年第5 期。

6. 廖振中、高晋康："我国民间借贷利率管制法治进路的检讨与选择"，载《现代法学》2012 年第2 期。

7. 宋洋："中国民间借贷利率管制法律路径的检讨与重构"，西南财经大学2011 年硕士学位论文。

第一节　民间借贷债权转让

一、合同转让概述

1. 合同转让的概念

合同转让，是指当事人一方将其合同权利、合同义务或者合同权利义务，全部或者部分转让给第三人的现象。合同转让，也就是合同主体的变更，准确地说是合同权利、义务的转让，即在不改变合同关系内容的前提下，使合同的权利主体或者义务主体发生变动。根据转让内容的不同，合同转让包括了合同权利的转让、合同义务的转让以及合同权利和义务的概括转让三种类型。合同转让既可以全部转让，也可以部分转让。合同转让的类型不同，其转让的条件、程序和效力也不尽相同。

2. 合同转让的特征

（1）合同内容的一致性。合同转让只是改变履行合同权利和义务的主体，并不改变原订立合同的权利和义务，转让后的权利人或义务人所享有的权利或义务仍是原合同约定的。因此，转让合同并不引起合同内容的变更，其内容应与原合同内容一致。

（2）出现新的合同关系人。合同转让只是改变了原合同权利义务的主体，其直接结果是原合同关系的当事人之间的权利义务消灭，取而代之的是转让后新的权利义务关系人。自转让成立时起，第三人代替原合同关系的一方或加入原合同成为原合同的权利义务的主体，形成新的合同关系人。

（3）涉及两个法律关系。合同转让会涉及原合同当事人之间的债权债务关系和转让人与受让人之间的债权债务关系两个法律关系。尽管合同转让是在转让人与受让人之间完成的，但是合同转让必然涉及原合同当事人的利益，所以合同义务的转让应征得债权人的同意，合同权利的转让应通知原合同债务人。

3. 合同转让的条件

合同转让必须符合法律所规定的条件和要求才能生效，否则无效。

（1）合同转让必须以合法有效的合同关系存在为前提。如果该合同根本不存在或者被宣告无效，或者已经被解除，此种情况下发生的转让行为都是无效的，转让人应该对善意受让人所遭受的损失承担赔偿责任。

（2）合同转让必须符合法律所规定的转让程序，需要通知的依法通知，需要征得相对方同意的先经其同意，应当办理批准、登记等手续的，依照其规定办理相应手续，否则不发生转让效力。如《合同法》第80条第1款规定："债权人转让权利的，应当通知债务人。未经通知，该转让对债务人不发生效力。"第84条规定："债务人将合同的义务全部或者部分转移给第三人的，应当经债权人同意。"第87条规定："法律、行政法规规定转让权利或者转移义务应当办理批准、登记等手续的，依照其规定。"

（3）合同转让必须符合社会公共利益，且所转让的内容要合法。法律禁止转让和当事人约定不能转让的，权利人不得转让。如果合同转让违反社会公共利益，则应宣告无效。

（4）转让人与受让人之间达成合同转让的合意。合同转让需要转让人与受让人达成合意才能完成。当事人之间签订的转让合同必须符合民事法律行为的有效要件，否则转让合同不能生效。

二、民间借贷债权的转让

1. 债权让与的概念

债权让与，又称为合同权利的转让，是指不改变合同关系的内容，债权人通过与第三方签订契约的方式将权利部分或全部移转给第三人享有的现象。其中，合同权利部分出让的，让与人与受让人同为合同债权人，但应明确各自的份额。合同权利全部出让的，让与人退出合同关系，受让人取而代之，成为新的债权人。

2. 债权让与的构成要件

（1）须存在合法有效的债权。根据《合同法》第79条之规定及其解释，有效债权的存在，是债权让与合同的根本前提。以不存在或无效的债权让与给他人，或者以消灭的债权让与给他人，都将因标的不存在或者标的不能而导致债权让与合同无效，让与人对受让人因此而产生的损失负赔偿责任。有效的债权应该从宽解释，只要是该债权真实存在且并未消灭，都应认定为有效。如诉讼时效已经完成的债权也可以转让，但是债务人主张诉讼时效已经经过拒绝履行债务的，受让人可以主张债权让与行为无效。即只要债权是真实的，就应允许其转让。

（2）让与的债权须具有可转让性。不是所有的债权都可以转让，依据《合同法》第79条规定，债权人可以将合同的权利全部或者部分转让给第三人，但有下列情形之一的除外：①根据合同性质不得转让，即债权的性质不容许让与的债权，改变债权人就不能维持同一性或不能达到债权目的的债权。②按照当事人约定不得转让。根据合同自由原则，当事人可以在不违背法律的强制性规定、社会秩序和公共道德的前提下，自由约定合同的内容。当事人约定不得转让的，具有法律效力，即不能转让。③依照法律规定不得转让，即该债权为禁止流通物，让与人和转让人签订让与该债权的合同，构成自始不能，合同无效。

（3）须通过当事人双方达成债权转让的协议。合同债权的转让人与受让人之间达成转让合同的协议，是合同权利转让的法律依据。

（4）债权人须通知债务人。《合同法》第80条第1款规定："债权人转让权利的，应当通知债务人。未经通知，该转让对债务人不发生效力。"即只要让与人将让与事实通知债务人，债权让与便对债务人发生法律效力。但让与人与受让人之间的合同自双方达成协议即生效，对双方有约束力，只是未通知债务人而不能对债务人发生效力。

3. 债权让与的效力

（1）对让与人与受让人的效力。在债权部分转让的情况下，原债权人就转让的部分丧失债权，受让人作为第三人将加入到原合同关系中，与原债权人共同享有债权，并就各自的部分享有独立的债权。当债权全部转让时，受让人则完全取代转让人的地位而成为合同当事人，享有原合同的债权，让与人则脱离原合同关系。《合同法》规定，债权人转让权利的，受让人取得与债权有关的从权利，但该从权利专属于债权人自身的除外。

（2）对债务人的效力。债权全部转让时，让与人与债务人脱离关系，债务人成为受让人的债务人。在债权部分转让中，让与人就转让的部分与债权人脱离关系，受让人有权要求债务人对其受让部分履行债务。依据《合同法》的规定，债务人接到债权转让通知后，债务人对让与人的抗辩可以向受让人主张；债务人接到债权转让通知时，债务人对让与人享有债权，并且债务人的债权先于转让的债权到期或者同时到期的，债务人可以向受让人主张抵销。

（3）对保证人的效力。在保证的情况下，债权让与时，保证原则上随之转移，即保证人在原保证担保范围内继续承担保证责任。但是保证人与债权人事先约定仅对特定的债权人承担担保责任或者禁止转让债权的，保证人不再承担保证责任。

上述，是对合同债权转让的构成要件与效力的规定。民间借贷合同作为合同的一种，其债权转让构成要件与效力的规定与合同债权转让所适用的规定相同。

第二节　民间借贷债务承担

一、债务承担的概念、特点

债务承担，是指在不改变合同的前提下，债权人、债务人通过与第三人订立转让债务的协议，将债务全部或者部分转移给第三人承担的法律现象。

债务承担，按照承担后债务人是否免责为标准，可分为免责的债务承担和并存的债务承担。免责的债务承担是指第三人代替原债务人的地位而承担全部合同债务，使债务人脱离合同关系的债务承担方式。并存的债务承担是指债务人并不脱离合同关系，而由第三人加入到合同关系当中，与债务人共同承担合同义务的债务承担方式。

债务承担的特点主要有以下几方面：

第一，合同内容未发生变化，仅合同主体（债务人）发生变化。不论是免责的债务承担还是并存的债务承担，并不消灭原债务，成立新债务。债务承担发生后，债务承担主体有所变化，但新旧债务仍具有相同内容，包括从属于原债务的特定债务如利息等，移转于承担人。

第二，债务承担建立在原债权债务关系合法有效的基础之上。对于原债务系无效、可撤销以及非法债务等情形，不产生债务承担的问题。

第三，承担人所承担的债务具有可转让性。若法律明文规定或当事人特别约定不得转让或具有特定人身性质的债务，当事人不得协议转让。如当事人约定的由特定人履行的演出合同债务等不得转让。

第四，必须有债务承担合同。债权人与承担人间的合同或债务人与承担人间的合同经债权人同意均可发生债务承担。

二、债务承担的构成要件

1. 须存在有效的债务

债务承担的前提就是存在合法有效的债务，债务自始无效或承担时已经消灭的，当事人就此订立的合同不能发生法律效力。

2. 被移转的债务应具有可移转性

并不是所有的债务都能够移转，法律明文规定或当事人特别约定不得转让或具有特定人身性质的债务，当事人不得协议转让。以下债务不可移转：①性质上不可移转的债务，主要指与债务人的人身有密切关系的债务，该债务需债务人亲自履行，不可移转；②当事人特别约定不能移转的债务；③依法不得移转的债务。

3. 第三人须与债权人或者债务人就债务的移转达成合意

这包括两种情形，即第三人与债权人订立债务承担合同，以及第三人与债务人订立债务承担合同。

4. 债务承担须经债权人同意

债权人的同意是债务承担合同对债权人生效的要件。债务人履行债务的能力对债权人债权的实现至关重要，如果不经债权人同意的债务承担合同对债权人有效，那么在新的债务人无力还债时债权人的利益将受到侵犯。我国《民法通则》《合同法》都规定了债务转移必须取得债权人的同意，把债务转移协议是否生效的决定权交给债权人。债权人同意转移给第三人的，以后债权能否实现的风险就由债权人自己承担。我国《合同法》第 84 条规定："债务人将合同的义务全部或者部分转移给第三人的，应当经债权人同意。"

在民间借贷中，出借人同意将债务转移给第三人，主要是因为债务转移对出借人实现债权可能更加有利。如果第三人的还款能力高于借款人，则债权人会同意债务转移。若第三人的还款能力低于债务人，则债权人就不会同意债务转移。借款人与第三人之间的债务转移协议，未经债权人的同意，对债权人无效。

三、民间借贷债务承担的效力

第三人取得债务人的法律地位，应按照债务转移协议约定向出借人偿还借款、支付利息等。免责的债务承担有效成立后，第三人取代原债务人，成为新债务人，原债务人脱离债的关系，由第三人直接向出借人承担债务。如果事后第三人不履行债的义务，出借人不得再请求借款人承担债务，只能请求第三人承担债务不履行之损害赔偿责任或者诉请人民法院强制执行。原债务人对第三人的偿还能力并不负担保责任。并存的债务承担有效成立后，第三人加入到债的关系中，成为新债务人，同借款人一起对出借人承担连带债务，但当事人约定按份承担债务时，依其约定。第三人不履行债务的，债权人可以请求人民法院强制执行，也可以请求借款人履行债务。

抗辩权随之移转。《合同法》第 85 条规定："债务人转移义务的，新债务人可以主张原债务人对债权人的抗辩。"这一点对于免责的债务承担和并存的债务承担都适用。债务存在无效原因的，第三人作为新债务人，可以向债权人主张无效；履行期尚未届满的，新债务人对债权人的履行请求也可以抗辩。

从债务一并随之移转。《合同法》第86条规定："债务人转移义务的，新债务人应当承担与主债务有关的从债务，但该从债务专属于原债务人自身的除外。"例如，附随于主债务的利息债务，随着主债务的移转而移转于第三人；保证债务不当然随主债务移转于第三人，除非保证人同意。

第三节　民间借贷概括转移

债权债务概括移转是指合同当事人一方将其权利义务一并转移给第三人，第三人一并接受其转让的权利义务。债权债务概括转移实际包括了债权让与和债务承担两个行为，但又不是这两个行为的简单叠加。根据《合同法》的规定，债权债务概括转移又包括意定概括转移和法定概括转移两种。意定概括转移即是根据当事人之间的合意发生概括承受。《合同法》第88条规定："当事人一方经对方同意，可以将自己在合同中的权利和义务一并转让给第三人。"而法定概括转移是指依据法律规定产生合同权利义务的概括承受。《合同法》第90条规定："当事人订立合同后合并的，由合并后的法人或者其他组织行使合同权利，履行合同义务。当事人订立合同后分立的，除债权人和债务人另有约定的以外，由分立的法人或者其他组织对合同的权利和义务享有连带债权，承担连带债务。"

正如上文所述，债权债务概括转移实际包括了债权让与和债务承担。因此，有关债权让与和债务承担共同适用的规则同样适用于概括承受。民间借贷的意定概括承受同样适用这些规则。

但是，合同权利义务的概括转移与债权让与和债务承担相比，还具有以下法律特征：

第一，发生的原因具有特殊性。债权让与和债务承担一般是当事人之间约定的，而合同权利义务的概括转移除当事人之间约定外，还因为法律的直接规定而发生，如法定继承将发生合同权利义务的概括转移。

第二，转让的对象具有概括性。合同权利义务的概括转移不同于债权让与和债务承担，是概括的移转合同的债权债务。在合同当事人一方与第三人约定概括转移权利义务后，必须经另一方当事人同意才生效。因为概括转移权利义务包括了义务的转移，所以必须取得合同另一方的同意。

第三，将消灭原合同关系。在合同权利义务的概括转移下，出让的是整个权利义务，第三人取代合同一方当事人的地位，享有合同权利，承担合同义务，实际上已经消灭了原合同关系，形成了新的合同关系。而在债务承担中，合同关系可能保持不变。

第四，合同权利义务的概括转移主要适用于双务合同。由于合同权利义务的概括转移需要出让整个权利义务，因而，只有双务合同中的一方当事人可以转让该权利义务。单务合同中，一方当事人往往仅享有权利或仅承担义务，不能出让全部的权利义务。所以，单务合同一般不发生合同权利义务的概括转移问题。[1]

对民间借贷而言，与其有关的债权债务的法定转移只有法定继承和企业的合并与分立两种情况：①债权债务的法定转移。《继承法》第33条规定："继承遗产应当清偿被继承人依法应当缴纳的税款和债务，缴纳税款和清偿债务以他的遗产实际价值为限。超过遗产实际价值部分，继承人自愿偿还的不在此限。继承人放弃继承的，对被继承人依法应当缴纳的税款和债务可以不负偿还责任。"②企业合并与分立的债权债务的法定转移。《合同法》第90条规定："当事人订立合同后合并的，由合并后的法人或者其他组织行使合同权利，履行合同义务。当事人订立合同后分立的，除债权人和债务人另有约定的以外，由分立的法人或者其他组织对合同的权利和义务享有连带债权，承担连带债务。"

本章参考文献

1. 崔建远：《合同法》（第2版），北京大学出版社2013年版。
2. 陈兴良主编：《民间借贷操作指引与纠纷解决》，中国法制出版社2015年版。
3. 王玉梅：《合同法》（第2版），中国政法大学出版社2014年版。
4. 王利明：《合同法研究》，中国人民大学出版社2015年版。
5. 隋彭生：《合同法要义》，中国政法大学出版社2003年版。

---

[1] 王利明：《合同法研究》，中国人民大学出版社2015年版，第240页。

第六章
民间借贷合同的履行

第一节　合同履行概述

一、合同履行的概念、特点

合同的履行指债务人按照合同的约定或法律的规定全面履行自己所承担的义务的行为。合同的履行是合同制度的中心内容，是合同法及其他一切制度的最终归宿或延伸。履行合同义务的当事人，一般情况下是合同的双方当事人，但在特殊情况下也可以是当事人以外的第三人。履行合同义务的行为一般情况下都表现为当事人的积极行为，如履行合同规定的交付等。但在特殊情况下，消极的不作为也是合同的履行，如保密义务的履行。履行合同的义务，按照合同订立的要求，应该全部合同义务都履行，这是合同的完全履行。合同义务的履行如果有时间上的先后顺序，允许一项一项地履行，这是合同的部分履行。合同存在的客观环境不同，有可能合同的部分义务无法履行，这是合同的不履行。合同当事人的主观认识并不一致，实践中有的当事人不履行合同规定的义务，这也是合同的不履行。

在合同法中，合同履行具有以下特点：

第一，合同履行的对象是具有完整性、动态性的合同义务。在现代合同法中，合同义务在范围上较为广泛，既包括主给付义务，也包括从给付义务和附随义务，既包括真正义务，也包括不真正义务。因此，合同义务的范围十分广泛，形成所谓的"义务群"。[1]并且合同之债不仅是完整的，而且是动态的。动态是指各种义务并不是固定不变的，而是随着合同债务的履行，合同内容会

---

〔1〕　王泽鉴：《债法原理》，中国政法大学出版社 2001 年版，第 48 页。

发生变化，各项义务也会发生变化。[1]

第二，合同履行的依据除了当事人之间的合同约定，还包括法律规定。一方面，合同履行必须严格按照合同的约定，合同是当事人意志的体现，债务人应该按照自己的允诺实现该债权。如果当事人的约定违反法律法规的强制性规定，则当事人不应该履行此种约定。另一方面，当事人之间订立的合同可能存在模糊和漏洞，而法律的规定会对这些内容予以完善，尽量减少纠纷。因此，当事人之间除依据合同约定履行合同外，还应该按照法律规定履行合同。

第三，合同履行是债务人自觉实现给付义务的行为。也就是说，债务人应该自觉地按照法律规定和当事人的约定实施履行行为，而不是在其不履行时由法院强制其履行的行为。如果符合行使抗辩权的条件，则可以行使抗辩权而拒绝履行。

第四，合同履行的目的在于通过实现债权达到当事人双方的定约目的。订立合同目的的实现是当事人之间订立和履行合同所期望的结果，一旦债务人通过履行行为使得双方在订立合同时所期望的结果出现，则合同目的实现，合同消灭。

二、合同履行的原则

合同履行的原则，是指法律规定的所有种类合同的当事人在履行合同的整个过程中所必须遵循的一般准则。合同履行的基本原则不是仅适用于某一类合同履行的准则，而应是对各类合同履行普遍适用的准则，是各类合同履行都具有的共性要求或反映。

1. 全面履行原则

全面履行原则，是指合同当事人应当依据合同和法律的规定全面履行其合同义务。《合同法》第 60 条第 1 款规定："当事人应当按照约定全面履行自己的义务。"这一规定确立了全面履行原则，它要求当事人按合同约定的标的及其质量、数量，合同约定的履行期限、履行地点、适当的履行方式、全面完成合同义务，否则就构成违约。依法成立的合同，在订立合同的当事人间具有相当于法律的效力。因此，合同当事人受合同的约束，履行合同约定的义务是应尽的义务。我国早先颁布的《民法通则》第 88 条第 1 款也规定："合同的当事人应当按照合同的约定，全部履行自己的义务。"

2. 适当履行原则

适当履行原则是指当事人应依法律和合同约定的标的、质量、数量，由适当主体在适当的期限、地点，以适当的方式履行合同义务的原则。适当履行与

---

[1] 王利明：《合同法研究》，中国人民大学出版社 2015 年版，第 5 页。

全面履行的区别在于，适当履行侧重强调履行的方式和效果符合债的本质，体现在履行的要求和方式方面。而全面履行强调对全部义务的履行，包括法定和约定义务，主义务和从义务等。

适当履行原则的主要内容包括以下几方面：

（1）履行主体适当，即当事人必须亲自履行合同义务或接受履行，不得擅自转让合同义务或合同权利让其他人代为履行或接受履行。若法律规定或者当事人之间约定，则第三人可以加入代为履行和接受履行。

（2）履行标的物的数量和质量适当，即当事人必须按合同约定的标的物履行义务，而且还应依合同约定的数量和质量来给付标的物。如果合同对标的的质量没有约定或者约定不明确的，当事人可以补充协议，协议不成的，按照合同的条款和交易习惯来确定。如果仍然无法确定的，按照国家标准、行业标准履行；没有国家标准、行业标准的，按照通常标准或者符合合同目的的特定标准履行。

（3）履行地点适当，即当事人必须严格依照合同约定的地点来履行合同。履行地点往往是纠纷发生以后用来确定适用法律的根据。如果合同中明确约定了履行地点，债务人就应当在该地点向债权人履行债务，债权人应当在该履行地点接受债务人的履行行为。如果合同约定不明确的，依据《合同法》第61条和62条的规定，双方当事人可以协议补充，如果不能达成补充协议的，则按照合同有关条款或者交易习惯确定。如果履行地点仍然无法确定的，则根据标的的不同情况确定不同的履行地点。如果合同约定给付货币的，在接受货币一方所在地履行；如果交付不动产的，在不动产所在地履行；其他标的，在履行义务一方所在地履行。

（4）履行期限适当，即当事人必须依照合同约定的时间来履行合同，债务人不得迟延履行，债权人不得迟延受领。如果当事人之间未约定履行时间，则依照法律的规定确定。《合同法》第161条规定："买受人应当按照约定的时间支付价款。对支付时间没有约定或者约定不明确，依照本法第六十一条的规定仍不能确定的，买受人应当在收到标的物或者提取标的物单证的同时支付。"如果合同未约定履行时间，依照合同法的规定，则双方当事人可随时提出或要求履行，但必须给对方必要的准备时间。

（5）履行方式适当，履行方式包括标的物的履行方式以及价款或酬金的履行方式，当事人必须严格依照合同约定的方式履行合同。当债务人有多种履行方式履行债务时，债务人应该选择对债权人最为有利的方式履行债务。

3. 诚实信用原则

一般认为，诚实信用原则的基本含义就是要求人们在市场活动中讲究信用，恪守诺言，诚实不欺，在不损害他人利益和社会利益的前提下追求自己的利益，即要求民事主体在民事活动中维持双方的利益以及当事人利益与社会利益的平衡。诚实信用原则作为一种民事立法的价值追求，本身不直接涉及民事主体具体的权利义务，其性质具有高度的抽象性，因而有无限的适用范围，自然也就会产生模糊性，有待于就特定案件予以具体化。我国《合同法》第 60 条第 2 款规定："当事人应当遵循诚实信用原则，根据合同的性质、目的和交易习惯履行通知、协助、保密等义务。"此规定可以理解为在合同履行义务问题上将诚实信用作为基本原则的确认。另外，诚信原则属于法律的一般条款，具有一定程度的不确定性，不像合同那样具体、明确，不能以诚信原则直接代替当事人约定的内容。只有在合同存在漏洞时，才能依据诚信原则确定合同义务。

依诚信原则履行合同义务，包括以下几方面内容：

（1）协作履行原则。协作履行原则是指当事人不仅适当履行自己的合同债务，而且还应基于诚实信用原则的要求，协助对方当事人履行其合同债务。合同的履行如果只有债务人的给付行为，而没有债权人的受领给付行为，合同的内容仍难实现。因此，履行合同不仅是债务人的事，也是债权人的事，协助履行往往是债权人的义务。

（2）履行磋商等附随义务。附随义务是基于诚信原则和交易习惯所产生的各种附随于主义务的义务，包括合同当事人之间的通知、协助、保密等附随义务。

（3）履行依据诚实信用原则产生的其他义务。依据诚信原则履行义务不仅包括应该履行依诚信原则所产生的各种附随义务，还应包括依诚信原则履行合同其他义务。如在履行合同过程中，债务人应当履行使用方法的告知义务、重要情况的告知义务等，不应该做破坏债权人期待的行为；债权人应对债务人的履行提供必要的协助，等等。另外，诚信原则属于法律的一般条款，具有一定程度的不确定性，不像合同那样具体、明确，不能以诚信原则直接代替当事人约定的内容。只有在双方没有约定或者约定不明确时，才能依据诚信原则进行补充。诚信原则只能起补充和辅助的作用。

第二节 民间借贷的清偿

一、债务清偿的概念、条件、原则

1. 债务清偿的概念

债务清偿是指债务人根据法律的规定或合同约定履行自己的债务以解除债

权债务关系的行为。民间借贷活动中的债务清偿，是指借款人按照借贷合同的约定向出借人偿还本金和利息的行为。出借人的债权的实现依赖于借款人的债务清偿。

清偿与履行是有区别的。一方面，上文谈到履行是一个持续的、动态的过程。如合同规定债务人应当分期履行，在债务人作出第一次履行或者几次履行后，合同已经开始履行，但是合同债务并没有得到清偿。清偿是已经按照合同约定的数量、质量、期限、方式、地点等完全履行了债务。因此，清偿是结果，而不是过程。另一方面，履行包括不适当履行、迟延履行、部分履行等形态。虽然这些履行不符合合同的约定，不能发生清偿导致合同关系消灭的效果，但在法律上仍然是一种履行。而清偿必须是正确、适当地履行了债务。一般情况下，当事人依据合同的约定作出了履行，就构成完整的清偿。但有时因为合同约定的内容不明确、不具体，存在漏洞，当事人还应该依据法律规定或者诚实信用原则，适当地履行合同义务。[1]

2. 债务清偿的条件

（1）清偿必须是双方当事人依据合同的规定作出了履行。对于双务合同来说，双方当事人互负权利义务，所以合同因双方作出履行才能因清偿而发生合同关系的消灭。如果一方当事人做出了履行，而另一方当事人没有履行，则对一方来说已经履行了合同义务，另一方尚未履行合同义务，构不成清偿，合同关系尚未终止。即使一方已经履行完毕，另一方尚未履行完毕，也不构成清偿。对单务合同来说，债权人也负有受领的义务，其不履行该义务，也无法发生合同终止的效果。

（2）清偿必须是当事人正确、适当地履行合同义务，即要求当事人依据合同的约定和法律的规定以及诚实信用原则正确、适当地履行其义务。

（3）清偿必须使当事人订立合同的目的得以实现。债务人依据合同约定向债权人清偿，债权人受领的，债权债务关系消灭。债务已经履行的，债权因达到其目的而消灭。

3. 债务清偿的原则

（1）实际清偿原则。债务人必须严格依约定的标的完成应履行的义务，在合约的履行中，不能以其他标的物代替合同的履行，不能用支付违约金和赔偿损失的方法代替合同的履行。在民间借贷中，借款人必须严格依照借款合同的约定，以金钱支付的方式清偿债务，未经出借人同意，不能以交付其他财物代

---

〔1〕　王利明：《合同法研究》，中国人民大学出版社 2015 年版，第 259 页。

替金钱的支付。

（2）全面清偿原则，即借款人必须按照合同的约定，偿还全部本金，支付全部利息。如果有违约金、逾期利息规定的，只要符合法律规定，也应当支付。借款人只有全面清偿债务，债权债务关系才消灭。

（3）正确清偿原则，即借款人必须依合同约定的期限、方式、地点来履行债务。这样，可有效保护债权人的利益。

二、第三人代位清偿债务

债务人以外的第三人代债务人履行，称为代位清偿。债务本身在绝大多数情况下并不具有专属性，可以由第三人代为清偿。第三人的代为清偿有助于债权人的债权的实现，因此没有必要仅限于债务人本人的履行。为了促进债权的实现，同时有效保护债务人的利益，只要债务人同意，且不违反法律规定和当事人约定，法律上不禁止第三人代为清偿。[1]但是，有些情况下则不能由第三人代为清偿：一是债权人与债务人有特别约定，不得由第三人清偿的债务。债权人与债务人可以在债的关系成立时约定，也可以在债成立后、第三人履行之前约定，如当事人约定，承揽工作必须由债务人亲自履行的，第三人不得完成。二是依债的性质不得由第三人清偿的。有些债务，在性质上须由债务人亲自履行，如以债务人本身的技能为标的的债以及基于债权人与债务人特别信任而成立的债、聘请明星表演等，原则上须由债务人履行，不得由第三人清偿。三是依据法律的规定不得由第三人清偿，如《合同法》第272条规定，建设工程主体结构的施工必须由承包人自行完成。

另外，对于第三人代位清偿中的第三人自愿清偿的性质，学者有不同的看法。所谓第三人自愿履行，即合同并没有约定由第三人向债权人做出履行。有的认为第三人自愿履行是一种赠与行为，有的认为是一种无因管理。第三人自愿清偿他人债务，虽然有时以对债务人实行赠与的目的进行，但赠与需要达成合意，而在第三人和债务人之间常常无此合意，所以只要债务人和第三人之间没有委托关系，就应当被视为无因管理。在第三人做出单方允诺，愿意为债务人清偿债务的情况下，只要没有发生债务的转让，就应当允许第三人撤销其允诺。如果第三人在做出允诺后，又实际作出履行，第三人不得撤销允诺，不能要求返还财产，恢复原状。

第三人清偿的法律效力主要是使债消灭。对于民间借贷而言，第三人清偿

---

〔1〕 郑玉波：《民法债编总论》（修订二板），中国政法大学出版社2004年版，第475页。

全部债务的，借款人的债务清偿完毕，债的关系消灭；第三人清偿部分债务的，债的一部分消灭，未消灭的债务部分，借款人仍须归还。此外，第三人清偿后，在第三人与借款人之间还发生一定的关系。如果第三人以赠与为目的而代借款人清偿，则在第三人清偿后，第三人对借款人无求偿的权利；如果第三人与借款人有某种法律关系，如委托还款，则第三人有权依其法律关系向借款人求偿。对于第三人的清偿，借款人有权提出异议，若提出异议在清偿完毕后，则债务已经清偿，异议无效。如果异议在第三人清偿债务之前，则异议有效。此规定同样适用于其他合同关系。

三、第三人代为受领

接受清偿的人为清偿受领人。一般情况下，清偿行为属于事实行为，因而无行为能力人和限制行为能力人也可以作为清偿受领人。[1]债权人是当然的债权受领权人，第三人可以成为受领权人，如债权人授予第三人受领权。

第三人代为受领的构成要件有三方面：一是债权人和债务人之间的合同债务合法有效，这是产生第三人代为受领权的基础。如果债权无效，则第三人无代为受领的根据。二是债权人、债务人约定债务人履行债务的受领方为第三人。这一条件使债务人向第三人履行债务的行为被双方当事人认可，并视为向债权人亲自履行，在法律上实现清偿债务的实际效果。三是债权人与第三人之间存在由第三人代替债权人受领债务人履行的约定。如果没有债权人与第三人的约定，在合同债务人向第三人履行债务时，第三人根本无义务受领，则债务人不能顺利履行自己的合同义务。

另外，在第三人代为受领的情形下，第三人并不独立享有合同上的权利和利益，只是代债权人接受债务人的履行。如果债务人不向第三人履行或者履行不适当，第三人无权要求债务人向其承担责任或者继续履行。我国《合同法》第64条规定："当事人约定由债务人向第三人履行债务的，债务人未向第三人履行债务或者履行债务不符合约定，应当向债权人承担违约责任。"

对于民间借贷第三人代为受领的效力问题，如果借款人适当地、全面地向第三人履行了还款义务，则出借人与借款人之间的债务清结完毕；如果借款人对第三人的履行出现不履行或不适当履行的情形，借款人应当向出借人承担违约责任。反之，如果第三人无正当理由拒绝受领债务人的履行时，仍然由出借人承担不利后果。

---

〔1〕黄立：《民法债编总论》，中国政法大学出版社2002年版，第660页。

第三节 民间借贷债务抵销

一、抵销概述

1. 抵销的概念

抵销，是指二人互负债务时，双方各以其债权充当债务的清偿，而使其债务与对方的债务在对等额度内相互消灭的法律制度。抵销是合同消灭的一种原因，在抵销中，提出抵销的一方所具有的债权称为主动债权，被抵销的债权称为被动债权。抵销可以分为法定抵销和合意抵销。《合同法》第 99 条规定："当事人互负到期债务，该债务的标的物种类、品质相同的，任何一方可以将自己的债务与对方的债务抵销，但依照法律规定或者按照合同性质不得抵销的除外。当事人主张抵销的，应当通知对方。通知自到达对方时生效。抵销不得附条件或者附期限。"这是关于法定抵销的规定。法定抵销指在符合法律规定的构成要件的情况下，依当事人一方的意思表示而发生的抵销。《合同法》第 100 条规定："当事人互负债务，标的物种类、品质不相同的，经双方协商一致，也可以抵销。"这是对合意抵销的规定，即根据合同当事人双方的合意发生的抵销，是当事人的意思自由的体现，但不能违反法律的禁止性规定。

2. 抵销的效力

抵销的效力主要表现为消灭当事人之间同等数额之内的合同关系，即双方当事人所负债务全部或者部分消灭。当双方当事人所负债务额相同时，其互负债务消灭。当双方所负债务额不等时，债务数额小的一方的债务消灭，债务数额大的一方的债务部分消灭，债务人对未消灭的债务部分仍负清偿义务。在合意抵销中，双方当事人可以就抵销的效力作出约定。

3. 抵销的功能

一方面，通过抵销，双方相互履行的劳力、时间、费用等资源大大节省，不仅消灭了债权债务，而且降低了交易成本。另一方面，通过抵销，当事人不必分别履行而直接终止债权债务关系，简化了法律关系，并且可以确保债权的效力，如双方当事人互负债务时，一方当事人财产恶化不能履行债务时，对方当事人行使抵销权就免去了自己的债务，实现了自己的债权。这实际上就是确保了债权的效力，避免了债权无法受偿的风险。

4. 抵销与清偿的区别

抵销和清偿都产生消灭债的效果，二者的区别主要表现在，抵销可能只是使部分债务发生消灭，而清偿则是债务人不能只做部分履行。即便双方的债务未到清偿期，当事人之间也可以通过约定将双方的债务抵销，而清偿必须在规定的时间内作出，逾期不清偿将构成违约。

二、法定抵销

法定抵销是指在符合法律规定的条件下，经过一方作出抵销的意思表示而使双方的债权债务消灭的一种抵销方式。法定抵销的特点主要是只要具备法律规定的抵销条件，抵销权人只需单方作出抵销的意思表示即可使双方的债权债务关系消灭。

1. 法定抵销的构成要件

依据《合同法》第99条规定，法定抵销的构成要件包括以下几方面：

（1）必须是双方当事人互负债务、互享债权。抵销需要双方互负债务，若一方对另一方未负债务，则根本不能发生抵销，并且所负的债务是合法的债务，这是抵销成立的前提。同时，抵销权人只能以自己对对方的债权行使抵销，而不能以对第三人的债权进行抵销。

（2）双方互付的债务必须标的物的种类、品质相同。种类相同是指标的物的类型是相同的。之所以要求种类相同才能抵销是因为不同种类的给付之间价值难以确定，并且不同种类的给付表明了第三人的合同目的是不同的。品质相同是指标的物的品质等级是相同的。品质不同的标的物原则上不能抵销，因为品质较低的一方行使抵销权会损害品质较优一方的权利。但是主动债权的品质优于被动债权的，可以抵销。

（3）必须双方的债务已届清偿期。只有双方的债务清偿期都已届满时，才能行使法定抵销权。如果清偿期未满要求抵销，则主张抵销的一方可能损害被抵销一方的期限利益，相当于强迫对方提前清偿债务。

（4）抵销的债权债务必须不属于不能抵销的债权债务。除依据法律规定以及债的性质不得抵销外，原则上一般债务都能抵销。如具有人身专属性的债务是不能抵销的，效力待定的债权债务在效力确定之前不得抵销，等等。

对于民间借贷而言，双方互负债务时，一方当事人单方行使抵销权的，只要符合抵销的基本要件，即可抵销，即当事人之间必须互负债务；双方的债务已到履行期；互负的债务必须是金钱之债，且币种相同；双方的债权债务都是合法的。民间借贷抵销应是合法的借贷，非法的、无效的、未生效的、失效的借贷均不能抵销，如赌债。

2. 法定抵销权的行使

抵销权的行使是指在符合抵销权行使的要件之后，抵销权人基于其意思表示而行使抵销权。关于抵销权的行使有抵销意思主义与抵销当然主义两种观点。抵销意思主义就是需要一方当事人明确向另一方表示；当然主义就是无须表示，在条件成就时直接抵销。我国《合同法》第99条第2款规定："当事人主张抵销的，应当通知对方。通知自到达对方时生效。抵销不得附条件或者附期限。"即采用的是抵销意思主义。当事人行使法定抵销权应包括以下几点：一是当事人要有抵销的意思，并且抵销的意思表示需要通知相对方；二是抵销的意思表示在到达相对人时才能生效；三是抵销权的行使必须符合法律的规定，并且抵销不得附条件或者附期限。

三、约定抵销

约定抵销是指当事人双方通过订立抵销合同而使双方互负的债务发生抵销。约定抵销是对法定抵销的有效补充，法定抵销规定了较为严格的条件，在不具备法定抵销的情况下允许当事人约定抵销是合同自由的体现，也节省了履行的成本。

约定抵销也要符合一定的要件。与法定抵销相同，约定抵销也需要当事人之间互负合法有效的债务以及没有法律规定和依合同性质不得抵销的情形，但其不需要另外两个要件，即不需要双方的债务标的物种类、质量相同和债务都已届清偿期两个要件。对于约定抵销，双方当事人可以对标的物质量、种类不同的债权债务进行约定抵销，并且可以对未到期的债务进行抵销，一方债务未到期、双方债务都未到期均可，只要协商一致就可抵销。对于民间借贷而言，一方当事人抵销的债务必定是金钱债务，另一方当事人用财物抵销、劳务抵销均可，双方只要自愿协商达成一致即可。

抵销权的行使，使当事人之间的债权债务关系按照双方能够相互抵销的同等数额消灭。全部抵销的，当事人之间的债权债务关系消灭。部分抵销的，剩余部分继续履行。

第四节　民间借贷债务免除

一、免除的概念、特点

免除，是指债权人基于其单方行为，免除债务人的全部或部分的债务，从而全部或部分消灭债的关系。民间借贷债务免除指出借人免除借款人全部或部分本息，使民间借贷债权债务全部或部分消灭。我国《合同法》第105条规定："债权人免除债务人部分或者全部债务的，合同的权利义务部分或者全部终止。"

民间借贷的债务免除与一般的债务免除一样，具有如下特点：

第一，债务免除是一种单方行为。债权人实施免除行为不需要征得债务人的同意。一旦债权人向债务人作出免除债务的意思表示，即可发生免除的效力，债权人不得撤销该意思表示。如果债务人收到免除的通知后，合理期限内向债权人表示拒绝接受免除的意思表示的，该免除的意思表示不发生效力。[1]

第二，债务免除是一种无因行为。免除仅依债权人表示免除债务的意思而发生效力，其原因如何，在所不问。所以，免除为无因行为，基于赠与、和解或者其他原因都可以，只要免除不损害国家利益、社会利益或他人的利益，都是有效的。

第三，债务免除是不要式行为。免除的意思表示无须特别的方式，书面、口头以及其他方式均可以。只要意思表示真实、合法，且通知债务人即有效，不需要采取特别的形式。但需要以明确的方式表示，默示不产生法律效力。

二、免除的要件

1. 债务免除人应当享有合法的债权，对债权享有处分权

免除为债权人处分债权的行为，因而需要债权人对该债权有处分权。债权非法以及没有处分权则不发生免除的效力。

2. 免除人应当具有行为能力

免除使债权人遭受一定的不利益，只有完全行为能力人能够认识、理解自己的行为性质和后果，才能实施免除行为。无行为能力人或者限制行为能力人未征得其法定代理人同意，不能为免除行为。

3. 免除的对象是债务人的债务

在免除中，是对债务人债务的免除，如果债权人放弃债的担保，不能认为其当然的免除了债务人的债务。

4. 免除的意思表示应当向债务人明确作出

免除的意思表示应该明确地向债务人或其代理人作出，直接通知债务人或其代理人。如果免除向第三人表示，除非债权人事后追认，否则不发生法律效力。

5. 免除不得损害第三人的利益

债权人免除债务人的债务，不能损害第三人的利益。例如，已就债权设定质权的债权人不得免除债务人的债务，而以之对抗质权人。

---

[1] 郑玉波：《民法债编总论》（修订二版），中国政法大学出版社 2004 年版，第 521 页。

三、免除的效力

免除效果是使债务绝对消灭。在民间借贷中，因出借人免除借款人的全部债务，使债权消灭，故债权的从权利，如利息债权、担保权等，也同时归于消灭，借款人不再履行还款的义务。出借人仅免除部分债务的，债的关系仅就免除部分终止，对于未免除部分，借款人仍须继续偿还借款。出借人免除利息而要求支付本金的，借款人只需支付本金即可。出借人免除本金，要求支付利息的，借款人应该支付利息。若免除本金时未对利息作出约定，依据主债权消灭，债权的从权利也消灭的原则，利息也随之消灭，不需要继续支付。

第五节　夫妻债务清偿问题

夫妻关系是基于婚姻而形成的一种自然人之间的特殊关系。实践中，由于夫妻借款目的和用途不同，财产性质属于共同财产还是个人财产不同，借款债务由谁清偿也不同。因此，必须弄清夫妻借款的用途和归属问题，然后才能确定是共同清偿还是个人清偿。[1]

一、夫妻共同债务的认定

夫妻共同债务是指在婚姻关系存续期间，夫妻双方或者一方为维持共同生活或出于共同生活目的所引起的债务。原则上，夫妻婚姻关系存续期间一方所负的债务，按夫妻共同债务处理。除非能够证明夫妻约定婚姻关系存续期间所得的财产以及婚前财产归各自所有或者债权人与债务人明确约定为个人债务，否则以夫妻共同债务论。《最高人民法院关于适用〈中华人民共和国婚姻法〉若干问题的解释（二）》（以下简称《婚姻法解释二》）第24条规定："债权人就婚姻关系存续期间夫妻一方以个人名义所负债务主张权利的，应当按夫妻共同债务处理。但夫妻一方能够证明债权人与债务人明确约定为个人债务，或者能够证明属于婚姻法第十九条第三款规定的除外。"

一旦被认定为夫妻共同债务，就应当以夫妻的共同财产清偿，共有的财产不足清偿的，应以夫妻个人的财产连带清偿。并且夫妻一方死亡的，生存一方应当对婚姻关系存续期间的共同债务承担连带清偿责任。根据《婚姻法》及其司法解释的有关规定，夫妻共同债务有以下几种情况：

---

〔1〕　江丁库主编：《民间借贷法律规范与操作实务》，法律出版社2013年版，第128页。

（1）婚前一方借款购置的房产，婚后已经转化为夫妻共同财产所负的债务。

（2）夫妻为家庭生活所负的债务。

（3）夫妻共同从事生产、经营活动所负的债务，或者一方从事生产经营活动，经营收入用于家庭生活或者配偶分享所负的债务，包括从事工商业、农村承包经营所负的债务，购买生产资料所负的债务，从事投资或者其他经营活动所负的债务等。一方以个人名义对外从事的经营活动所负的债务，如果其经营收入已经转化为夫妻共同财产或者已用于夫妻共同生活的，该债务也应当认定为夫妻共同债务。

（4）夫妻一方或者双方治病以及为负有法定义务的人治病所负的债务。

（5）因抚养子女所负的债务。

（6）因赡养负有赡养义务的老人所负的债务。

（7）为支付夫妻一方或者双方的教育、培训费用所负的债务。

（8）为支付正当必要的社会交往费用所负的债务。

（9）夫妻协议约定为共同债务的债务。

（10）其他应当认定为夫妻共同债务的债务。

二、如何认定夫妻共同财产

如上文所述，夫妻共同债务首先以共同财产进行清偿，共同财产不足的，再以个人财产连带清偿。此时就涉及共同财产的范围。《婚姻法》第 19 条第 1、2 款规定："夫妻可以约定婚姻关系存续期间所得的财产以及婚前财产归各自所有、共同所有或部分各自所有、部分共同所有。约定应当采用书面形式。没有约定或约定不明确的，适用本法第十七条、第十八条的规定。夫妻对婚姻关系存续期间所得的财产以及婚前财产的约定，对双方具有约束力。"

根据《婚姻法》第 17 条和《婚姻法解释二》的规定，夫妻在婚姻关系存续期间所得的下列财产，归夫妻共同共有：

（1）工资、奖金；

（2）生产、经营的收益；

（3）知识产权的收益；

（4）继承或赠与所得的财产，但《婚姻法》第 18 条第 3 项规定的除外；

（5）一方以个人财产投资取得的收益；

（6）男女双方实际取得或者应当取得的住房补贴、住房公积金；

（7）男女双方实际取得或者应当取得的养老保险金、破产安置补偿费；

（8）军人名下的复员费、自主择业费等一次性费用，以夫妻婚姻关系存续年限乘以年平均值，所得数额为夫妻共同财产；

（9）由一方婚前承租、婚后用共同财产购买的房屋，房屋权属证书登记在一方名下的，应当认定为夫妻共同财产；

（10）夫妻一方个人财产在婚后产生的收益，除孳息和自然增值外，应认定为夫妻共同财产；

（11）其他应当归共同所有的财产。

三、如何认定夫妻个人财产

夫妻共同债务首先以共同财产进行清偿，共同财产不足的，再以个人财产连带清偿。那么，如何认定夫妻个人财产的范围呢？依据《婚姻法》第18条和《最高人民法院关于适用〈中华人民共和国婚姻法〉若干问题的解释（三）》（以下简称《婚姻法解释三》）的规定，下列财产为夫妻一方的财产：

（1）一方的婚前财产；

（2）一方因身体受到伤害获得的医疗费、残疾人生活补助费等费用；

（3）遗嘱或赠与合同中确定只归夫或妻一方的财产；

（4）一方专用的生活用品；

（5）军人的伤亡保险金、伤残补助金、医药生活补助费属于个人财产；

（6）婚后由一方父母出资为子女购买的不动产，产权登记在出资人子女名下的，可按照《婚姻法》第18条第3项的规定，视为只对自己子女一方的赠与，该不动产应认定为夫妻一方的个人财产；

（7）其他应当归一方的财产。

四、夫妻个人债务的认定

夫妻个人债务是指夫妻约定为个人负担的债务或者一方从事无关家庭共同生活的事务时所产生的债务。根据《最高人民法院关于人民法院审理离婚案件处理财产分割问题的若干具体意见》第17条和其他有关司法解释的规定，夫妻一方能够证明存在下列情形的，应当认定为个人债务，由一方以个人财产清偿：

（1）夫妻双方约定由个人负担的债务，但以逃避债务为目的的除外；

（2）一方未经对方同意，擅自资助与其没有抚养义务的亲朋所负的债务；

（3）一方未经对方同意，独自筹资从事经营活动，其收入确未用于共同生活所负的债务；

（4）夫妻一方的婚前债务；

（5）遗嘱或者赠与合同中确定只归夫妻一方的财产，附随此份遗嘱或者赠与合同的债务也应视为个人债务；

（6）夫妻一方因个人不合理的开支所负的债务，或者夫妻分居期间所负的债务；

（7）其他应由个人承担的债务。

对于以个人财产清偿的债务，实践中债务人可能没有个人财产或者个人财产不足以清偿全部债务。对于此种情形，为了清偿个人债务，可以对夫妻共同财产进行分割。除去照顾子女、保障女方的权益和保留基本生活、扶养家庭成员份额外的财产，夫妻应当平均分配，然后就分出的个人财产份额用于清偿个人债务。

五、离婚时共同债务的清偿

对于离婚时的共同债务的清偿，我国《婚姻法》第 41 条规定："离婚时，原为夫妻共同生活所负的债务，应当共同偿还。共同财产不足清偿的，或财产归各自所有的，由双方协议清偿；协议不成时，由人民法院判决。"根据这条规定，夫妻离婚时对共同债务未做处理的，应按照此方法予以清偿：共同财产足以清偿的以共同财产清偿；共同财产不足清偿的或者财产归各自所有的，由双方协议清偿；协议不成时，由人民法院根据具体情况判决清偿。另外，《婚姻法解释二》第 23 条规定："债权人就一方婚前所负个人债务向债务人的配偶主张权利的，人民法院不予支持。但债权人能够证明所负债务用于婚后家庭共同生活的除外。"

六、离婚后共同债务的清偿

对于离婚后共同债务的清偿问题，在实践中主要表现在夫妻离婚后原财产未处理和原债务未清偿以及因子女抚养产生新的共同债务。离婚时未对婚姻关系存续期间的债务进行清偿的，债权人仍可以夫妻共同债务主张债权。并且，对于离婚后未成年子女侵犯他人的权益所造成的债务，原夫妻应该承担相应的责任。依据《最高人民法院关于贯彻执行〈中华人民共和国民法通则〉若干问题的意见（试行）》第 158 条规定，夫妻离婚后，未成年子女侵害他人权益的，同该子女共同生活的一方应当承担民事责任；如果独立承担民事责任确有困难的，可以责令未与该子女共同生活的一方共同承担民事责任。

七、借离婚名义逃避债务的认定

实践中，在夫妻关系存续期间，以一方的名义大量举债，而当债权人在债务已届清偿期行使债权时，才发现借款人已经无力还债，并且财产已经以照顾女方或子女的名义全部或绝大部分转移到了另一方名下，而另一方则以已经离婚为由拒绝清偿债务。对于此种情况，债权人不能主张撤销离婚行为。因为《婚姻法》第31条规定，男女双方自愿离婚的，准予离婚。双方必须到婚姻登记机关申请离婚。婚姻登记机关查明双方确实是自愿并对子女和财产问题已有适当处理时，发给离婚证。只要当时双方是自愿离婚，并领取了离婚证，无论真假，都终止了婚姻关系。债权人不能因为原夫妻未清偿共同债务而主张撤销离婚行为，只能依法要求原夫妻继续清偿共同债务。借款人通过假离婚分割财产逃避债务，属于《民法通则》第58条规定的恶意串通损害第三人的利益或者以合法形式掩盖非法目的的无效民事行为。因此，出借人仍可以主张原夫妻共同清偿共同债务，其主张受法律保护。

本章参考文献

1. 崔建远：《合同法》（第2版），北京大学出版社2013年版。

2. 陈兴良主编：《民间借贷操作指引与纠纷解决》，中国法制出版社2015年版。

3. 王玉梅：《合同法》（第2版），中国政法大学出版社2014年版。

4. 王利明：《合同法研究》，中国人民大学出版社2015年版。

5. 周庭芳、汪炜主编：《经济法概论》（第3版），武汉理工大学出版社2013年版。

6. 江丁库主编：《民间借贷法律规范与操作实务》，法律出版社2013年版。

7. 黄立：《民法债编总论》，中国政法大学出版社2002年版。

第七章
民间借贷的担保

第一节　担保概述

一、担保的概念

担保，是指在借贷、买卖、货物运输、加工承揽等经济活动中，债权人为保障其债权实现，要求以第三人的信用或者以特定的财产保证债务人履行债务的制度。担保的概念具有以下三方面的含义：

第一，债的担保是保障特定债权人债权实现的法律制度。债的担保是为担保特定的债权人利益而设的。债的担保的目的正是为了强化债务人清偿特定债务的能力和打破债权人平等的原则，以使特定债权人能够优先于其他债权人受偿或者从第三人处受偿。

第二，债的担保是以第三人的信用或者特定的财产来保障债权人实现债权的制度。债务人须以自己的全部财产担保其所有债权人的债权实现，债务人的全部财产是其清偿全部债务的责任财产。[1]而债的担保是以第三人的信用或者特定的财产担保特定的债权实现。因此，在担保中，以第三人的信用或者以债务人特定的财产以及第三人特定的财产作为债权实现的保证。

第三，债的担保是对债的效力的一种补充和加强，是对债务人信用的一种保证措施。对特定债权设定担保后，一旦债务人不能偿还债务，则债权人可以第三人的财产受偿，也可以对债务人或第三人的担保财产优先于其他债权人受偿，从而使该债权得到更充分的保障，这也使债的效力得到加强。同时，担保是在债务人不能履行债务时保障特定债权人利益的手段，因而是对债的效力的

---

[1]　郭明瑞：《担保法》（第2版），法律出版社2004年版，第2页。

一种补充。这种补充性也决定了担保与主债之间的从属关系，即债权人的债权为主权利，债权人的担保权利为从权利。[1]

二、担保的方式

担保方式是指担保人用以担保债权的手段。从债权人的角度来说，担保方式是债权人为确保其债权实现而要求对方提供的保障手段或方法。而从债务人的角度来说，担保方式是债务人担保其自身履行债务的手段或方法。

担保方式具有法定性，只能由法律直接规定，而不能由当事人创设。当事人对担保方式仅具有选择权，即选择何种担保方式担保债权。如果当事人以法律规定之外的方式设定担保，不能适用《中华人民共和国担保法》（以下简称《担保法》）的规定，不发生担保法上的效力。但其行为是否有效以及发生何种效力应依据《合同法》确定。

根据《担保法》第 2 条第 2 款规定，本法规定的担保方式为保证、抵押、质押、留置和定金。

保证，是指保证人和债权人以书面形式约定，当债务人不履行债务时，保证人按照约定履行债务或者承担责任的行为。

抵押，是指抵押人和债权人以书面形式约定，不转移抵押财产的占有，将该财产作为债权的担保。当债务人不履行债务时，债权人有权依法以该财产折价或者以拍卖、变卖该财产的价款优先受偿。

质押，就是指债务人或第三人将其动产或者权利移交债权人占有，将该动产作为债权的担保，当债务人不履行债务时，债权人有权依法就该动产卖得的价金优先受偿。

留置，是指债权人按照合同的约定占有债务人的动产，债务人不按照合同约定的期限履行债务的，债权人有权依照法律规定留置财产，以该财产折价或者以拍卖、变卖该财产的价款优先受偿。

定金，是指在合同订立或履行之前支付一定数额金钱或替代物作为担保的担保方式。

---

[1] 郭明瑞：《担保法》（第 2 版），法律出版社 2004 年版，第 3 页。

第二节 民间借贷的保证担保

一、民间借贷适用的担保方式

民间借贷的担保是指出借人与借款人或者第三人约定，当借款人不履行到期债务或者发生当事人约定的实现担保债权的情形时，由担保人代为清偿或者以担保物保证清偿的民事行为。

对于民间借贷而言，其只适用抵押、质押和保证三种担保方式，留置与定金不能适用。一方面，民间借贷如果留置金钱货币作担保，就完全违背了民间借贷的目的，所以其不适用留置担保。另一方面，给付定金方不履行合同义务的，无权请求返还定金；接受定金方不履行合同义务的，双倍返还定金。而在民间借贷中，借款人的目的就是取得金钱并使用，出借人如果要求借款人提供定金担保，实质就相当于少支付民间借贷合同中约定的借款数额，这不符合民间借贷的目的。因此，民间借贷活动中不适用定金担保的方式。

二、民间借贷保证担保的保证人资格

我国《担保法》第 6 条是关于保证担保的规定，即保证是指保证人和债权人约定，当债务人不履行债务时，保证人按照约定履行债务或者承担责任的行为。对于民间借贷来说，民间借贷的保证就是保证人与出借人约定，在借款人到期未履行还款的义务以及支付利息的义务时，保证人按照约定代为履行债务的行为。

保证属于人保，保证人的主体资格既反映法律对保证人的资格限制，又是债权人判断保证人代偿能力的基础。因此，在保证关系中正确判断保证人的主体资格至关重要。[1]

1. 保证人的基本要求是"具有代为清偿能力"

《担保法》第 7 条规定："具有代为清偿债务能力的法人、其他组织或者公民，可以作保证人。"保证人是为债务人向债权人提供保证，目的是保证债权能够实现，因而具有清偿能力是保证人能够为他人作担保的基本条件。

但是，保证人具有代位清偿的能力，仅是保证功能上的基本要求，而不是保证合同生效的要件。并且《担保法》第 7 条属于指导性条款，不具有强制效

---

〔1〕 曹士兵：《中国担保制度与担保方法——根据物权法修订》，中国法制出版社 2008 年版，第 114 页。

力，目的是指导债权人和保证人本着保障债权实现的初衷来设定担保。如果保证人不具有代为清偿能力，不能据此认定保证合同无效，保证人依然要对债权人承担保证责任。《最高人民法院关于适用〈中华人民共和国担保法〉若干问题的解释》（以下简称《担保法解释》）第14条规定："不具有完全代偿能力的法人、其他组织或者自然人，以保证人身份订立保证合同后，又以自己没有代偿能力要求免除保证责任的，人民法院不予支持。"

2. 提供保证的禁止主体

保证属于人保，保证人的履约能力、清偿能力是决定债权是否能够实现的关键。《担保法》对自然人、法人作为保证人的主体资格未做一般性的强制要求，仅在第8条、第9条、第10条规定了一些主体不得作为保证人或者限制作为保证人。

（1）国家机关。《担保法》第8条规定："国家机关不得为保证人，但经国务院批准为使用外国政府或者国际经济组织贷款进行转贷的除外。"国家机关是指从事国家管理和行使国家权力的机关，包括国家权力机关、行政机关、审判机关、检察机关和军事机关等。

（2）以公益为目的的事业单位、社会团体。《担保法》第9条规定："学校、幼儿园、医院等以公益为目的的事业单位、社会团体不得为保证人。"因为学校、幼儿园、医院等以公益为目的的事业单位、社会团体直接服务于社会公众，如果允许其担任保证人而最终履行保证责任，势必直接影响社会公共利益，不利于公益事业的维持和发展。但实践中，有一些社会团体并非以社会公益为目的，作为非公益性的社会团体，依据国家政策允许从事经营活动的，应当认定其有从事保证活动的能力，可以担任保证人。《担保法解释》第16条规定："从事经营活动的事业单位、社会团体为保证人的，如无其他导致保证合同无效的情况，其所签定的保证合同应当认定为有效。"

（3）法人的分支机构和内部设立的职能部门。企业法人的分支机构是指企业法人下设的、依法取得营业执照的分公司、分厂、销售部等，具有一定的对外经营权。企业法人的职能部门则指企业法人所设立的、没有对外经营权的内部职能部门，如公司的人事部、财务部、车间等。由于企业的职能部门既不具有法人资格，也不具有对外经营权，因此在任何情况下都不能以其名义对外进行经济往来，包括提供保证。如其对外提供保证时，该保证合同无效。但是，如果企业法人的分支机构有其法人的书面授权或者委托的，可以在授权范围内提供保证，但由此发生的保证责任由法人承受。依据《担保法解释》第17条的规定，企业法人的分支机构未经法人书面授权提供保证的，保证合同无效。因此给债权人造成损失，债务人、担保人、债权人有过错的，应当根据其过错各自承担相应的民事责任。企业法人的分支机构经法人书面授权提供保证的，如果法人的书面授权范围不明，法人的分支机构应当对保证合同约定的全部债务承担保证责任。企业法人的分支机构经营管理的财产不足以承担保证责任的，由企业法人承担民事责任。企业法人的分支机构提供的保证无效后应当承担赔偿责任的，由分支机构经营管理的财产承担。企业法人有过错的，按照《担保法》第29条的规定处理。

三、民间借贷保证合同的形式与内容

民间借贷保证合同是保证人与出借人约定，当借款人没有或者不能履行民间借贷合同的债务时，由保证人代为清偿的协议。

1. 民间借贷保证合同的形式

《担保法》第13条规定："保证人与债权人应当以书面形式订立保证合同。"因此，保证合同应该以书面形式确立。那么，口头订立保证合同是否无效呢？《担保法》第13条规定属于规范性规定，而非强制性规定。保证人采取口头形式提供保证，债权人接受的，保证合同也成立。但是，事后对保证合同成立以及内容的举证很困难，如果不能举证，则难以追究保证人的保证责任。因此，口头形式虽也能成立保证合同，但在引起纠纷时，容易存在举证困难的情况。从实践以及法律的有关规定看，民间借贷的保证合同形式主要有以下几种：

（1）保证人与出借人就保证内容达成书面协议，保证合同成立。保证人与债权人单独订立保证合同，作为主合同的从合同。这种保证合同是典型的保证合同形式。民间借贷合同作为主合同，保证合同作为从合同。

（2）保证人在出借人与借款人签订的民间借贷合同上以保证人的身份签字或者盖章，保证合同成立。在实践中，保证人往往就是通过在民间借贷合同或者借条、借据上直接签字或者盖章承担保证责任的。但是，当事人在民间借贷合同上签字盖章并不能都认定为具有保证的性质。保证人在合同上签字、盖章一般应写明保证人是谁，或者合同有保证人一栏而当事人在该栏签字、盖章的，应认定为保证人。如果合同上的签字并没有明确签字、盖章人身份，出借人主张其承担保证责任的，应进行举证证明，若不能举证，则不能当然的将其认定为保证人，其还有可能是见证人、介绍人等。

（3）保证人以具有保证性质的信函、传真向出借人表示，当被保证人不履行债务时，由其代为履行，出借人接受并且没有异议的，保证合同成立。这种保证虽然属于保证人的单方行为，但债权人的接受具有承诺性质，并以此构成

保证合同，并不是单方法律行为，如果债权人不接受，并不能成立保证合同。以这种方式提供保证，保证人必须有明确的保证意思表示。

2. 民间借贷保证合同的内容

保证合同的内容，也就是保证合同的条款。《担保法》第15条规定："保证合同应当包括以下内容：（一）被保证的主债权种类、数额；（二）债务人履行债务的期限；（三）保证的方式；（四）保证担保的范围；（五）保证的期间；（六）双方认为需要约定的其他事项。保证合同不完全具备前款规定内容的，可以补正。"

保证合同的内容是确定保证当事人之间的权利义务的依据。因此，保证合同的内容应当具体、明确、完全，以避免双方发生分歧。但《担保法》第15条的规定并不是保证合同的全部必要条款。即使合同不完全包含上述内容，保证合同依然有效成立。保证合同订立后，双方可以就保证合同内容予以补正。

四、民间借贷的保证方式

《担保法》第16条规定："保证的方式包括一般保证和连带责任保证。"对民间借贷而言，两种保证方式都适用。

1. 民间借贷的一般保证方式

民间借贷的一般保证是指出借人与保证人约定，当借款人到期不能履行借款债务时，由保证人承担保证责任的一种保证方式。《担保法》第17条第1、2款规定："当事人在保证合同中约定，债务人不能履行债务时，由保证人承担保证责任的，为一般保证。一般保证的保证人在主合同纠纷未经审判或者仲裁，并就债务人财产依法强制执行仍不能履行债务前，对债权人可以拒绝承担保证责任。"此条款实际上规定了保证人承担保证责任的条件，即债务人不能履行债务以及保证人的先诉抗辩权。

所谓先诉抗辩权，是指一般保证的保证人在主合同纠纷未经审判或者仲裁，并就债务人财产依法强制执行仍不能履行债务前，对债权人可以拒绝承担保证责任。可见，先诉抗辩权的存在使一般保证中的保证人所承担的责任成为一种补充责任。先诉抗辩权是保证人的一项权利，保证人既可以选择行使，也可以将其放弃。保证人以书面形式放弃先诉抗辩权的，自放弃之日起承担连带保证责任，并且一般保证人履行保证义务后反悔的，人民法院不予支持。同时，债权人在诉讼外向债务人提出履行债务的请求后就要求保证人承担保证责任的，保证人有权拒绝债权人的主张。债权人必须通过法律途径向债务人主张债权并经法院强制执行，这是要求一般保证人承担保证责任的前提。

一般保证与连带保证的根本区别在于一般保证中保证人承担责任的条件是"债务人不能履行债务"，而连带责任保证是"不履行债务"。不能清偿是债务人在客观上没有能力清偿债务，而不清偿是指债务到期后未获清偿的状态。不清偿的原因可以是债务人有清偿能力，但主观上不愿意清偿，也可以是债务人没有清偿能力。在民间借贷活动中，债务人不能履行债务是指借款人的财产经人民法院强制执行后仍无法全部清偿到期债务的情况。此时，民间借贷的一般保证人才开始承担保证责任，代为清偿借款债务。如果民间借贷纠纷未经审判和强制执行债务人财产的，则一般保证人享有先诉抗辩权，可以拒绝先行承担保证责任。

对于民间借贷合同纠纷案件，经过诉讼程序或者有效证据证实，确认借款人出现下列情形的，应当视为不能履行债务：

（1）债务人住所变更，致使债权人要求其履行债务发生重大困难的；

（2）人民法院受理借款人的破产案件，中止执行程序的；

（3）出借人要求借款人履行债务发生的重大困难情形，包括借款人下落不明、移居境外，且无财产可供执行；

（4）借款公民死亡，无遗产可供执行或者继承人放弃继承遗产，执行后不足清偿的；

（5）借款人违法犯罪被劳教劳改，且无财产可供执行或者执行后不足清偿的；

（6）借款人可供执行的财产经人民法院采取拍卖、变卖等处分性措施不足的；

（7）借款人生活困难，除生活必需品和必需费用外，无财产清偿债务的；

（8）借款人企业破产、解散、关闭后，其财产不足清偿的；

（9）借款人财产被查封、扣押、监管，人民法院无法强制执行的；

（10）借款人财产被确认为违法，且无其他合法财产可供执行的；

（11）借款人财产所在地不明的；

（12）法律、法规规定不能强制执行，且借款人无其他财产可供执行的。

2. 民间借贷的连带责任保证

民间借贷的连带责任保证是指出借人与保证人在保证合同中约定，保证人与借款人对民间借贷债务承担连带责任的一种保证方式。根据《担保法》第18条，当事人在保证合同中约定保证人与债务人对债务承担连带责任的，为连带责任保证。连带责任保证的债务人在主合同规定的债务履行期届满没有履行债务的，债权人可以要求债务人履行债务，也可以要求保证人在其保证范围内承担保证责任。

在连带责任保证中，保证人并不享有先诉抗辩权，只要有借款人履行期限届满不履行债务的事实，保证人的保证责任即发生效力。连带责任保证的债权人要求保证人承担保证责任的，只需证明借款人届期不履行债务的事实即可，其承担保证责任不再以债权人先诉求债务人履行债务为前提，也不论出借人是否就借款人的财产已强制执行，保证人均须依保证合同的约定承担保证责任。

一般保证与连带责任保证的区别主要体现在以下几方面：

（1）承担责任的具体做法不同。一般保证的保证人只是在主债务人不履行时有代为履行的义务，即有补充性；而连带责任保证中的保证人与主债务人为连带债务人，债权人在保证范围内，可以向债务人求偿，也可以向保证人求偿，债权人无论选择谁，债务人和保证人都无权拒绝。

（2）连带责任保证中保证人与主债务人的权利义务及其责任问题适用于连带债务的法律规定。而一般保证人与主债务人间不存在连带债务问题，只是在保证人向债权人履行债务后，保证人对主债务人享有求偿权。

（3）连带责任保证中的债务人无先诉抗辩权，即不能以债权人是否催告主债务人作为是否履行保证义务的抗辩理由。而一般保证中的保证人享有先诉抗辩权，即当债权人要求保证人代为履行时，保证人可以要求债权人先就主债务人的财产诉请强制执行或设有物的担保时先执行担保物权为由而拒绝清偿。

（4）连带责任保证是由法律规定或当事人约定的，无规定或约定的亦按连带责任保证承担，一般保证则由当事人约定。

（5）连带责任保证的担保力度较强，对债权人颇为有利，保证人的负担较重，而一般保证的担保力度相对较弱，保证人的负担相对较轻。

五、民间借贷的保证期间

民间借贷保证期间是指出借人主张保证债权和保证人承担保证责任的有效时间。《担保法》规定了法定的保证期间和约定的保证期间两种。民间借贷约定保证期间是出借人与保证人约定，民间借贷合同履行期限届满之日起，保证人在一定时间内承担保证责任的时限，这是双方自愿协商一致的结果。民间借贷法定期间，是出借人与保证人对保证期间未约定或者约定不明确的情况下，依据《担保法》确定的期间。即保证人与出借人未约定保证期间的，保证期间为债务履行期届满之日起6个月。实践中，往往存在未约定或者约定不明确的情形，对于不同情形要区别处理。

1. 约定的保证期间早于或等于债务的履行期

有的民间借贷保证合同约定保证期间早于或者等于债务的履行期，使保证合同约定的保证期间的终点就是债务履行的到期日或者早于债务履行到期之日。对于此种情况，《担保法解释》第32条第1款规定："保证合同约定的保证期间早于或者等于主债务履行期限的，视为没有约定，保证期间为主债务履行期届满之日起六个月。"

2. 约定保证到债务清偿完毕时止

为了不使保证人脱离保证责任，借款双方约定借款人未清偿债务则永不免除保证人的保证责任或者约定保证到借款人还清债务本息时止。对于此种情形，《担保法解释》第32条第2款规定："保证合同约定保证人承担保证责任直至主债务本息还清时为止等类似内容的，视为约定不明，保证期间为主债务履行期届满之日起二年。"

3. 主债务未确定履行期限，保证期间的起算

实践中，有的出借人与借款人对债务的偿还期限未作约定，因而保证期间也无法确定起算日。《担保法解释》第33条规定："主合同对主债务履行期限没有约定或者约定不明的，保证期间自债权人要求债务人履行义务的宽限期届满之日起计算。"

六、民间借贷的共同保证

共同保证是指两个以上保证人为同一债务提供的保证。共同保证的特点在于担保同一债务履行的保证人是数人而不是一人。如果数人分别为不同的债权提供保证担保，则不属于共同担保。民间借贷的共同保证是指出借人与借款人的借款有两个或者两个以上保证人提供保证的担保方式。共同保证具有以下法律特征：①保证人为二人或二人以上；②被保证人为同一人，被保证的债务为同一笔。《担保法》第12条规定："同一债务有两个以上保证人的，保证人应当按照保证合同约定的保证份额，承担保证责任。没有约定保证份额的，保证人承担连带责任，债权人可以要求任何一个保证人承担全部保证责任，保证人都负有担保全部债权实现的义务。已经承担保证责任的保证人，有权向债务人追偿，或者要求承担连带责任的其他保证人清偿其应当承担的份额。"根据该条规定，民间借贷共同保证人的共同保证责任分为按份共同保证和连带共同保证。

1. 按份共同保证

各共同保证人与出借人约定各自承担保证责任具体数额的，应当按照保证合同约定的保证份额，各自承担保证责任。出借人只能按照其与各保证人约定

的具体数额，要求保证人承担保证责任，对超过约定数额的部分，保证人有拒绝的权利。而保证人在承担完保证责任后，只能向债务人追偿，不能向其他保证人追偿。《担保法解释》第 21 条规定："按份共同保证的保证人按照保证合同约定的保证份额承担保证责任后，在其履行保证责任的范围内对债务人行使追偿权。"

2. 连带共同保证

在共同保证合同中，各保证人约定对全部债务承担连带保证责任的，借款人到期没有清偿借款债务，出借人可以要求任一保证人承担全部的保证责任，任何一个保证人都有代为履行全部借款债务的义务。连带共同保证的各保证人之间一般存在意思表示上的沟通联络，以约定各自的权利义务内容。但实务中也存在没有意思表示联络的连带共同保证，即推定的连带共同保证。《担保法解释》第 19 条规定："两个以上保证人对同一债务同时或者分别提供保证时，各保证人与债权人没有约定保证份额的，应当认定为连带共同保证。连带共同保证的保证人以其相互之间约定各自承担的份额对抗债权人的，人民法院不予支持。"在推定的共同保证中，各保证人之间没有约定，甚至保证人在订立保证合同时并不知道还有其他保证人的存在，法律规定的目的是为了保护债权。

在连带共同保证中，一个保证人履行了全部还款的义务后，有权向其他保证人追偿。《担保法解释》第 20 条规定："连带共同保证的债务人在主合同规定的债务履行期届满没有履行债务的，债权人可以要求债务人履行债务，也可以要求任何一个保证人承担全部保证责任。连带共同保证的保证人承担保证责任后，向债务人不能追偿的部分，由各连带保证人按其内部约定的比例分担。没有约定的，平均分担。"

七、民间借贷的混合担保

混合担保是指同一债权既有人的保证，又有物的担保。人的保证与物的担保的责任承担顺序由担保合同约定。合同未约定的，如果债务人以自己的物提供担保的，应先就物的担保实现债权，不能实现的部分再向保证人主张。如果第三人提供物的担保的，则债权人可以要求实现物的担保，也可以要求实现保证人的保证。《中华人民共和国物权法》（以下简称《物权法》）第 176 条对混合担保及其责任作出了规定："被担保的债权既有物的担保又有人的担保的，债务人不履行到期债务或者发生当事人约定的实现担保物权的情形，债权人应当按照约定实现债权；没有约定或者约定不明确，债务人自己提供物的担保的，债权人应当先就该物的担保实现债权；第三人提供物的担保的，债权人可以就物的担保实现债权，也可以要求保证人承担保证责任。提供担保的第三人承担担保责任后，有权向债务人追偿。"

在民间借贷活动中，物的担保可以是借款人，也可以是第三人，保证人则必须是第三人。混合担保存在着两种情况，即第三人提供的保证担保和另一人提供的抵押或者质押以及第三人提供保证担保和借款人又以自己的财产抵押或者质押。应依据不同方式处理这两种情况。

1. 依照约定的方式承担担保责任

混合担保中，各个担保人已经明确约定担保责任的，应当依据当事人的约定承担担保责任。不能适用借款人提供的物的担保先予清偿的规定，应按约定的顺序承担，这是合同自由的基本要求。《物权法》第176条规定，被担保的债权既有物的担保又有人的担保的，债务人不履行到期债务或者发生当事人约定的实现担保物权的情形，债权人应当按照约定实现债权。

2. 借款人提供的物权担保先予清偿

当事人之间对承担担保责任的顺序未约定或者约定不明的，依据《物权法》第176条规定，没有约定或者约定不明确，债务人自己提供物的担保的，债权人应当先就该物的担保实现债权。所以，对于借款人提供物权担保的，应首先在担保物的价值范围内先对全部借贷债务承担担保责任，保证人只对担保物价值之外的借贷债务承担保证责任。

3. 保证与第三人物权担保并存如何承担保证责任

当同一债权既有保证又有第三人提供的物的担保时，如果当事人对保证担保的范围或者物的担保的范围没有约定或者约定不明确的，视为保证人与物的担任人之间承担的是连带担保责任。债权人对到期受清偿的债权，既有权选择要求保证人按照合同约定或者法律规定承担保证责任，也有权选择要求物的担保人按照合同约定或法律规定承担保证责任。承担了责任的担保人，可以直接向债务人追偿，也可以先要求其他担保人清偿其应当分担的份额，然后就其本人最后承担的责任份额再向债务人追偿。也就是说，连带责任的承担使直接向债权人承担责任的担保人享有了双重追偿权。

4. 出借人放弃物权担保的处理

混合担保合同中，已经明确约定各个担保人承担担保责任份额的，出借人放弃物权担保，并不影响保证人保证责任的承担，其依旧在约定的限额内承担保证责任。对于混合担保中，保证人与物权担保为连带保证责任时，出借人放弃物权担保的，因保证人是连带保证人，所以保证人依然要对出借人的债权承担担保证责任。对于债权人放弃借款人物权担保的，《物权法》第194条第2款规定："债务人以自己的财产设定抵押，抵押权人放弃该抵押权、抵押权顺位或者变更抵押权的，其他担保人在抵押权人丧失优先受偿权益的范围内免除担保责任，但其他担保人承诺仍然提供担保的除外。"第 218 条规定："质权人可以放弃质权。债务人以自己的财产出质，质权人放弃该质权的，其他担保人在质权人丧失优先受偿权益的范围内免除担保责任，但其他担保人承诺仍然提供担保的除外。"

八、债权转让的保证责任

《担保法》第 22 条规定："保证期间，债权人依法将主债权转让给第三人的，保证人在原保证担保的范围内继续承担保证责任。保证合同另有约定的，按照约定。"《担保法解释》第 28 条规定："保证期间，债权人依法将主债权转让给第三人的，保证债权同时转让，保证人在原保证担保的范围内对受让人承担保证责任。但是保证人与债权人事先约定仅对特定的债权人承担保证责任或者禁止债权转让的，保证人不再承担保证责任。"从《担保法》以及《担保法解释》的规定可以看出，债权转让并不影响保证人的保证责任的承担。我国《合同法》第 81 条也规定了债权转移的，从权利随之转移。债权人享有的保证债权属于从权利，主债权转移的，保证债权随之转移，保证人依然承担保证责任。

保证人为债务人提供保证是基于双方的关系，而债权的转让并不影响保证人，也并没有损害保证人的利益，债务人也并没有发生变化。但是，保证人与债权人约定仅对特定的债权人承担保证责任的，债权转让后，保证人不承担保证责任。保证人与债权人约定禁止债权转让的，并不发生阻止债权转让的法律效力，债权人依法转让的，仍然发生法律效力，但保证人获得免除保证责任的抗辩权。[1]

另外，需要注意的是债权转让必须在保证期限内转让。如果保证期限届满，则保证人不再承担保证责任。保证人只在原保证范围内承担保证责任，对于超过的部分不承担保证责任，保证合同另有约定的除外。

九、债务转移的保证责任

《担保法》第 23 条规定："保证期间，债权人许可债务人转让债务的，应当

---

[1] 曹士兵：《中国担保制度与担保方法——根据物权法修订》，中国法制出版社 2008 年版，第 140 页。

取得保证人书面同意，保证人对未经其同意转让的债务，不再承担保证责任。"保证人与债务人同属一个利益共同体，债权人同意债务转移，不仅意味着保证人与特定的债务人之间的信任关系的改变，而且意味着原债务人不再承担债务清偿责任，以及新的债务人的清偿能力如何，都关系着保证人的利益。因此，应当征得保证人的同意，否则免除保证责任。并且根据该条规定，债务转移应征得保证人的同意，并采取书面形式。《担保法解释》第 29 条也规定了这一形式："保证期间，债权人许可债务人转让部分债务未经保证人书面同意的，保证人对未经其同意转让部分的债务，不再承担保证责任。但是，保证人仍应当对未转让部分的债务承担保证责任。"该条规定的是部分债务转移未经保证人同意的情形，即对未经其同意转移的债务不承担保证责任，只对剩余部分继续承担保证责任。

十、保证合同无效造成损失的赔偿问题

保证合同无效主要有两种情况，即主合同无效致使保证合同无效，以及主合同有效而保证合同无效。对于民间借贷来说，就是指借贷合同无效致使保证合同无效以及借贷合同有效而保证合同无效两种情形。

1. 借贷合同无效致使保证合同无效的赔偿

《担保法解释》第 8 条规定："主合同无效而导致担保合同无效，担保人无过错的，担保人不承担民事责任；担保人有过错的，担保人承担民事责任的部分，不应超过债务人不能清偿部分的三分之一。"由此，借贷合同无效导致保证合同无效，由出借人、借款人的过错造成，保证人无过错的，保证人不承担赔偿责任。保证人有过错的，承担赔偿责任的部分，不应超过借款人不能清偿部分的三分之一。

2. 借贷合同有效而保证合同无效的赔偿

《担保法解释》第 7 条规定："主合同有效而担保合同无效，债权人无过错的，担保人与债务人对主合同债权人的经济损失，承担连带赔偿责任；债权人、担保人有过错的，担保人承担民事责任的部分，不应超过债务人不能清偿部分的二分之一。"根据该条规定，借贷合同有效而保证合同无效的赔偿责任，依据担保当事人有无过错而有所不同。出借人无过错的，保证人和借款人对出借人的损失承担连带赔偿责任。赔偿范围包括尚未收回的借款本金、利息和其他费用。出借人和保证人都有过错造成出借人损失的，保证人承担赔偿责任的部分不应超过债务人不能清偿部分的二分之一。不能清偿的意思是债务人经法院强制执行不能清偿全部债务的部分。

3. 保证合同无效时承担赔偿责任的方式

民间借贷保证合同的无效与合同无效的情形相同。保证合同无效时承担赔偿责任的方式主要有返还借款和赔偿损失两种。依照《民法通则》，无效合同中已经取得财产的一方当事人应当向对方返还财产。无论谁的原因导致保证合同无效，借贷债权都应获得保护，借款人应返还借款。如果出借人给借款人造成损失的，应另行赔偿。此外，对于出借人、借款人、保证人，无论谁的原因导致保证合同无效，存在过错并造成对方损失的，过错方都应当赔偿损失。《物权法》第 172 条第 2 款规定："担保合同被确认无效后，债务人、担保人、债权人有过错的，应当根据其过错各自承担相应的民事责任。"

第三节　民间借贷的抵押担保

一、民间借贷抵押担保的概念、特点

抵押担保是指债务人或者第三人不转移对某一特定物的占有，而将该财产作为债权的担保，债务人不履行债务时，债权人有权依照法律的规定以该财产折价或者以拍卖、变卖该财产的价款优先受偿。设立抵押担保的目的是以担保物所具有的价值承担债务不能履行的担保，以确保债权的实现。但不是取得担保物的所有权、使用权和用益权，而是对担保物折价或者以拍卖、变卖该财产的价款优先受偿。在民间借贷活动中，借款人可以自己的财产作抵押担保，第三人愿意以自己的财产为债务人设定抵押担保的也可以。出借人是抵押权人，提供抵押的人为抵押人。

抵押担保最主要的特点在于，抵押合同生效后以及抵押物登记后，抵押权人仅取得抵押权，抵押财产不转移为抵押权人占有。抵押人有权占有、管理、使用该抵押财产。另外，抵押与保证的区别在于保证人的所有财产都是担保的责任财产，用于对债务人的债务承担保证责任，而抵押物具有特定性，除浮动抵押外，在设定抵押时，必须明确具体的财物。当实现抵押权时，仅是对该特定物的价值优先受偿，对抵押人的其他财产不享有抵押权。

二、抵押标的物的范围、要求

《物权法》规定了可以抵押的财产以及不得抵押的情形。

1. 可以抵押的财产

《物权法》第 180 条规定："债务人或者第三人有权处分的下列财产可以抵押：（一）建筑物和其他土地附着物；（二）建设用地使用权；（三）以招标、

拍卖、公开协商等方式取得的荒地等土地承包经营权；（四）生产设备、原材料、半成品、产品；（五）正在建造的建筑物、船舶、航空器；（六）交通运输工具；（七）法律、行政法规未禁止抵押的其他财产。抵押人可以将前款所列财产一并抵押。"第181条规定规定了浮动抵押："经当事人书面协议，企业、个体工商户、农业生产经营者可以将现有的以及将有的生产设备、原材料、半成品、产品抵押，债务人不履行到期债务或者发生当事人约定的实现抵押权的情形，债权人有权就实现抵押权时的动产优先受偿。"但是，因为民间借贷的特点，有些财产不能或不宜适用于民间借贷的抵押，如船舶、航空器等。

2. 不得抵押的财产

《物权法》第184条："下列财产不得抵押：（一）土地所有权；（二）耕地、宅基地、自留地、自留山等集体所有的土地使用权，但法律规定可以抵押的除外；（三）学校、幼儿园、医院等以公益为目的的事业单位、社会团体的教育设施、医疗卫生设施和其他社会公益设施；（四）所有权、使用权不明或者有争议的财产；（五）依法被查封、扣押、监管的财产；（六）法律、行政法规规定不得抵押的其他财产。"

设定抵押权除符合法律规定的种类外，还需要符合法律规定的基本要求，才能成为有效的抵押物。根据《物权法》和其他法律规定，抵押物除是特定物外，还须符合以下几个要求：

（1）抵押人对抵押财产享有所有权、处分权。在民间借贷活动中，借款人和第三人必须以自己所有的财产为借款提供抵押，如果借款人或者第三人拿他人的财产抵押，就会因侵害他人的合法权益使抵押合同无效。同时，设定抵押还要求对财产有处分权。没有所有权，但有处分权的，可以设定抵押，因为对财产设定抵押也是对财产的处分，属于其权限范围之内。对财产无所有权也无处分权的，不能设定抵押。

（2）必须是合法的、无争议的财产。《物权法》规定了所有权、使用权不明或者有争议的财产不得设定抵押。因此，借款人或者第三人提供的抵押财产如果与他人有争议，则该财产不得设定抵押。已经设定抵押的，在该财产的争议未解决之前，抵押权无法实现，也无法排除对他人财产的侵犯，如争议财产最后不归借款人或者第三人所有。同时，抵押的财产应是合法的，非法占有和取得的财产不能作为抵押物，因为当合法的所有权人主张权利后，抵押权人将无法实现抵押权。

（3）必须是国家允许进入市场流通的财产。对于到期债务，需要行使抵押权的，应对抵押物折价或者以拍卖、变卖的方式获得价款，然后对该财产的价款优先受偿。而对抵押物进行拍卖、变卖，就要进入流通市场。如果抵押物属于法律禁止流通的财物，就会使抵押权无法实现。因此，抵押物必须是国家允许进入市场流通的财产。

三、抵押权的设立

抵押权的设立因抵押物是动产还是不动产而有所区别。不动产抵押权的设立以登记为条件，而动产抵押权的设立以抵押合同生效为条件。

1. 不动产抵押权的设立

不动产是指依其自然性质不能移动，或者一经移动必然损毁其经济价值的物，如土地、房屋等地上附着物。不动产抵押权的设立以登记为条件。所谓不动产抵押物登记是指抵押当事人要求登记机关将不动产抵押物记载于登记册的行为。

《物权法》第 9 条第 1 款规定："不动产物权的设立、变更、转让和消灭，经依法登记，发生效力；未经登记，不发生效力，但法律另有规定的除外。"因此，对于不动产抵押权的设立，在签订抵押合同后应到有关的登记部门办理登记手续，否则抵押权未设立。

另外，依据《物权法》第 187 条规定，以本法第 180 条第 1 款第 1 项至第 3 项规定的财产，即建筑物和其他土地附着物，建设用地使用权；③以招标、拍卖、公开协商等方式取得的荒地等土地承包经营权，或者第 5 项规定的正在建造的建筑物抵押的，应当办理抵押登记。抵押权自登记时设立。

2. 动产抵押权的设立

动产抵押权的设立以抵押合同的生效为条件。但是，《物权法》第 188 条规定："以本法第一百八十条第一款第四项、第六项规定的财产或者第五项规定的正在建造的船舶、航空器抵押的，抵押权自抵押合同生效时设立；未经登记，不得对抗善意第三人。"该条规定的抵押财产都是动产：生产设备、原材料、半成品、产品；交通运输工具；正在建造的船舶、航空器。另外，《物权法》第 189 条第 1 款规定："企业、个体工商户、农业生产经营者以本法第一百八十一条规定的动产抵押的，应当向抵押人住所地的工商行政管理部门办理登记。抵押权自抵押合同生效时设立；未经登记，不得对抗善意第三人。"这是对动产浮动抵押的规定，即抵押权自合同生效时设立，未登记的，不得对抗善意第三人。

3. 抵押物登记机关

《担保法》第 42 条、第 43 条规定了抵押登记机关。办理抵押物登记的部门如下：①以无地上定着物的土地使用权抵押的，为核发土地使用权证书的土地管理部门；②以城市房地产或者乡（镇）、村企业的厂房等建筑物抵押的，为县级以上地方人民政府规定的部门；③以林木抵押的，为县级以上林木主管部门；④以航空器、船舶、车辆抵押的，为运输工具的登记部门；⑤以企业的设备和其他动产抵押的，为财产所在地的工商行政管理部门。

当事人以其他财产抵押，要求办理抵押物登记的，登记部门为抵押人所在地的公证部门。

四、抵押权人放弃抵押权对其他担保人的影响

抵押权人放弃抵押权的后果就是抵押权消灭，抵押权人与抵押人之间的抵押法律关系消灭。

在按份共同抵押的情况下，各个抵押人只对自己的份额承担抵押责任，抵押权人放弃部分抵押权的，并不影响其他抵押人的责任承担，各个抵押人依旧以原约定的份额承担责任。

在有抵押顺序的情况下，《物权法》第194条第2款："债务人以自己的财产设定抵押，抵押权人放弃该抵押权、抵押权顺位或者变更抵押权的，其他担保人在抵押权人丧失优先受偿权益的范围内免除担保责任，但其他担保人承诺仍然提供担保的除外。"《担保法解释》第75条第1款规定："同一债权有两个以上抵押人的，债权人放弃债务人提供的抵押担保的，其他抵押人可以请求人民法院减轻或者免除其应当承担的担保责任。"

五、抵押人转让抵押物的处理

抵押人提供抵押担保后，又将该抵押物转让的，在不影响抵押权，也不损害受让人的利益的情况下，转让有效。《物权法》第191条规定："抵押期间，抵押人经抵押权人同意转让抵押财产的，应当将转让所得的价款向抵押权人提前清偿债务或者提存。转让的价款超过债权数额的部分归抵押人所有，不足部分由债务人清偿。抵押期间，抵押人未经抵押权人同意，不得转让抵押财产，但受让人代为清偿债务消灭抵押权的除外。"

根据该条规定，民间借贷的抵押人在抵押期间有效转让已经登记的抵押物，以取得抵押权人同意为要件。如果未经同意，抵押人不得转让。如果抵押物已经转让的，出借人可以行使抵押物上追及权，但双方明确约定或者事后出借人同意的除外。另外，如果抵押物未登记的，抵押权不得对抗善意受让人，抵押权人不得行使抵押物上追及权。抵押权人受损害的，由抵押人承担赔偿责任。

第四节 民间借贷的质押担保

一、民间借贷质押的概念、特点

质押担保是指债务人或第三人将其动产或者权利移交债权人占有，将该动产或者权利作为债权的担保，当债务人不履行债务时，债权人有权依法就该动产或者权利优先受偿的担保方式。对于民间借贷而言，出借人是质权人，出质人是借款人或者第三人。借款人或者第三人为借款提供财产出质，双方当事人订立民间借贷质押合同，出借人接受的，双方当事人订立质押合同。出质人交付质物为出借人占有的或者办理质押登记的，质权设立。

出借人占有质物的，出质人对质物享有的所有权与出借人对质物的占有相分离。出质人对质物有所有权，但不能实际控制。出借人对质物直接占有，享有控制权，但无所有权。出借人对质物占有可以限制所有权人对质物进行处分，以保证债权的实现。

出借人与借款人或者第三人订立民间借贷质押合同，符合合同成立的要件的，质押合同即成立生效，但质权却并未设立。出质人交付质物于出借人占有或者登记后，质权设定，出借人取得质权。如果借款人未交付或者未登记，则质权未设立。第三人不交付或者不登记，则质权也未设立。但这种情况下，出质人应当承担违约责任，即违反质押合同，但不承担质押责任。

质押具有一切担保物权具有的共同特征，即从属性、不可分性和物上代位性。质押最主要的特点就是移转质物的占有，质权以占有标的物为成立要件。另外，金钱经特定化后也可以出质，如债务人或者第三人将其金钱以特户、封金、保证金等形式特定化后，移交债权人占有作为债权的担保，债务人不履行债务时，债权人可以以该金钱优先受偿。但在民间借贷活动中，合同的标的就是金钱，如果再质押金钱，完全不符合民间借贷合同的目的。因此，金钱作为质押不适用于民间借贷活动。

二、质押与抵押的区别

1. 提供的担保物不同

抵押的担保物为动产或不动产，如土地、房屋、车、船等。而质押则必须以动产和财产权利为质物，不动产不能为质押。因为质押需要转移占有，而不动产的性能决定其不可转移占有，所以只适合抵押。

2. 权利的设立条件不同

质权自质物交付质权人或者登记之日起设立；而抵押权的设立，需要登记的，登记后才设立抵押权，不需要登记的，抵押合同签订之日起设立。另外，抵押不转移对抵押物的占有，仍由抵押人负责抵押物的保管；质押改变了质物的占有，由质权人负责对质押物进行保管。

3. 效力不同

抵押只有单纯的担保效力，而质押中质权人实际占有质物，对质物直接进行支配，又能体现留置效力。

4. 处置权不同

若债务人无法按时偿还债务，债权人对抵押物不具有直接处置权，需要与抵押人协商或通过诉讼由法院判决后完成抵押物的处置；而对质押物的处置不需要经过协商或法院判决，超过合同规定的时间，债权人就可以进行处置。

三、民间借贷质押合同的内容、形式

依据《物权法》第210条，质权合同一般包括下列条款：①被担保债权的种类和数额；②债务人履行债务的期限；③质押财产的名称、数量、质量、状况；④担保的范围；⑤质押财产交付的时间。这五项内容是质押合同的基本内容，缺少一个会导致约定不明的情况出现，易产生纠纷。但是，如果质押合同不具备上述内容的，质押期间，双方当事人可以通过协商对质押合同进行补正。有其他约定的，在质押合同中写明即可。

依据《物权法》第210条，设立质权，当事人应当采取书面形式订立质权合同。因此，口头质权合同不能成立。但民间借贷活动中往往质押担保并不规范，有的当事人未订立质押合同，口头协商以后就简单地交付质物和接受质物。对于这种情形，质物已经交付，口头的质押合同能够被证明属实的，应认定口头质押合同有效。

质押合同的生效不以质物交付或者登记为条件。质押合同属于诺成合同，双方当事人一旦订立即生效。交付和登记是质权设立的条件。此外，《物权法》第211条规定："质权人在债务履行期届满前，不得与出质人约定债务人不履行到期债务时质押财产归债权人所有。"这是禁止流质的规定，即不得约定在借款期限届满后，借款债务未清偿的，质物的所有权转移为出借人所有。约定了也作无效处理，但不影响其他内容的效力。

四、民间借贷的质押形式

根据质物的性质，质押可分为动产质押和权利质押两类。

1. 民间借贷的动产质押

动产是指经过移动后，其价值、性能并不发生损坏的财物。《物权法》规定，只要法律、行政法规没有禁止转让的动产都可以出质。同时，对于不得抵押的财产，也不得质押。这是从立法目的上的考量，法律规定禁止抵押的财产同样禁止质押，是对立法目的的一以贯之，以免担保方式的变化突破法律的限制，割裂立法的价值取向。[1]因此，非法取得的动产、学校、幼儿园、医院等以公益为目的的事业单位、社会团体的教育设施、医疗卫生设施和其他社会公益设施的动产、所有权或使用权不明或者有争议的财产、依法被查封、扣押、监管的动产等，不能质押。

《物权法》第212条规定："质权自出质人交付质押财产时设立。"即动产质权的设定以动产的交付为条件。因此，出质人的交付在前，而质权人的占有在后。如果出质人已经交付质物，而质权人有过错而未占有的，出质人并不违约。导致质权未设立或者造成损失的，出质人不承担责任，除非出质人交付质物时有过错。

2. 民间借贷的权利质押

权利质押是指债务人或者第三人将具有财产内容的权利交付债权人占有或者登记，在债务人届期不履行债务时，债权人有权处分该权利并优先受偿的权利。权利质押是以权利中的财产为质物的一种质押。随着现代融资工具的不断发展创新，财产权利质押在民间借贷活动中运用越来越多。

我国财产权利质押采法定主义。《物权法》第223条规定："债务人或者第三人有权处分的下列权利可以出质：（一）汇票、支票、本票；（二）债券、存款单；（三）仓单、提单；（四）可以转让的基金份额、股权；（五）可以转让的注册商标专用权、专利权、著作权等知识产权中的财产权；（六）应收账款；（七）法律、行政法规规定可以出质的其他财产权利。"

财产权利质押的设立需要签订书面的质押合同，然后将财产权利凭证交付质权人占有或者登记。根据《物权法》第224条、第226条、第227条、第228条的规定，以汇票、支票、本票、债券、存款单、仓单、提单出质的，当事人应当订立书面合同。质权自权利凭证交付质权人时设立；没有权利凭证的，质权自有关部门办理出质登记时设立。对于基金份额、股权、知识产权、应收账款的质权，自登记时设立。

---

[1] 曹士兵：《中国担保制度与担保方法——根据物权法修订》，中国法制出版社2008年版，第296页。

五、民间借贷质权的实现

民间借贷设立质押的，债务人在债务到期时清偿全部债务的，出借人应向借款人或者第三人返还质物，出借人的质权消灭。如果借款人到期没有清偿全部债务，质权人可以行使质权，依法处理质物，以实现债权。质权人实现质权基本上都是自力救济，但也可通过司法程序，主要有：①质权人与出质人协议处理质物以清偿债权；②质权人可以依法拍卖、变卖质物，以质物变现优先受偿，可自行组织拍卖或者申请法院拍卖；③第三人作为出质人以金钱代为偿还；④采取兑现、提货措施，属于权利质押实现质权的方式，如以存款单、票据等质押的，质权人可以采取兑现的办法实现债权，以仓单、提单等质押的，可以采取提取货物的方法取得财产，然后依法处理该财产受偿。但是，对于质物的价值超过债务的部分，要归还出质人。

本章参考文献

1. 刘宝玉主编：《担保法疑难问题研究与立法完善》，法律出版社 2006 年版。

2. 陈本寒：《担保物权法比较研究》，武汉大学出版社 2003 年版。

3. 史尚宽：《物权法论》，中国政法大学出版社 2000 年版。

4. 郭明瑞、房绍坤：《担保法》，中国政法大学出版社 2015 年版。

5. 何志：《担保法疑难问题阐释》，中国法制出版社 2011 年版。

6. 何志：《担保法判解研究与适用》，人民法院出版社 2010 年版。

7. 黄良友主编：《担保法教程》，对外经济贸易大学出版社 2008 年版。

第八章

民间借贷的违约责任

第一节 违约行为概述

一、违约行为的概念

违约是违约救济的前提和基础。违约行为又称违反合同的行为，是指合同当事人没有按照合同的约定或者法律的规定履行合同义务的行为。[1]而民间借贷违约则是指民间借贷当事人一方不履行合同约定的或者法律规定的合同义务的行为。从实际情况来看，民间借贷的违约主要是借款人的违约，但出借人也存在着缔约过失的情况。

另外，需要注意的是违约行为与债的不履行的关系，二者联系紧密但并不相同。如果将违约行为与债的不履行完全等同，则混淆了二者的范围。二者的区别一方面在于不履行的概念常常指独立的违约形态，在这个意义上，不履行只是违约的一种形式；另一方面，不履行常常特指不给付或者未依债务的本旨做出给付。[2]但违约的概念更广泛，它包含了各种法定的、约定的以及依诚实信用原则所产生的义务的违反，即任何违反合同义务的行为都可以归结为违约行为。

二、违约行为的特点

1. 违约行为是一种特殊的违法行为

关于违约行为是否具有违法性或者是否属于违法行为的问题，学者有不同

---

〔1〕 李新天：《违约形态比较研究》，武汉大学出版社 2005 年版，第 1 页。
〔2〕 史尚宽：《债法总论》，中国政法大学出版社 2000 年版，第 370 页。

的看法。有学者认为违约行为不属于违法行为，因为违法行为是对强行法的违反，而违约行为只是对合同约定的违反。但实质上，违约行为与违法行为都是对权利的侵犯。在民法中，违反民事法律法规就是对民事权利的侵犯。而债权和合同权利是受《合同法》保护的权利，违约行为则侵犯了合同权利，也是对保护和确认合同权利的《合同法》的违反，具有违法性。如果不对违约行为进行违法性认定，则意味着违约行为可能是合法行为，对合法行为则不能追究其法律责任。这种违法行为与违反强行法的情形不同，其是对合同严守精神的违反。我国《合同法》第 8 条规定："依法成立的合同，对当事人具有法律约束力。当事人应当按照约定履行自己的义务，不得擅自变更或者解除合同。依法成立的合同，受法律保护。"因此，除非当事人违约具有正当理由，否则当事人违约即视为违法。

2. 违约行为主体的特定性

依据合同的相对性理论，只有合同当事人才有权向对方主张履行或承担义务，其他人则不承担任何义务。因此，违约行为主体具有特定性。违约行为的主体一般是债务人，但并不是说债权人不能成为违约责任的主体，如在受领迟延的情况下，债权人就成了违约行为的主体。

3. 违约行为是违反了合同义务的行为

当事人违反合同义务既包括当事人在合同中约定的义务，也包括依据民法等基本法律规定和基本法律原则应当履行的义务，而合同义务主要包括给付义务和附随义务。其中，给付义务包括主给付义务与从给付义务；附随义务，依据《合同法》的规定，主要包括通知的义务、告知的义务、保护的义务、照顾的义务、保密的义务、协作的义务等几方面。

三、我国《合同法》中涉及的违约形态

违约形态是指根据违约行为违反义务的性质和特点而对违约行为所做的分类。[1]我国法律法规并未对违约形态做专门的规定，但《合同法》在规定违约责任内容时涉及到违约形态。

1. 预期违约

满足我国《合同法》第 94 条第 2 项规定的，即"在履行期限届满之前，当事人一方明确表示或者以自己的行为表明不履行主要债务"的，当事人有合同解除权。《合同法》第 108 条规定："当事人一方明确表示或者以自己的行为表

---

〔1〕 王利明：《合同法研究》，中国人民大学出版社 2015 年版，第 458 页。

明不履行合同义务的，对方可以在履行期限届满之前要求其承担违约责任。"这两条明确规定了预期违约是一种违约形态。

2. 根本违约

我国《合同法》第 94 条规定："有下列情形之一的，当事人可以解除合同：……（三）当事人一方迟延履行主要债务，经催告后在合理期限内仍未履行；（四）当事人一方迟延履行债务或者有其他违约行为致使不能实现合同目的；……"《合同法》第 166 条第 1、2 款规定："出卖人分批交付标的物的，出卖人对其中一批标的物不交付或者交付不符合约定，致使该批标的物不能实现合同目的的，买受人可以就该批标的物解除。出卖人不交付其中一批标的物或者交付不符合约定，致使今后其他各批标的物的交付不能实现合同目的的，买受人可以就该批以及今后其他各批标的物解除。"这是对根本违约的规定。

3. 不履行

我国《合同法》第 107 条、第 112 条、第 113 条规定中都使用了"当事人一方不履行合同义务或者履行合同义务不符合约定"的用语。可见，不履行是违约形态的一种。

4. 履行不当

履行不当在《合同法》中被表示为当事人履行合同义务不符合约定，即当事人虽有履行行为，但是其履行与合同义务不完全相符。关于履行不当的法律条文与不履行的条文规定在一起，即二者的后果承担相同。但有时也存在区别，如《合同法》第 111 条规定："质量不符合约定的，应当按照当事人的约定承担违约责任。对违约责任没有约定或者约定不明确，依照本法第六十一条的规定仍不能确定的，受损害方根据标的的性质以及损失的大小，可以合理选择要求对方承担修理、更换、重作、退货、减少价款或者报酬等违约责任。"

5. 迟延履行

我国《合同法》第 94 条、第 114 条、第 117 条都有关于迟延履行的规定。如第 117 条规定："因不可抗力不能履行合同的，根据不可抗力的影响，部分或者全部免除责任，但法律另有规定的除外。当事人迟延履行后发生不可抗力的，不能免除责任。"可见迟延履行是违约形态的一种。[1]

第二节　出借人的缔约过失责任

民间借贷合同是实践合同，只有出借人向借款人实际交付借款才能生效。

---

〔1〕 惠从冰：《违约救济比较研究》，法律出版社 2013 年版，第 76 页。

一旦交付借款，则合同生效，发生的就是违约责任。而在民间借贷合同成立，但出借人未向借款人交付借款时，该合同成立但未生效，由此产生的法律责任不是违约责任，而为缔约过失责任。

一、缔约过失责任的概念

缔约过失责任是指在合同订立过程中，一方因故意或过失违背依其诚实信用原则所应尽的义务，使合同未成立、被撤销或无效而致另一方信赖利益受有损失而应承担的赔偿责任。

实践中，存在着民间借贷合同成立后，出借人本应该本着诚实信用的原则向借款人交付借款，借款人也应该履行合同约定的义务。而出借人有时无故会不向借款人交付借款，这就损害了借款人的期待利益，甚至会影响借款人对生产生活的计划，进而造成借款人经济利益的损失。在这种情况下，为了弥补借款人的损失，出借人应该承担缔约过失责任。

二、缔约过失责任的构成要件

1. 违背诚实信用原则

这一构成要件包括当事人的行为违反了先合同义务和有可归责的事由两方面。当事人行为具备这两个条件，即为缔约过失行为。《合同法》第42条、第43条以及其他法律规定了缔约过失的行为表现，主要有假借订立合同，恶意进行磋商；故意隐瞒与订立合同有关的重要事实或者提供虚假情况，即违反告知义务；对订立合同过程中知悉的商业秘密，泄露或者不正当地使用该商业秘密给对方造成损失的，即违反保密义务；当事人在订立合同中有其他违背诚实信用原则的行为。

2. 违背诚实信用原则的行为发生在缔约过程中

缔约过失责任必须发生在合同订立过程中，如果当事人未进入缔约阶段，则不发生先合同义务，更谈不上缔约过失责任。而合同生效后，当事人如违背诚实信用原则，则发生的是违约行为。

3. 主观上存在过错

缔约过失责任要求行为人主观上存在着故意或者过失，如果当事人主观上并没有过错，则谈不上缔约过失责任。

4. 对方受有损害

违背诚实信用的一方由于其行为给对方造成了一定的损害后果，如费用的支出、机会的丧失，信赖利益遭受损失。所谓信赖利益，指当事人相信合同可以成立和生效，因某种事实之发生，使得合同未成立或无效、被撤销而遭受的损失。因此，信赖利益既不是现有的财产的损毁、灭失，也不是履行利益的损失，而是指信赖无效的法律行为是有效的而受到的损害。[1]信赖利益是消极避免财产不当减少的利益，而不是积极增加财产，又称为消极利益。

5. 侵害行为与损害之间存在因果关系

因果关系是指只需具备某一事实，依据社会共同经验即足以导致与损害事实同样的结果，即有此行为，通常会发生此损害结果。若无此行为，没有此损害，则行为与损害结果无因果关系。只有当事人违反诚实信用原则的行为与对方所受的损害之间有因果关系时，才能追究当事人的缔约过失责任。

因此，民间借贷出借人要承担缔约过失责任，也同时需要具备这五个方面的要件，即出借人存在过错行为；违反了诚实信用原则；在订立合同过程中；借款人的财产利益遭受到损害；缔约过错行为与财产损害之间存在着因果关系。只有具备这五个构成要件，出借人才能承担责任。而实践中，出借人承担缔约过失责任的情况很少。借款人因出借人未提供借款而起诉至法院的极其少见，因为民间借贷大多出现在亲朋好友以及关系密切的人之间。借款人认为自己有求于人，对方不借款也是理所当然的。但是如果符合缔约过失的构成要件，则应该承担缔约过失责任。当然，民间借贷的借款人很少主张此项权利。

三、缔约过失责任与违约责任的区别

1. 行为性质不同

缔约过失责任是在缔结合同中基于合同不成立、合同无效或被撤销的情形而产生的责任，缔约一方当事人违背以诚实信用原则所应负的通知、说明、协力、忠实、照顾等先合同义务，此时合同并未生效，即未发生合同之效力，因此，缔约过失责任产生的根据是先合同义务。而违约责任则只能产生于已生效的合同，合同已生效，债务人应按合同约定的义务履行，违反约定义务的，债务人应承担违约责任，因此，违约责任产生的根据是合同义务。

2. 承担责任方式不同

缔约过失责任的责任形式只能是赔偿损失。依《合同法》第42条的规定，当事人在订立合同过程中给对方造成损失的，应当承担损害赔偿责任。违约责任的责任形式很多，《合同法》在第七章违约责任中主要规定了如下几种责任形式：继续履行；采取补救措施；赔偿损失；支付违约金；定金罚则；等等。对

---

〔1〕 史尚宽：《债法总论》，中国政法大学出版社2000年版，第289页。

民间借贷而言，其承担违约责任的方式有偿还本金、支付利息、违约金等。对于民间借贷的缔约过失责任，借款人不能强制出借人提供借款，只能主张赔偿损失。

3. 构成要件不同

缔约过失责任的构成要件主要有：①当事人双方必须有缔约行为；②当事人一方必须违背依诚实信用原则所产生的法定义务；③主观上必须当事人一方有过错，包括故意和过失；④客观上需另一方当事人信赖利益受到损失；⑤当事人主观上的过错与另一方当事人信赖利益的损失之间须有因果关系。上述五个条件需同时具备，才能构成缔约过失责任。违约责任的构成要件分为一般构成要件与特殊构成要件。一般构成要件只要当事人一方有违约行为，不履行合同义务或履行合同义务不符合约定就应当承担违约责任。违约责任的特殊构成要件因违约责任形式的不同而有所差异，如损害赔偿责任的构成要件有：违约行为；损害事实；违约行为与损害事实之间要有因果关系。

4. 赔偿损失的范围不同

缔约过失责任赔偿的是信赖利益的损失，既包括因他方的缔约过失而导致信赖人的直接财产减少的损失，如费用的支出，也包括信赖人的财产应当增加而未增加的利益。违约责任赔偿的是履行利益的损失，即合同成立且生效后，违约方不履行合同义务或履行合同义务不符合约定时给非违约方造成的损失。一般而言，违约责任赔偿的范围要比缔约过失责任赔偿范围大。对于赔偿的计算办法、数额等，违约责任可以通过双方当事人协商，也可事前达成合意，但缔约过失的损害赔偿则不能事先达成合意。

第三节　借款人的预期违约责任

一、预期违约的概念、特征

预期违约又称先期违约，是指在合同履行期限到来之前，一方虽无正当理由但明确表示其在履行期到来后将不履行合同，或者其行为表明在履行期到来后将不可能履行合同。预期违约包括明示违约和默示违约两种，并且作为违约行为的形态之一，预期违约当然要负违约责任。

预期违约的特点主要有以下两方面：

（1）预期违约行为表现为未来不履行债务。预期违约不像实际违约表现为现实的违反合同义务。当事人签订合同后，大多数都有一定的履行期限，在期限到来之前，债权人不能请求债务人履行债务，所以合同履行期限前发生的违约是"可能的违约"。如果债务人以自己的行为表明不履行债务或明确表示不履行债务，即使这种行为发生在合同履行期之前，债务人的行为也会违反合同规定的义务，同时表明他根本漠视了其应负的合同债务，因此构成违约。[1]

（2）预期违约侵犯的不是现实的债权，而是期待的债权。由于合同规定了履行期限，在履行期限到来之前，债权人不得违反合同请求债务人提前履行债务，来提前实现自己的债权。并且这种期限的约定是当事人双方事先合意的结果，所以在履行期限届至以前，债权人享有的债权只是期待权而不是现实债权。对债务人来说，这种期限是其所享有的在期限届满前拒绝还款的合法期间。

二、明示预期违约

明示预期违约是指在合同履行期限到来之前，一方虽无正当理由但明确表示其在履行期到来后将不履行合同。《合同法》第108条规定了明示预期违约。预期违约的构成要件包括以下三方面：

（1）以明确的意思表示拒绝履行债务。预期违约要求债务人必须以明确的意思表示拒绝履行债务，如借款人口头或者书面通知出借人其不履行将要到期的债务。这种不履行不仅包括不履行合同的全部内容，也包括拒绝用约定的标准和条件履行合同。

（2）拒绝履行必须在履行期限到来之前。在履行期限到来后才提出拒绝履行合同义务的，属于实际违约而不构成明示预期违约。只有在履行期限到来之前，一方明确提出其将不履行合同义务才构成明示预期违约。毁约人向另一方当事人所做的意思表示必须明确包含将要毁约的内容，如果仅表示缺乏支付能力，如经济困难或不情愿履行，则不构成明示预期违约。[2]

（3）明示毁约无正当理由。若债务人有正当理由，则不构成明示预期违约，如债务人享有合同的法定解除权、合同具有无效情形，债务人要求宣告合同无效的、债务人拥有撤销权的、债务人享有同时履行抗辩权等，债务人有拒绝履行的正当理由，则不构成明示预期违约。

三、默示预期违约

默示预期违约是指在合同履行期限到来之前，一方当事人有确凿的证据证明另一方当事人在履行期限到来时将不履行或不能履行合同，而另一方又不愿

---

〔1〕 王利明：《合同法研究》，中国人民大学出版社2015年版，第508页。

〔2〕 徐炳：《买卖法》，经济日报出版社1991年版，第411页。

意提供必要的履行担保。[1]

默示预期违约的构成要件包括：

（1）一方预见到另一方在合同履行期到来时将不履行或不能履行合同。在默示预期违约的情况下，债务人没有明确表示其不履行合同义务，而债权人只是根据某些客观情况预见到其不能履行。如民间借贷中，借款人为了逃避债务转移资金、财产、货物的，借款人经济情况严重恶化等都是默示预期违约的情形。

（2）一方的预见有确凿的证据。预见的一方不能随意地主张默示预期违约，而应当有举出证据证明对方届时将不能或不会履行合同的义务。

（3）被要求提供担保的一方在合理期限内不能提供担保。即使债权人证明了债务人届时不能还款，但是债务人提供了担保，则保证了债权人的利益，也证明债务人有能力继续履行合同。对此，债权人应该继续履行合同，而不能拒绝履行。

四、民间借贷预期违约的情形

借款人预期违约行为依据民间借贷合同有无约定期限和是否分期偿还可以分为以下几种：

（1）民间借贷合同约定有偿还期限，借款人在约定期限届满前表示到期不还借款的。

（2）民间借贷合同约定分期偿还，其中到期未偿还部分属于实际违约，对后面未到期部分，借款人明确表示到期不还借款的。

（3）民间借贷合同未约定借款期限，出借人给予合理期限，而借款人表示在合理期限届满后不予偿还的。

（4）民间借贷合同约定在借款期限内分期支付利息，借款人未支付前期利息的，视为预期违约。[2]

五、民间借贷预期违约的法律后果

预期违约的法律后果主要是解除合同和要求承担违约责任。依据《合同法》第 94 条规定，当事人一方预期违约时，对方可以解除合同。并且在合同解除后，可以依据该法第 97 条规定要求预期违约方赔偿损失。依据《合同法》第

---

[1] 王利明：《合同法研究》，中国人民大学出版社 2015 年版，第 503 页。

[2] 江丁库主编：《民间借贷法律规范与操作实务》，法律出版社 2015 年版，第 157 页。

108 条规定，当事人一方预期违约时，对方可以不解除合同，而在履行期届满前要求其承担违约责任。《合同法》规定的违约责任包括继续履行、采取补救措施和赔偿损失。

对于民间借贷而言，当借款人预期违约时，出借人可以在借款期限届满时要求其偿还借款，但对于债权的实现非常不利。因此，出借人可以依据《合同法》的规定解除合同、要求提前偿还本金和利息以及要求承担违约责任。

第四节　借款人的违约责任

违约责任是指合同当事人一方不履行合同义务或履行合同义务不符合合同约定所应承担的民事责任。《合同法》第 107 条对违约责任做了概括性规定，即当事人一方不履行合同义务或者履行合同义务不符合约定的，应当承担继续履行、采取补救措施或者赔偿损失等违约责任。《合同法》规定的违约责任承担方式主要有解除合同、实际履行、采取补救措施、支付违约金、赔偿损失等。

民间借贷借款人若违约，其承担违约责任的方式有三种：

一、偿还本金

民间借贷的借贷人违约后，应承担偿还本金的义务，这也是对借贷合同的实际履行。所谓实际履行是指在一方违反合同时，另一方有权要求其依据合同的规定继续履行的补救方式。实际履行以一方当事人违约为前提，以合同义务存在为基础，可以与损害赔偿并用，并适用于各种违约情况。实际履行要求借款人违约后依然要按照借款合同的约定向出借人偿还本金，使出借人的债权得到实现。

二、支付利息

在这里支付的利息包括期内利息与逾期利息。关于期内利息，民间借贷合同约定利息的，借款人违约后仍然应该支付借款期限内的利息。若民间借贷合同未约定利息的，则不需要支付利息，但借贷双方另有约定的除外。对于逾期利息，《合同法》第 207 条明确规定应当按照约定和法律规定支付。在民间借贷合同中，对于有明确还款期限的，从期限届满的次日计付；对于无借款期限约定的，自合理催告期限届满的次日起计付；民间借贷合同约定利息、利率的，以约定的利息、利率计算逾期利息；若未约定利息、利率的，出借人主张借款人自逾期还款之日起按照年利率6%支付资金占用期间利息的，人民法院应予支持。但期内利息、逾期利息与其他费用总计超过年利率24%的部分，人民法院不予支持。

三、违约金

民间借贷合同约定违约金条款的，借款人违约应该支付出借人违约金。但是若借贷双方既约定逾期利息，又约定违约金的，是选择其中之一，还是可以一起选择？《最高人民法院关于审理民间借贷案件适用法律若干问题的规定》第30条规定："出借人与借款人既约定了逾期利率，又约定了违约金或者其他费用，出借人可以选择主张逾期利息、违约金或者其他费用，也可以一并主张，但总计超过年利率24%的部分，人民法院不予支持。"

本章参考文献

1. 王利明：《合同法研究》，中国人民大学出版社2015年版。
2. 史尚宽：《债法总论》，中国政法大学出版社2000年版。
3. 惠从冰：《违约救济比较研究》，法律出版社2013年版。
4. 李新天：《违约形态比较研究》，武汉大学出版社2005年版。
5. 徐炳：《买卖法》，经济日报出版社1991年版。
6. 江丁库主编：《民间借贷法律规范与操作实务》，法律出版社2015年版。
7. 隋彭生：《合同法要义》，中国政法大学出版社2003年版。
8. 苏号朋：《合同法教程》，中国人民大学出版社2008年版。
9. 贾宝金："预期违约制度研究"，西南政法大学2006年硕士学位论文。
10. 王利明："违约责任和侵权责任的区分标准"，载《法学》2002年第5期。

第九章
民间借贷与可能涉及的刑事犯罪的区别

第一节　擅自设立金融机构罪

擅自设立金融机构是指行为人未经国家有关主管部门批准，擅自设立商业银行或其他金融机构的行为。行为人一旦利用擅自设立的金融机构从事金融业务，就会破坏金融管理秩序。我国《刑法》第 174 条第 1 款、第 3 款明确规定了："未经国家有关主管部门批准，擅自设立商业银行、证券交易所、期货交易所、证券公司、期货经纪公司、保险公司或者其他金融机构的，处三年以下有期徒刑或者拘役，并处或者单处二万元以上二十万元以下罚金；情节严重的，处三年以上十年以下有期徒刑，并处五万元以上五十万元以下罚金。……单位犯前两款罪的，对单位判处罚金，并对其直接负责的主管人员和其他直接责任人员，依照第一款的规定处罚。"这是对擅自设立金融机构的行为定罪量刑的刑法依据。

擅自设立金融机构行为破坏的是金融管理秩序，貌似与民间借贷无关。其实，擅自设立非法金融机构的目的就是营利，以高于银行储蓄利息吸收存款，又以高于银行贷款利息借出，赚取差额利息。而民间闲置资金较多，银行存款利息较低，使得大部分资金不会流入银行等金融机构。而这些非法金融机构以较高的利息吸收存款，由于并不能对非法金融机构加以识别，大多数民间资金就会流入这些非法金融机构。而当这些机构向民间吸收资金时，就相当于民间借贷的借款人，向民间出借时就相当于民间借贷的出借人，其吸收存款、发放贷款的行为实质上就相当于从事非法民间借贷行为。

另外，擅自设立金融机构行为不仅会破坏金融管理秩序，更会破坏民间融资市场及其秩序。擅自设立金融机构的行为主体不仅包括企业、单位，还有自然人。这些自然人和企业、单位自身受制于经济实力，所注入的资本比较少，却大量吸收民间资金和大量出借资金，一旦出现问题，就会损害债权人的利益，破坏民间融资秩序，甚至造成地方的局部混乱。因此，擅自设立金融机构与民间借贷存在着关联，打击擅自设立金融机构的行为意义重大。

一、擅自设立金融机构罪的构成要件

1. 客体要件

本罪侵犯的客体是国家的金融管理制度。所谓金融，即货币资金的融通，是货币流通和信用活动以及与之相关的经济活动的总称。金融活动是一个动态的运动过程，各种机构和人员参与其间，因此必须形成一定的法律秩序，否则，混乱不堪的金融活动会对国民经济产生严重的破坏作用。金融活动都是通过银行等各种金融机构的业务活动来进行的，银行等金融机构担负着筹集融通资金、引导资金流向、提高资金使用效益和调节社会总需求等重任，是联结国民经济的纽带，必须在国家的宏观控制下。为了加快金融体制改革，促进我国金融市场的发展和完善，1995 年 5 月 10 日第八届全国人民代表大会常务委员会第十三次会议通过了《中华人民共和国商业银行法》（以下简称《商业银行法》），对商业银行及其分支机构的设立、分立、合并及其变更的条件、申报批准的程序都做了详细的规定，2015 年 8 月 29 日第十二届全国人民代表大会常务委员会第十六次会议进行了第二次修正。《商业银行法》第 81 条第 1 款规定："未经国务院银行业监督管理机构批准，擅自设立商业银行，或者非法吸收公众存款、变相吸收公众存款，构成犯罪的，依法追究刑事责任；并由国务院银行业监督管理机构予以取缔。"擅自不经批准设立金融机构，必然影响国家金融方针政策和信贷计划等的贯彻实施，导致金融秩序的混乱，最终影响国民经济的发展。《刑法》第 174 条将《商业银行法》的规定具体化，有利于金融秩序的稳定。

2. 客观方面要件

本罪在客观方面表现为未经中国人民银行批准，擅自设立商业银行、证券交易所、期货交易所、证券公司、期货经纪公司、保险公司或者其他金融机构的行为。根据《商业银行法》和有关银行法规的规定，设立商业银行或者其他金融机构，必须符合一定的条件，按照规定的程序提出申请，经审核批准，由中国人民银行或者有关分行发给经营金融业务许可证，始得营业。凡未经中国人民银行批准，擅自开业或者经营金融业务，构成犯罪的，以擅自设立金融机构罪论处。未经批准擅自设立金融机构，包括未依法提出设立金融机构的申请就擅自设立和虽然依法提出申请但未获得批准便擅自设立两种情况。

3. 主体要件

擅自设立金融机构罪的主体是一般主体，既可以是达到刑事责任年龄并具备刑事责任能力的自然人，如个人单独或者多人合伙；也可以是单位，如法人企业、非法人企业等。而且单位犯本罪的，实行双罚制，即对单位判处罚金，对其直接负责的主管人员和其他直接责任人员判处相应刑罚。

4. 主观方面要件

本罪在主观方面必须出于故意。这也就是说，行为人明知设立金融机构应当依法经过批准，擅自设立金融机构的行为有扰乱金融市场秩序的危害结果，并擅自设立非法金融机构。至于设立的目的，则是为了赚取非法利润。如果设立后又从事非法吸收公众存款、进行集资诈骗等犯罪活动的，则又牵连触犯其他罪名，下面将具体说明。

二、擅自设立金融机构罪的追诉标准

《最高人民检察院、公安部关于公安机关管辖的刑事案件立案追诉标准的规定（二）》第24条规定："未经国家有关主管部门批准，擅自设立金融机构，涉嫌下列情形之一的，应予立案追诉：（一）擅自设立商业银行、证券交易所、期货交易所、证券公司、期货公司、保险公司或者其他金融机构的；（二）擅自设立商业银行、证券交易所、期货交易所、证券公司、期货公司、保险公司或者其他金融机构筹备组织的。"

三、关于擅自设立金融机构罪的几点说明

1. 何为商业银行以及其他金融机构

所谓商业银行，是指根据《商业银行法》和《中华人民共和国公司法》（以下简称《公司法》）成立，并经中国人民银行批准以"银行"名义对外吸收公众存款、发放贷款、办理结算以及开展其他金融业务，具有法人资格的，以实现利润为其经营目的的金融机构。

所谓其他金融机构，是指除银行及其分支机构以外，能依法参与金融活动、开展金融业务的、具有法人资格的组织。从我国情况看，银行以外的其他金融机构主要有以下几类：①证券交易所；②期货交易所；③证券公司；④期货经纪公司；⑤保险公司；⑥信托投资公司；⑦融资租赁公司；⑧农村信用合作社；⑨城市信用合作社；⑩企业集团财务公司；⑪侨资、外资在我国境内设立的金融机构等。

2. 对"擅自设立"行为的认定

学界通说认为，本罪的擅自设立行为有两种表现形式：①未依法提出设立金融机构的申请就擅自设立金融机构；②虽然依法提出申请但未获得批准而设立金融机构。理解"擅自设立"需厘清以下几点：

（1）合法的金融机构在许可证失效后仍经营金融业务是否属于"擅自设立"？学界都认为这种情况属于"擅自设立"。笔者也同意此种说法。但这种情形与从无到有设立金融机构的情形有所差别，这种情形不需要重新筹备，条件已经具备，只需要重新取得批准即可，而后者则需要从零开始筹备。但是二者都是未经批准的，所以都是违法的。另外，此种情形虽然之前经过批准，但也只能说在失效前从事相关的金融业务合法。许可证失效后若想从事金融业务就得申请，并重新得到批准才可以被认定为合法的金融机构，从事金融业务。如果未获批准，仍以原机构从事金融业务活动的，应该属于"擅自设立"。

（2）已经有关部门批准设立，但未办理工商登记、领取营业执照即开业，是否属于"擅自设立"？关于此种情形，学界有不同看法。有学者认为此种情况属于"擅自设立"[1]，而笔者认为此种情况不属于"擅自设立"，因为此时的金融机构已经取得了主管部门的批准，只是未办理工商登记、领取营业执照。而办理工商登记、领取营业执照需要去工商部门登记、领取，其未登记、领取营业执照只能说是违反了工商经营管理法规，属于违规行为，而本罪中的批准是指主管部门的批准而不是工商部门的批准。因此，经主管部门批准与在工商部门登记、领取营业执照是两个问题。金融机构得到主管部门批准即合法设立，而未取得工商登记以及领取营业执照而营业只能说是非法经营等行为，不能将之定义为"擅自设立"。

（3）合法的金融机构擅自设立分支机构或者代表机构是否属于"擅自设立"？关于此种情形，学界观点不同。有学者认为，商业银行或其他金融机构擅自设立分支机构或者代表机构属于"擅自设立"，因为《商业银行法》规定，设立分支机构必须经国务院银行业监督管理机构审查批准。[2]还有的学者认为，擅自设立分支机构或者代表机构不宜作为犯罪处理，理由是分支机构不具有法人资格，其民事责任由具有法人资格的主体承担，因而一般不会对债权人

---

[1] 马克昌主编：《经济犯罪新论》，武汉大学出版社1998年版，第253页。

[2] 赵秉志主编：《新千年刑法热点问题研究与适用》（下），中国检察出版社2001年版，第773页。

的利益造成损害，不宜作为犯罪处理。[1]

笔者同意第一种观点。首先，《商业银行法》第 19 条规定了设立分支机构或者代表机构需要中国人民银行审查批准，第 75、76 条对未经批准设立分支机构或者代表机构的法律责任做了规定，即"构成犯罪的，依法追究刑事责任"。其次，从犯罪客体要件看，擅自设立金融机构行为侵犯了金融管理秩序，并且首先表现为对国家金融机构严格审批的法律秩序的侵犯。而分支机构与金融机构一样，擅自设立同样侵害了严格审批的法律秩序。最后，《刑法》第 174 条首先明确了金融机构的设立需要国家有关主管部门批准，未经批准而设立属于非法设立行为，经过批准而设立则属于合法行为。而金融机构的分支机构和代表机构也是金融机构，理应经过批准之后才能从事金融业务，需要事先批准，若未经过批准而从事经营活动，属于"擅自设立"，应受刑罚处罚。

（4）非法金融机构未开展相应的金融业务是否属于"擅自设立"？笔者认为非法金融机构开展相应的金融业务与否并不影响本罪的成立，因为本罪属于行为犯，是否从事金融业务的经营在所不问，其只要实施了设立非法金融机构的行为即构成本罪。从立法意图看，本罪所要惩罚的是未经批准即擅自设立金融机构的行为，擅自设立行为本身已经对金融秩序造成严重的危害，是否经营只能作为量刑情节加以考量。《最高人民检察院、公安部关于公安机关管辖的刑事案件立案追诉标准（二）》也明确说明了这个问题，笔者不再加以说明。

四、对擅自设立金融机构罪与非罪的区分

1. 本罪与已经有关部门批准设立，但未办理工商登记、领取营业执照即营业的区分

正如上文所述，已经有关部门批准设立，但未办理工商登记、领取营业执照即营业的情况并不属于本罪的范围，只属于一般的违反工商行政管理法规的违法行为。

2. 申请审批中即先行挂牌营业行为的定性

实践中存在着行为人已经具备设立商业银行或金融机构的条件，已经向主管部门提出批准申请，但获得审批前，行为人即先行挂牌经营。笔者认为此种情形不应该作为擅自设立金融机构罪处理，而应作为一般违法行为处理，因为行为人主观的目的一般是合法经营而非利用金融机构非法获利。但也有可能转

---

[1] 吴占英："擅自设立金融机构罪研究"，载《中南民族学院学报（人文社会科学版）》2001年第 2 期。

化为擅自设立金融机构罪：若行为人的违法行为经指出或者未通过申请仍从事金融业务的，应该依照本罪处理。

3. 本罪与经批准设立金融机构而出现疏漏、失误等情况加以区别

实践中存在行为人已经获得批准设立金融机构，只是在具体设立过程中由于工作失误等情况而出现违法行为。这种情形不应该以擅自设立金融机构罪进行处罚。擅自设立金融机构罪是未经主管部门批准而实施设立行为，整体违法，而此种情况设立行为已得到批准，整体具有合法性，只是在批准后设立过程中出现失误或者疏忽，不应该以擅自设立金融机构罪处理。

4. 本罪与伪造、变造、转让金融许可证罪的关系

实践中往往会出现行为人利用伪造、变造的金融许可证、批准文件来设立金融机构的情况。此时，行为人不仅触犯了擅自设立金融机构罪，还触犯了伪造、变造、转让金融机构许可证、批准文件罪，而伪造、变造、转让金融机构许可证、批准文件罪是擅自设立金融机构罪的预备行为。对此，不能按数罪实行并罚，而应按照牵连犯从重处罚。

第二节　非法吸收公众存款罪

非法吸收公众存款罪是指违反国家有关金融管理法律、法规，非法吸收公众存款或者变相吸收公众存款，扰乱金融秩序的行为。我国《刑法》第 176 条明确规定："非法吸收公众存款或者变相吸收公众存款，扰乱金融秩序的，处三年以下有期徒刑或者拘役，并处或者单处二万元以上二十万元以下罚金；数额巨大或者有其他严重情节的，处三年以上十年以下有期徒刑，并处五万元以上五十万元以下罚金。单位犯前款罪的，对单位判处罚金，并对其直接负责的主管人员和其他直接责任人员，依照前款的规定处罚。"这里所说的公众存款主要是民间资金，也是非法吸收公众存款罪的主要对象。

非法吸收公众存款行为具有严重的社会危害性。首先，这类行为一般是通过采取提高利率的方式和手段，将大量的社会闲散资金集中到少数人手中或个人手中，从而造成大量的社会资金失控，不利于国家对资金的宏观调控。其次，行为人任意提高存贷款利率，使得吸收存款和发放贷款方面存在不正当的竞争关系，破坏国家统一制定的利率，影响币值的稳定，严重扰乱国家金融秩序。最后，行为人一般不具有商业银行那样强大的经济实力，没有国家财政的支持，没有完善的经营管理制度，缺乏有效的监督制度，承担风险能力弱，根本无法保护存款人的资金安全和利益，极有可能造成社会公众财产损失，甚至引发局

部的社会动荡，影响社会稳定。[1]正因如此，设立非法吸收公众存款罪来规制相关的违法行为。

一、非法吸收公众存款罪的构成要件

1. 客体要件

本罪侵犯的客体是国家金融信贷秩序。在市场经济条件下的社会经济生活中，金融交易主体之间形成复杂的金融关系，金融关系的有机整体就是金融秩序。金融关系包括金融交易关系、金融管理关系、金融机构的内部关系。金融管理关系是指国家金融主管机关对金融业进行监管和宏观调控过程中所发生的社会关系，它是一种非平等主体之间的经济管理关系，即纵向金融关系。金融秩序由金融管理秩序、金融交易秩序和金融机构内部秩序三个有机统一的方面结合而成，其目的在于实现国家的宏观调控，保证社会资金的合理流向，保护广大公众的利益。非法吸收公众存款行为不仅侵犯了金融储蓄的管理秩序，而且由于金融储蓄是信贷资金的主要来源，对储蓄管理秩序的侵犯必将侵犯整个金融信贷秩序。所以本罪的客体是国家的金融信贷秩序。

2. 客观方面要件

本罪在客观方面表现为行为人实施了非法吸收公众存款或变相吸收公众存款的行为。

根据1998年7月13日国务院发布的《非法金融机构和非法金融业务活动取缔办法》的规定，非法吸收公众存款行为是指未经中国人民银行批准，向社会不特定对象吸收资金，出具凭证，承诺在一定期限内还本付息的活动；变相吸收公众存款是指未经中国人民银行批准，不以吸收公众存款的名义，向社会不特定对象吸收资金，但承诺履行的义务与吸收公众存款性质相同的活动。

本罪的犯罪对象为公众存款。一般来说，所谓存款是指存款人将资金存入银行或者其他金融机构，银行或者其他金融机构向存款人支付利息的一种经济活动。另外，本罪中的"存款"应解释为资金，这就涉及另外一个问题：非法吸收实物是否构成非法吸收公众存款罪？正因为我们将存款严格解释为资金，如果把实物解释为存款则属于一种类推解释，不符合罪刑法定的要求，因此非法吸收实物不能定为非法吸收公众存款罪。而本罪中的"公众"是指多数或者不特定的个人和单位。如何理解"公众"一词的含义，往往成为区分罪与非罪的重要方面。《现代汉语词典》将"公众"一词解释为"社会上的大多数人"。

---

[1] 刘宪权：《金融犯罪刑法学专论》，北京大学出版社2010年版，第236页。

而在刑法学界，学者大都将"公众"一词理解为不特定的多数人。所谓"不特定"，是指犯罪行为不是针对某一个、某几个特定的人或者某项特定具体的财产，其侵害的对象和造成的危害结果常常是事前无法确定的，具有相当的严重性和广泛性，行为人对此既难以预料，又难以控制。"不特定"是一种客观判断，不以行为人主观上有无确定的侵犯对象为转移。因此，如果行为人吸收存款的对象只限于特定的人或少数的个人，那么其行为一般不应认定为非法吸收公众存款，而是合法的借贷行为。

3. 主体要件

非法吸收公众存款罪的主体为一般主体，自然人或单位均可以成为本罪的犯罪主体。

《商业银行法》规定合法吸收公众存款的单位是依法设立的商业银行、城市信用社、农村信用社等金融机构。其他未依法批准的单位和个人都不得吸收公众存款。未取得吸收存款资格而私自吸收存款的法人和自然人以及其他组织都属于本罪的主体。

4. 主观方面要件

非法吸收公众存款罪的主观方面为故意，即行为人明知自己非法吸收公众存款的行为会造成扰乱金融秩序的危害结果，并且希望或者放任这种危害结果的发生。非法吸收公众存款罪的行为人主观上一般都会有利用非法吸收的公众存款进行生产经营从而牟利的犯罪目的。在实践中，本罪的行为人是否实际获得利益以及获利数额的大小不会对本罪的定罪有任何影响，但是一般会对量刑产生影响。

二、非法吸收公众存款罪的立案标准及构成要件

《最高人民法院关于审理非法集资刑事案件具体应用法律若干问题的解释》第 3 条第 1 款明确规定："非法吸收或者变相吸收公众存款，具有下列情形之一的，应当依法追究刑事责任：（一）个人非法吸收或者变相吸收公众存款，数额在 20 万元以上的，单位非法吸收或者变相吸收公众存款，数额在 100 万元以上的；（二）个人非法吸收或者变相吸收公众存款对象 30 人以上的，单位非法吸收或者变相吸收公众存款对象 150 人以上的；（三）个人非法吸收或者变相吸收公众存款，给存款人造成直接经济损失数额在 10 万元以上的，单位非法吸收或者变相吸收公众存款，给存款人造成直接经济损失数额在 50 万元以上的；（四）造成恶劣社会影响或者其他严重后果的。"

需要说明的是，只要具备四个条件之一，就应该追究相关人员的刑事责任，而不需要同时具备两个或两个以上条件。

另外，该解释第 1 条规定了非法吸收公众存款罪的构成条件："违反国家金融管理法律规定，向社会公众（包括单位和个人）吸收资金的行为，同时具备下列四个条件的，除刑法另有规定的以外，应当认定为刑法第一百七十六条规定的'非法吸收公众存款或者变相吸收公众存款'：（一）未经有关部门依法批准或者借用合法经营的形式吸收资金；（二）通过媒体、推介会、传单、手机短信等途径向社会公开宣传；（三）承诺在一定期限内以货币、实物、股权等方式还本付息或者给付回报；（四）向社会公众即社会不特定对象吸收资金。未向社会公开宣传，在亲友或者单位内部针对特定对象吸收资金的，不属于非法吸收或者变相吸收公众存款。"

三、关于数额巨大以及其他严重情节的规定

《最高人民法院关于审理非法集资刑事案件具体应用法律若干问题的解释》第 3 条第 2 款规定："具有下列情形之一的，属于刑法第一百七十六条规定的'数额巨大或者有其他严重情节'：（一）个人非法吸收或者变相吸收公众存款，数额在 100 万元以上的，单位非法吸收或者变相吸收公众存款，数额在 500 万元以上的；（二）个人非法吸收或者变相吸收公众存款对象 100 人以上的，单位非法吸收或者变相吸收公众存款对象 500 人以上的；（三）个人非法吸收或者变相吸收公众存款，给存款人造成直接经济损失数额在 50 万元以上的，单位非法吸收或者变相吸收公众存款，给存款人造成直接经济损失数额在 250 万元以上的；（四）造成特别恶劣社会影响或者其他特别严重后果的。"

另外，该解释第 3 条第 3 款、第 4 款还规定："非法吸收或者变相吸收公众存款的数额，以行为人所吸收的资金全额计算。案发前后已归还的数额，可以作为量刑情节酌情考虑。非法吸收或者变相吸收公众存款，主要用于正常的生产经营活动，能够及时清退所吸收资金，可以免予刑事处罚；情节显著轻微的，不作为犯罪处理。"

四、非法吸收公众存款罪的刑事责任

《刑法》第 176 条规定："非法吸收公众存款或者变相吸收公众存款，扰乱金融秩序的，处三年以下有期徒刑或者拘役，并处或者单处二万元以上二十万元以下罚金；数额巨大或者有其他严重情节的，处三年以上十年以下有期徒刑，并处五万元以上五十万元以下罚金。单位犯前款罪的，对单位判处罚金，并对其直接负责的主管人员和其他直接责任人员，依照前款的规定处罚。"

五、非法吸收公众存款罪与擅自设立金融机构罪的区分

非法吸收公众存款罪与擅自设立金融机构罪既有联系又有区别。在实践中，行为人往往在擅自设立金融机构后，利用所设立的金融机构从事非法吸收公众存款行为。在这种情况下，就需要通过对行为人吸收公众存款的犯意加以认定：如果行为人为了吸收公众存款而擅自设立金融机构，其擅自设立金融机构的行为只是非法吸收公众存款的一种手段，则应该按牵连犯的规定择一重罪处罚；若犯意自擅自设立金融机构之后才产生，则应该对两罪适用数罪并罚的规定。

另外，二者在犯罪构成方面存在着不同：

（1）客体不同。本罪侵犯的是国家金融信贷秩序，擅自设立金融机构罪侵犯的客体是国家的金融管理制度，主要是金融机构设立的管理制度。

（2）主体不同。本罪的主体既包括不具有吸收公众存款主体资格者吸收存款，也包括合法拥有主体资格者采用违法方法吸收公众存款，而擅自设立金融机构罪的主体一般是非法成立的单位和个人。

（3）犯罪对象不同。本罪的犯罪对象是不特定的公众，而擅自设立金融机构罪的犯罪对象是非法金融机构。

（4）行为方式不同。本罪的行为方式是非法吸收或者变相吸收公众存款两种非法吸收方式，并且达到扰乱金融秩序的程度。擅自设立金融机构罪的行为方式是"擅自设立"行为，是否开展业务不论。

六、非法吸收公众存款罪与普通的民间借贷行为的区别

非法吸收公众存款罪实质上可以表现为一种彼此的借贷行为，与民间借贷行为存在易混淆的地方。如何区分二者，给予明确的标准一直是学界所努力的目标。在我国，民间借贷广泛存在，个人之间、个人与单位之间的借贷比较常见。我国《合同法》以及有关司法解释也确认了民间借贷行为的合法性。随着我国市场经济的突飞猛进，很多企业想要扩大发展却急缺资金，而我国金融机构关于贷款的条件还相对严格，贷款制度还存在一些问题，导致许多企业为筹集资金而"自谋出路"。通过其他方式解决资金短缺问题使得许多民间借贷大量涌现并迅速发展。但是，我国关于民间借贷的法律法规还不完善，导致民间借贷活动在实际操作中擅自约定过高的借款利率、借贷行为并不规范等问题出现，使得对两者的区分更加困难。

通过对非法吸收公众存款罪发展脉络的整理，笔者发现对于非法吸收公众存款行为的认定越来越严谨，这从非法吸收公众存款罪的构成要件上可以看出。

而对民间借贷行为的规制越来越宽松，因为民间借贷属于私法范畴，遵循着意思自由，可以由当事人自由决定，只要不违反法律的禁止和强制性规定即可。因此，在认定非法吸收公众存款罪时，要严格审慎地加以考量。可以综合非法吸收公众存款罪的构成要件加以考虑：①是否经过有关部门批准或者借用合法经营形式吸收资金；②是否公开；③是否承诺还本付息或者给予回报；④对象是否具有不确定性。需满足四方面才能认定非法吸收公众存款罪。另外，还要考虑行为人的主观目的，目的不同可能不构成犯罪。如《最高人民法院关于审理非法集资刑事案件具体应用法律若干问题的解释》第 3 条第 4 款规定："非法吸收或者变相吸收公众存款，主要用于正常的生产经营活动，能够及时清退所吸收资金，可以免予刑事处罚；情节显著轻微的，不作为犯罪处理。"

第三节　高利转贷罪

高利转贷罪是指以转贷牟利为目的，套取金融机构信贷资金再高利转贷给他人，违法所得数额较大的行为。高利转贷行为在中国的一些地方具有一定的普遍性，这种行为严重破坏了中国的金融秩序，有很大的危害性。我国《刑法》第 175 条规定了高利转贷罪："以转贷牟利为目的，套取金融机构信贷资金高利转贷他人，违法所得数额较大的，处三年以下有期徒刑或者拘役，并处违法所得一倍以上五倍以下罚金；数额巨大的，处三年以上七年以下有期徒刑，并处违法所得一倍以上五倍以下罚金。单位犯前款罪的，对单位判处罚金，并对其直接负责的主管人员和其他直接责任人员，处三年以下有期徒刑或者拘役。"

一、高利转贷罪的构成要件

1. 客体要件

高利转贷罪所侵犯的客体是国家对信贷资金的管理秩序。根据我国有关金融管理法规，对用作发放贷款的信贷资金，贷款申请人必须述明贷款的合法用途、偿还能力、还款方式，原则上还应提供担保人或质押、不动产抵押等，经银行及其他金融机构有关工作人员审查、评估后，方能确认是否贷款。凡通过编造假去向、假用途、假担保套取信贷资金者，本身即属违反信贷资金管理法规的金融不法行为。高利转贷行为虚构贷款用途，挪用信贷资金，违反了贷款合同，破坏了信贷资金的管理秩序。

2. 客观方面要件

本罪在客观上表现为以转贷牟利为目的，套取金融机构信贷资金高利转贷他人并且数额较大的行为。简言之，借款人在依正常程序依法贷得金融机构信贷资金之后，以转贷牟利为目的，将贷款高利转贷他人才属本罪。即使有虚构贷款用途和高利转贷意图，但后来未实施高利转贷行为的，则不构成本罪。只有在转贷行为取得违法所得数额较大的情况下才构成犯罪。

3. 主体要件

本罪的主体为特殊主体，即已经获得金融机构贷款资金的个人或者单位，也就是金融机构贷款合同中的特定贷款人。如果没有取得金融机构的贷款资金，则不是贷款人，也就不能实施高利转贷行为。

4. 主观方面要件

本罪在主观上只能是故意，并且故意应包括故意"套取信贷资金"和故意"高利转贷"两部分。行为人只要认识到自己实施了"套取金融机构的信贷资金"和"高利转贷给他人"即可，行为人的目的就是转贷牟利。通常只要行为人实施了"套取金融机构的信贷资金"，并有转贷给他人的行为，就可认定其对危害结果有认识。如果行为人对"套取金融机构的信贷资金"或者"转贷给他人"其中一个方面缺乏认识，则不能构成高利转贷罪。

二、高利转贷罪的追诉标准

《最高人民检察院、公安部关于公安机关管辖的刑事案件立案追诉标准的规定（二）》第26条规定："以转贷牟利为目的，套取金融机构信贷资金高利转贷他人，涉嫌下列情形之一的，应予立案追诉：（一）高利转贷，违法所得数额在十万元以上的；（二）虽未达到上述数额标准，但两年内因高利转贷受过行政处罚二次以上，又高利转贷的。"

因此，高利转贷罪以违法所得为追诉标准，对于两年受过行政处罚的次数规定，只是因为该行为情节严重才予以制裁。

三、量刑标准及数额问题

根据《刑法》第175条的规定，自然人违法所得数额较大的，处三年以下有期徒刑或者拘役，并处违法所得一倍以上五倍以下罚金；数额巨大的，处三年以上七年以下有期徒刑，并处违法所得一倍以上五倍以下罚金。单位犯本罪的，对单位判处罚金，并对其直接负责的主管人员和其他直接责任人员，处三年以下有期徒刑或者拘役。

关于数额较大、数额巨大，由于各地经济发展水平不一，各地高级人民法院有规定的，应当执行。如四川高级人民法院规定的"数额较大"是指个人违法所得在 5 万元以上，单位违法所得在 20 万元以上的；"数额巨大"是指个人违法所得在 20 万元以上，单位违法所得在 100 万元以上的。

四、高利转贷与民间借贷的关系

高利转贷是以转贷牟利为目的，套取金融机构信贷资金再高利转贷给他人。高利转贷行为的发生，通常是将从金融机构借贷的资金以高于贷款利息的方式转借给他人。这种转贷行为通常是出借给民间个人、小企业等，形成借贷关系，也就是说，这种转贷行为实质上就是民间借贷。也有将贷款以投资入股等名义交给他人使用，不承担风险，收取高于贷款利率的回报的，这种转贷实质上也是变相的民间借贷。而民间借贷通常都是出借人本人的资金，借贷关系没有金融机构的参与。

五、高利转贷罪中的疑难问题认定

1. 关于高利转贷罪中"高利"的认定

关于"高利"，学界未达成一致。有学者认为，"高利"是指以高出金融机构贷款利率的较大比例转贷给他人。[1] 还有学者认为，"高利"是指行为人将套取的金融机构信贷资金转贷他人所定利率远远高于其从银行或其他金融机构所套取的信贷资金利率。《最高人民法院关于审理民间借贷案件适用法律若干问题的规定》第 26 条第 2 款规定："借贷双方约定的利率超过年利率 36%，超过部分的利息约定无效。借款人请求出借人返还已支付的超过年利率 36% 部分的利息的，人民法院应予支持。"即超过年利率 36% 的属于"高利"。另一种观点认为，"高利"是指将银行信贷资金以高于银行贷款的利率转贷他人，具体高出银行贷款利率多少，不影响本罪的成立。[2]

笔者同意第三种观点，即高于银行贷款利率即可。一方面，依据罪刑法定原则，《刑法》第 175 条并没有指出本罪必须以行为人以高出金融机构贷款利率较多的利率转贷给他人为要件，而只是指出高利转贷他人就可能构成犯罪。另一方面，立法者之所以要将高利转贷行为规定为犯罪，是因为行为人通过转贷行为谋取非法利益。行为人非法谋取利益，并非只能通过高出银行法定标准的利率来实现，只要行为人以高于贷进利率的贷出利率进行转贷赚取差价，就是

---

〔1〕 张国轩："试析套取信贷资金转贷牟利罪"，载赵秉志主编：《新千年刑法热点问题研究与适用》（下），中国检察出版社 2001 年版。

〔2〕 周道鸾、张军主编：《刑法罪名精释：对最高人民法院关于罪名司法解释的理解和适用》，人民法院出版社 1998 年版，第 265 页。

谋取了非法利益，产生了危害性。因此，笔者认为只要转贷利率高于银行贷款利率即属于"高利"。另外，若要构成高利转贷罪，除属于"高利"外，还应该违法所得较大。

2. 对"套取"行为的认定

对于何为"套取"行为，理论上有不同的意见。有学者认为，套取金融机构信贷资金，是指行为人不符合贷款的条件，但以虚假的贷款理由或贷款条件，向金融机构申请贷款，并且获取由正常程序无法得到的贷款。[1]也有学者从文义上对套取进行了分析：何谓套取，"套"，在字典中解释为"以计骗取"之意，套取就应是施以某种计谋骗取。根据文字含义，套取金融机构信贷资金应理解为行为人虚构事实，伪造理由，如谎报借款用途，采取担保贷款或者信用贷款的方式，向金融机构贷出人民币或外汇。也就是说，行为人以自己的名义编造借款理由向金融机构申请贷款，但不打算将贷款用于借款合同上所载明的用途，而是要非法高利转贷给他人，表现出行为人贷款理由的虚假性和贷款行为的欺骗性。[2]

笔者认为判断行为人的行为是否为"套取"，可以参照我国《刑法》第193条关于贷款诈骗罪行为方式的规定：①编造引进资金、项目等虚假理由的；②使用虚假的经济合同的；③使用虚假的证明文件的；④使用虚假的产权证明作担保或者超出抵押物价值重复担保的；⑤以其他方法诈骗贷款的。另外，判断行为人是否存在"套取"的故意，还应该参考行为人的贷款前资金状态和所贷款项的用途加以判断。

3. 利用自有资金高利放贷的认定

行为人利用自有的资金高利放贷给他人，属于正常的借贷行为，不构成本罪。但司法实践中存在着先将自身资金高利放贷出去，而后向银行贷款用于自身企业经营，这就出现了企业一边贷款，一边向他人转贷，但向他人转贷的资金不是向银行贷款的信贷资金，此种行为能否被认定为高利转贷罪，理论上有不同见解。笔者认为此行为不构成高利转贷罪。首先，企业向银行贷款，并且贷款用于自身经营，符合我国关于贷款使用的规定。其次，申请贷款方式符合贷款的发放条件，并不存在套取金融机构信贷资金的行为，也没有侵害高利转贷罪的犯罪客体，不构成高利转贷罪。最后，企业将自有的经营资金高利贷给他人，因这些资金并不是金融机构的信贷资金，当然不存在"转贷"的行为，

〔1〕 王新：《金融刑法导论》，北京大学出版社 1998 年版，第 126 页。

〔2〕 张惠芳："高利转贷罪有关问题浅析"，载《河北法学》2000 年第 1 期。

不符合"高利转贷给他人"的规定。因此，利用自有资金高利放贷的行为不属于高利转贷罪。

4. 贷款余额高利转贷他人牟取非法利益的性质

司法实践中，存在着行为人向金融机构贷款过多，超出了项目的使用数额，存在一定余额的情况。行为人将此余额部分高利转贷给他人，能否构成高利转贷罪？笔者认为应分两种情况来考虑此种情形：一方面，行为人按照需要的资金向金融机构贷款，但后来由于市场变化或项目调整等客观原因，导致资金出现多余，行为人将该部分余额高利转贷给他人，牟取利益。由于行为人是根据需要向金融机构申请贷款的，不存在"套取金融机构的信贷资金"的行为，我国信贷资金的管理秩序未受到破坏，行为人当时也不存在牟利的目的，故不符合高利转贷罪的构成要件，不成立高利转贷罪。另一方面，行为人在申请贷款时故意向金融机构多申请贷款，而后又将该多出的余额高利转贷给他人，以牟取利益。下对于该余额部分，行为人明显存在"套取金融机构的信贷资金"的行为，并实施了"高利转贷给他人"的行为，且以牟取利益为目的，符合高利转贷罪的构成要件，应以高利转贷罪论处。

5. 金融机构能否构成高利转贷罪的犯罪主体

高利转贷罪的主体包括单位，只要能够从金融机构获得信贷资金都可以。《中华人民共和国中国人民银行法》（以下简称《中国人民银行法》）规定金融机构之间可以互相拆借，拆借与贷款实质上是相同的。笔者认为，金融机构能否成为本罪的主体，要看金融机构有没有从事贷款业务的资格。低息借入，高息贷出，牟取利益，是银行法允许的经营活动。如果金融机构具备从事该业务的资格，即使套取了其他金融机构的信贷资金，高利转贷他人而获利，也不构成本罪，只能以违反金融管理制度处理。而不具有经营信贷资金资格的金融机构套取了其他金融机构的信贷资金，高利转贷他人的行为与一般的企事业单位的高利转贷行为没有区别，应该依照本罪定罪处罚。

第四节　集资诈骗罪

集资诈骗罪是指以非法占有为目的，违反有关金融法律、法规的规定，使用诈骗方法进行非法集资，扰乱国家正常金融秩序，侵犯公私财产所有权，且数额较大的行为。我国《刑法》第192条规定："以非法占有为目的，使用诈骗方法非法集资，数额较大的，处五年以下有期徒刑或者拘役，并处二万元以上二十万元以下罚金；数额巨大或者有其他严重情节的，处五年以上十年以下有期徒刑，并处五万元以上五十万元以下罚金；数额特别巨大或者有其他特别严重情节的，处十年以上有期徒刑或者无期徒刑，并处五万元以上五十万元以下罚金或者没收财产。"并且，从现实情况看，集资诈骗的资金绝大多数来源于民间资金，而且大多以民间借贷或者变相借贷的方式进行。

一、集资诈骗罪的构成要件

1. 客体要件

本罪侵犯的客体是复杂客体，既侵犯了公私财产所有权，又侵犯了国家金融管理制度。在现代社会，资金是企业进行生产经营不可缺少的资源和生产要素。而生产者、经营者的自有资金极为有限，因此向社会筹集资金成为一种越来越重要的金融活动。与此同时，一些名为集资、实为诈骗的犯罪行为也开始滋生、蔓延。这种集资诈骗行为采取欺骗手段蒙骗社会公众，不仅造成投资者的经济损失，同时更干扰了金融机构储蓄、贷款等业务的正常进行，破坏国家的金融管理秩序。广大投资者对集资活动的过分谨慎，甚至对金融机构进行集资也可能产生不信任感，影响了经济的发展。

2. 客观方面要件

本罪在客观方面表现为行为人必须实施了使用诈骗方法非法集资，数额较大的行为。这里的非法集资是指违反法律、法规禁止性规定，通过不正当的渠道向社会公众或者集体发行有价证券或者利用民间借贷、融资租赁、联营、合资等方式在市场上筹集资金。诈骗方法包括虚构集资用途，以虚假的证明文件和高回报率为诱饵等。若未采取诈骗手段，即使非法集资数额较大，亦可能构成其他犯罪，如非法吸收公众存款罪，而不是本罪。

3. 主体要件

本罪的主体是一般主体，任何达到刑事责任年龄、具有刑事责任能力的自然人均可构成本罪，法人或者其他组织也可能成为本罪的犯罪主体。

4. 主观方面要件

本罪在主观上由故意构成，且以非法占有为目的，即犯罪行为人在主观上具有将非法聚集的资金据为己有的目的。所谓据为己有，既包括将非法募集的资金置于非法集资的个人控制之下，也包括将非法募集的资金置于本单位的控制之下。在通常情况下，这种目的具体表现为将非法募集的资金转归自己所有，或任意挥霍，或占有资金后携款潜逃等。

二、集资诈骗罪追溯数额的规定

《最高人民法院关于审理非法集资刑事案件具体应用法律若干问题的解释》

第 5 条规定："个人进行集资诈骗，数额在 10 万元以上的，应当认定为'数额较大'；数额在 30 万元以上的，应当认定为'数额巨大'；数额在 100 万元以上的，应当认定为'数额特别巨大'。单位进行集资诈骗，数额在 50 万元以上的，应当认定为'数额较大'；数额在 150 万元以上的，应当认定为'数额巨大'；数额在 500 万元以上的，应当认定为'数额特别巨大'。集资诈骗的数额以行为人实际骗取的数额计算，案发前已归还的数额应予扣除。行为人为实施集资诈骗活动而支付的广告费、中介费、手续费、回扣，或者用于行贿、赠与等费用，不予扣除。行为人为实施集资诈骗活动而支付的利息，除本金未归还可予折抵本金以外，应当计入诈骗数额。"

三、对"非法占有为目的"的认定

《最高人民法院关于审理非法集资刑事案件具体应用法律若干问题的解释》第 4 条第 2 款规定："使用诈骗方法非法集资，具有下列情形之一的，可以认定为'以非法占有为目的'：（一）集资后不用于生产经营活动或者用于生产经营活动与筹集资金规模明显不成比例，致使集资款不能返还的；（二）肆意挥霍集资款，致使集资款不能返还的；（三）携带集资款逃匿的；（四）将集资款用于违法犯罪活动的；（五）抽逃、转移资金、隐匿财产，逃避返还资金的；（六）隐匿、销毁账目，或者搞假破产、假倒闭，逃避返还资金的；（七）拒不交代资金去向，逃避返还资金的；（八）其他可以认定非法占有目的的情形。"

另外，该解释还规定，集资诈骗罪中的非法占有目的应当区分情形进行具体认定。行为人部分非法集资行为具有非法占有目的的，对该部分非法集资行为所涉集资款以集资诈骗罪定罪处罚；非法集资共同犯罪中部分行为人具有非法占有目的，其他行为人没有非法占有集资款的共同故意和行为的，对具有非法占有目的的行为人以集资诈骗罪定罪处罚。

四、集资诈骗罪的量刑

集资诈骗罪的量刑依据诈骗集资数额以及情节的不同而有所区别：

（1）集资诈骗数额较大的，处五年以下有期徒刑或者拘役，并处二万元以上二十万元以下罚金。

（2）集资诈骗数额巨大或者有其他严重情节的，处五年以上十年以下有期徒刑，并处五万元以上五十万元以下罚金。

（3）集资诈骗数额特别巨大或者有其他特别严重情节的，处十年以上有期徒刑或者无期徒刑，并处五万元以上五十万元以下罚金或者没收财产。集资诈骗虽未达到上述数额，但已达到巨大且有特别严重情节的也按此标准处罚。

（4）单位犯集资诈骗罪的，对单位判处罚金，对其直接负责的主管人员和其他直接责任人员处五年以下有期徒刑或者拘役；数额巨大或者有其他严重情节的，处五年以上十年以下有期徒刑；数额特别巨大或者有其他特别严重情节的，处十年以上有期徒刑或者无期徒刑，并处罚金。

五、集资诈骗罪与非法吸收公众存款罪的区别

1. 侵犯的对象不同

本罪的对象是他人用于集资获利所交付的集资款，既可以表现为资金，又可以表现为财物；非法吸收公众存款罪的对象则是公众的存款，它只能表现为金钱的形式，并且只能以存款人用于存款而获取一定利息的形式出现。

2. 犯罪客观行为的表现方式不同

本罪是以诈骗的方法，向社会公众非法集资，其对象可能是社会公众，也可能是特定的群众或特定的少数人。而非法吸收公众存款罪一般存在弄虚作假的方式，但一般不使用诈骗手段，吸纳的存款对象为社会公众，即不特定的多数人。

3. 侵犯的客体不同

本罪侵犯的客体为双重客体，其既侵犯了国家有关集资的金融管理制度，也会侵犯公私财物所有权；非法吸收公众存款罪侵犯的客体是单一的，即吸收公众存款的金融信贷管理制度。

4. 犯罪目的不同

本罪的犯罪目的是非法占有集资款。行为人将集资款骗到手后，一般会想方设法将资金占为己有，或者用于挥霍。而非法吸收公众存款罪的目的一般不是占有存款本身，而是赚取利息差，即公众存款产生的利益。若属于非法集资，并在集资过程中采取欺诈的方法，但主观上没有非法占有目的，则只能构成非法吸收公众存款罪。

六、集资诈骗罪中需要注意的几个问题

1. 如何认定集资诈骗罪的犯罪数额

关于如何认定集资诈骗罪的犯罪数额，学者有不同的认识，如指向数额说、实际所得数额说、交付数额说、侵害数额说。笔者同意实际所得数额说，即以诈骗犯罪人通过实施诈骗行为而实际获得的财产数额为标准。这也是最高人民法院的立场。以实际所得数额说为标准能较为准确地判断犯罪行为的社会危害

程度，对被告人以及被害人较为公平。指向数额说可能存在意图诈骗金额过高而实际诈骗的金额过低的情况。交付数额说、侵害数额说存在着未将部分返还被害人的金额予以扣除，与最终的实际损失有所差别的情况。因此，采取实际所得数额说能更好地惩罚犯罪，保护被害人的合法利益，也更好地揭示犯罪行为的危害程度。

2. 如何认定"非法集资"

依据《中国人民银行关于取缔非法金融机构和非法金融业务活动中有关问题的通知》，非法集资是指单位或者个人未依照法定程序经有关部门批准，以发行股票、债券、彩票、投资基金证券或其他债权凭证的方式向社会公众筹集资金，并承诺在一定期限内以货币、实物及其他方式向出资人还本付息或给予回报的行为。它具有如下特点：①未经有关部门依法批准，包括没有批准权限的部门批准的集资以及有审批权限的部门超越权限批准的集资。②承诺在一定期限内给出资人还本付息。还本付息的形式除以货币形式为主外，还包括实物形式或其他形式。③向社会不特定对象即社会公众筹集资金。④以合法形式掩盖其非法集资的性质。

另外，非法集资的表现形式多样，主要包括债权、股权、商品营销、生产经营等四大类，还有以下几种形式：借种植、养殖、项目开发、庄园开发、生态环保投资等名义非法集资；以发行或变相发行股票、债券、彩票、投资基金等权利凭证或者以期货交易、典当为名进行非法集资；通过认领股份、入股分红进行非法集资；通过会员卡、会员证、席位证、优惠卡、消费卡等方式进行非法集资；以商品销售与返租、回购与转让、发展会员、商家联盟与"快速积分法"等方式进行非法集资；利用民间"会""社"等组织或者地下钱庄进行非法集资；利用现代电子网络技术构造的"虚拟"产品，如"电子商铺""电子百货"投资委托经营、到期回购等方式进行非法集资；对物业、地产等资产进行等份分割，通过出售其份额的处置权进行非法集资；以签订商品经销合同等形式进行非法集资；利用传销或秘密串联的形式非法集资；利用互联网设立投资基金的形式进行非法集资；利用"电子黄金投资"形式进行非法集资。

本章参考文献

1. 陈伶俐、于同志、鲍艳：《金融犯罪前沿问题审判实务》，中国法制出版社 2014 年版。

2. 刘宪权：《金融犯罪刑法学专论》，北京大学出版社 2010 年版。

3. 王新：《金融刑法导论》，北京大学出版社 1998 年版。

4. 李永升主编：《金融犯罪研究》，中国检察出版社 2010 年版。

5. 江丁库主编：《民间借贷法律规范与操作实务》，法制出版社 2015 年版。

6. 赵秉志主编：《新千年刑法热点问题研究与适用》（下），中国检察出版社 2001 年版。

7. 张惠芳："高利转贷罪有关问题浅析"，载《河北法学》2000 年第 1 期。

8. 吴占英："擅自设立金融机构罪研究"，载《中南民族学院学报》2001 年第 2 期。

9. 俞军峰："论高利转贷罪的几个争议问题"，西南政法大学 2012 年硕士学位论文。

10. 魏明芳："非法吸收公众存款罪若干问题研究"，中国政法大学 2012 年硕士学位论文。

11. 龚玉华："集资诈骗罪若干问题研究"，西南大学 2010 年硕士学位论文。

第十章
民间借贷债权的实现

第一节　行使抵押物上追及权

所谓民间借贷抵押物上追及权，是指借款人或者第三人将财产用于抵押借款的担保，未经出借人的同意将抵押物转让给他人，抵押权的效力始终及于该抵押物，抵押权人可以追及抵押物而主张抵押债权。抵押物虽然设定了抵押担保，但是并没有像质押一样转移占有，抵押人依旧是所有权人，享有直接占有的权利，只是处分权受到抵押担保的限制，抵押物上追及权是对债权的保护。

我国《物权法》第191条规定："抵押期间，抵押人经抵押权人同意转让抵押财产的，应当将转让所得的价款向抵押权人提前清偿债务或者提存。转让的价款超过债权数额的部分归抵押人所有，不足部分由债务人清偿。抵押期间，抵押人未经抵押权人同意，不得转让抵押财产，但受让人代为清偿债务消灭抵押权的除外。"《担保法解释》第67条第1款规定："抵押权存续期间，抵押人转让抵押物未通知抵押权人或者未告知受让人的，如果抵押物已经登记的，抵押权人仍可以行使抵押权；取得抵押物所有权的受让人，可以代替债务人清偿其全部债务，使抵押权消灭。受让人清偿债务后可以向抵押人追偿。"《物权法》以及《担保法解释》对抵押物转让的效力进行了规定，并规定了抵押权人的追及权和受让人的涤除权。

抵押人未经抵押权人同意，擅自转让抵押物的，抵押权人可以行使追及权，主张抵押物转让无效。抵押权人可以与抵押人、受让人协商处理，协商后，受让人返还抵押物，或者另行提供担保抵押权人同意的，以及受让人代替清偿抵押债务的，则抵押物上追及权消灭。同时，抵押权人也可以起诉至法院，请求判处抵押物擅自转让行为无效。

抵押物上追及权的行使主要有以下条件的限制：

（1）抵押人转让抵押物发生在抵押权存续期间。如果抵押债权实现，则抵押权已经消灭或者抵押权没有设立，则抵押权人无权行使追及抵押物的权利。

（2）抵押人转让抵押物未经抵押权人的同意。抵押人未经抵押权人同意擅自转让抵押物，第三人恶意受让抵押物的，抵押权人才能行使抵押物上追及权。如果抵押物的转让经抵押权人同意，第三人受让抵押物的，属于善意行为，即使抵押权人未实现抵押债权，也不能行使追及权。

（3）抵押债权未实现。法律规定了受让人的涤除权，如果受让人代为清偿债务的，则债权实现，抵押权人不得行使追及权，或者抵押人转让抵押物虽未经抵押权人同意，但其将转让的价款向抵押权人提前清偿或者提存的，抵押债权已经实现，抵押权人不得行使追及权。只有在抵押人擅自转让后，不清偿或者提存，当事人恶意受让的，才能行使追及权。

受让人善意取得抵押物的，将阻碍抵押权人行使追及权。受让人善意受让抵押物的情况包括两种：

（1）抵押权人同意抵押人转让抵押物。在此种情况下，当事人受让抵押物属于善意行为，如果抵押人将转让的价款未提前清偿也未提存，受让人又不存在责任的，抵押权人不能行使追及权，只能追究抵押人的责任。但如果约定直接将价款交给抵押权人而受让人未交付或者交付给抵押人的，抵押权人可以对受让人主张支付价款，并可追究其违约行为。

（2）抵押物未登记。根据《物权法》第 188 条、第 189 条，抵押权依法应当登记而当事人未登记，第三人如果善意受让抵押物的，抵押物转让有效，抵押权人不能行使追及权主张转让无效。但是，如果受让人恶意，则抵押权人依然可以行使追及权主张转让行为无效。所谓善意是指，受让人不知道或者不应当知道抵押物已经设立抵押而受让抵押物，否则属于恶意。登记的抵押权具有公示效力，即使受让人不知道登记，也视为应当知道。另外，抵押权人行使追及权给受让人造成损失的，由抵押人承担责任，受让人有过错的，承担相应的责任。

第二节　行使优先受偿权

优先受偿权是指法律规定的特定债权人优先于其他债权人甚至优先于其他物权人受偿的权利。对于民间借贷来说，是指抵押权人或者质权人就抵押物或者质物的价款优先于其他债权受偿的权利。出借人是抵押权人或者是质权人，借款人或者第三人是抵押人或者质押人。借款人提供抵押物或者质物来保证债务的履行，而出借人通过行使抵押权和质权优先受偿来实现债权。

一、出借人行使抵押优先受偿权

出借人在债务人不履行借款债务时，可以行使抵押权以保护债权的实现。即可以与抵押人协商拍卖或者变卖抵押物，然后从价款中优先受偿，也可以协商以抵押物作价抵偿。协商不成以及不愿协商，可以直接提起诉讼，判决生效后，申请法院强制执行抵押物并就价款优先受偿，但不能超过债权的诉讼时效起诉。

另外，如果一项财产设定多项抵押权，则优先受偿有顺序要求。依据《物权法》第199条规定，同一财产向两个以上债权人抵押的，拍卖、变卖抵押财产所得的价款依照下列规定清偿：

（1）抵押权已登记的，按照登记的先后顺序清偿，顺序相同的，按照债权比例清偿，即同一抵押物为多个债权设立抵押的，按照在登记机关的登记顺序清偿，在先登记的优先就价款受偿，有剩余部分的，由顺序在其后的受偿，以此类推。顺序相同，则各按债权比例受偿。

（2）抵押权已登记的先于未登记的受偿，即有抵押登记的抵押权优先于未登记的抵押权，无论登记的抵押权抵押时间早于或者晚于未登记的抵押权，都优先受偿。

（3）抵押权未登记的，按照债权比例清偿。依据法律规定，只有登记才能设定抵押权的，没有登记就意味着抵押权未设立，那么就属于普通债权，只能与其他普通债权按照普通债权的比例清偿，并不享有抵押优先受偿权。

二、出借人行使质押优先受偿权

出借人作为质权人的质押优先受偿权，是指质权人就质物的变价后的价款优先受偿的权利。质权人直接占有质物，如果债务人不履行债务，则质权人有权直接变卖质物并优先受偿，也可申请法院进行拍卖，并就价款优先受偿。

但当质权与抵押权或者留置权并存时，质权并不是最先受偿的，法律规定了受偿顺序：

（1）质权优先于普通债权。设定了质权担保的债权优先于普通债权受偿。

（2）在质物上并存多项担保物权的，如在同一质物上设定抵押权或者留置权的，优先清偿的顺序有区别。《物权法》第239条规定："同一动产上已设立抵押权或者质权，该动产又被留置的，留置权人优先受偿。"即留置权优先于抵押权和质权。《担保法解释》第79条第1款规定："同一财产法定登记的抵押权与质权并存时，抵押权人优先于质权人受偿。"因此，如果质权与法定登记抵押权、留置权并存的话，其清偿顺序依次为留置权、法定登记的抵押权、质权，即质权的优先受偿顺序并不在第一位。

（3）如果企业破产，企业提供的质物并不列入破产财产，而由质权人优先受偿。剩余部分才列入破产财产，进行普通债权的清偿。

第三节　行使担保物上代位权

担保物上代位权是指当担保物因他人之侵害而灭失、毁损或者被征收时，债务人所得之赔偿金、保险金、补偿金应作为代位物继续为债权的担保，债权人对该代位物享有优先受偿的权利。我国《物权法》第 174 条规定："担保期间，担保财产毁损、灭失或者被征收等，担保物权人可以就获得的保险金、赔偿金或者补偿金等优先受偿。被担保债权的履行期未届满的，也可以提存该保险金、赔偿金或者补偿金等。"这是对担保物上代位权的规定。对于民间借贷来说，担保方式主要有保证、抵押担保、质押担保三种，而保证是人保，不适用担保物上代位权，只有抵押担保和质押担保才能适用。

一、担保物权代位物

根据《物权法》第 174 条的规定，担保财产的代位物包括：

（1）担保财产因第三人的侵权行为或者其他原因毁损、灭失时，担保人所获得的损害赔偿金。但是，如果担保财产是由于债权人的原因毁损、灭失的，根据《物权法》第 215 条、第 234 条的规定，质权人、留置权人负有妥善保管质押财产的义务；因保管不善致使质押或者留置财产毁损、灭失的，应当承担赔偿责任，质权人、留置权人向出质人或者债务人支付的损害赔偿金不能作为担保财产的代位物。

（2）保险金。担保人对担保财产投保，因保险事故发生而致使担保财产毁损、灭失时，担保人可以请求保险人支付保险金。该保险金可以作为代位物。

（3）补偿金。这里的补偿金主要指担保财产被国家征收时，担保人从国家得到的补偿金。《物权法》第 42 条第 3 款明确规定："征收单位、个人的房屋及其他不动产，应当依法给予拆迁补偿，维护被征收人的合法权益；征收个人住宅的，还应当保障被征收人的居住条件。"例如城市居民将自己的房屋向银行做了抵押贷款，如果房屋被国家征收的，其所得的补偿金应当作为抵押物的代位物。

二、行使担保物上代位权的条件

1. 担保财产出现毁损、灭失或者被征收等情况

实践中会发生担保物权因标的物不存在而消灭的情形。无论是事实上的灭失或是法律上的灭失均包括在内，如房屋倒塌、抵押土地被征收等。担保财产因毁损所得到的赔偿金、补偿金、保险金可以作为担保物权的代位物。如果担保财产未达毁损、灭失的程度，仅发生价值减少的情况，对价值减少部门的赔偿金也属于担保财产的价值，可以行使代位权。

2. 担保财产因毁损、灭失或被征收而获得赔偿

担保财产发生毁损、灭失或者被征收的情况，因此而得到保险金、赔偿金和补偿金时，才涉及物上代位的问题，否则可能会发生担保物权消灭的问题。在没有担保财产的代位物出现的情况下，担保物权人即使享有权利，但是由于不是因担保财产毁损、灭失所得，也不能称之为担保财产的代位物。

3. 担保财产毁损、灭失或被征收发生在担保期间

担保财产毁损、灭失或被征收发生在担保期间的，担保物权人才能行使担保物上代位权。担保期间是担保权有效设立到消灭之前的存续时间。如果担保财产毁损、灭失或被征收发生在物权担保设立之前或者消灭之后，以及物权担保无效，均不产生担保物上代位权。

三、担保物上代位权的行使

担保期间，担保财产毁损、灭失或者被征收等产生的法律后果就是担保物权人可以就担保人所得的损害赔偿金、保险金或者补偿金等优先受偿。在因担保财产毁损、灭失或者被征收产生代位物的时候，可能会出现两种情况：一是担保物权人的债权已经到期或者出现当事人约定的可以实现担保物权的情形，在这种情况下，担保物权人当然可以立即在代位物上实现自己的优先受偿权；另一种情况是担保物权人的债权还没有到期，在这种情况下，担保物权人对代位物进行控制的可能性降低，其到期实现债权的可能性也会降低。为保障担保物权人的债权得以实现，担保物权人可以提前在代位物上实现自己的债权。如果担保物权人还希望保留自己的期限利益，也可以不立即在代位物上实现担保物权，而等到债权履行期届满，债务人不履行债务时再在代位物上优先受偿。担保人可以自己或者应担保物权人的要求向提存机构提存该保险金、赔偿金或者补偿金，也可请求法院对代位物采取保全措施。

第四节　行使抵押物价值保全权

抵押物价值保全权是指抵押人的行为足以使抵押物的价值减少的，抵押权人有权要求抵押人停止其行为或者恢复抵押财产的价值，或者提供与减少的价值相应担保的权利。抵押物价值保全权是由抵押权派生的专属于抵押权人的权利。《物权法》第 193 条规定："抵押人的行为足以使抵押财产价值减少的，抵押权人有权要求抵押人停止其行为。抵押财产价值减少的，抵押权人有权要求恢复抵押财产的价值，或者提供与减少的价值相应的担保。抵押人不恢复抵押财产的价值也不提供担保的，抵押权人有权要求债务人提前清偿债务。"这是对抵押物价值保全权的规定。

对于民间借贷活动来说，抵押权设立后，出借人并不实际占有抵押物，抵押物仍由抵押人占有、使用和收益。因此，在抵押期间，抵押人的使用、管理等行为有可能使抵押物价值减少，如抵押人提供房产抵押后，故意拆除部分房屋或者不修缮等，就会导致抵押物的价值减损，出借人的抵押权受到侵害，届时将难以全部实现抵押权。因此，有必要赋予抵押权人对抵押物价值的保全权利。

一、行使抵押物价值保全权的条件

依《物权法》第 193 条的规定，抵押物价值保全权的行使应当同时符合以下条件：

（1）出现抵押财产价值减少的事实。抵押人的行为必须使抵押物的财产价值减少，否则抵押权人不得行使抵押物价值保全权。只有已经出现抵押财产价值减少的事实，才能行使抵押物价值保全权。如抵押人对房屋进行装修，虽然对抵押物有影响，但其不使抵押物财产价值减少，甚至可能增加其价值的，抵押权人不能行使抵押物价值保全权。

（2）抵押财产价值减少是由抵押人的行为造成的。如果抵押财产价值减少是他人造成的，若有保险金、赔偿金，抵押权人可以行使抵押物上代位权或者用获得的赔偿金清偿抵押债务。如果由于市场的跌价原因使得抵押财产价值减少不足以清偿债务的，不属于抵押人的行为造成的，抵押权人不得行使抵押物价值保全权。

（3）可能出现不足以清偿抵押债务的情形。如果抵押财产价值减少，但剩余价值足够清偿抵押债务的，抵押权人没有必要行使抵押物价值保全权，抵押人也可以拒绝。

二、抵押权人行使抵押物价值保全权的内容

抵押权人行使抵押物价值保全权的内容主要有以下几方面：

（1）请求抵押人停止足以使抵押财产价值减少的行为。请求抵押人停止足以使抵押财产价值减少的行为的目的是防止抵押财产价值因抵押人的行为继续减少，出现可能无法清偿抵押债务的情形。如果抵押人停止了使抵押财产减少的行为，抵押财产剩余价值足以清偿债务的，抵押权人不得行使抵押物价值保全权。如果抵押物财产价值减少，已经不足以清偿债务的，抵押权人可以行使抵押物价值保全权。

（2）抵押财产价值减少，不足以清偿抵押债务的，抵押权人可以请求抵押人恢复抵押物原状，或者要求另行提供与减少，价值额相当的担保。抵押物财产减少，不足以清偿抵押债务的，抵押人可以通过维修、更换等方式，或者与抵押权人协商另行提供担保，最终使抵押财产的价值恢复到提供抵押时的状态，或者达到足以清偿抵押债务的程度。

（3）抵押人不恢复抵押财产的价值，也不提供相应担保的，抵押权人有权要求债务人提前清偿债务。抵押人不恢复抵押财产的价值，也不提供相应担保的情况下，抵押权人有权要求债务人提前清偿债务。债务人不提前清偿债务，抵押人不提前清偿抵押债务的，债权人可以起诉至法院要求债务人提前清偿债务，抵押人提前承担抵押责任。

第五节　申请财产保全

财产保全是指人民法院根据利害关系人或者当事人的申请，或者由人民法院依职权对当事人的财产或者争议的标的物，采取限制当事人处分的强制措施，以保障将来的生效判决能够得到执行或者避免财产遭受损失。保全程序是以保障债权人在民事裁判中所确认的权利能够得以实现，或者防止法律规定的权利遭受无法弥补的损害为目的的临时性救济制度。因此，民间借贷的出借人申请财产保全，可以有效地保全债务人、担保人的财产，以保证债权的实现。

民事诉讼中的保全制度包括诉前财产保全和诉讼财产保全两种。

一、诉前财产保全

1. 诉前财产保全的概念

诉前财产保全是指起诉前，法院根据利害关系人的申请，对被申请人的有关财产所采取的强制性保护措施。《中华人民共和国民事诉讼法》（以下简称《民事诉讼法》）第 101 条第 1 款规定："利害关系人因情况紧急，不立即申请保全将会使其合法权益受到难以弥补的损害的，可以在提起诉讼或者申请仲裁前向被保全财产所在地、被申请人住所地或者对案件有管辖权的人民法院申请采取保全措施。……"这是对诉前财产保全的规定。在民间借贷活动中也会遇到紧急情况，如果不及时采取保全措施，可能会使有关财产被处分或者被转移，导致债权难以实现，而保全制度解决了这一问题。

2. 诉前财产保全的条件

依据《民事诉讼法》第 101 条的规定，采取诉前财产保全措施应当具备以下条件：

（1）必须情况紧急，如果不立即采取财产保全措施，申请人的合法利益就会受到难以弥补的损失。情况紧急是指债务人有可能马上转移财产、处分财产或者其他原因使得财产有可能发生损毁、灭失，如果不立即采取财产保全措施，申请人的财产权利很难实现。在民间借贷活动中，往往是借款人或者担保人的行为使得相关的财产被转移、转让、隐匿等，最终导致出借人的债权无法实现。如果没有情况紧急的事由或者借款人、保证人另有财产完全可以满足清偿债务的，或者起诉后完全来得及保全的，出借人不宜申请诉前财产保全措施。

（2）必须由利害关系人提出申请。这就是说，必须由利害关系人提出申请，法院才能采取诉前财产保全措施，而不能由法院依职权采取。这是诉前财产保全与诉讼财产保全措施的区别之一。

（3）申请人必须提供担保。《民事诉讼法》第 101 条规定，申请人应当提供担保，不提供担保的，裁定驳回申请。而要求申请人提供担保，是因为申请人与对方的民事权利义务关系和责任问题并不清楚。为了防止错误的财产保全措施给对方造成损害，需要申请人提供担保，以保证申请错误给对方造成损害的赔偿。如果申请人不提供担保的，法院将裁定驳回申请。

（4）应当向有管辖权的法院提出申请。《民事诉讼法》第 101 条第 1 款规定，利害关系人向被保全财产所在地、被申请人住所地或者对案件有管辖权的人民法院申请采取保全措施。根据此条款，利害关系人可以选择其中任意一个法院申请财产保全措施，而没有顺序的限制。第 101 条第 2 款、第 3 款规定：

"人民法院接受申请后，必须在四十八小时内作出裁定；裁定采取保全措施的，应当立即开始执行。申请人在人民法院采取保全措施后三十日内不依法提起诉讼或者申请仲裁的，人民法院应当解除保全。"即法院作出裁定的时间为48小时，并且申请人在人民法院采取保全措施后30日内不依法提起诉讼或者申请仲裁的，保全措施将解除。

二、诉讼财产保全

1. 诉讼财产保全的概念

诉讼财产保全是指人民法院在受理案件之后、作出判决之前，为防止因为一方当事人的行为或者其他原因使生效的判决不能执行或者难以执行，根据当事人的申请或者依职权，对当事人的财产或者诉讼标的物所采取的强制性保护措施。对于民间借贷而言，诉讼财产保全是指民间借贷进入诉讼程序至判决作出前，借款人、担保人的行为或者其他原因导致与本案有关的财产发生转移、损毁等情况，法院依出借人的申请或者依职权，对被告当事人的财产采取保全措施，以保证债权的实现。《民事诉讼法》第100条第1款规定了诉讼财产保全："人民法院对于可能因当事人一方的行为或者其他原因，使判决难以执行或者造成当事人其他损害的案件，根据对方当事人的申请，可以裁定对其财产进行保全、责令其作出一定行为或者禁止其作出一定行为；当事人没有提出申请的，人民法院在必要时也可以裁定采取保全措施。"

2. 采取诉讼财产保全措施的条件

根据《民事诉讼法》第100条的规定，采取诉讼财产保全措施的条件有以下几点：

（1）采取诉讼财产保全的案件必须是给付之诉，即该案的诉讼请求具有财产给付内容，没有给付内容就没有保全的必要。民间借贷本身就是金钱债权债务关系，产生的纠纷是金钱给付之诉，能够申请诉讼财产保全。

（2）必须是因为一方当事人的行为或者其他原因，使将来的生效判决不能执行或者难以执行。当事人一方的行为主要是当事人有转移、毁损、隐匿本案财物或者有关财产的行为或者使财产灭失的行为。其他原因主要是当事人行为之外的，可能使有关财产损毁、灭失的，如诉讼标的物是容易变质、腐烂的物品，如果不及时采取保全措施将会造成更大损失。

（3）诉讼财产保全发生在民事案件受理后、法院作出生效判决前。在一审或二审程序中，如果案件尚未审结，就可以申请财产保全。如果法院的判决已经生效，当事人可以申请强制执行，但是不得申请财产保全。

（4）诉讼财产保全一般应当由当事人提出申请，当事人没有提出申请的，人民法院在必要时也可以裁定采取财产保全措施。但是，人民法院一般很少依职权裁定财产保全，因为根据《国家赔偿法》的规定，人民法院依职权采取财产保全或者先予执行错误的，应当由人民法院依法承担赔偿责任。

（5）人民法院可以责令当事人提供担保。人民法院依据申请人的申请，在采取诉讼财产保全措施前，可以责令申请人提供担保。提供担保的数额应当相当于请求保全的数额。申请人不提供担保的，人民法院可以驳回申请。在发生诉讼财产保全错误给被申请人造成损失的情况下，被申请人可以直接从申请人提供担保的财产中得到赔偿。

三、财产保全的范围和措施

1. 财产保全的范围

根据《民事诉讼法》第 102 条的规定，保全限于请求的范围，或者与本案有关的财物。限于请求的范围是指被请求保全财产的价值应当与诉讼请求的金额大体相当。与本案有关的财物是指利害关系人之间争议的即将起诉的标的物，或者当事人之间争议的标的物，或者是与标的物相关的其他财物，如抵押物、质押物、留置物。

民间借贷案件中，与本案有关的财产主要有借款人的财产、保证人的财产、抵押质押的财产。借款人所有的财产实际上都是责任财产，属于民间借贷纠纷案件的有关财产范围。在债务价值范围内不得隐瞒出借人擅自处理。保证人在保证债务范围内也不得擅自处理财产。对于抵押、质押的财产，除权利人明确放弃担保外，不得影响借款债权而擅自处理。根据《最高人民法院关于适用〈中华人民共和国民事诉讼法〉的解释》（以下简称《民事诉讼法解释》）第 157 条规定，对抵押物、留置物可以采取财产保全措施，但抵押权人、留置权人有优先受偿权。

对案外人的财产不得采取财产保全措施，对案外人善意取得的与案件有关的财产，一般也不得采取保全措施。财产保全的范围不能超过申请人请求的范围，或者不能超过争议财产的价值。因此，采取保全措施只能在当事人或者利害关系人的请求范围内，才能达到财产保全的目的，使申请人的权益得到实现，也避免给被申请人造成不应有的损失。

2. 财产保全的措施

依据《民事诉讼法》，财产保全可以采取查封、扣押、冻结或者法律规定的其他方法。

查封是指人民法院将需要保全的财物清点后，加贴封条、就地封存，以防止任何单位和个人处分的一种财产保全措施。

扣押是指人民法院将需要保全的财物转移到一定的场所予以扣留，防止任何单位和个人处分的一种财产保全措施。人民法院在财产保全中采取查封、扣押财产措施时，应当妥善保管被查封、扣押的财产。当事人可以负责保管被扣押物，但是不得使用。

冻结是指人民法院依法通知有关金融单位，不准被申请人提取或者转移其存款的一种财产保全措施。人民法院依法冻结的款项，任何单位和个人都不准动用。财产已经被查封、冻结的，不得重复查封、冻结。

四、财产保全的解除

《民事诉讼法解释》第165条规定："人民法院裁定采取保全措施后，除作出保全裁定的人民法院自行解除或者其上级人民法院决定解除外，在保全期限内，任何单位不得解除保全措施。"

采取财产保全措施后，基于当事人或者利害关系人的申请或者具备法定情形时，由人民法院裁定解除。根据《民事诉讼法解释》第166条以及其他规定，解除财产保全的事由包括：①保全错误的；②申请人撤回保全申请的；③申请人的起诉或者诉讼请求被生效裁判驳回的；④被申请人提供担保的；⑤诉前保全或者仲裁前保全的申请人在采取保全措施后30日内未起诉或者未申请仲裁的；⑥人民法院认为应当解除保全的其他情形。解除以登记方式实施的保全措施的，应当向登记机关发出协助执行通知书。人民法院认为不符合解除财产保全条件的，裁定驳回解除申请。

五、申请财产保全错误的赔偿责任

出借人申请财产保全错误，造成债务人、担保人或者第三人的财产损失的，应当承担赔偿责任。借款人、担保人、第三人因被错误保全造成损失的，有权请求予以赔偿。民间借贷引起财产保全赔偿的情形有以下几种：①法院依据出借人的申请采取财产保全措施，后经审理认定借贷关系已经消灭，或者借款合同、担保合同无效，被申请人不承担责任，判令出借人败诉，而被申请人的财产因保全受到损失。②出借人虽然胜诉，但判决确认的债权数额远远小于申请保全债权数额，造成大于债权部分的保全财产损失。③出借人提供保全的标的物错误，如误将他人的财产认为是借款人的财产，致使人民法院对他人的财产实施了查封、扣押等强制施，造成他人财产损失。④出借人在人民法院采取诉前财产保全措施后，30 日内不提起诉讼，被申请人的财产因诉前保全遭受损失。[1]

出借人申请财产保全错误，造成借款人、担保人或者第三人的财产损失的，如不主动赔偿，被申请人可以提起诉讼请求人民法院判令出借人赔偿。

第六节　申请公证

一、公证的概念

公证是指公证机构根据自然人、法人或者其他组织的申请，依照法定程序对民事法律行为、有法律意义的事实和文书的真实性、合法性予以证明的活动。这是《中华人民共和国公证法》（以下简称《公证法》）第 2 条对公证的规定。据此，公证的对象有三类：民事法律行为、有法律意义的事实、有法律意义的文书。民间借贷是民事法律行为，民间借贷合同属于有法律意义的文书，所以能够成为公证的对象。因此，民间借贷合同公证，是指公证机构根据出借人与借款人的申请，对民间借贷合同的内容进行审核后依法证明真实性、合法性的一种非诉讼活动。为了强化民间借贷合同的证据效力，出借人与借款人可以依据《公证法》和《公证程序规则》的有关规定，向公证机构申请办理民间借贷合同公证。

二、民间借贷合同公证的作用

公证制度是国家司法制度的组成部分，是国家预防纠纷、维护法制、巩固法律秩序的一种司法手段。公证机构的证明活动是在发生民事争议之前，对法律行为和有法律意义的文书、事实的真实性和合法性给予认可，借以防止纠纷，减少诉讼。当事人申请民间借贷合同公证，公证机构出具公证文书的，该公证文书具有以下几个作用：

（1）强化民间借贷合同的证据效力。任何法律行为和有法律意义的文书、事实经过公证证明其真实性、合法性，即产生法律上的证据效力。一般情况下，公证的效力是最高的。《民事诉讼法》第 69 条规定："经过法定程序公证证明的法律事实和文书，人民法院应当作为认定事实的根据，但有相反证据足以推翻公证证明的除外。"《公证法》第 36 条规定："经公证的民事法律行为、有法律意义的事实和文书，应当作为认定事实的根据，但有相反证据足以推翻该项公

[1]　陈兴良主编：《民间借贷操作指引与纠纷解决》，中国法制出版社 2015 年版，第 317 页。

证的除外。"另外,《最高人民法院关于民事诉讼证据的若干规定》第77条规定,经过公证的书证的证明力一般大于其他书证、视听资料和证人证言。公证可以有效地证明当事人对民间借贷合同的具体明确的约定,具有很强的证明效力。

(2) 规范民间借贷行为。民间借贷及其担保容易发生纠纷的原因就是许多民间借贷及其担保合同不规范、内容不完整,甚至有口头形式的借贷。当事人如果申办公证,公证机构将对民间借贷合同不规范的内容、形式、主体资格等进行审查,并指导当事人完善合同,使内容更加确定、合法,从而规范借贷行为,避免发生纠纷。

(3) 可赋予强制执行的效力。公证机构根据当事人的申请,可赋予民间借贷合同公证文书强制执行效力。这一方面防止了借款人赖账以及担保人推脱责任的情况,可促使借款人自觉按约履行债务;另一方面,办理赋予强制执行效力的公证后,借款人到期不履行债务,出借人可以不经诉讼程序直接申请人民法院强制执行。司法实践中,一些借款人会为了赖账或者拖延还款而躲起来,使得人民法院审理案件耗时费力。如果办理了赋予强制执行效力公证,则避开了诉讼程序,借款一到期就可以向人民法院申请强制执行,以实现债权。

三、申请民间借贷合同公证的程序

1. 向有管辖权的公证机构提出申请

民间借贷合同公证是依申请的行为,当事人如需公证,首先要提出申请,公证机构不可能在没有申请的情况下办理公证。公证管辖是由省级司法行政机关根据《公证法》第25条和《公证机构执业管理办法》第10条的规定以及当地公证机构设置方案划定的公证机构受理公证业务的地域范围。《公证法》第25条第1款规定:"自然人、法人或者其他组织申请办理公证,可以向住所地、经常居住地、行为地或者事实发生地的公证机构提出。"据此,民间借贷合同当事人应当向其住所地、经常居住地或者借贷行为地、发生地的公证机构申请公证,公证机构也应当在其核定的执业区域内受理民间借贷合同公证业务。

2. 填写公证申请表并提交有关材料

根据《公证程序规则》第17条,出借人和借款人向公证机构申请办理公证,应当填写公证申请表。公证申请表应当载明下列内容:申请人及其代理人的基本情况;申请公证的事项及公证书的用途;申请公证的文书的名称;提交证明材料的名称、份数及有关证人的姓名、住址、联系方式;申请的日期;其他需要说明的情况。申请人应当在申请表上签名或者盖章,不能签名、盖章的,由本人捺指印。第 18 条规定，当事人在申请办理民间借贷合同公证时，应当提交下列材料：自然人的身份证明，法人的资格证明及其法定代表人的身份证明，其他组织的资格证明及其负责人的身份证明；委托他人代为申请的，代理人须提交当事人的授权委托书，法定代理人或者其他代理人须提交有代理权的证明；申请公证的文书；申请公证的事项的证明材料，涉及财产关系的须提交有关财产权利证明；与申请公证的事项有关的其他材料。当事人向公证机构提供的材料应当符合真实、合法的要求。

3. 公证机构受理和审查

根据《公证程序规则》第 24 条，公证机构受理公证申请后，应当对当事人的人数、身份、申请办理该项公证的资格及相应的权利，当事人的意思表示是否真实，申请公证的文书的内容是否完备，含义是否清晰，签名、印鉴是否齐全，提供的证明材料是否真实、合法、充分，申请公证的事项是否真实、合法等内容进行审查。公证人员发现民间借贷合同不完善、不规范的，可以帮助当事人修订完善，使借贷权利义务合法、明确。但不能强加给当事人自己的意志，要尊重当事人的意愿。公证人员经审查，认为当事人申请公证符合规定的条件和要求的，公证机构应当及时受理公证，并向申请人发送受理通知单，告知当事人申请公证事项的法律意义和可能产生的法律后果，告知其在办理公证过程中享有的权利、承担的义务。如果发现不符合规定条件的，如提供虚假的民间借贷合同，隐瞒、虚构有关事实等，应依据《公证法》第 31 条，决定并通知不予办理公证。

4. 出具公证文书

公证机构经审查，认为申请公证的事项符合规定的要求的，应当自受理之日起 15 个工作日内向当事人出具公证书。公证书应当按照规定的格式制作，由公证员签名或者加盖签名章并加盖公证机构印章。公证书自出具之日起生效。

在民间借贷合同成立至出借人实际提供借款前办理公证的，该公证的证明效力仅及于民间借贷合同成立的真实性、合法性，而不证明出借人实际提供借款问题。出借人已经向借款人提供借款，然后办理公证的，公证机构出具的公证文书，其证明效力不仅及于合同的真实性、合法性，而且及于出借人已经提供借款的证明效力。但公证人员在审查证据时要对已经交付借款资金的证据进行审查，以确定是否已经实际提供了借款。

四、赋予强制执行效力公证的条件

我国公证机构出具的公证债权文书一般只有证据效力和法律要件效力。但对已经公证的具有强制执行效力的债权文书，债务人不履行或者不适当履行债务，公证机构根据债权人的申请出具执行证书的，便可产生人民法院强制执行效力。《民事诉讼法》第238条第1款规定："对公证机关依法赋予强制执行力的债权文书，一方当事人不履行的，对方当事人可以向有管辖权的人民法院申请执行，受申请的人民法院应当执行。"《公证法》第37条规定："对经公证的以给付为内容并载明债务人愿意接受强制执行承诺的债权文书，债务人不履行或者履行不适当的，债权人可以依法向有管辖权的人民法院申请执行。前款规定的债权文书确有错误的，人民法院裁定不予执行，并将裁定书送达双方当事人和公证机构。"

根据《公证程序规则》第39条以及《最高人民法院、司法部关于公证机构赋予强制执行效力的债权文书执行有关问题的联合通知》规定，公证机构赋予民间借贷债权文书强制执行效力，应当具有下列条件：

（1）债权文书具有给付货币、物品、有价证券的内容。民间借贷合同本身就是债权文书，而且标的只是给付货币。因此，民间借贷合同属于赋予强制执行效力的债权文书范围。

（2）债权债务关系明确，债权人和债务人对债权文书有关给付内容无异议。当事人对借款合同的内容存在争议，如出借人主张债权债务关系成立，而借款人认为借款合同订立后出借人未提供借款，在这种有纠纷的情况下，公证机构不能办理赋予强制执行效力的公证，而应当由当事人通过诉讼途径解决。

（3）债权文书中载明债务人不履行义务或不完全履行义务时，债务人愿意接受依法强制执行的承诺。这是前提条件，体现债务人接受强制执行的自愿原则。此种公证必须有借款人在债权文书中载明的不履行或者不适当履行还款义务时愿意接受依法强制执行的承诺，若无此承诺，公证机构不能赋予强制执行效力。

民间借贷当事人申请赋予强制执行效力符合条件的，公证机构应予办理赋予强制执行效力公证。

五、出具执行证书

借款人不履行或者不适当履行经公证的具有强制执行效力的债权文书的，出借人不能持该公证文书直接向人民法院申请强制执行，而应先向原公证机构申请出具执行文书。《公证程序规则》第55条规定："债务人不履行或者不适当履行经公证的具有强制执行效力的债权文书的，公证机构可以根据债权人的申请，依照有关规定出具执行证书。执行证书应当在法律规定的执行期限内出具。

执行证书应当载明申请人、被申请执行人、申请执行标的和申请执行的期限。债务人已经履行的部分，应当在申请执行标的中予以扣除。因债务人不履行或者不适当履行而发生的违约金、滞纳金、利息等，可以应债权人的要求列入申请执行标的。"这是对出具执行证书和执行证书内容的规定。

公证机构在接到出借人的申请出具执行证书后，签发执行证书时，应当审查以下内容：①借款人不履行或者不适当履行义务的事实确实发生；②出借人履行合同义务的事实和证据，借款人是否依照民间借贷合同已经部分履行的事实；③借款人对借款合同约定的偿还义务有无疑义。如果借款人确实未履行还本付息义务，且无疑义的，应当签发执行证书。如果借款人部分履行义务，仍有部分没有履行且对该部分履行没有疑义的，公证机构扣除已履行的部分，对没有履行的部分签发执行证书。如果当事人对债权债务有争议的，可以进行调解，或者告知出借人通过诉讼程序或者其他途径解决争议，但不能签发执行证书。

《公证程序规则》第55条规定的执行证书应当在法律规定的执行期限内出具。这里的法律规定的执行期限是指《民事诉讼法》第239条规定2年申请执行期限。此期限，从法律文书规定履行期间的最后一日起计算；法律文书规定分期履行的，从规定的每次履行期间的最后一日起计算；法律文书未规定履行期间的，从法律文书生效之日起计算。超过这个期限，又无执行时效中止、中断的情形的，人民法院将不予执行。

另外，我国公证机构虽然有权赋予债权文书强制执行效力，但不拥有强制执行权。民间借贷债权文书的强制执行依法应当由人民法院实施。因此，出借人取得执行证书后，借款人未履行债务的，出借人可以向有管辖权的人民法院申请强制执行。

第七节　申请支付令

支付令是指债权人因请求债务人给付金钱、有价证券向人民法院提出书面申请，人民法院根据其申请，督促债务人限期履行义务的一种法律文书。督促程序是非诉程序，其特点是方便、快捷。人民法院依据债权人的申请，只对债权人提出的事实、证据进行审查，不传唤债务人，也不开庭审理，只要债权债务关系合法、明确，并且支付令能够送达债务人的，即可签发支付令。如果债务人在规定期限内对支付令未提出异议又不履行债务的，支付令就发生法律效力，可依据支付令向法院申请强制执行。我国《民事诉讼法》第214条规定：

"债权人请求债务人给付金钱、有价证券，符合下列条件的，可以向有管辖权的基层人民法院申请支付令：（一）债权人与债务人没有其他债务纠纷的；（二）支付令能够送达债务人的。申请书应当写明请求给付金钱或者有价证券的数量和所根据的事实、证据。"

大部分民间借贷事实清楚，证据确凿，双方对借贷的事实和数额都无异议，只是未履行还款义务。对于这一情形，申请支付令可以快速使债权债务关系得以确认，并转为执行程序，有效地减少了诉讼成本，节省了大量的时间，利于债权的实现和保护。

一、申请支付令的条件

债权人申请支付令的条件有以下几个：

（1）支付令只适用于债权人要求债务人给付金钱、有价证券的案件。除此以外，要求债务人给付特定物、返还建筑物等为一定行为的案件，都不能申请适用督促程序。所谓金钱，是指作为流通手段和支付手段的货币；有价证券指券面所表示的财产权利必须实际持有其券才得以实现的证券，如本票、汇票、支票、股票、公债、国库券、提货单、抵押单等。民间借贷的标的物是货币，可以成为申请支付令的标的。确认之诉和变更之诉不适用督促程序，不能申请支付令。

（2）债权人与债务人没有其他债务纠纷。督促程序中的申请人必须是债权债务关系中的债权人，而且债务人也不负有履行其他债务的义务。也就是说，债权人对债务人不负有对等给付的义务，或者对等给付义务已经履行完毕，否则，债务人提出异议，督促程序即终结。

（3）请求给付的金钱或者有价证券已到期且数额确定，并已载明请求所依据的事实和根据。该条件有三层含义：第一，债务履行期限届至。给付期限届至，债务人才有履行给付的义务，债权人才有请求给付的权利，否则，债务人享有期限利益，债权人不得提出给付请求。第二，数额必须确定。只有数额确定才能适用督促程序。如果借贷债权的数额不明确，则说明借贷债权数额有争议或者无法确定，不能申请支付令。第三，申请书载明了请求所依据的事实和根据。这是对申请书形式要件的要求，即应记载请求种类属金钱或有价证券、数量、产生的原因事实、可以证明的文书资料、履行期限等。至于事实、证据是否确凿可信，是否具有可采性以及是否引起争议，并不影响督促程序的适用以及支付令的申请。

（4）支付令能够送达债务人。这里所说的送达指直接送达。支付令的送达不能适用公告送达，公告送达不一定使债务人都能了解公告的内容。并且债务人下落不明，或者债务人不在中国领域内居住，因而不能向其本人送达的，不适用督促程序。邮寄送达的方式也不宜适用于支付令，因为邮寄送达会导致不能如期收到的风险。《民事诉讼法解释》第431条规定，向债务人本人送达支付令，债务人拒绝接收的，人民法院可以留置送达。采取上述两种方式不能送达的，不能申请支付令。人民法院已经发出支付令，但自发出之日起30日内无法送达债务人的，依据《民事诉讼法解释》第432条的规定，应当裁定终结督促程序，支付令自行失效。

（5）债权人申请支付令，必须向有管辖权的人民法院提出申请。依照《民事诉讼法》第214条的规定，债权人请求债务人给付金钱、有价证券，可以向有管辖权的基层人民法院申请支付令。《民事诉讼法解释》第427条规定："两个以上人民法院都有管辖权的，债权人可以向其中一个基层人民法院申请支付令。债权人向两个以上有管辖权的基层人民法院申请支付令的，由最先立案的人民法院管辖。"

（6）债权人申请支付令，必须向人民法院提交书面申请，并附有债权文书。申请书是人民法院受理案件，开始督促程序的前提和依据，也是人民法院审查的重要内容之一。因此民间借贷支付金的申请书必须详细记明下列内容：出借人与借款人的自然状况，包括债权人与债务人双方的名称、地址等；借款人应向出借人支付金钱的种类、数额、利息；请求发布支付令所根据的事实和证据，着重写明债权债务法律关系产生、发展的时间，以及债权债务关系的其他事实，并尽可能地提供证据，对事实和理由加以证明。此外，申请书还应载明当事人的请求事项，即表明申请的目的在于发布支付令。

（7）出借人未向人民法院申请诉前保全。如果已经申请诉前保全的，不再适用督促程序发出支付令。依据《民事诉讼法》的规定，申请诉前保全的，应当在人民法院采取保全措施后30日内依法提起诉讼。

支付令符合以上条件的，人民法院应予受理，并在收到申请后5日内通知出借人。对不符合条件的申请，也应在5日内通知出借人。

二、借款人对支付令的异议

《民事诉讼法》第216条规定："人民法院受理申请后，经审查债权人提供的事实、证据，对债权债务关系明确、合法的，应当在受理之日起十五日内向债务人发出支付令；申请不成立的，裁定予以驳回。债务人应当自收到支付令之日起十五日内清偿债务，或者向人民法院提出书面异议。债务人在前款规定的期间不提出异议又不履行支付令的，债权人可以向人民法院申请执行。"第217条第1款规定："人民法院收到债务人提出的书面异议后，经审查，异议成立的，应当裁定终结督促程序，支付令自行失效。"

从这两条可以看出，借款人提出异议的条件要符合法定形式，即在法定期限内提出且以书面形式提出。借款人收到支付令后，如果对支付令所说的内容有异议，可以在15日内提出。这个期限是法定期限，法院以及当事人都无权改变。超过期限提出的无效，法院将予以驳回。另外，借款人必须以书面的形式提出异议，这是法定形式要求。因此，以口头形式提出的异议无效。此外，提出异议时，不能以经济困难、缺乏清偿能力等理由提出，这些理由不是法定理由，异议不成立，法院将予以驳回。《民事诉讼法解释》第437条规定："经形式审查，债务人提出的书面异议有下列情形之一的，应当认定异议成立，裁定终结督促程序，支付令自行失效：（一）本解释规定的不予受理申请情形的；（二）本解释规定的裁定驳回申请情形的；（三）本解释规定的应当裁定终结督促程序情形的；（四）人民法院对是否符合发出支付令条件产生合理怀疑的。"若支付令异议成立，人民法院应当裁定终结督促程序，支付令自行失效。《民事诉讼法》第217条第2款规定："支付令失效的，转入诉讼程序，但申请支付令的一方当事人不同意提起诉讼的除外。"因此，一般情况下，支付令失效后，督促程序自动转入诉讼程序，除非申请支付令的当事人不同意提起诉讼。

另外，根据《民事诉讼法解释》第430条的规定，人民法院受理申请后，经审查，有下列情形之一的，无须借款人提出异议，就应依职权裁定驳回申请：①申请人不具备当事人资格的；②给付金钱或者有价证券的证明文件没有约定逾期给付利息或者违约金、赔偿金，债权人坚持要求给付利息或者违约金、赔偿金的；③要求给付的金钱或者有价证券属于违法所得的；④要求给付的金钱或者有价证券尚未到期或者数额不确定的。

三、支付令的效力

借款人自收到人民法院发出的支付令之日起15天之内不提出异议的，支付令就发生法律效力，借款人应当自收到支付令之日起15日内清偿债务。债务人不按照支付令的规定履行偿还义务的，支付令与法院的判决书具有同等的法律效力，即具有既判力和执行力，出借人可以依据支付令向人民法院申请强制执行。

第八节　提起债权人代位权诉讼

一、出借人代位权的概念、特点

债权人代位权是指当债务人怠于行使其对第三人享有的权利而害及债权人的债权时，债权人为保全其债权，可以自己的名义代位行使债务人对第三人的权利。《合同法》第 73 条第 1 款规定："因债务人怠于行使其到期债权，对债权人造成损害的，债权人可以向人民法院请求以自己的名义代位行使债务人的债权，但该债权专属于债务人自身的除外。"这是对债权人代位权的规定，民间借贷代位权也适用该条规定。民间借贷出借人的代位权是指借款人怠于行使其对债务人享有的到期债权，而对出借人造成损害，出借人为了实现自己的债权，可以自己的名义代位行使借款人对其债务人的权利。借款人的债务人是借贷合同以外的第三人，当出借人行使代位权时是次债务人。

代位权的特点主要有以下几个：

（1）代位权针对的是债务人消极不行使权利的行为，即怠于行使权利的行为。代位权的行使是为了保持债务人的财产，即通过对债务人的责任财产采取法律措施，以保持其数量。债权人的代位权一般都是在债权人与债务人的债务已经到期的情况下而行使。因此，债权人行使代位权后，如果没有其他人向债务人主张权利，债权人可以直接获得该财产。

（2）代位权是债权人以自己的名义代位行使债务人的债权。代位权是债权人向次债务人而不是债务人提出请求，这就不同于债权人向债务人以及债务人向次债务人提出请求。在代位权诉讼中，债权人以自己的名义行使债务人的权利，它在内容上并不是对债务人和次债务人的请求权，而是一种法定的权利。[1]

（3）代位权的行使必须向法院提起诉讼，请求法院允许债权人行使代位权。《合同法》第 73 条要求债权人行使代位权必须向法院提起诉讼，请求法院保全其债权，而不能通过诉讼以外的请求方式来行使代位权。该规定有利于防止当事人以保全债权为名，采用不正当的手段抢夺债务人的财产，影响社会安定。

二、代位权行使的条件

《最高人民法院关于适用〈中华人民共和国合同法〉若干问题的解释

---

〔1〕　王利明：《合同法研究》，中国人民大学出版社 2015 年版，第 88 页。

（一）》（以下简称《合同法解释一》）第11条规定："债权人依照合同法第七十三条的规定提起代位权诉讼，应当符合下列条件：（一）债权人对债务人的债权合法；（二）债务人怠于行使其到期债权，对债权人造成损害；（三）债务人的债权已到期；（四）债务人的债权不是专属于债务人自身的债权。"据此，代位权的行使应符合以下要件：

（1）债权人对债务人的债权必须合法、确定。债权合法是指债权人与债务人之间必须存在合法的债权债务关系，如果债权人对债务人不享有合法的债权，代位权就失去了合法的基础。如果债权债务关系并不成立，或者具有无效或可撤销的因素而被宣告无效或者被撤销，或者债权债务关系已经解除，则不能行使代位权。

债权确定是指债务人对于债权的存在及其内容并没有异议，或者该债权是经过了法院和仲裁机构裁判后所确定的债权。对于民间借贷而言，其债权也应是合法确定的债权。

（2）债务人怠于行使其到期债权，债务人怠于行使其到期债权，是造成债权人损害的关键。《合同法解释一》第13条第1款规定："合同法第七十三条规定的'债务人怠于行使其到期债权，对债权人造成损害的'，是指债务人不履行其对债权人的到期债务，又不以诉讼方式或者仲裁方式向其债务人主张其享有的具有金钱给付内容的到期债权，致使债权人的到期债权未能实现。"据此，怠于行使的判断是指债务人是否已经通过诉讼方式或者仲裁方式向其债务人主张权利。此外，判断是否怠于行使还应该要求债务人及时行使权利。如果债务人在债务到期后很长一段时间才以诉讼或者仲裁的方式行使权利，也构成怠于行使。所谓未及时行使是指债务人的债权到期后，债务人不存在行使权利的障碍而未能在合理的期限内主张权利，即债务人能行使权利而不行使；在合理期限内怠于行使，合理期限根据交易习惯等具体判断；怠于行使无正当理由。在民间借贷中，借款人既是债务人，又是第三人的债权人，其应当积极向自己的债务人行使债权，用以清偿债务。借款人既不向其债务人主张债权的实现，也不向债权人清偿债务，说明其消极对待债权债务。在此情况下，出借人可以行使代位权，以实现自己的债权。

（3）对债权人造成损害。对债权人造成损害是指债权人的债权有不能依债的内容获得满足的现实危险，因而有代位行使债务人的权利以实现债权的必要。只有债权人的债权有不能受偿的危险时，才可以行使代位权。如果债务人怠于行使其权利，对于债权人的债权并无影响的，就没有必要行使代位权。例如，借款人在银行有足够的财产以清偿债权人的债务，而此时债务人怠于行使其对次债务人的权利并不影响债权人债权的实现，就没有必要行使代位权来实现债权。

（4）债权人对债务人的债权已到期。债权人对债务人的债权必须已到期。如果债务未到期，债权人很难确定债务人是否具有足够的责任财产来清偿债务。在民间借贷活动中，如果借款未到期，出借人不得要求借款人履行还债义务，否则属于违约行为。所以，出借人行使代位权所涉及的对借款人的债权必须已经到期。

（5）债务人的债权不是专属于债务人自身的债权。债权人行使代位权的权利必须是非专属于债务人的权利。《合同法解释一》第12条规定："合同法第七十三条第一款规定的专属于债务人自身的债权，是指基于扶养关系、抚养关系、赡养关系、继承关系产生的给付请求权和劳动报酬、退休金、养老金、抚恤金、安置费、人寿保险、人身伤害赔偿请求权等权利。"

三、代位权诉讼的主体

《合同法》第73条第1款规定："因债务人怠于行使其到期债权，对债权人造成损害的，债权人可以向人民法院请求以自己的名义代位行使债务人的债权，但该债权专属于债务人自身的除外。"可见，代位权的行使必须通过诉讼的方式进行。根据此条的规定，债权人可以向人民法院请求以自己的名义代位行使债务人的债权，因此代位权诉讼的原告只能是债权人。

根据《合同法解释一》第16条的规定，债权人是以次债务人为被告向人民法院提起代位权诉讼的，即次债务人是被告。债务人也应当参加诉讼。如果债务人不参加代位权诉讼的话，既不利于查明事实，也不利于对债务人的合法利益的保护，还难以防止次债务人滥用抗辩权而使债权人的代位权落空。该解释第16条第1款规定："债权人以次债务人为被告向人民法院提起代位权诉讼，未将债务人列为第三人的，人民法院可以追加债务人为第三人。"因此，在代位权诉讼中，应以次债务人为被告，债务人为第三人，且为无独立请求权第三人。

另外，从以下几个原因也可看出代位权诉讼中必然要将债务人列为第三人：首先，债权人行使代位权时只能以对债务人的债权为限，即代位权行使的范围原则上不得超过债权人对债务人所享有的权利范围。这就涉及需要具体确定债权人对债务人所享有的债权数额以及是否履行的问题。如果债务人不参加诉讼，显然无法确定代位权的行使范围问题。其次，债权人行使代位权时，次债务人可以行使其对债务人的抗辩以及债务人对债权人的抗辩，向债权人主张抗辩权。

而此种抗辩权能否成立，则必须要债务人参与诉讼。最后，在债权人行使代位权后，也会涉及行使代位权的费用承担问题。《合同法》第73条规定，债权人行使代位权的必要费用，由债务人承担。因此，债务人应作为第三人参与代位权诉讼。

四、代位权行使的范围

《合同法》第73条规定，代位权的行使范围以债权人的债权为限，即在存在多个债权人时，某一债权人行使代位权，只能以自身的债权为基础，不能以未行使代位权的全体债权人的债权为保全的范围。因此，在有多个债权人而只有一个次债务人的情况下，每个债权人对同一个次债务人都有代位权。但是，其中一个债权人或者部分债权人只能以自己的名义行使代位权。如果已经行使代位权，且次债务人已经全部清偿债务的，次债务人债务消灭，其他债权人不得再向其行使代位权，借款人也不得向其主张债权。如果清偿后有剩余的，其他债权人可就剩余部分行使代位权。

多个债权人有多个次债务人的情况下，每个债权人对每个次债务人都可以行使代位权，当其中一个次债务人的债务已经满足一个或者几个债权人的代位债权后，已行使代位权的债权人不得再向另一个次债务人行使代位权。一个次债务人不能满足一个或者几个债权人的代位债权的，该债权人对其他次债务人可以行使代位权。次债务人已经全部清偿债务的，不再向其他债权人履行债务。

只有一个债权人却有多个次债务人的情况下，这个债权人对所有的次债务人都有代位权。但选择其中一个或者几个次债务人行使代位权已经满足代位债权的，不得向其他次债务人行使代位权。

五、代位权行使的效力

民间借贷中，出借人通过诉讼行使代位权，人民法院判令次债务人向出借人履行债务，次债务人向出借人履行了债务，两个债的法律关系消灭，即出借人与借款人之间的债就已经履行的部分消灭，借款人与次债务人之间的债就已经履行的部分消灭，若全部履行完毕，则彻底消灭。具体来说，有以下效力：

（1）对债权人的效力。代位权的行使对债权人的效力主要有两方面：其一，债权人因行使代位权所支出的必要费用，有权要求债务人予以支付。其二，债权人有权从债务人的债务人即次债务人处直接受领所履行之债。当然，上述债权人的权利以法院确认其代位权成立为前提。

（2）对债务人的效力。代位权行使的直接效果应归属于债务人。一旦法院通过裁判允许债权人行使代位权，则债务人不能就其被债权人代位行使的权利作出处分，也不得妨碍债权人行使代位权。

（3）对次债务人的效力。债权人代债务人行使权利，一般不会影响次债务人的权利和利益，因为即使不行使代位权，他们也要履行其应尽的义务。在债权人行使代位权后，次债务人对债务人所享有的一切抗辩权，如同时履行抗辩权等，均可以对抗债权人。尤其应当指出，在债权人行使代位权的情况下，次债务人不能以债权人与其无法律关系为由拒绝履行自己的义务，而必须应债权人的请求及时向债权人作出履行。

（4）债权人提起代位权诉讼后，将导致债权人与债务人和债务人与次债务人的债权诉讼时效发生中断。《最高人民法院关于审理民事案件适用诉讼时效制度若干问题的规定》第 18 条规定："债权人提起代位权诉讼的，应当认定对债权人的债权和债务人的债权均发生诉讼时效中断的效力。"

第九节　提起撤销权诉讼

一、撤销权的概念、特点

债权人撤销权是指当债务人所为的减少其财产的行为危害债权实现时，债权人为保全债权得请求法院予以撤销该行为的权利。债权人撤销权也为债权的保全方式之一，是为防止因债务人的责任财产减少而致债权不能实现的情况出现。《合同法》第 74 条第 1 款规定："因债务人放弃其到期债权或者无偿转让财产，对债权人造成损害的，债权人可以请求人民法院撤销债务人的行为。债务人以明显不合理的低价转让财产，对债权人造成损害，并且受让人知道该情形的，债权人也可以请求人民法院撤销债务人的行为。"这是法律对债权人撤销权的规定。在民间借贷中，出借人的撤销权是指出借人对于借款人放弃对第三人享有的到期债权、无偿转让财产、低价转让财产而对借款债权造成损害的行为，请求人民法院予以撤销而使之无效的权利。出借人行使撤销权的目的主要是防止借款人实施非法行为逃避债务，借款人在负债的情况下，放弃到期债权、无偿转让财产、故意低价转让财产，致使借款债权不能全部或者部分实现，则为恶意逃避债务的行为。债权人行使撤销权，使第三人向借款人返还财产或者使借款人的债权得以恢复原状，出借人的债权就能得以保障。

撤销权的特点主要有以下几个：

（1）撤销权针对的是债务人从事的有害于债权人债权的积极行为。与代位权所针对的债务人消极不行使权利的情况不同，撤销权针对的是积极的作为，这些行为主要是《合同法》第 74 条规定的债务人放弃到期债权、无偿转让财产、故意低价转让财产的行为。《最高人民法院关于适用〈中华人民共和国合同法〉若干问题的解释（二）》（以下简称《合同法解释二》）第 18 条规定，债务人放弃其未到期的债权或者放弃债权担保，或者恶意延长到期债权的履行期，对债权人造成损害的，债权人也可以行使撤销权。

（2）撤销权的行使必须要向法院提起诉讼。行使撤销权必须由债权人向人民法院起诉，由法院作出撤销债务人行为的判决才能发生撤销的效果。

（3）撤销权具有法定性。撤销权作为债权的一项权能，是由法律规定产生的。它并不是一项与物权、债权相对应的独立的权利，而只是附属于债权的实体权利。撤销权必须依附于债权而存在，不得与债权相分离而进行处分。[1]

（4）撤销权可以对第三人产生效力。根据债的相对性，合同之债主要在合同当事人之间产生法律效力。法律为了保护债权人的债权不因债务人与第三人实施的行为而减少债务人用来承担债务的责任财产，允许债权人享有并行使撤销权。

二、撤销权与代位权的区别

债的撤销权与代位权一样，都使债权能够对第三人产生效力。根据债的相对性原理，合同之债主要在合同当事人之间产生法律效力。然而，法律为了保护债权人的债权不因债务人与第三人实施的行为而减少债务人用来承担债务的责任财产，允许债权人通过行使代位权和撤销权来保全债权，实现债权。撤销权与代位权都涉及债的关系以外的第三人，并对第三人产生法律上的拘束力。撤销权与代位权的区别主要有以下几点：

（1）两者针对的对象不同。代位权针对的是债务人不行使债权的消极行为，即怠于行使权利，旨在保持债务人的财产；撤销权针对的是债务人不当处置财产的积极行为，即放弃到期债权、无偿、低价转让财产的情形，旨在恢复债务人的财产。

（2）两者的构成要件不同。代位权需要债务人怠于行使其到期债权，且债权人对债务人的债权也必须到期；撤销权的行使不需要具备这些条件。[2]

---

〔1〕 王利明：《合同法研究》，中国人民大学出版社 2015 年版，第 121 页。

〔2〕 李永军、易军：《合同法》，中国法制出版社 2009 年版，第 310 页。

（3）在法律效果上存在区别。债权人行使代位权后，如果没有其他的债权人向债务人主张权利，债权人可以直接获得该财产，而债权人行使撤销权可能是在债权人与债务人之间的债务尚未到期的情况下。所以债权人行使撤销权后，第三人向债务人返还财产，而不能直接交给债权人，应由法院代为保管，待债务到期后，再交给债权人。

三、行使撤销权的要件

根据《合同法》第74条的规定，对债务人无偿转让财产并造成债权人损害的情况，债权人行使撤销权未要求债务人及受益人知情。而在以明显不合理的低价转让财产并造成债权人损害的情况下，要求债权人行使撤销权以受让人知情为要件。也就是说，在有偿转让的情况下要求债务人有恶意，受让人也须有恶意才能行使撤销权。下面对债权人行使撤销权分无偿和有偿两种情况分别说明其成立要件。

1. 债务人的行为系无偿行为时的成立要件

（1）债务人须于债权成立后实施行为。债权是指债权人对债务人享有的债权，即债权人对债务人的债权，在债务人与第三人实施危害行为时就已经存在。

（2）行为前成立的债权须为金钱债权或者可转化为金钱债权。债权人的撤销权为合同债的保全，其债权只有为金钱债权或者可转化为金钱债权的债权，才可以允许债权人据此行使撤销权。对不能转化为金钱债权的债权，不得行使债权人撤销权。民间借贷是给付金钱的债权，符合条件，可以行使债权人撤销权。

（3）债务人所为的行为是无偿行为。《合同法》第74条规定，因债务人放弃其到期债权或者无偿转让财产，对债权人造成损害的，债权人可以请求人民法院撤销债务人的行为。《合同法解释二》第18条规定，债务人放弃其未到期的债权或者放弃债权担保，或者恶意延长到期债权的履行期，对债权人造成损害的，债权人也可以行使撤销权。这都是对无偿行为的规定。

（4）须债务人的行为有害于债权人的债权。只有债务人处分财产的行为有害于债权的实现时，债权人才能行使撤销权。所谓有害于债权人的债权实现，是指债务人在实施处分财产的行为后，不具有对债权人享有债权的清偿能力。如果债务人即便无偿处分财产，但其仍具备债权的清偿能力，则不能认定债务人的财产处分行为有害于债权的实现。

（5）债务人的行为必须以财产为标的。债权人撤销权的标的限于债务人以财产为标的的行为，是因为撤销权的目的在于维持债务人的责任财产。如果非以财产为标的，就与责任财产无关，就没有行使撤销权的必要，如结婚对债务人的财产产生不利影响的，债权人不得撤销。[1]

只要具备以上要件，不需要债务人主观上明知其行为有害债权人的债权，债权人即可行使撤销权。

2. 债务人的行为是有偿行为时的成立要件

债务人的行为若为有偿行为，则除上述无偿行为的有关要件外，债权人撤销权尚需具备以下要件。

（1）客观要件。客观要件包括：①债务人须于债权成立后实施行为；②行为前成立的债权须为金钱债权或者可转化为金钱债权；③须债务人的行为有害于债权人的债权；④债务人的行为必须以财产为标的；⑤债务人所为的行为是有偿的。其中前4项与无偿的条件相同，第5项依据《合同法》以及相关解释表述为债务人以明显不合理的低价转让财产或者以明显不合理的高价收购他人财产。

对于明显不合理的低价，《合同法解释二》第19条第1、2款规定："对于合同法第七十四条规定的'明显不合理的低价'，人民法院应当以交易当地一般经营者的判断，并参考交易当时交易地的物价部门指导价或者市场交易价，结合其他相关因素综合考虑予以确认。转让价格达不到交易时交易地的指导价或者市场交易价百分之七十的，一般可以视为明显不合理的低价；对转让价格高于当地指导价或者市场交易价百分之三十的，一般可以视为明显不合理的高价。"

（2）主观要件。在债务人的行为是有偿行为的情况下，债权人撤销权的成立还需要债务人的恶意、受让人的恶意等主观要件。①债务人的恶意是指债务人在行为时明知有损于债权人的权利，并预见其行为可能引起或者增加其无资产可履行债务的可能性。债务人的恶意以行为时为准。②受让人的恶意是指当事人在取得财产或者财产利益时，已经知道债务人所为的行为有损于债权人的债权，即受让人已经认识到了行为对债权损害的事实。受让人是否具有故意损害的意图或者是否与债务人串通不予考虑。受让人必须在受让时为恶意，在受让后才有恶意的，不得行使撤销权。

---

[1] 崔建远：《合同法》，北京大学出版社2012年版，第180页。

四、民间借贷撤销权诉讼

1. 撤销权诉讼的原告为出借人

债权人的撤销权必须由享有撤销权的债权人以债权人自己的名义向人民法院提起诉讼。根据《合同法》第 74 条，只有债权人才能请求人民法院撤销债务人的行为。在民间借贷活动中，出借人向借款人提供借款成为债权人。因而，民间借贷撤销权诉讼的原告为出借人。

2. 被告是借款人

从《合同法》可以看出撤销权诉讼请求的内容是债务人的行为，而不是第三人的行为。那么，被告人就是债务人，而不能是相关的第三人。借款人放弃到期债权是借款人的单方行为，只要以借款人为被告撤销其行为即可。对于借款人与第三人之间的转让行为，只要以借款人为被告，撤销其转让行为，该转让协议即无效，不需要再撤销第三人的行为。

3. 受益人、受让人为无独立请求权第三人

《合同法解释一》第 24 条规定："债权人依照合同法第七十四条的规定提起撤销权诉讼时只以债务人为被告，未将受益人或者受让人列为第三人的，人民法院可以追加该受益人或者受让人为第三人。"因此，在民间借贷撤销权诉讼中，受让人或者受益人为第三人，当事人可以在提起诉讼时列出，法院也可以追加列为第三人。受益人、受让人参加诉讼，提供证据，进行辩论，有利于维护自己的权利。同时，若其需要承担义务，也利于义务的承担。

4. 行使撤销权诉讼的期限

《合同法》第 75 条规定："撤销权自债权人知道或者应当知道撤销事由之日起一年内行使。自债务人的行为发生之日起五年内没有行使撤销权的，该撤销权消灭。"这里规定的一年与五年皆为除斥期间，不发生中止、中断或者延长的情况。

5. 行使的范围

依据《合同法》第 74 条，撤销权的行使范围以债权人的债权为限。因此，出借人行使撤销权时主张的债权范围包括本金和利息。

五、出借人行使撤销权的效力

撤销的效力及于借款人、受益人及出借人。

借款人的行为一经撤销，视为自始无效。例如，财产赠与的，视为未赠与；放弃债权的，视为未放弃。

受益人已受领借款人的财产的，应当返还借款人。原物不能返还的，应当折价返还其利益。受益人已向借款人支付对价的，可向借款人主张返还不当得利。

行使撤销权的出借人请求受益人将所得利益返还给借款人的，所得利益属于借款人的责任财产。撤销权的行使，其效力及于全体债权人。因此，行使撤销权的出借人不得从受领的给付物中优先受偿，而是与全体债权人共同对借款人的责任财产按债权比例清偿。

第十节　提起民间借贷纠纷诉讼

民间借贷纠纷属于民事诉讼，在民间借贷出现纠纷时，借款人不履行偿还借款的义务导致出借人的债权不能实现的，出借人可以依据《民事诉讼法》的规定向人民法院提起对债务人的诉讼，通过审判程序确认债权债务关系，并取得人民法院强制力的法律保护。民事诉讼的内容较多，这里只能根据《民事诉讼法》以及《民事诉讼法解释》对民事诉讼中几个对民间借贷而言比较重要的问题进行简要介绍。

一、民间借贷起诉和受理

1. 起诉状

起诉应当向人民法院递交起诉状，并按照被告人数提出副本。书写起诉状确有困难的，可以口头起诉，由人民法院记入笔录，并告知对方当事人。《民事诉讼法》第 121 条规定："起诉状应当记明下列事项：（一）原告的姓名、性别、年龄、民族、职业、工作单位、住所、联系方式，法人或者其他组织的名称、住所和法定代表人或者主要负责人的姓名、职务、联系方式；（二）被告的姓名、性别、工作单位、住所等信息，法人或者其他组织的名称、住所等信息；（三）诉讼请求和所根据的事实与理由；（四）证据和证据来源，证人姓名和住所。"

2. 起诉的条件

我国民事诉讼实行的是不告不理原则。对于借款人不偿还借款，担保人也不承担担保责任的，出借人可以选择以诉讼方式解决问题，这就需要向人民法院提起诉讼。出借人提起诉讼的条件，依据《民事诉讼法》第 119 条规定，主要有以下几个：

（1）原告是与本案有直接利害关系的公民、法人和其他组织。与案件有直接利害关系的公民、法人和其他组织都可以成为原告。在民间借贷纠纷诉讼中，原告的主体范围通常仅限于借款合同的出借人，而与本案有直接利害关系指存在债权债务关系。出借人对借款人享有债权，一般具有原告资格。特殊情况下，第三人与借款纠纷案件有直接利害关系的，也可能成为原告，如出借人死亡，承受其债权的继承人也可以以原告的身份提起诉讼。

（2）有明确的被告。提起民事诉讼必须有被告，并且不能泛指自然人、法人、其他组织，而应当是明确的单位或者个人。被告是指被起诉侵害原告民事权益或者与之发生民事权益争议，被人民法院通知应诉的人。民间借贷诉讼中，被告主要是借款人、担保人。有些第三人虽未参与订立借款和担保合同，当其与出借人、借款人、担保人发生权利义务关系时也可能成为被告，如债务转移，第三人将成为被告。

（3）有具体的诉讼请求和事实、理由。有具体的诉讼请求和事实、理由，主要便于法院的审理和被告进行答辩。诉讼请求是原告诉请人民法院予以确认或者保护的民事权益的内容和范围，必须具体明确。民间借贷纠纷案件出借人提起诉讼必须有具体的诉讼请求，如还本付息的请求，并应当具体明确，即有明确的本金数额、利息或者利率等。如果有逾期利息的，出借人应当在诉讼中提出这些请求，若不提出，往往视为放弃，人民法院不会主动判决。

事实在民间借贷纠纷案件中主要是借款事实，即出借人与借款人之间借贷法律关系成立、变更的事实、证据等。原告在起诉中提出请求却无事实的，其请求不能成立。

诉讼理由是指原告向人民法院提起诉讼的依据和道理。民间借贷纠纷的诉讼理由主要是借款人或者担保人到期未履行偿还借款的义务或者未履行担保的义务。

（4）属于人民法院受理民事诉讼的范围和属于受诉人民法院管辖。民间借贷纠纷本属于民事诉讼的范围，因此，只要起诉的人民法院对民间借贷纠纷有管辖权就能提起民间借贷诉讼。

3. 法院的受理

所谓受理，是指人民法院对起诉进行审查，对符合起诉条件的案件，予以立案的审判行为。当事人起诉符合《民事诉讼法》第119条规定的条件的，人民法院必须受理，但应不属于第124条规定的情形，即①依照行政诉讼法的规定，属于行政诉讼受案范围的，告知原告提起行政诉讼；②依照法律规定，双方当事人达成书面仲裁协议申请仲裁、不得向人民法院起诉的，告知原告向仲裁机构申请仲裁；③依照法律规定，应当由其他机关处理的争议，告知原告向有关机关申请解决；④对不属于本院管辖的案件，告知原告向有管辖权的人民法院起诉；⑤对判决、裁定、调解书已经发生法律效力的案件，当事人又起诉的，告知原告申请再审，但人民法院准许撤诉的裁定除外；⑥依照法律规定，在一定期限内不得起诉的案件，在不得起诉的期限内起诉的，不予受理；⑦判决不准离婚和调解和好的离婚案件，判决、调解维持收养关系的案件，没有新情况、新理由，原告在六个月内又起诉的，不予受理。

《民事诉讼法解释》第 208 条规定："人民法院接到当事人提交的民事起诉状时，对符合民事诉讼法第一百一十九条的规定，且不属于第一百二十四条规定情形的，应当登记立案；对当场不能判定是否符合起诉条件的，应当接收起诉材料，并出具注明收到日期的书面凭证。需要补充必要相关材料的，人民法院应当及时告知当事人。在补齐相关材料后，应当在七日内决定是否立案。立案后发现不符合起诉条件或者属于民事诉讼法第一百二十四条规定情形的，裁定驳回起诉。"据此可知，民事诉讼采取立案登记制。

二、借款人、担保人如何应诉

出借人以借款人、担保人为被告提起诉讼后，借款人、担保人有应诉的权利。被告应诉主要对原告的起诉请求、陈述事实、证据等进行抗辩。

被告借款人、担保人接到人民法院送达的起诉状副本及有关材料后，应当认真准备应诉：①应当阅读起诉书，充分了解出借人的诉讼请求及事实、理由、证据等；②根据原告提出的诉讼请求和事实，认为需要反驳的，应当收集有关证据，用以证明反驳的主张；③根据出借人的起诉，认真准备答辩，自收到起诉状之日起 15 日内向人民法院提交答辩状，不提交答辩状的，不影响法院审理；④做好其他工作，如聘请诉讼代理人，申请证人出庭作证等；⑤按时参加诉讼。如果被告借款人、担保人经法院传唤无正当理由拒不到庭的，法院将缺席判决。[1]

三、民间借贷的证据问题

证据是指在民事诉讼中能够证明民事案件真实情况的一切根据和方法。出借人对借款人、担保人提起诉讼，只有提供确实充分的证据，才能证明案件事实真相。人民法院进行裁判也是以证据为中心的。民事诉讼证据的种类主要有当事人的陈述、书证、物证、视听资料、电子数据、证人证言、鉴定意见、勘

---

[1] 陈兴良主编：《民间借贷操作指引与纠纷解决》，中国法制出版社 2015 年版，第 335 页。

验笔录等八种。

1. 证明责任分配

所谓证明责任分配，是指法院在诉讼中按照一定规范或者标准，将事实真伪不明时所要承担的不利后果在当事人之间进行划分。证明责任分配是为解决事实真伪不明时诉讼不利后果的责任承担问题，意义重大。《民事诉讼法》第64条第1款规定："当事人对自己提出的主张，有责任提供证据。"《最高人民法院关于民事诉讼证据的若干规定》第2条规定："当事人对自己提出的诉讼请求所依据的事实或者反驳对方诉讼请求所依据的事实有责任提供证据加以证明。没有证据或者证据不足以证明当事人的事实主张的，由负有举证责任的当事人承担不利后果。"这是对证明责任分配的一般规定。此外，《最高人民法院关于民事诉讼证据的若干规定》第5条对合同纠纷案件的规定同样适用于民间借贷合同纠纷案件，即在民间借贷合同纠纷案件中，主张民间借贷合同关系成立并生效的一方当事人对合同订立和生效的事实承担举证责任；主张民间借贷合同关系变更、解除、终止、撤销的一方当事人对引起合同关系变动的事实承担举证责任。对民间借贷合同是否履行发生争议的，由负有履行义务的当事人承担举证责任。

另外，《最高人民法院关于审理民间借贷案件适用法律若干问题的规定》对民间借贷合同纠纷案件还提出如下举证要求：

（1）原告仅依据借据、收据、欠条等债权凭证提起民间借贷诉讼，被告抗辩称已经偿还借款的，被告应当对其主张提供证据证明。被告提供相应证据证明其主张后，原告仍应就借贷关系的成立承担举证证明责任。

（2）被告抗辩借贷行为尚未实际发生并能做出合理说明的，人民法院应当结合借贷金额、款项交付、当事人的经济能力、当地或者当事人之间的交易方式、交易习惯、当事人财产变动情况以及证人证言等事实和因素，综合判断查证借贷事实是否发生。

（3）原告仅依据金融机构的转账凭证提起民间借贷诉讼，被告抗辩称转账系偿还双方之前借款或其他债务的，被告应当对其主张提供证据证明。被告提供相应证据证明其主张后，原告仍应就借贷关系的成立承担举证证明责任。

2. 举证时限

举证时限是指在诉讼中，法律规定或者法院指定的当事人能够有效举证的期限。如果当事人没有在法律规定或者法院指定的期限内提交证据的，视为放弃举证权利。逾期举证的，法院将不予组织质证，但对方同意的除外。

由于《最高人民法院关于民事诉讼证据的若干规定》规定了作为裁判依据的证据必须经过质证，不予质证实际是间接否定了逾期证据作为裁判依据。另外，举证时限届满后，当事人所提交的证据如果不是新的证据，人民法院将不予采纳。

依据《最高人民法院关于民事诉讼证据的若干规定》，举证期限可以由当事人协商一致，并经人民法院认可。由人民法院指定举证期限的，指定的期限不得少于30日，自当事人收到案件受理通知书和应诉通知书的次日起计算。如果当事人之间协商的举证期限少于30日的，法院也应允许。这是当事人之间的处分自由，也是提高效率的有效举措。此外，当事人在举证期限内提交证据材料确有困难的，应当在举证期限内向人民法院申请延期举证。经人民法院准许后，可以适当延长举证期限。当事人在延长的举证期限内提交证据材料仍有困难的，可以再次提出延期申请，是否准许由人民法院决定。

3. 申请法院调取证据

人民法院调取证据有两种情形，即依职权主动调取和依当事人的申请调取。

根据《最高人民法院关于民事诉讼证据的若干规定》第15条，人民法院可以自行收集以下证据：①涉及可能有损国家利益、社会公共利益或者他人合法权益的事实；②涉及依职权追加当事人、中止诉讼、终结诉讼、回避等与实体争议无关的程序事项。

当事人及其诉讼代理人因客观原因不能自行收集的证据，可以依法申请人民法院调取证据，符合条件的，人民法院应当根据当事人的申请进行调查、收集。《最高人民法院关于民事诉讼证据的若干规定》第17条规定："符合下列条件之一的，当事人及其诉讼代理人可以申请人民法院调查收集证据：（一）申请调查收集的证据属于国家有关部门保存并须人民法院依职权调取的档案材料；（二）涉及国家秘密、商业秘密、个人隐私的材料；（三）当事人及其诉讼代理人确因客观原因不能自行收集的其他材料。"

此外，依据《最高人民法院关于民事诉讼证据的若干规定》第18条、第19条，当事人及其诉讼代理人申请人民法院调查收集证据，不得迟于举证期限届满前7日。申请人民法院调查收集证据，应当提交书面申请。申请书应当载明被调查人的姓名或者单位名称、住所地等基本情况、所要调查收集的证据的内容、需要由人民法院调查收集证据的原因及其要证明的事实。人民法院对当事人及其诉讼代理人的申请不予准许的，应当向当事人或其诉讼代理人送达通知书。当事人及其诉讼代理人可以在收到通知书的次日起3日内向受理申请的人民法院书面申请复议一次。人民法院应当在收到复议申请之日起 5 日内答复。

四、撤诉

撤诉是指在人民法院受理案件后、判决宣告前，撤回已经成立之诉。撤诉包括当事人申请撤诉和按撤诉处理两种情形。

1. 申请撤诉

申请撤诉是一审判决宣告前，原告向人民法院申请撤回起诉的行为。《民事诉讼法》规定了当事人有权在法律规定的范围内处分自己的民事权利和诉讼权利。因此，撤诉是原告的权利，其可以行使该权利撤回起诉。在民间借贷纠纷案件中，借款人在诉讼期间偿还了借款的、双方协议延期还款的，出借人都会撤诉。出借人申请撤诉的，是否准许，由人民法院裁定。人民法院裁定不准许撤诉的，出借人经传票传唤，无正当理由拒不到庭的，人民法院可以缺席判决。

2. 按撤诉处理

按撤诉处理是指人民法院依照法律规定，对于起诉的某些行为裁定按照申请撤诉处理。依据《民事诉讼法》及相关司法解释的规定，民间借贷按撤诉处理的情形主要有：出借人无正当理由未按规定预交案件受理费，经法院通知后仍不预交的；出借人经传票传唤，无正当理由拒不到庭的；未经法庭许可中途退庭的。

3. 撤诉的效果

人民法院裁定撤诉后，诉讼程序终结。撤诉后视为未起诉，当事人还可以就同一案件再行起诉。此外，撤诉还发生诉讼时效中断的效果，即从人民法院裁定撤诉之日起重新计算诉讼时效。

五、民间借贷法院调解

法院调解是指在法院审判人员的主持下，双方当事人通过自愿协商，达成协议，解决民事争议的活动和结案方式。法院调解是当事人行使处分权和法院行使审判权的结合。法院调解应当遵循自愿原则，合法原则，查明事实、分清是非原则。调解可以依当事人的申请开始，也可以依职权调解，但应当征询当事人的意见，不同意的不得强迫。对于民间借贷纠纷的调解可以在任何阶段进行，开庭前、判决前、二审案件中、再审案件中都可以进行调解。

双方必须在自愿的情况下达成调解协议，不得强迫当事人达成调解，且调解协议的内容不得违反法律的规定。调解达成协议的，人民法院应当制作调解书。调解书应当写明诉讼请求、案件的事实和调解结果。调解书由审判人员、书记员署名，加盖人民法院印章，送达双方当事人。调解书经双方当事人签收后即具有法律效力。调解未达成协议或者调解书送达前一方反悔的，人民法院应当及时判决。调解书的效力表现在以下几方面：①确定当事人之间的民事权利义务关系。法院调解生效后，出借人与借款人之间的民间借贷权利义务关系得以确定，借贷纠纷得以解决，并且不得就同一争议再次起诉。②结束诉讼程序。法院调解是人民法院审结案件的方式之一。民间借贷纠纷经法院调解生效后，诉讼程序即终结，人民法院不得就该借贷纠纷再行审判或者另行判决，当事人也不得上诉。③强制执行效力。生效的调解书与判决书一样，具有强制执行效力。调解书生效后，借款人若不履行债务的，出借人有权向法院申请强制执行。

六、民间借贷的上诉、申诉

1. 民间借贷的上诉

上诉指当事人不服人民法院第一审的判决或裁定，依法请求上一级法院重新审理的诉讼行为。《民事诉讼法》第147条规定："当事人不服地方人民法院第一审判决的，有权在判决书送达之日起十五日内向上一级人民法院提起上诉。当事人不服地方人民法院第一审裁定的，有权在裁定书送达之日起十日内向上一级人民法院提起上诉。"上诉期限应从判决书、裁定书送达当事人的第二日起算。判决书、裁定书不能同时送达当事人的，上诉期限从各自收到判决书、裁定书之次日起算。这里的第三人包括借款人、担保人等各方第三人，只要对一审法院的判决、裁定不服的，都有权上诉。

上诉状应当通过原审人民法院提出，并按照对方当事人或者代表人的人数提出副本。当事人直接向第二审人民法院上诉的，第二审人民法院应当在5日内将上诉状移交原审人民法院。第二审人民法院应当对上诉请求的有关事实和适用法律进行审查。对上诉案件应当组成合议庭，开庭审理。经过阅卷、调查和询问当事人，对没有提出新的事实、证据或者理由，合议庭认为不需要开庭审理的，可以不开庭审理。

第二审人民法院对上诉案件，经过审理，对原判决、裁定认定事实清楚，适用法律正确的，以判决、裁定方式驳回上诉，维持原判决、裁定；原判决、裁定认定事实错误或者适用法律错误的，以判决、裁定方式依法改判、撤销或者变更；原判决认定基本事实不清的，裁定撤销原判决，发回原审人民法院重审，或者查清事实后改判；原判决遗漏当事人或者违法缺席判决等严重违反法定程序的，裁定撤销原判决，发回原审人民法院重审。原审人民法院对发回重审的案件作出判决后，当事人提起上诉的，第二审人民法院不得再次发回重审。

2. 民间借贷的申诉

申诉是指当事人及其法定代理人对已经发生法律效力的判决、裁定、调解，认为确有错误，向原审人民法院和上级人民法院提出的重新处理的一种诉讼请求。《民事诉讼法》第 199 条规定："当事人对已经发生法律效力的判决、裁定，认为有错误的，可以向上一级人民法院申请再审；当事人一方人数众多或者当事人双方为公民的案件，也可以向原审人民法院申请再审。当事人申请再审的，不停止判决、裁定的执行。"再审可以依职权启动或者依申请启动。

（1）申请再审。《民事诉讼法》第 200 条规定了申诉的情形：①有新的证据，足以推翻原判决、裁定的；②原判决、裁定认定的基本事实缺乏证据证明的；③原判决、裁定认定事实的主要证据是伪造的；④原判决、裁定认定事实的主要证据未经质证的；⑤对审理案件需要的主要证据，当事人因客观原因不能自行收集，书面申请人民法院调查收集，人民法院未调查收集的；⑥原判决、裁定适用法律确有错误的；⑦审判组织的组成不合法或者依法应当回避的审判人员没有回避的；⑧无诉讼行为能力人未经法定代理人代为诉讼，或者应当参加诉讼的当事人，因不能归责于本人或者其诉讼代理人的事由，未参加诉讼的；⑨违反法律规定，剥夺当事人辩论权利的；⑩未经传票传唤，缺席判决的；⑪原判决、裁定遗漏或者超出诉讼请求的；⑫据以作出原判决、裁定的法律文书被撤销或者变更的；⑬审判人员审理该案件时有贪污受贿、徇私舞弊、枉法裁判行为的。

（2）依职权启动再审。《民事诉讼法》第 198 条规定了依职权启动再审的具体情形："各级人民法院院长对本院已经发生法律效力的判决、裁定、调解书，发现确有错误，认为需要再审的，应当提交审判委员会讨论决定。最高人民法院对地方各级人民法院已经发生法律效力的判决、裁定、调解书，上级人民法院对下级人民法院已经发生法律效力的判决、裁定、调解书，发现确有错误的，有权提审或者指令下级人民法院再审。"

此外，《民事诉讼法》第 205 条规定了申请再审的期限，即当事人申请再审，应当在判决、裁定发生法律效力后 6 个月内提出；有新的证据足以推翻原判决、裁定的，原判决、裁定认定事实的主要证据是伪造的，据以作出原判决、裁定的法律文书被撤销或者变更的，审判人员审理该案件时有贪污受贿、徇私舞弊、枉法裁判行为的，自知道或者应当知道之日起 6 个月内提出。

七、诉讼时效

1. 诉讼时效的一般规定

诉讼时效是指民事权利受到侵害的权利人在法定的时效期间内不行使权利，当时效期间届满时，债务人获得诉讼时效抗辩权。在法律规定的诉讼时效期间内，权利人提出请求的，人民法院就强制义务人履行所承担的义务。而在法定的诉讼时效期间届满之后，权利人行使请求权的，人民法院就不再予以保护。诉讼时效届满后，义务人虽可拒绝履行其义务，但权利人请求权的行使仅发生障碍，权利本身及请求权并不消灭。当事人超过诉讼时效后起诉的，人民法院应当受理。受理后，如另一方当事人提出诉讼时效抗辩且查明无中止、中断、延长事由的，判决驳回其诉讼请求。在民间借贷纠纷案件中，如果超过诉讼时效，出借人与借款人又达成还款协议的，视为借款人同意履行偿还义务，将产生新的诉讼时效期间。

根据《民法通则》第 135 条、第 136 条以及第 137 条的规定，诉讼时效分为一般诉讼时效和特殊诉讼时效。一般诉讼时效为 2 年，特殊诉讼时效最长为 20 年，短的为 1 年。其他法律另有规定的，依其规定。民间借贷诉讼适用一般诉讼时效，即 2 年。民间借贷不符合《民法通则》第 136 条对适用 1 年诉讼时效情形的规定，所以不适用 1 年诉讼时效。另外，其他法律也未对其诉讼时效进行特别规定。因此，民间借贷的诉讼时效为从借款期限届满之日起 2 年。民间借贷有期限的，诉讼时效从期限届满之日起算。如果没有期限的，以出借人知道债权被侵害之日起计算 2 年诉讼时效，如出借人向借款人要求还款，借款人表示不偿还的，即自出借人知道债权被侵害之日起算。如果是无期限的民间借贷，不知道或者不应当知道其债权被侵害，符合《民法通则》第 137 条规定的，可以适用 20 年的特殊诉讼时效。民间借贷诉讼时效同样适用中止、中断、延长的规定。

2. 诉讼时效的中止

诉讼时效中止是指在诉讼时效进行中，因一定的法定事由产生而使权利人无法行使请求权，暂时停止计算诉讼时效期间。《民法通则》第 139 条规定："在诉讼时效期间的最后六个月内，因不可抗力或者其他障碍不能行使请求权的，诉讼时效中止。从中止时效的原因消除之日起，诉讼时效期间继续计算。"据此，诉讼时效中止的条件主要有以下几个：

（1）诉讼时效的中止必须是因法定事由或者其他障碍而发生。这些事由主要有：不可抗力；权利被侵害的无民事行为能力人、限制民事行为能力人没有法定代理人，或者法定代理人死亡、丧失代理权、丧失行为能力；继承开始后未确定继承人或者遗产管理人；权利人被义务人或者其他人控制无法行使权利。

（2）法定事由发生在诉讼时效期间的最后6个月内。发生在最后6个月之前，但持续到最后6个月时尚未消失的，则应在最后6个月时中止诉讼时效的进行，即不是在中止事由发生时中止诉讼时效的进行，而是在进入6个月时中止。

（3）中止的时间过程不计入时效期间。中止时效的原因消除后，时效期间继续计算。中止前已经进行的时效仍然有效，中止时效的法定事由消除后，继续以前计算的诉讼时效至届满为止。

3. 诉讼时效的中断

诉讼时效的中断是指已经开始的诉讼时效因发生一定的法定事由，致使已经经过的时效期间统归无效，待时效中断的事由消除后，诉讼时效期间重新起算。《民法通则》第140条规定："诉讼时效因提起诉讼、当事人一方提出要求或者同意履行义务而中断。从中断时起，诉讼时效期间重新计算。"据此，民间借贷诉讼时效中断的情形主要有以下三种：

（1）出借人提起诉讼。权利人在诉讼时效期间不行使权利的，诉讼时效就会丧失。若行使权利，则会使诉讼时效延续。出借人提起诉讼，会使诉讼时效中断。依据《最高人民法院关于审理民事案件适用诉讼时效制度若干问题的规定》，下列事项，人民法院应当认定与提起诉讼具有同等诉讼时效中断的效力：申请仲裁；申请支付令；申请破产、申请破产债权；为主张权利而申请宣告义务人失踪或死亡；申请诉前财产保全、诉前临时禁令等诉前措施；申请强制执行；申请追加当事人或者被通知参加诉讼；在诉讼中主张抵销；等等。权利人向人民调解委员会以及其他依法有权解决相关民事纠纷的国家机关、事业单位、社会团体等组织提出保护相应民事权利请求的，权利人向公安机关、人民检察院、人民法院报案或者控告，请求保护其民事权利的，都会导致诉讼时效中断。

依据《最高人民法院关于审理民事案件适用诉讼时效制度若干问题的规定》，当事人一方向人民法院提交起诉状或者口头起诉的，诉讼时效从提交诉状或者口头起诉之日起中断；权利人向人民调解委员会以及其他依法有权解决相关民事纠纷的国家机关、事业单位、社会团体等社会组织提出保护相应民事权利的请求的，诉讼时效从提出请求之日起中断；权利人向公安机关、人民检察院、人民法院报案或者控告，请求保护其民事权利的，诉讼时效从其报案或者控告之日起中断；债权转让的，应当认定诉讼时效从债权转让通知到达债务人之日起中断；债务承担情形下，应当认定诉讼时效从债务承担意思表示到达债权人之日起中断。

（2）出借人向借款人提出清偿债权的要求。这是指在诉讼外，出借人向借款人提出偿还借款、支付利息的要求，这是诉讼时效中断的法定事由。在民间借贷中，这种主张借款人清偿债务的方式主要有：出借人口头向借款人要求还款，借款人口头答应还款的；出借人向担保人、借款人的代理人或者借款人的财产代管人主张权利的，都产生诉讼时效中断的效力。

（3）借款人同意履行偿还义务。民间借贷合同到期后，借款人表示还本付息的，产生诉讼时效中断的效力。借款人向出借人表示先归还部分借款、先归还利息、提供担保等行为，都表示借款人承认债务的存在，同意履行债务，都产生诉讼时效中断的效力。

第十一节　申请强制执行

一、强制执行的概念

强制执行是指国家机关依债权人的申请，依据执行依据，运用国家强制力，强制债务人履行义务，以实现债权人民事权利的活动。民间借贷纠纷经过法院裁判、调解后，借款人、担保人或者其他债务人不履行这些法律文书规定的还款义务的，出借人可以申请法院强制执行。

二、申请法院强制执行

1. 申请强制执行

民间借贷纠纷案件法律文书生效后，人民法院不能依职权进入执行程序，而须权利人提出申请，法院的强制执行是依申请的行为。在民间借贷纠纷案件中，出借人是债权人，所以出借人申请法院强制执行。出借人申请执行是指民间借贷法律文书生效后，借款人和其他债务人拒不履行清偿债务的义务，出借人依法向人民法院请求对借款人和担保人以及其他债务人的财产予以强制执行。出借人提出的申请为人民法院接受后，便成为申请人，借款人为被执行人。如果担保人或者第三人也负有履行债务的义务，只要出借人对其提出申请，也属于被执行人。

2. 执行根据

执行根据是指执行机关据以执行的法律文书，是由有关机构依法出具的，载明债权人享有一定债权，债权人可据以请求执行的法律文书。民间借贷纠纷案件的强制执行与其他案件的执行一样必须有执行根据。《民事诉讼法解释》第463条规定："当事人申请人民法院执行的生效法律文书应当具备下列条件：（一）权利义务主体明确；（二）给付内容明确。法律文书确定继续履行合同的，应当明确继续履行的具体内容。"依据《民事诉讼法》《民事诉讼法解释》以及有关法律的规定，民间借贷纠纷案件的执行依据主要有以下几种生效的法律文书：①人民法院制作的判决、裁定、调解书、支付令；②我国仲裁机构作出的仲裁裁决和调解书，人民法院依据《中华人民共和国仲裁法》（以下简称《仲裁法》）有关规定作出的财产保全和证据保全裁定；③公证机关依法赋予强制执行效力的关于追偿借款、物品的债权文书；④法律规定由人民法院执行的其他法律文书。

3. 执行标的

执行标的是指法院强制执行行为所指向的对象。债务人可供执行以实现债权人债权的责任财产，可以成为执行标的。执行标的与执行标的物以及执行内容并不相同。民间借贷纠纷是对金钱债权债务的纠纷，强制执行的目的是实现债权人的金钱债权。如果被执行人有金钱可供执行，则金钱为执行标的物，执行金钱以实现债权。如果被执行人没有金钱，而有财物以及以物权提供担保的，被执行人的财物和担保物就是执行标的物，应被人民法院强制执行，以实现债权人的债权。

4. 人民法院受理申请的条件

《最高人民法院关于人民法院执行工作若干问题的规定（试行）》第18条规定了人民法院受理执行的条件。因此，民间借贷的权利人申请强制执行，也需具备这些条件。

（1）申请或移送执行的法律文书已经生效。只有生效的法律文书才能作为执行根据。法律文书未生效，则当事人之间的权利义务关系未明确，一方申请执行就缺乏有效的根据，人民法院无法予以执行。

（2）申请执行人是生效法律文书确定的权利人或其继承人、权利承受人。在民间借贷执行案件中，申请执行人是生效法律文书确定的权利人，被执行人也应当是法律文书确定的债务人，否则被执行人有权拒绝。如果法律文书生效后，出现债权人死亡，企业合并、分立、撤销等情况的，依据法律规定，继承人、权利承受人可以代替债权人行使申请执行权。

（3）申请执行人在法定期限内提出申请。依据《民事诉讼法》第239条，申请执行的期间为2年。申请执行的期间，从法律文书规定履行期间的最后一日起计算；法律文书规定分期履行的，从规定的每次履行期间的最后一日起计算；法律文书未规定履行期间的，从法律文书生效之日起计算。申请执行时效的中止、中断，适用法律有关诉讼时效中止、中断的规定。

（4）申请执行的法律文书有给付内容，且执行标的和被执行人明确。没有给付内容的法律文书不能进行执行，执行标的和执行人不明确也无法进行强制执行，这是对执行基本的要求。

（5）义务人在生效法律文书确定的期限内未履行义务。债务人如果在法律文书生效前自觉履行了义务，该案就已经了结，不存在申请法院强制执行的问题。出借人只有在债务人在生效的法律文书规定的期间届满后仍不履行义务时，才可以申请人民法院强制执行。

（6）属于受申请执行的人民法院管辖。申请只有符合人民法院的管辖，该法院才能具体执行。出借人如果向无管辖权的人民法院申请执行，该人民法院应该告知其向有管辖权的人民法院申请执行。《民事诉讼法》第224条规定："发生法律效力的民事判决、裁定，以及刑事判决、裁定中的财产部分，由第一审人民法院或者与第一审人民法院同级的被执行的财产所在地人民法院执行。法律规定由人民法院执行的其他法律文书，由被执行人住所地或者被执行的财产所在地人民法院执行。"

人民法院对符合上述条件的申请，应当在7日内予以立案；不符合上述条件之一的，应当在7日内裁定不予受理。

5. 强制执行措施

民间借贷强制执行中，仅存在对金钱的强制执行以及对实物的强制执行两种。

民间借贷案件执行中，被执行人有金钱可供执行的，根据金钱所处的情况的不同，人民法院可以对金钱实施查询、冻结、划拨、扣留、提取等强制执行措施。实务中在执行顺序上，先执行现金；现金不足清偿的，执行其存款、股息红利和债权；仍不足清偿的，执行债务人的动产；最后执行债务人的不动产、知识产权、投资股权等。

债务人无金钱可供执行的，有财物或者有抵押物、质物被执行时，人民法院需要执行被执行人的财物，换取金钱清偿债务。对财物的执行一般经历三个阶段，即以查封、扣押、冻结为中心的控制性执行；以拍卖、变卖和以物抵债为中心的变价性执行；以参与分配为中心的债权受偿。后两个阶段统称为处分性执行。《民事诉讼法解释》第486条规定："对被执行的财产,人民法院非经查封、扣押、冻结不得处分。对银行存款等各类可以直接扣划的财产,人民法院的扣划裁定同时具有冻结的法律效力。"

三、中止执行

中止执行是指执行过程中,因为某种特殊情况的发生而使执行程序暂时停止,待这种情况消失后,再行恢复执行程序。中止执行包括个别执行标的的中止和整个执行程序的中止。前者是指仅对执行标的物的一部分中止执行,而后者是整个执行程序都不能继续进行。《民事诉讼法》第256条规定的是整个案件中止的情形。

民间借贷及其担保纠纷案件一般都有两个或者两个以上连带关系的被执行人,当其中一个被执行人出现中止的情形,而其他人未出现中止的情形时,不应裁定中止执行,而应继续执行其他没有出现中止情形的被执行人。只有都出现中止执行的情形时,整个案件才中止执行。

根据《民事诉讼法》第256条和《最高人民法院关于人民法院执行工作若干问题的规定(试行)》第102条、第103条的规定,中止执行的情形有以下几种:

(1)申请人表示可以延期执行的。民间借贷案件进入执行程序后,作为申请人的出借人,可以向人民法院表示延期执行。出借人表示延期执行,人民法院经审查认为合法的,裁定中止执行。

(2)案外人对执行标的提出确有理由的异议的。《民事诉讼法》第227条规定:"执行过程中,案外人对执行标的提出书面异议的,人民法院应当自收到书面异议之日起十五日内审查,理由成立的,裁定中止对该标的的执行;理由不成立的,裁定驳回。案外人、当事人对裁定不服,认为原判决、裁定错误的,依照审判监督程序办理;与原判决、裁定无关的,可以自裁定送达之日起十五日内向人民法院提起诉讼。"

(3)作为一方当事人的公民死亡,需要等待继承人继承权利或者承担义务的。被执行公民死亡的,一般情况下不必中止执行。如果被执行人公民死亡,需要等待相关的义务人承担责任的,才可以中止执行。出借人死亡的,需要确定其权利继承人,应当中止执行。

(4)作为一方当事人的法人或者其他组织终止,尚未确定权利义务承受人的。《民事诉讼法》第232条规定,作为被执行人的法人或者其他组织终止的,由其权利义务承受人履行义务。若出现合并、分立等情形,其权利义务的承受主体尚未确定的，可以裁定中止执行。

（5）人民法院认为应当中止执行的其他情形。其他情形主要指《最高人民法院关于人民法院执行工作若干问题的规定（试行）》第 102 条规定的情形：①人民法院已受理以被执行人为债务人的破产申请的；②被执行人确无财产可供执行的；③执行的标的物是其他法院或仲裁机构正在审理的案件争议标的物，需要等待该案件审理完毕确定权属的；④一方当事人申请执行仲裁裁决，另一方当事人申请撤销仲裁裁决的；⑤仲裁裁决的被申请执行人依据《民事诉讼法》第 217 条第 2 款的规定向人民法院提出不予执行请求，并提供适当担保的。

中止执行裁定书应写明中止的理由和法律依据。中止执行的情形消失后，执行法院可以依当事人的申请或者依职权恢复执行。恢复执行应当书面通知当事人。中止执行后，因当事人双方的原因，确实不能恢复执行，符合终结执行条件的，应当裁定终结执行。

四、终结执行

终结执行是指在执行程序中，因发生法律规定的事由，执行程序没有必要或者不可能继续，因而依法结束执行程序。《民事诉讼法》第 257 条规定了终结执行的六种具体情形，对于民间借贷案件执行终结，除第 4 项"追索赡养费、扶养费、抚育费案件的权利人死亡的"不适用，其他几项都适用：①申请人撤销申请的；②据以执行的法律文书被撤销的；③作为被执行人的公民死亡，无遗产可供执行，又无义务承担人的；④作为被执行人的公民因生活困难无力偿还借款，无收入来源，又丧失劳动能力的；⑤人民法院认为应当终结执行的其他情形。

中止和终结执行的裁定，送达当事人后立即生效。在执行终结 6 个月内，被执行人或者其他人对已执行的标的有妨害行为的，人民法院可以依申请排除妨害，并可以依照《民事诉讼法》第 111 条规定进行处罚，即罚款、拘留，构成犯罪的，依法追究刑事责任。因妨害行为给执行债权人或者其他人造成损失的，受害人可以另行起诉。民间借贷案件执行完毕或者终结执行后，整个执行程序结束。

本章参考文献

1. 陈兴良主编：《民间借贷操作指引与纠纷解决》，中国法制出版社 2015 年版。
2. 崔建远：《合同法》，北京大学出版社 2012 年版。

3. 王利明：《合同法研究》，中国人民大学出版社 2015 年版。

4. 叶榅平编著：《民事诉讼法》，上海财经大学出版社 2014 年版。

5. 张卫平：《民事诉讼法》（第 3 版），法律出版社 2013 年版。

6. 王玉梅：《合同法》（第 2 版），中国政法大学出版社 2014 年版。

7. 隋彭生：《合同法要义》，中国政法大学出版社 2003 年版。

第二篇

案例分析[1]

---

〔1〕 本章选取的案例均来自于裁判文书网以及北大法宝，通过司法案例检索即可查找。

第一章
民间借贷关系的认定

1. 民间借贷关系应当自借款实际交付时生效

▌基本案情 [1]

池建学诉称蒋军向其借入民币 30 万元，并出具借条一份，现金即时交付。蒋军承认其出具给池建学借条，但至今未以任何方式收到借款，又有证人屠明杨作证。

▌案例分析

本案的争议焦点为池建学是否交付本案涉及的 30 万元借款。民间借贷关系的成立需要出借人"同意"出借、借款人"愿意"借款的合意，这种合意有书面形式、口头形式、事实行为等多种表示方式，借条、欠条等都可以证明当事人之间的借贷关系。但债权人依然要举证进行证明以及尽到相应的说明义务，法官需要结合案情和当事人的举证情况，从欠条的文义出发，准确判断当事人之间的基础法律关系。借据是证明双方存在借贷合意和借贷关系实际发生的直接证据，具有较强的证明力，并且持有借据等债权凭证的当事人应推定为债权人，借据上署名的借款人推定为债务人，借贷双方通过出具借条方式达成借贷合意的，借贷合同成立。依法成立的民间借贷合同，自款项实际交付借款人或借款人指定、认可的接收人时生效。但本案所涉欠条的款项，池建学认为系现金交付，因本案所涉款项金额较大，池建学未能提供除欠条外的其他款项交付证据。蒋军对款项交付提出异议，其异议又有证人屠明杨陈述相佐证，故其异

---

[1] 选取自北大法宝：池建学诉蒋军民间借贷纠纷案。

议具有合理性。故应对本案欠条所涉款项是否实际交付进行审查。本案应认定池建学未支付借款。第一，池建学主张本案所涉款项系现金交付，但蒋军已经提出异议，且有证人屠明杨陈述在欠条出具当日30万元现金并未交付。第二，以日常生活经验来看，无论是企业还是个人，在日常经营或生活过程中一般不会存放30万元现金以便于随时出借，且池建学既未提供证据证明，也未明确说明该30万元款项的来源。第三，本案中池建学仅凭欠条要求还款，而未提供其他付款凭证，且蒋军已对款项交付提出合理异议，池建学本人又未能陈述现金交付的原因、时间、地点、款项来源、用途等具体事实和经过，应承担举证不能的不利后果。因此，对于本案涉及的30万元借款应认定为池建学未交付。而民间借贷合同为实践性合同，自借款实际交付时生效。当出借人提供的借款合同仅能证明当事人之间借款关系成立，而未能证明借款已实际交付时，认定借款合同未生效。

在民间借贷关系中，无论是借条还是借款合同，对于证明当事人双方借贷合意的达成都具有较强的证明力，所以当事人对借贷合意的成立一般无异议，容易产生争议的往往是借款是否已经实际交付。在实践中，由于民间借贷手续简单，往往发生在熟人之间，一般对款项的交付没有书面凭证或者没有保留书面凭证，所以借条一般是证明借贷关系实际发生的重要证据，对借款的交付也有较强的证明力，借款人很难仅以口头的抗辩就否认借款的交付。即使提出了相反的证据，法院也要求出借人做出合理说明或者提供补充证据，再根据双方提供的有效证据，结合案件的具体情况，对借款交付的事实进行综合审查判断。而借款合同则不具有借条类似的证明效力，其本身并不当然表明款项交付的事实，不能单独成为借款事实发生的直接证据。因此，在借款形式不规范的民间借贷中，由于对法律缺乏认知，很多人错误地理解借款合同与借条的概念，如果只签订了借款合同，实际交付款项时出借人没有向借款人索要收据或者保留交付凭证，那么出借人很可能会因为举不出有力的证据支持自己的诉讼请求而承担不利后果。[1]

---

[1] 林晨、金赛波：《民间借贷实用案例解析》，法制出版社2015年版，第81~82页。

2. 无证据证明双方存在其他经济往来的，转账记录中的款项应当被认定为借款合同中的借款

▍**基本案情** [1]

2013 年 11 月 1 日，周玉伦、周其端（甲方）与路红公司（乙方）、水富旅游公司（丙方）签订《借款协议》及附件《还款本息明细表》，主要载明：一、乙方向甲方借款 133 820 296.54 元，其中，周玉伦出借 7000 万元，周其端出借 63 820 296.54 元，甲方同意出借。二、乙方向甲方出具付款委托书和借条，委托甲方将借款直接付至周玉贤收。周玉贤向乙方出具收条后，即认为甲方已向乙方实际出借了 133 820 296.54 元。三、借款期限为 23 个月，即从 2013 年 11 月 1 日起至 2015 年 9 月 30 日止。四、乙方应从 2013 年 11 月 30 日起，每月 30 日前按《还款本息明细表》向甲方支付本金及相应利息，息随本清。乙方必须按时偿还，并承担相应的法律责任。五、乙方向甲方借款应按年息 10% 承担资金利息，月利息金额以《还款本息明细表》为准。六、丙方对乙方向甲方的借款承担连带保证责任。丙方向甲方承诺乙方若不能还款，由丙方承担连带还款责任。八、若乙方连续二次，或累计三次未能按时偿还甲方借款，视为乙方违约，甲方有权提前收回全部借款本息。违约方应承担全部借款金额 20% 的违约金，且支付本协议约定的双倍违约资金利息。违约金不足以弥补甲方损失的，还应承担赔偿责任。十、《还款本息明细表》与本协议具有同等法律效力。附《还款本息明细表》。周玉伦、周其端在该协议上签字、捺印，路红公司、水富旅游公司在该协议上加盖了公司印章，路红公司的法定代表人杨剑春在该协议上签字确认。《还款本息明细表》载明 1～23 期分别应还款数额所对应的各项内容及金额，具体为：总金额各期均为 133 820 296.54 元；约定月利率各期均为 0.008 334；等额还本：第 1 期为 3 820 296.54 元、第 2 期及以后各次均为 5 909 090.91 元；本金余额：第 1 期 1.3 亿元、第 2 期及以后各期金额逐渐减少，最后一期为 0 元；期间利息：第 1 期无利息，第 2 期为 1 115 258.35 元，第 3 期及以后各期金额逐渐减少；本利和：第 1 期 3 820 296.54 元，第 2 期 7 024 349.26 元，第 3 期及以后各期比第 2 期金额逐渐减少。2013 年 11 月 1 日，路红公司出具《借条》主要载明：今借到周玉伦 7000 万元、周其端 63 820 296.54 元，合计 133 820 296.54 元。借款期限从 2013 年 11 月 1 日起至 2015 年 9 月 30 日止，借

---

[1] 选取自北大法宝：云南路红实业集团有限责任公司诉周玉伦等民间借贷纠纷案。

款利息为年息10%。每月25日前根据《还款本息明细表》偿还相应本息。其他权利义务见出借方与借款方签订的《借款协议》。路红公司在该《借条》上加盖了公司印章，并由法定代表人杨剑春签字确认。2013年11月1日，路红公司出具《付款委托书》主要载明：兹委托周玉伦、周其端将路红公司根据《借款协议》《借条》向周玉伦、周其端所借之款，直接支付至路红公司债权人周玉贤指定的账户。周玉贤向路红公司出具路红公司已清偿债权债务的收条，即视为周玉伦、周其端已履行与路红公司的《借款协议》，和对路红公司的债权成立。路红公司在该《付款委托书》上加盖了公司印章，并由法定代表人杨剑春签字确认。2013年11月1日，路红公司出具《收据》，主要载明：根据2013年11月1日路红公司出具给周玉伦、周其端的《付款委托书》约定，路红公司现收到周玉贤《收条》一张，内容为："根据周玉伦、周其端于2013年11月1日与路红公司签订的《借款协议》第二条，周玉贤出具《收条》如下：现收到路红公司委托周玉伦、周其端支付的欠款133 820 296.54元。"路红公司在该《收据》上加盖了公司印章，并由法定代表人杨剑春签字确认。周玉伦、周其端向周玉贤的账户转款的转款凭证及四川省宜宾市商业银行加盖公章的网上银行交易凭证主要载明：周玉伦自2013年11月18日起至2013年11月28日止向周玉贤的账户转款四笔，共计7000万元；周其端自2013年11月25日起至2013年11月28日止向周玉贤的账户转款十八笔，共计63 820 296.54元。《借款协议》签订后，周玉伦已向周玉贤转账支付7000万元，周其端已向周玉贤转账支付63 820 296.54元。路红公司、水富旅游公司均未向周玉伦、周其端偿还上述借款。

▍案例分析

本案的争议焦点为：①路红公司与周玉伦、周其端之间是否存在真实有效的借款关系；②路红公司应否向周玉伦、周其端支付违约金；③水富旅游公司应否承担连带保证责任。

关于路红公司与周玉伦、周其端之间是否存在真实有效的借款关系的问题。首先，各方当事人签订《借款协议》及附件《还款本息明细表》、路红公司出具《付款委托书》《借条》《收据》以及周玉伦、周其端支付借款的银行汇款凭证等事实表明，周玉伦、周其端已经按照与路红公司签订的《借款协议》约定履行了出借义务并为路红公司所确认，故周玉伦、周其端与路红公司之间的借款关系成立。即便如路红公司所述，其与周玉贤之间就转让云南省镇雄县刘家坡煤矿51%的股权存在股权转让关系，与本案的借款关系存在一定关联，但并不能够否定路红公司与周玉伦、周其端之间借款关系的成立。其次，周玉伦、周其端提交的有关银行转账凭证表明，周玉伦、周其端已经将《借款协议》约定的 133 820 296.54 元实际支付给了周玉贤。路红公司没有证据证明该款项系周玉伦、周其端与周玉贤之间的其他经济往来，也没有证据证明该款项是以少数现金反复周转所形成。并且，根据 2013 年 11 月 1 日路红公司出具的《付款委托书》和《收据》，路红公司对周玉伦、周其端支付了《借款协议》约定款项的事实亦予以认可。因此，应当认定周玉伦、周其端已经实际履行了《借款协议》约定的义务。再次，即便如路红公司所述，路红公司通过周玉伦、周其端直接支付给周玉贤的 133 820 296.54 元，在性质上仍然是路红公司支付的股权转让款，但周玉贤收到的该笔款项的性质并不因支付方式的变化而改变，其仍应就此依法纳税，路红公司如有代扣代缴义务则亦可依法履行，并不因此而导致当事人对应缴税款的规避，故路红公司所称《借款协议》系以合法形式掩盖非法目的的理由不能成立。最后，路红公司在《借款协议》签订后支付给周玉贤的 1220 万元，其汇款用途分别为"收购款"、"投资额"和"其他"，路红公司并无充分证据证明该 1220 万元系其履行《股权转让协议》的行为，不能证明《借款协议》并未实际履行。综上，本案涉及的《借款协议》系当事人的真实意思表示，不违反法律、行政法规的强制性规定，合法有效。周玉伦、周其端已经履行了《借款协议》所约定的借款义务，路红公司没有依约偿还借款，路红公司应向周玉伦、周其端支付借款本金及利息。

关于路红公司应否向周玉伦、周其端支付违约金的问题。《借款协议》第 8 条约定：若路红公司连续二次或累计三次未能按时偿还周玉伦、周其端借款，视为路红公司违约，周玉伦、周其端有权提前收回全部借款本息。违约方应承担全部借款金额 20% 的违约金，且支付本协议约定双倍的违约资金利息。违约金不足以弥补损失的，还应当承担赔偿责任。据此，路红公司至今未按各方协议约定偿还借款本息，其行为已构成违约，故应向周玉伦、周其端支付违约金。《最高人民法院关于审理民间借贷案件适用法律若干问题的规定》第 30 条规定："出借人与借款人既约定了逾期利率，又约定了违约金或者其他费用，出借人可以选择主张逾期利息、违约金或者其他费用，也可以一并主张，但总计超过年利率 24% 的部分，人民法院不予支持。"本案中，除利息损失外，周玉伦、周其端未举证证明还存在其他具体损失，表明各方《借款协议》第 8 条约定的违约金已超过年利率 24%。因此，路红公司、水富旅游公司对于违约金和其他费用总计超过年利率 24% 的部分，人民法院不予支持。

关于水富旅游公司应否承担连带保证责任的问题。《担保法》第 18 条规定：

"当事人在保证合同中约定保证人与债务人对债务承担连带责任的，为连带责任保证。连带责任保证的债务人在主合同规定的债务履行期届满没有履行债务的，债权人可以要求债务人履行债务，也可以要求保证人在其保证范围内承担保证责任。"《借款协议》第 6 条约定，水富旅游公司对路红公司向周玉伦、周其端的借款承担连带保证责任。水富旅游公司向周玉伦、周其端承诺路红公司若不能还款，由水富旅游公司承担连带还款责任。据此，水富旅游公司应对路红公司的债务承担连带责任。

综上所述，对于出借人仅提供款项的交付凭证，未提供借款合意凭证，借款人提出双方不存在借贷关系或者其他抗辩理由的，出借人应当就双方存在借贷合意提供进一步的证据。本案中，没有证据证明双方存在其他经济往来的，转账记录中的款项可以被认定为借款合同中的借款。

3. 出借人未将借款交付给借条载明的借款人，而是交付给担保人，其能否要求担保人返还借款

▌**基本案情**[1]

2008 年 12 月 15 日，童琳雅出具给李永生借条一份，载明向李永生借款壹佰伍拾万元整（1 500 000 元），林晓素作为担保人在借条上签名，但借条上的落款日期写作 2008 年 12 月 16 日。同年 12 月 16 日，李永生根据童琳雅的借条将 1 600 000 元汇入林晓素的银行账户。2009 年 7 月 29 日，李永生要求童琳雅归还借款 1 400 000 元、林晓素承担连带责任。

▌**案例分析**

本案的争议焦点为李永生将借款交付给担保人的行为是否视为对借款合同的借款人实际支付借款。

2008 年 12 月 16 日，李永生根据童琳雅的借条将 1 600 000 元以银行汇款的方式交付给林晓素的事实清楚。基于童琳雅出具的借条，李永生本应将借款 1 500 000 元交付给童琳雅，却交付给了作为担保人的林晓素，该交付未在童琳雅的委托或要求下进行，林晓素作为担保人收取该款没有合法根据。林晓素称该款系李永生归还给其的借款，但在举证期限内林晓素提供的证据不足以证明李永生向林晓素借款的事实存在，况且也与其于 2009 年 4 月 14 日在温岭市公安

［1］ 选取自北大法宝：李永生诉童琳雅等民间借贷纠纷案。

局的陈述相矛盾。《民法通则》第 92 条规定："没有合法根据，取得不当利益，造成他人损失的，应当将取得的不当利益返还受损失的人。"因此，本案中债权人向担保人交付借款，没有借款人的指示和委托，因此不能认定为向借款人实际交付借款。债权人可以基于不当得利请求担保人返还借款。

此外，实践中基于各种原因，在借款人出具借条后，出借人并未直接向借款人履行交付，而是将借款直接交付给借款人之外的第三人，此时可区别不同情况分别做出认定：一是向借款人指定的接收人交付借款应视为借款已经实际交付。在这种情况下，借款人一般以明示的方式向出借人发出指示，要求其将借款交付给第三人，在有书面形式形成指示的情况下，出借人只需保留相应的凭证，在发生争议时，可以查清事实。容易发生争议的是借款人以口头形式指示接收人的情况，当借款人事后否认时，出借人往往难以举证证明口头指示的存在。因此，需要注意口头指示交付。二是向借款人认可的接收人交付借款也视为借款已经实际交付。在这种情况下，出借人向第三人交付借款时往往缺少借款人的明确指示，而是在借款交付第三人后，借款人以明示或者默示的方式予以认可。明示认可的，认定出借人已完成交付义务，如借款人事后出具收条或者已经还本付息的。而对于借款人未做明确认可或者否认的，一般情况下，借款人是基于对资金的需求与出借人达成借贷合意，并约定一定期限内取得借款。在借贷合意达成后，出借人向借款人的配偶、父子等与借款人有特定关系的第三人交付借款，而借款人在向出借人出具借条后合理期限内未向出借人催告借款的，可以推定向该第三人交付的行为得到借款人的认可。如根据借贷双方之间的交易习惯，接受借款的第三人虽与借贷双方不存在特定的身份关系，但在交易中不止一次充当了借款接收人，双方在合理时间内均未提出异议的，也可以推定向该第三人交付的行为得到了借款人的许可。三是向其他第三人交付借款不应认定借款已经实际交付。如直接将借款交付给担保人、介绍人等关系人，虽然他们也与借贷双方当事人存在着一定的关系，但在借款最终没有交付给借款人时，不能当然的认定担保人或者介绍人就是适格的借款接收人，除非出借人能够证明担保人、介绍人等关系人与借款人之间有代理关系或者已经构成表见代理。

综上所述，依法成立的民间借贷合同自出借人将资金或者资金支付凭证实际交付或者转账给借款人或者借款人指定、认可的接收人时生效。出借人将借款交付给借款人之外的第三人的，应该有证据证明借款人和该第三人之间有代理关系或者已经构成表见代理。

4. 在民间借贷案件中，借款人以该借贷实为赌债进行抗辩的，如何处理

▌基本案情 [1]

2012 年农历十月底，杨德刚向吴彩莲借款 25 000 元，2012 年农历十一月二日，杨德刚给吴彩莲归还 5000 元，剩余 20 000 元，杨德刚向吴彩莲出具借条一张，约定于同年 12 月 10 日前归还，如不按期还款，利息为每百元每月 3 元钱。到期后杨德刚未归还借款，后经吴彩莲多次催要，至今未果。

▌案例分析

本案的争议焦点为杨德刚是否应归还吴彩莲借款本金 20 000 元及利息。

吴彩莲主张其同杨德刚之间存在借贷关系，并提供 20 000 元的借条一张证明其二人之间借贷关系的真实性，杨德刚对该借条予以认可，但称该借款系赌债，出具借条时借款本金仅为 19 500 元，且在出具借条之后向吴彩莲归还借款 2000 元。杨德刚称其主张有相关证人证实，但该证人未作证，也无吴彩莲出具的收条。《最高人民法院关于民事诉讼证据的若干规定》第 2 条规定："当事人对自己提出的诉讼请求所依据的事实或者反驳对方诉讼请求所依据的事实有责任提供证据加以证明。没有证据或者证据不足以证明当事人的事实主张的，由负有举证责任的当事人承担不利后果。"杨德刚应承担举证不能的不利后果。因此，杨德刚对于本案的借款以及利息应当予以偿还。关于本案的利息是否过高的问题，《最高人民法院关于审理民间借贷案件适用法律若干问题的规定》第 26 条规定："借贷双方约定的利率未超过年利率 24%，出借人请求借款人按照约定的利率支付利息的，人民法院应予支持。借贷双方约定的利率超过年利率 36%，超过部分的利息约定无效。借款人请求出借人返还已支付的超过年利率 36% 部分的利息的，人民法院应予支持。"本案中，利息为每百元每月 3 元钱，折合完为月利率 3%，超过了年利率 24%。因此，对于此种情形，如果债务人愿意承担该利息的，法律尊重当事人的意思表示，如果债务人不予认可的，则可以按照月利率 2% 计算利息。

此外，在实践中赌博产生的债务经常以借条、欠条等形式存在，借条上往往不会注明该债务系赌博债务。在审理民间借贷案件中发现存在涉赌因素时，应该从严审查借贷关系的合法性。债权人不仅要举证证明其与借款人的借款事

---

〔1〕 本案例选取自北大法宝：杨德刚与吴彩莲民间借贷纠纷上诉案。

实存在及款项的实际交付，还应举证证明该借贷关系合法有效。借款人反驳借贷关系、主张赌博债务应举证证明，当借款人的举证达到引起合理怀疑的程度时，债权人还应就借款形成的时间、地点、经过、借款资金来源及资金交付方式、约定的借款用途、还款期限、还款方式、利息、在场人等有关细节详细说明。赌博是国家明令禁止的违法活动，对于明知其所出借的款项系他人用来从事违法活动而仍然出借的，其借贷关系不受法律保护。

5. 典当行超越经营范围为他人提供贷款的，二者之间订立的借款合同无效

▍基本案情 [1]

2012 年 5 月 11 日，杨军与鼎惠公司签订借款合同，约定鼎惠公司向杨军出借人民币 40 万元，借款期限为 90 天，自 2012 年 5 月 11 日至 2012 年 8 月 10 日，如不按期归还借款，则按银行最高贷款利率 10 倍进行罚息，并加罚每天 300 元违约金，杨军与其妻王丽娜在借款合同上签字，贺涌翃、杨岱录、刘绪银、杨成成四人作为担保人在保证担保承诺书上签名确认，鼎惠公司按约定交付杨军 40 万元。后杨军向鼎惠公司偿还 10 万元借款，剩余借款未归。2012 年 9 月 11 日，鼎惠公司将剩余 30 万元中的 18 万元债权转让给路斌华，约定路斌华有权向杨军、王丽娜、杨岱路、刘绪银、杨成成主张债权。后杨军因涉嫌诈骗罪被合水县人民法院判处刑罚，正在服刑，鼎惠公司的 12 万元被认定为诈骗犯罪金额。后鼎惠公司向王丽娜、贺涌翃索要 12 万元借款及利息未果。

▍案例分析

本案的争议焦点为借款合同及担保合同是否有效以及王丽娜是否为共同借款人、贺涌翃是否应承担保证责任。

关于借款合同及担保合同是否有效的问题。商务部、公安部颁布的《典当管理办法》第 26 条规定："典当行不得经营下列业务：……（四）发放信用贷款。"《合同法解释一》第 10 条规定："当事人超越经营范围订立合同，人民法院不因此认定合同无效。但违反国家限制经营、特许经营以及法律、行政法规禁止经营规定的除外。"鼎惠公司作为典当行业，其企业法人营业执照载明的经

---

[1] 本案例选取自北大法宝：庆阳市鼎惠典当有限责任公司与王丽娜等民间借贷纠纷上诉案。

营范围为动产质押典当业务；财产权利质押典当业务；房地产（外省、自治区、直辖市的房地产或者未取得商品房预售许可证的在建工程除外）抵押典当业务；限额内绝当物品的变卖；鉴定评估及咨询服务；商务部依法批准的其他典当业务。鼎惠公司为谋取经济利益与自然人杨军、王丽娜签订的由贺涌翙等四人提供保证的借款合同应属信用贷款，系超越其经营范围订立的合同，违反了国家特许经营及禁止经营的相关规定，应属无效合同。《担保法》第5条规定："担保合同是主合同的从合同，主合同无效，担保合同无效。担保合同另有约定的，按照约定。担保合同被确认无效后，债务人、担保人、债权人有过错的，应当根据其过错各自承担相应的民事责任。"因此，鼎惠公司与杨军之间的借款合同为无效合同，鼎惠公司与贺涌翙之间的担保合同是借款合同的从合同，主合同无效，担保合同无效。

关于王丽娜是否为共同借款人的问题。王丽娜明知其丈夫杨军向鼎惠公司借款，并以借款人的名义在借款合同上签字，其作为具有完全民事行为能力的自然人，理应知道在借款合同上以借款人名义签字所应承担的法律后果。王丽娜认为签字只是为完善借款手续、是受蒙蔽、不知道借款用途等理由，无相应证据证实，不能成立，故王丽娜为涉案借款的共同借款人，应承担还款责任。

关于贺涌翙是否应承担保证责任的问题。鼎惠公司作为典当企业，明知其不能从事发放信用贷款的金融业务，为谋取经济利益，向杨军和王丽娜提供借款，导致合同无效，其本身具有过错，故对鼎惠公司主张利息的主张不应予以支持。另外，贺涌翙明知典当行不能从事信用借款发放业务，仍给杨军的借款提供信用担保，依据《担保法解释》第8条"主合同无效而导致担保合同无效，担保人无过错的，担保人不承担民事责任；担保人有过错的，担保人承担民事责任的部分，不应超过债务人不能清偿部分的三分之一"的规定，贺涌翙应对该笔债务的1/3即4万元承担连带清偿责任。

综上所述，典当行超越经营范围为他人提供贷款的，二者之间订立的借款合同无效。而借款合同无效导致担保合同无效，担保人无过错的，担保人不承担民事责任；担保人有过错的，担保人承担民事责任的部分不应该超过债务人不能清偿部分的1/3。

6. 出借人明知借款人用于非法活动而予以借款的，借贷关系是否受法律保护

■ 基本案情[1]

2009 年 11 月 18 日，陈旭与周宏伟在澳门赌博，由陈旭购买赌场筹码累计 1 000 000 元给周宏伟赌博，事后，周宏伟向陈旭出具 1 000 000 元的借条一张。2009 年 11 月 19 日，陈旭再次购买赌场筹码累计 180 000 元给周宏伟赌博，事后周宏伟向陈旭出具 180 000 元的欠条一张。陈旭称：2009 年 11 月 18 日、19 日，周宏伟先后两次向陈旭共借款 1 180 000 元，并承诺于 2009 年 12 月 18 日前还清，但至今周宏伟未还分文。周宏伟称：2009 年 11 月 18 日凌晨，陈旭与周宏伟两人共同到达澳门一赌场内，在陈旭的邀请下，周宏伟将陈旭出资购买的 1 000 000 元的筹码输尽，后应陈旭的要求并按其口述，周宏伟出具了 1 000 000 元的借条一份给陈旭。第二天，周宏伟与陈旭两人又去赌场，周宏伟赢了 820 000 元的筹码归还了陈旭，回酒店后，周宏伟向陈旭出具了 180 000 元的欠条一份，1 000 000 元的借条因陈旭借口累了没有当场归还周宏伟。

■ 案例分析

本案的争议焦点为出借人出借的借款是否为赌资。依据法律规定，合法的借贷关系受法律保护，并且当事人对自己提出的诉讼请求所依据的事实有责任提供证据加以证明。没有证据或者证据不足以证明当事人的事实主张的，由负有举证责任的当事人承担不利后果。出借人明知借款人是为了进行非法活动而借款的，其借贷关系不予保护。本案中，关于周宏伟向陈旭出具的借条和欠条所涉及的款项是否系赌资，陈旭认为，其两次借给周宏伟 1 180 000 元款项是现金，对此周宏伟有异议，认为该款项不是现金，系陈旭出借的筹码，且 1 000 000 元筹码已归还，只存在 180 000 元的欠款。而陈旭对本案中现金的资金来源、通关及交付等均不能做出合理解释，且其对于出借款项来源的陈述前后矛盾，不能证明其所主张的事实。现陈旭对本案争议的重要事实未做出合理解释，周宏伟认为该款项系赌资。故陈旭的主张未达到高度盖然性的证明标准，难以采信。因此，根据已查明的事实，认定周宏伟关于债务系陈旭向周宏伟出借赌场筹码所形成的主张成立。依照《民法通则》第 90 条"合法的借贷关系受法律保护"的规定，本案涉及的借款为从事非法活动的，法律不予保护。

---

[1]　本案例选取自北大法宝：陈旭与周宏伟民间借贷纠纷上诉案。

综上所述，出借人明知借款人用于非法活动而予以借款的，借贷关系不受法律保护。

7. 当事人能否以受对方胁迫而出具借条为由申请撤销该借条

▎基本案情[1]

2008 年 8 月 12 日晚，许来燕等人驱车将虞红阳带至义乌市江东街道二中附近，要求虞红阳在一张空白借条上填好签字。虞红阳最终填写了该份借条，借条内容为："今向许来燕借得人民币 1 340 000 元（大写壹佰叁拾肆万元）。借期 08.8.12 日，自 2008 年 8 月 12 日起至__年__月__日止。借款人同意按期还款。如逾期不能归还，借款人支付 20% 违约金，出借人向借款人主张追讨本借条款项，借款人同意支付所产生的一切费用（包括聘请律师等专业人士费用）。借款人：虞红阳。住址：义乌市场路 3 弄 8 号。电话 13757911 * * *。日期：08.8.12。身份证：330725197501013 * * *"。同日 20 时 23 分，虞红阳拨打 110 报警，说有人强制写借条，义乌市公安局江东派出所民警出警后将许来燕、虞红阳等人带回派出所，经民警了解，在接处警情况登记表上记载："虞红阳因欠钱引起的经济纠纷，从商贸区被人带到樊村附近，且让虞红阳写下了欠条，但虞红阳称欠钱是事实，强迫写欠条是不行的。后经过调处，让对方将借条归还给虞红阳，对方当事人称欠条已撕毁了，并称会通过法律途径解决，虞红阳同意后让双方对该起经济纠纷上法院解决"。关于涉案借款 134 万元的交付方式，许来燕在其诉虞红阳民间借贷纠纷一案 2010 年 1 月 25 日开庭时称系分三次交付，经催讨由虞红阳补写借条。许来燕在 2010 年 7 月 15 日再次起诉虞红阳时称于 2008 年 8 月 12 日由虞红阳向其借款 134 万元并由虞红阳出具借条一份。许来燕在 2010 年 5 月 6 日又称借条出具之前一次性在虞红阳家里交付借款。另外，虞红阳与许来燕曾因赌博资金的结算存在纠纷。

▎案例分析

一方以欺诈、胁迫的手段或者乘人之危，使对方在违背真实意思的情况下订立的合同，受损害方有权请求人民法院或者仲裁机构变更或者撤销。根据本案的情况，本案的争议焦点是虞红阳关于本案的借条在许来燕胁迫之下出具的主张是否成立。对此，做以下几点分析：首先，虞红阳于 2008 年 8 月 12 日晚

---

[1] 本案例选取自北大法宝：许来燕与虞红阳民间借贷纠纷案。

上，被许来燕等人驾车从义乌市商贸区带去江东街道二中附近。在晚上孤身一人被其他四五人带至异地，且双方曾因赌博资金结算存在纠纷，此种情况下势必给虞红阳心理上产生一定的恐惧和压力。其次，从本案来看，虞红阳在填好借条，脱离许来燕等人控制后，马上向派出所报案，并称有人强制其写借条。按照常理，如果涉案借条出于虞红阳的真实意思表示，虞红阳一般不会在出具借条，脱离许来燕等人之后第一时间选择报案。再次，从义乌市公安局江东派出所接处警情况登记表来看，当时该所处理该起纠纷时，虞红阳明确强调"强迫写欠条是不行的"，但该所的接处警情况登记表未载明许来燕对于虞红阳的陈述存在否认情况。复次，许来燕在经义乌市公安局江东派出所叫其把借条归还虞红阳时，明确陈述已经将借条撕毁了。但其后，许来燕又以上述明确表示已经撕毁的借条主张权利，显然也违反了诚实信用原则。最后，根据双方当事人的陈述及义乌市公安局江东派出所情况说明，本案虞红阳向许来燕出具借条当时并未交付过 134 万元。故该借条本身也不能作为直接认定 2010 年 8 月 12 日虞红阳向许来燕借取 134 万元款项的凭证。综上所述，根据本案的证据以及日常生活经验习惯，本案的借条并非虞红阳的真实意思表示，而应该是虞红阳受许来燕胁迫所出具。虞红阳的主张应该予以支持。至于虞红阳与许来燕之间在 2010 年 8 月 12 日之前是否真实存在 134 万元的合法有效的民间借贷关系，当事人之间可以依法通过其他方式解决。因此，对于该 134 万元的借条应当予以撤销。

此外，在民间借贷纠纷中，当事人一方提供借条，证明借贷关系成立生效，另一方则抗辩借条是受胁迫而写的，此时该当事人应当就自己主张受胁迫的事实承担举证责任。但是，由于胁迫的事实在借条中无法体现，当事人只能提供一些证人证言、报警记录等间接证据，举证难度很大。法官往往需要全面客观地审核全案证据，运用逻辑推理和经验法则，通过足够的间接证据进行事实的推定，以适当减轻当事人的举证责任。胁迫是以直接施加损害或者以将来要发生的损害相威胁，使对方产生恐惧并因此而订立合同的行为，具体是指以给公民及其亲友的生命健康、荣誉、名誉、财产等造成损害，迫使对方做出违背真实的意思表示的行为。构成民法上的胁迫需要同时具备三个条件：①胁迫人有胁迫的行为；②胁迫人需要有胁迫的故意；③受胁迫者因胁迫行为做出了不真实的意思表示。只有三者同时具备，才能构成胁迫。依据《民法通则》第 58 条第 3 项的规定，一方以欺诈、胁迫的手段或者乘人之危，使对方在违背真实意思的情况下所为的民事行为无效。而《合同法》第 52 条规定，一方以欺诈、胁迫的手段订立合同，损害国家利益的合同无效。第 54 条第 1 项规定："一方以欺诈、胁迫的手段或者乘人之危，使对方在违背真实意思的情况下订立的合同，受损害方有权请求人民法院或者仲裁机构变更或者撤销。"与《民法通则》相比，《合同法》属于新法和特别法。因此，对于民间借贷中受胁迫出具借条的效力应该适用《合同法》的相关规定，只有胁迫行为损害了国家利益时，才按照无效处理。在民间借贷的纠纷中，其他的胁迫行为应该按照可撤销、可变更处理。而行使撤销权，依据《合同法》第55条第1项规定，具有撤销权的当事人自知道或者应当知道撤销事由之日起一年内没有行使撤销权的，撤销权消灭。本案中，虞红阳于2008年8月12日被胁迫出具借条，同日虞红阳报警，许来燕称借条已撕毁了。2009年12月25日，许来燕依据该借条向法院提起诉讼，自虞红阳收到起诉状副本后应视为其知道撤销事由。虞红阳于2010年8月5日要求撤销该借条，并未超过期限。那么，如果超过了一年的期限，如何处理呢？民间借贷的借条一方面在实体法上是一份借款合同，另一方面借条也是直接的书证，是重要的证据，如果超过了一年的除斥期间，可以受胁迫出具的借条是非法证据而抗辩。《最高人民法院关于民事诉讼证据的若干规定》第68条规定："以侵害他人合法权益或者违反法律禁止性规定的方法取得的证据，不能作为认定案件事实的依据。"因此，在民间借贷纠纷中，凡是采用暴力、胁迫等非法手段取得的借条、收条、欠条等借款凭证，都属于非法证据。经过审查确认为非法证据的，不能作为定案依据。〔1〕

8. 以非法占有为目的，采用暴力、胁迫的方法，强迫被害人书写同意出借钱款的协议，并当场劫取其中部分款项的，构成抢劫罪

▌基本案情〔2〕

2010年1月12日上午，田政伟伙同他人至常熟市佳鑫投资管理有限公司附近，将陆某某带至常熟市申银宾馆405房间内，采用持仿真手枪、刀等工具及言语威胁的手段，以借款为由向陆某某强行索要人民币1 000 000元，强迫陆某某写下同意出借人民币1 000 000元的协议一份。后田政伟伙同他人将陆某某带至常熟农村商业银行网点，由他人看守陆某某，由田政伟持陆某某的银行卡和密码多次取得现金合计人民币100 000元。随后田政伟向陆某某索得出票金额均

<hr>

〔1〕 林晨、金赛波主编：《民间借贷实用案例解析》，法律出版社2015年版，第86~87页。

〔2〕 本案例选取自北大法宝：田政伟暴力胁迫他人书写同意出借钱款的协议并据此强行借款构成抢劫罪案，本书引用案情有省略。

为人民币 50 000 元的银行承兑汇票 2 张，并以利息为名交给陆某某现金人民币 3500 元。后田政伟向陆某某出具了借款人民币 200 000 元并于 2010 年 4 月 30 日归还的欠条一份。

▌案例分析

本案的争议焦点是：①田政伟的行为构成敲诈勒索罪还是抢劫罪；②行为人出具"欠条"、支付"利息"的行为能否阻却犯罪构成；③"借款"后返还的利息人民币 3500 元是何性质。

关于田政伟的行为构成敲诈勒索罪还是抢劫罪，主要在于借款协议能否成为抢劫罪的客体，田政伟的行为是否足以抑制被害人陆某某的反抗、达到了抢劫罪的暴力程度，以及取财是否具有当场性。首先，借款协议符合财物的属性。借款协议本身虽然不是财产，却是财产权利的主要证明凭证，它对权利人的债权请求权起到证明作用，如果没有权利凭证，就不可能从他人处合法地取得该财产。田政伟通过暴力、胁迫的手段剥夺了被害人对财产的所有权，被害人的"出借"行为违背其真实意思，妨碍了被害人对这部分资金的占有、使用、收益和处分，并且田政伟当即依照协议取得现金人民币 10 万元及 10 万元银行承兑汇票。田政伟虽然没有当场拿到剩余的 80 万元现金，但是其事后可能依照借款协议随时要求给付，田政伟对于这 80 万元同样有犯罪的故意。其次，关于行为人的暴力程度。"足以抑制被害人反抗"是区别抢劫与敲诈勒索的关键，一般从暴力、胁迫的形态、手段、时间、场所等因素，结合被害人的年龄、性别、体力等实际情况，进行综合判断。田政伟伙同他人持仿真手枪、刀，并用言语对被害人陆某某实施威胁，限制陆某某的人身自由，其暴力程度已足以抑制被害人的反抗，田政伟伙同他人以"借款"为名逼迫被害人陆某某写下"借款"协议，并最终实现了迫使陆某某交出钱财的事实是清楚的，所以田政伟的行为符合抢劫罪的客观要件。再次，关于取财的当场性。抢劫罪的特征是当场取得财物，不是事后取得财物，田政伟强迫被害人陆某某写下一份人民币 100 万元的借款协议，虽然有 80 万元没有当场拿到手，但对于这部分亦有犯罪的故意，按田政伟的想法是当即支付 20 万元，剩余的 80 万元日后也要让被害人依据协议及时给付田政伟，而且限定被害人两个月的履行期限。并且，田政伟以借款协议为依据当天从被害人处取得了 20 万元的财物。综上，田政伟符合当场使用暴力、当场劫取财物的特征，构成抢劫罪。

关于行为人出具"欠条"、支付"利息"的行为能否阻却犯罪构成。田政伟虽然向被害人陆某某出具了欠条，并按照当地民间借贷"行规"预付了利息，但是，由于借款协议因不合法属于无效合同，田政伟与被害人之间不存在债权债务关系，采用暴力手段强迫与被害人达成的借款协议具有非法性。田政伟强迫被害人写下借款协议、取得钱款后又出具的欠条，是田政伟的单方行为，并非双方意思一致的表示。书写借款协议本身是被迫而为，违背了被害人的真实意思表示，出具欠条的行为不能被视为民间借贷，日后是否归还、何时归还，都未可知，写下欠条并不能否定田政伟将劫取的财物占为己有的故意，故应以抢劫罪对田政伟定罪量刑。

关于"借款"后返还的利息人民币 3500 元是何性质。对于这部分利息，田政伟的辩护意见是未遂，但从案件情况看，现金人民币 10 万元是由田政伟持陆某某的银行卡和密码多次取得，其已完全控制，之后以利息为名给付了被害人其中的 3500 元，田政伟对该部分现金已经既遂，3500 元利息系田政伟为了掩饰其犯罪意图的手段，该部分应视为既遂后的退款，而并非未遂。

综上所述，田政伟以非法占有为目的，以借款为名伙同他人采用胁迫手段，强迫他人书写同意出借人民币 100 万元的协议，并当场劫取其中的现金人民币 10 万元，田政伟的行为符合当场使用胁迫手段劫取财物，其主观上具有非法占有他人财物的故意，客观上符合以胁迫手段、当场取得财物的特征，其行为完全符合抢劫罪的主客观构成要件，已构成抢劫罪，并且是共同犯罪，应依法予以惩处。田政伟在抢劫过程中以"借款"为名向被害人陆某某出具"欠条"、支付"利息"的行为并不影响对上诉人田政伟抢劫罪的认定。田政伟在共同犯罪中纠集他人且积极实施犯罪行为，系主犯，依法应当按照其所参与的全部犯罪处罚。对于尚未兑现的人民币 10 万元银行承兑汇票以及协议中尚未支付的人民币 80 万元部分，作为量刑情节酌情予以考虑。田政伟家属代某赔偿了被害人部分经济损失，被害人陆某某对田政伟表示谅解，均可作为酌情从轻处罚的依据。

9. 当事人之间基于同一款项同时成立了商品房买卖和民间借贷合同，约定借款人未按期偿还借款，对方通过履行商品房买卖合同取得房屋所有权，该约定是否有效

▌**基本案情**[1]

2007 年 1 月 25 日，朱俊芳与嘉和泰公司签订 14 份《商品房买卖合同》，主

---

〔1〕 本案例选取自北大法宝：朱俊芳与山西嘉和泰房地产开发有限公司商品房买卖合同纠纷案。

要约定朱俊芳以每平方米 4600 元价格向嘉和泰公司购买百桐园小区十号楼 14 套商铺。同日办理了 14 份《商品房买卖合同》的销售备案登记手续。嘉和泰公司于次日向朱俊芳出具两张总额 1035.4554 万元的销售不动产发票。2007 年 1 月 26 日，朱俊芳与嘉和泰公司签订一份《借款协议》，约定嘉和泰公司向朱俊芳借款 1100 万元，借款期限自借款到账之日起三个月即 2007 年 1 月 26 日至 2007 年 4 月 26 日止；嘉和泰公司自愿将其开发的百桐园小区十号楼商铺以每平方米 4600 元的价格抵押给朱俊芳，抵押的方式为和朱俊芳签订商品房买卖合同，并办理备案手续，开具发票；借款到期，嘉和泰公司一次性还清借款，朱俊芳将抵押手续（合同、发票、收据）退回嘉和泰公司，如到期不能偿还，嘉和泰公司将以抵押物抵顶借款，双方互不支付对方任何款项等。同日，嘉和泰公司向朱俊芳出具 1100 万元收据。另外，朱俊芳与嘉和泰公司签订 14 份《商品房买卖合同》购买的百桐园小区十号楼 14 套商铺，与嘉和泰公司抵押给朱俊芳的百桐园小区十号楼 14 套商铺为同一标的。双方当事人在《借款协议》中约定的"乙方（嘉和泰公司）一次性还清甲方（朱俊芳）借款后，甲方将以上抵押手续（合同、发票、收据）退回乙方"，合同即为朱俊芳与嘉和泰公司签订的 14 份《商品房买卖合同》；发票即为嘉和泰公司向朱俊芳出具的两张总额 1035.4554 万元的销售不动产发票；收据即为嘉和泰公司向朱俊芳出具的 1100 万元借款收据。

▌案例分析

本案中，双方当事人的争议焦点是：①本案双方是民间借贷合同关系还是商品房买卖合同关系；②《借款协议》中"到期不能偿还，嘉和泰公司将以抵押物抵顶借款，双方互不支付对方任何款项"的约定是否违反法律的强制性规定。

关于本案双方是民间借贷合同关系还是商品房买卖合同关系的问题。朱俊芳主张其与嘉和泰公司之间是商品房买卖合同关系。嘉和泰公司主张双方之间是民间借贷关系。本案中，14 份《商品房买卖合同》涉及的款项和《借款协议》涉及的款项，在数额上虽有差额，但双方当事人对于 14 份《商品房买卖合同》所涉款项和《借款协议》所涉款项属同一笔款项并无异议。也就是说，双方当事人基于同一笔款项先后签订了 14 份《商品房买卖合同》和《借款协议》，且在太原市房地产交易所办理了 14 份《商品房买卖合同》销售备案登记手续。《合同法》第 32 条规定："当事人采用合同书形式订立合同的，自双方当事人签字或盖章时合同成立。"第 44 条第 1 款规定："依法成立的合同，自成立时生效。"案涉 14 份《商品房买卖合同》和《借款协议》均为依法成立并已生效的合同。本案双方当事人实际上就同一笔款项先后设立商品房买卖和民间借贷两个法律关系。从本案 14 份《商品房买卖合同》和《借款协议》约定的内容看，案涉《商品房买卖合同》与《借款协议》属并立又有联系的两个合同。案涉《商品房买卖合同》与《借款协议》之间的联系表现在以下两个方面：一是案涉《商品房买卖合同》与《借款协议》涉及的款项为同一笔款项；二是《借款协议》约定以签订商品房买卖合同的方式为《借款协议》所借款项提供担保，即双方当事人实际是用之前签订的 14 份《商品房买卖合同》为之后签订的《借款协议》提供担保。同时，《借款协议》为案涉《商品房买卖合同》的履行附设了解除条件，即借款到期，嘉和泰公司还清借款，案涉《商品房买卖合同》不再履行；借款到期，嘉和泰公司不能偿还借款，则履行案涉《商品房买卖合同》。

关于《借款协议》中"如到期不能偿还，嘉和泰公司将以抵押物来抵顶借款，双方互不支付对方任何款项"的约定是否违反法律的强制性规定问题。《担保法》第 40 条规定："订立抵押合同时，抵押权人和抵押人在合同中不得约定在债务履行期届满抵押权人未受清偿时，抵押物的所有权转移为债权人所有。"《物权法》第 186 条规定："抵押权人在债务履行期届满前，不得与抵押人约定债务人不履行到期债务时抵押财产归债权人所有。"这是法律上禁止流押的规定。禁止流押的立法目的是防止损害抵押人的利益，以免造成对抵押人实质上的不公平。本案《借款协议》中"如到期不能偿还，嘉和泰公司将以抵押物来抵顶借款，双方互不再支付对方任何款项"的约定，并非法律上禁止的流押条款。首先，《借款协议》上述条款并非约定嘉和泰公司到期不能偿还借款，《借款协议》所称抵押物所有权转移为朱俊芳所有。在嘉和泰公司到期未偿还借款时，朱俊芳并不能直接按上述约定取得《借款协议》所称的"抵押物"所有权。朱俊芳要想取得《借款协议》所称的"抵押物"即 14 套商铺所有权，只能通过履行案涉 14 份《商品房买卖合同》实现。其次，案涉 14 份《商品房买卖合同》和《借款协议》均为依法成立并生效的合同，双方当事人在《借款协议》中约定以签订商品房买卖合同的形式为《借款协议》提供担保，并为此在《借款协议》中为案涉 14 份《商品房买卖合同》附设了解除条件，该约定并不违反法律、行政法规的强制性规定。实际上，双方当事人对于是履行 14 份《商品房买卖合同》还是《借款协议》具有选择性，即商品房买卖合同的解除条件成就，就履行《借款协议》；商品房买卖合同的解除条件未成就，就履行 14 份《商品房买卖合同》。无论是履行 14 份《商品房买卖合同》，还是履行《借款协议》，均符合双方当事人的意思表示，且从合同选择履行的角度看，嘉和泰公司更具主动性。嘉和泰公司如果认为履行 14 份《商品房买卖合同》对其不公平，损害了其利益，完全可以依据《合同法》第 54 条第 1 款第 2 项的规定，请求人民法院撤销案涉 14 份《商品房买卖合同》，但嘉和泰公司在法定的除斥期间内并未行使合同撤销权，而是拒绝履行生效合同，其主张不符合诚信原则，不应得到支持。因此，《借款协议》上述关于到期不能偿还，嘉和泰公司以抵押物来抵顶借款的约定不符合《担保法》第 40 条和《物权法》第 186 条禁止流押的规定。

综上所述，双方当事人基于同一笔款项先后签订《商品房买卖合同》和《借款协议》，并约定如借款到期，偿还借款，《商品房买卖合同》不再履行；若借款到期，不能偿还借款，则履行《商品房买卖合同》。在合同、协议均依法成立并已生效的情况下，应当认定当事人之间同时成立了商品房买卖和民间借贷两个民事法律关系。该行为并不违反法律、行政法规的强制性规定。借款到期，借款人不能按期偿还借款，对方当事人要求并通过履行《商品房买卖合同》取得房屋所有权，不违反《担保法》第 40 条、《物权法》第 186 条有关禁止流押的规定。

10. 仅凭欠条能否证明大额借款关系成立

▌基本案情 [1]

2009 年 12 月 7 日，耀昌公司、寿耀栋向金文泉出具保证函一份，保证函载明自 2009 年 12 月 7 日起陈才根向金文泉的借款在 600 万元以内由耀昌公司、寿耀栋承担连带清偿责任，担保期限为主债务期届满两年，若有纠纷，同意在余杭区人民法院处理。2009 年 12 月 11 日，陈才根、金文泉在载明以下内容的借款协议上签字：陈才根向金文泉借款 600 万元，陈才根承诺于 2010 年 1 月 11 日归还 100 万元，2010 年 3 月 11 日归还 100 万元，2010 年 5 月 11 日归还 100 万元整，2010 年 8 月 11 日归还 100 万元整，到 2010 年 12 月 11 日全部还清，金文泉可随时催讨，并承诺到期未还的，承担违约金 50 万元以及所有诉讼费用及律师费。协议第三条还约定本协议也作为借款凭据，双方一经签字盖章视为陈才根已借到金文泉人民币 600 万元，现金交接清楚，各方均无异议，陈才根不再另

---

〔1〕 本案例选取自北大法宝：金文泉诉陈才根、浙江耀昌皮革机械有限公司、寿耀栋民间借贷纠纷案。

行出具借据。同日，陈才根在载明"今收到金文泉现金人民币600万元整，以此为凭"的收条上签名、捺印。

▍案例分析

本案争议的焦点是金文泉与陈才根之间是否存在民间借贷关系，金文泉有没有将600万元现金交付给陈才根。

就当事人所争议的本案所涉600万元借款是否交付的问题，虽然金文泉提供了落款时间相同的借款协议和收条以证明已经交付，但在以600万元现金直接进行交付明显不符合常理的情况下，金文泉未提供充分证据证明该600万元现金交付的必要性和现金来源。具体从以下几方面予以分析：①从借款的交付凭证来看，金文泉除提交的收条上载明"已收到金文泉现金人民币600万元"外，并未提交款项交付的相应凭证。②从借款的资金来源来看，金文泉前后陈述不一致。金文泉在对其所做的询问笔录中陈述有200万元左右从其合作银行卡中取出，具体分几次及何时取款记不清楚，另外的钱本来就准备在那里，因为年底其本来就准备了很多现金。而后来，金文泉又陈述其在2009年12月7日之后的4天时间里面准备了600万元现金，其中150万元是于2009年12月11日从合作银行的账户中取出，另外的450万元有些是本来就放在保险箱中的现金，有些是向朋友借的，具体向谁借的，其拒绝陈述。③从款项交付的过程来看，金文泉主张600万元借款是在2009年12月11日下午在其担任法定代表人的杭州余杭丝绸制造有限公司（以下简称余杭丝绸公司）办公室里以现金方式交付的，其中10万元一捆，共60捆，分三个黑皮包装，每个皮包20捆，由陈才根拿两包，郎水福拿一包，但其关于如上现金交易的过程并未提供相应证据予以佐证。在现代金融交易如此便利的今天，金文泉又是经商多年的商人，如此大额的款项竟然采取如此简便的交易方式，显然不符合常理。④从现金交付的原因来看，金文泉前后三次陈述均不一致。金文泉主张600万元借款系在签订借款协议的当天以现金方式交付给陈才根的，但是对于如此大额款项为何采取现金方式交付，金文泉多次陈述均不一致。本案中，金文泉代理人陈述，借款时金文泉提出要转账给陈才根，但陈才根表示其在法院涉及多起诉讼，如转账可能被法院冻结，故要求金文泉以现金方式交付。金文泉所做的询问笔录中，陈述其自己觉得现金交易方便。后金文泉又陈述，是陈才根说要现金，不能转账，并且对于陈才根在法院是否涉及诉讼并不知情。即使如金文泉所述因陈才根涉及诉讼不便直接打入其卡中，也完全可以采取转账至非陈才根开户的账户进行交付，更何况陈才根是为承建耀昌公司厂房所需资金而借款，所借款项不可能一次性用完，按照常理，如此大额的款项不可能现金存放于家中，自然还是要存入银行的。既然如此，金文泉陈述关于陈才根要求现金交易的理由或者其自己喜欢现金交易的理由均不符合常理。⑤从金文泉的出借动机来看，也不符合常理。据金文泉陈述，其之前并不认识陈才根，只是经郎水福介绍陈才根向其借款后才认识，而对陈才根的资信情况，只是通过介绍人郎水福了解了一下，并未实际考察、核实，对担保人耀昌公司、寿耀栋的资信情况也未实际核实，且其表示只是为了赚取 2 分的月息，就同意出借给陈才根 600 万元。为了赚取 2 分月息，金文泉就轻率地出借如此大额的款项，显然不符合其经商多年的商人身份，更何况据金文泉本人陈述，其出借的 600 万元借款部分是向朋友所借。为赚取 2 分月息，通过向朋友借款来出借给一个根本不熟悉的人，显然也不符合常理。⑥关于金文泉是否认识陈才根、寿耀栋。在陈才根代理人提交一组照片要求金文泉辨认哪张照片属于陈才根、寿耀栋时，金文泉快速地指出其中两张认为是陈才根与寿耀栋的照片，但是事实上金文泉辨认出的两张照片经证实均不属于陈才根、寿耀栋。对于辨认错误，金文泉主张自己是老花眼，所以认不出来，但是在辨认阶段，金文泉直接指出照片下面的编号。如果其无法看清照片的话，对下面细小的编号更加不可能快速指出。显然，金文泉关于自己是老花眼看不清照片的说法不能成立。对于辨认错误，金文泉没有给出其他合理解释。对于担保人寿耀栋，因金文泉只见过一次面以致生疏不能辨认正确尚可理解，但对于向其借款 600 万元且两次会面超过两个小时的借款人都辨认错误显然不符合常理，更何况金文泉多次表示认识陈才根，对此问题的合理解释只能是金文泉并未见过陈才根本人。综上，金文泉主张现金方式直接交付给陈才根 600 万元借款，但其未提交相应的交付凭证，而其关于现金交付过程的陈述亦缺乏相应证据予以佐证，结合金文泉对于现金交付的原因、款项来源等多次陈述不一致且不符合常理，以及出借动机、款项交付过程亦不符合常理，再结合金文泉辨认时居然将借款人和担保人的照片辨认错误且没有给出合理解释，依照《最高人民法院关于民事诉讼证据的若干规定》第 2 条"当事人对自己提出的诉讼请求所依据的事实或者反驳对方诉讼请求所依据的事实有责任提供证据加以证明。没有证据或者证据不足以证明当事人的事实主张的，由负有举证责任的当事人承担不利后果"的规定，金文泉提供的证据结合其陈述不足以证明其与陈才根之间存在借贷关系以及已将 600 万元借款交付给陈才根的事实。因此，该笔 600 万元的借款并未交付，双方之间的民间借贷合同未生效。

此外，对于现金借贷，若出借人仅凭借条或者收据主张借贷债权的，在债务人就现金交付提出合理的异议时，法院则应该对现金借贷进一步进行审查。

审查应当根据现金金额的大小、款项的交付、出借人的资信能力、当事人之间的交易方式、交易习惯以及借贷双方关系等诸多因素，结合当事人本人的陈述和庭审言辞辩论情况以及其他的间接证据，依据民事诉讼高度盖然性的证明标准，运用逻辑推理、生活经验等，综合判断借贷事实是否真实发生。必要时，可以依职权调取证据。出借人应当对现金交付的原因、时间、地点、款项来源、用途等具体情节予以说明。若出借人不能对现金款项交付的细节做出合理的解释说明或者提供的证据不足或者间接证据不能形成完整的证据链的，出借人仅凭借条或者收据不能形成优势证据时，可以根据查明的事实认定借贷事实未真实发生。若出借人无正当理由拒不到庭的，则可以认定出借人未就借款交付事实完成举证责任，推定其主张不成立。《最高人民法院关于审理民间借贷案件适用法律若干问题的规定》第18条规定："根据《关于适用〈中华人民共和国民事诉讼法〉的解释》第一百七十四条第二款之规定，负有举证证明责任的原告无正当理由拒不到庭，经审查现有证据无法确认借贷行为、借贷金额、支付方式等案件主要事实，人民法院对其主张的事实不予认定。"并且对于那些完全可以举证的事项，应当要求出借人一方按照陈述继续举证。对于同一事项陈述前后矛盾的，可以做出对其不利的推定。

另外，对于小额的现金借贷，以形式审查为主。只要存在借条或者收据，出借人有支付能力并能做出合理解释的，按照交易习惯，一般视为出借人已经完成证明责任，可以认定借款已经实际支付。对于大额的现金借贷，则不仅要进行形式审查，更应该进行实质审查。主要审查以下几点因素：①对现金交付凭证的审查。出借人对现金交付负举证责任，应对其提交的证据形式和内容进行审查。②对借贷发生的原因进行审查。要通过借贷双方关系进行调查，了解借贷发生的原因，判断出借人的动机，进而对借款发生的合理性做出分析。③对现金交付原因进行审查，即对现金交付的合理性进行审查。现在的金融业高度发达，采取现金交付较大数额的借款并不常见，因而需要出借人做出一定的合理解释。可以根据双方的交易习惯、收入以及现金交付的必要性等进行审查。④对现金交易的过程进行审查。现金借款是在何时何地、如何在双方之间进行交付的具体经过，包括交付的时间地点的审查，还有现金交付方式的审查，如是否本人交付、面对面交付、存放现金的物品、第三人的见证等。⑤对现金借贷的用途进行审查。从市场经济下理性人的角度出发，推定当事人为避免借贷的风险应当了解借款用途，根据借款用途可以分析现金交易的可能性。⑥对现金款项的来源进行审查。主要审查出借人的资信情况，即交付于借款人的现金来源于何处。出借人可能陈述巨额资金来自出借人自己劳动、营业收入、他人转借、单位资金等，出借人需要对其收入情况、他人转借以及单位资金情况等提供证据予以证明。同时，还应当审查当时交付的巨额现金款项是取自银行还是现金随身携带等，若是取自银行，则需要出借人提供取款凭证，若其主张是随身携带，则需要对随身携带巨额现金的可能性进行审查。[1]

综上所述，出借人虽然提供了落款时间相同的借款协议和收条以证明借款已经实际交付，但在以巨额现金直接进行交付明显不符合常理的情况下，出借人未提供充分证据证明该巨额现金交付的必要性和现金来源，且对借款人的照片辨认错误又没有给出合理解释，结合出借动机、款项交付过程亦不符合常理，以及前后多次陈述的不一致，可以认定出借人主张的现金交付不能成立。

---

[1] 林晨、金赛波主编：《民间借贷实用案例解析》，法律出版社 2015 年版，第 125～126 页。

第二章
民间借贷担保的认定

1. 在未约定保证期间的情况下，出借人在还款期限届满后 6 个月内未要求保证人承担保证责任的，保证人是否仍需承担保证责任

■ 基本案情〔1〕

2012 年 1 月 11 日，杨志文作为乙方与甲方温州东大矿建工程公司马莲滩项目部签订内蒙古自治区乌兰察布市察哈尔右翼前旗马莲滩煤矿矿建剥离工程合同，合同甲方代表签名为李维瑞，2012 年 1 月 12 日，王怀山作为乙方与甲方温州东大矿建工程公司马莲滩项目部签订内蒙古自治区乌兰察布市察哈尔右翼前旗马莲滩煤矿矿建剥离工程合同，该合同的甲方代表为孙国清，即由杨志文和王怀山各承包该煤矿矿建剥离工程的一半工程量。签订合同时，王怀山向孙国清交纳了 20 万元工程保证金。后王怀山将自己承包的工程全部交由杨志文施工。2012 年 2 月 25 日，杨志文委托杨某某向王怀山书写借条一份，内容为"今借到王怀山人民币壹佰万元整（1 000 000.00 元整），至六月三十日还款伍拾万元，下余十二月底一次性还清。借款人：杨志文，担保人：孙国清。2012 年 2 月 25 日"。王怀山承认 100 万元借条中，其实际向杨志文给付款项 70 万元，包括给孙国清交纳的 20 万元保证金及支付给杨志文的 50 万元，其余 30 万元系红利。杨志文认可王怀山出资 50 万元，包括向孙国清支付的保证金 20 万元，给其款项 30 万元，其余 50 万元系红利。杨志文提交的记账凭证中将孙国清保证金 20 万元记载为其他应收款。2012 年 1 月 11 日，王怀山曾向杨志文出借款项 45 万元，杨志文已于 2013 年 2 月 6 日前归还。

---

〔1〕 本案例选取自北大法宝：王怀山诉杨志文等民间借贷纠纷案。

▌案例分析

本案的争议焦点为：王怀山与杨志文的借贷关系是否成立，若成立，借款本金应如何确定以及孙国清是否应承担连带还款责任。

关于王怀山与杨志文的借贷关系是否成立。王怀山主张其同杨志文之间存在100万元的借贷关系，并提供了杨志文出具的孙国清担保的借条一份支持其主张。而杨志文对该借条系其委托杨志文书写无异议，但对借条记载的借款数额100万元有异议，称其同王怀山之间系合伙关系，并非借贷关系。王怀山与杨志文均认可100万元借条系在王怀山将自己从孙国清处承包的工程全部交由杨志文统一施工的情形下向王怀山出具的。杨志文认为其同王怀山之间系合伙关系，但未提供书面或者口头合伙协议及二人有共同经营、劳动的相关证据证实其主张，该理由证据不足。杨志文向王怀山出具的100万元借条仅约定了王怀山享有的债权，符合借贷关系的构成要件，应认定王怀山与杨志文之间的借贷关系成立。对于借款本金的具体数额，王怀山称其并未实际给付杨志文100万元，仅给付70万元，包括直接给付杨志文的50万元和交纳给孙国清的保证金20万元，王怀山未对支付给杨志文50万元的主张提供证据支持。但是，杨志文认可王怀山向孙国清交纳保证金20万元，并承认收到王怀山给付的款项30万元。王怀山承包的工程由杨志文施工，王怀山向孙国清交纳的20万元工程保证金应由杨志文与孙国清结算，且杨志文在出具100万元借条时将该笔20万元计算在内并作为应收款项记载于记账凭证，故王怀山向孙国清交纳的20万元保证金应由杨志文作为借款归还。根据《最高人民法院关于民事诉讼证据的若干规定》第2条"当事人对自己提出的诉讼请求所依据的事实或者反驳对方诉讼请求所依据的事实有责任提供证据加以证明。没有证据或者证据不足以证明当事人的事实主张的，由负有举证责任的当事人承担不利后果"及第74条"诉讼过程中，当事人在起诉状、答辩状、陈述及其委托代理人的代理词中承认的对己方不利的事实和认可的证据，人民法院应当予以确认，但当事人反悔并有相反证据足以推翻的除外"，王怀山向杨志文出借款项的本金应当按照杨志文认可的50万元确定。

关于孙国清是否应承担连带还款责任。在民间借贷担保合同纠纷案件中，保证责任承担与否往往成为出借人与保证人之间争议的焦点。保证人承担保证责任，需要具备以下几个条件：一是保证合同有效；二是主债务履行期限届满而主债务人未履行债务；三是保证人须没有免除保证责任的法定的或者约定的情形。如果法定的时效已经经过，保证人的保证责任即可以免除，保证期间已经届满就是免除保证责任的理由之一。本案就属于免除保证责任的情形。孙国清作为担保人在 100 万元的借条上签字，系其真实意思表示，该保证合同符合相关法律规定，有效成立。由于保证合同中未约定保证期间，根据《担保法》第 26 条"连带责任保证的保证人与债权人未约定保证期间的，债权人有权自主债务履行期届满之日起六个月内要求保证人承担保证责任。在合同约定的保证期间和前款规定的保证期间，债权人未要求保证人承担保证责任的，保证人免除保证责任"的规定，孙国清承担保证责任的期间应自 2013 年 1 月 1 日起至 2013 年 6 月 30 日，王怀山不能提供证明其在该保证期间内要求孙国清承担保证责任的证据，孙国清的保证责任应予免除。

综上所述，在未约定保证期间的情况下，出借人在还款期限届满后六个月内未要求保证人承担保证责任的，保证人无须继续承担保证责任。

此外，根据《担保法》以及《担保法解释》的规定，保证期间可分为约定期间和法定期间两种。对民间借贷纠纷保证期间的确定，具体应遵循以下一般规则：①保证合同明确约定了符合法律规定的保证期间，应当遵循当事人的约定确定。②当事人没有约定的，保证期间推定为主债务履行期限届满起 6 个月。③保证合同约定的保证期间早于或者等于主债务履行期限的，视为没有约定，保证期间推定为主债务履行期限届满之日起 6 个月。④保证合同约定的保证期间不明确的，如约定保证人承担保证责任直至主债务本息还清时为止等类似内容的，视为没有约定，保证期间推定为主债务履行期限届满之日起两年。

另外，保证期间的起算点关系着保证人承担保证责任的期间，因此，确定起算点至关重要。①《担保法解释》第 33 条规定："主合同对主债务履行期限没有约定或者约定不明的，保证期间自债权人要求债务人履行义务的宽限期届满之日起计算。"因此，在借贷当事人未对还款期限作出约定时，保证期间应自出借人要求借款人履行还款义务的宽限期届满之日起计算。②借贷双方没有约定还款期限，出借人一直不向借款人主张权利，借款人也一直未履行债务的，出借人可以随时主张权利。起诉是一种主张权利的方式，起诉时间可认定为借款人的还款期限，保证期间也应当开始计算，也应在此时开始计算保证债务的诉讼时效。③借贷双方擅自变更还款期限的，在保证人明确表示同意时，保证期间应该从新还款期限届满之日起计算，而在保证人不同意或者不知道的情况下，则依据《担保法解释》第 30 条第 2 款的规定，债权人与债务人对主合同履行期限作了变动，未经保证人书面同意的，保证期间为原合同约定的或者法律规定的期间。④借贷双方对借款约定分期偿还的，当事人对整个借款提供担保的，保证期间应从最后履行期限届满之日起算，即分期还款的债务，保证期间自最后一笔债务到期之日起算，而非按照分期债务各笔到期日分别起算。⑤借款人发生预期违约的，出借人具有选择权，既可以选择等到履行期限到来时再要求借款人还款，也可不必等到履行期限到来而直接要求借款人还款。出借人也可以选择是否要求保证人提前承担保证责任。但保证期间的起算点不能因此提前，仍应从借款到期之日起计算，否则将不利于出借人权益的保护。

2. 连带责任保证人承担保证责任后，能否向债务人追偿

▌基本案情[1]

2012 年 6 月 1 日，蔡锟由李全才担保向李爱琴借款。蔡锟向李爱琴出具了借条一份，内容为："今借李爱琴人民币壹拾万元整（100 000.00 元）、月息贰仟伍佰元（2500），借款人：蔡锟，担保人：李全才，2012 年 6 月 1 日"。蔡锟出具借条后，李爱琴实际向蔡锟提供借款 7 万元，未约定还款期限。2013 年 10 月，李爱琴向蔡锟要求归还借款无果，遂向李全才主张。李全才于 2014 年 4 月 28 日代蔡锟向李爱琴归还借款本息 110 000 元。李全才就代为偿还的该笔借款向蔡锟索要，蔡锟以该笔借款作为合伙账务，分摊给李全才为由拒不归还。蔡锟称其与李爱琴之间不存在借贷关系。2012 年 4 月至 2012 年 8 月，其与李全才合伙做药材生意，该 7 万元是李全才借来作为投资做药材生意用的，属于李全才自己的投资，其打条子是为了完善手续，随着其与合伙人李全才、王力的共同清算，该部分债务已经完全转移给了李全才，与其没有半点关系。

▌案例分析

本案的争议焦点为：蔡锟与李爱琴的借款合同关系以及与李全才的担保合同关系是否成立以及蔡锟是否应当承担李全才代为偿还的借款及利息。

关于蔡锟与李爱琴的借款合同关系以及与李全才的担保合同关系是否成立的问题。2012 年 6 月 1 日，蔡锟向李爱琴出具借条后，李爱琴向其提供借款 7 万元，双方的借款法律关系成立，应受法律保护。李全才以担保人的名义在借条上签了字，其与蔡锟和李爱琴之间的担保法律关系成立，依法应承担担保责任。蔡锟称其与李爱琴之间不存在借贷关系，该 7 万元是李全才借来做药材生意用的，属于李全才本人投资的理由，与其向李爱琴出具借条的事实不符，也没有其他证据印证其主张，应当承担不利的证明后果。因此，对于其与李爱琴

---

[1] 本案例选取自北大法宝：蔡锟与李全才民间借贷纠纷上诉案。

之间不存在借贷关系的主张，不予采纳。

关于蔡锟是否应当承担李全才代为偿还的借款及利息的问题。本案中由李全才担保，蔡锟向李爱琴借款 7 万元的事实，李全才与蔡锟均无异议，应予以认定。根据《担保法》第 18 条以及第 19 条的规定，"当事人在保证合同中约定保证人与债务人对债务承担连带责任的，为连带责任保证。连带责任保证的债务人在主合同规定的债务履行期届满没有履行债务的，债权人可以要求债务人履行债务，也可以要求保证人在其保证范围内承担保证责任。""当事人对保证方式没有约定或者约定不明确的，按照连带责任保证承担保证责任。"从借据内容看，双方未约定保证方式，李全才应对蔡锟向李爱琴的借款负连带保证责任。在蔡锟未能还款时，李全才作为连带保证人承担了向李爱琴归还借款的义务，符合法律的规定。《担保法》第 31 条规定："保证人承担保证责任后，有权向债务人追偿。"因此，李全才作为承担连带保证责任的保证人，在承担了保证责任后，依法享有向债务人蔡锟追偿的权利。蔡锟称该笔款项用于双方的合伙经营，经双方清算应由李全才承担，李全才对此予以否认，蔡锟也未提交双方进行清算或就该笔债务转移由李全才承担的相关证据。因此，李全才有权向债务人蔡锟追偿，其要求蔡锟归还借款本息的请求符合法律规定。

3. 债权既有债务人的财产设定的担保，又有第三人的连带责任保证担保的，债权人如何实现债权

▌基本案情[1]

2013 年 8 月 6 日，安泰能源公司作为借款人和抵押人与贷款人太一贷款公司，保证人陈静签订了担保借款合同，约定"第一条借款基本条款（一）信贷品种：短期借款；（二）借款金额：贰佰万元整；（三）借款用途：资金周转；（四）借款利率：执行月利率20‰；（五）借款期限8个月，自 2013 年 8 月 6 日起至 2014 年 4 月 5 日止；（六）借款的担保方式为保证、抵押；（七）还款方式为按月清息，到期还本，借款人必须于 2014 年 4 月 5 日前归还贷款全部本息；（八）借款按月结息，结息日为每月 5 日，借款人须于每一结息日付息；（九）罚息 1. 借款人未按本合同规定日期归还贷款本息，贷款人有权对逾期贷款在本合同载明的贷款利率水平上加收 50% 利息。第八条本笔贷款的保证方式

---

[1] 本案例选取自北大法宝：庆阳市西峰区太一小额贷款有限责任公司与庆阳安泰能源装备有限公司、陈静民间借贷纠纷案。

为连带责任保证。第九条保证担保范围包括：本合同项下全部贷款本金、利息、罚息、复利、违约金、损害赔偿金、贷款人实现债权的费用和借款人所有其他应付费用。第十条保证期间为本合同项下贷款到期之日起二年；贷款人依据合同约定宣布贷款提前到期的，保证期间为贷款提前到期之日起二年。如贷款展期后，保证人继续承担保证责任，保证期限延至展期借款到期日之后二年。第十三条在贷款期内，若连续两次或累计超过三次未按时清息，贷款人有权提前终止借款合同，收回已发放贷款本息，并有权向保证人追要。第十四条（一）抵押人同意以编号为 20130806 抵押物清单所列财产作为抵押物，该抵押物清单为本合同组成部分。抵押物暂作价人民币（大写）贰佰万元整，其最终价值以抵押权实现时实际处理抵押物的净收入为准；第十五条抵押担保的范围包括：本合同项下全部贷款本金、利息、罚息、复利、违约金、补偿金、贷款人实现债权的费用和借款人所有其他应付费用。第十七条抵押权的实现（一）主合同项下债务履行期限届满，抵押权人未受偿的，抵押权人与抵押人协商后，有权依法以抵押物折价，或者拍卖抵押物的价款优先受偿；……"编号为 20130806 的车辆抵押清单记载的抵押物名称为：1. 华油牌重型专项作业车 1 台，抵押价值 100 万元，车架号 lbzf46gb8ca011590，车辆类型为重型专项作业车，发动机号 1612d051066，购置日期 2012 年 9 月 9 日；2. 华油牌重型专项作业车 1 台，抵押价值 100 万元，车架号 lbzf46gb0ca013365，车辆类型为重型专项作业车，发动机号 1611j189745，购置日期 2012 年 9 月 3 日。2013 年 8 月 6 日，保证人陈静向太一贷款公司出具保证担保承诺书一份，内容为："因借款人安泰能源公司于 2013 年 8 月 7 日向贵公司贷款人民币贰佰万元整，期限 8 个月，实行按月清息，到期还本还款方式，贷款到期日为 2014 年 4 月 6 日。该笔贷款由我自愿提供第三方连带责任保证，为确保该笔贷款按期归还本息，我自愿用我家庭所有财产及收入作为该笔贷款的担保并负连带责任。担保范围包括：贷款本金、利息、复息、罚息、借款人违约金、实现主债权和担保债权的所有费用等。如借款人因各种原因不能按期归还贷款本息，我作为保证人将无条件按期代为偿还全部贷款本息，并承担借款人的违约金及贵公司因实现主债权和担保债权而形成的一切费用。本承诺书与保证担保借款合同具有同等法律效力。"同日，抵押的两台车辆进行了抵押登记。太一贷款公司向安泰能源公司给付了借款 200 万元。此后，安泰能源公司按照合同约定的月利率 20‰逐月向太一贷款公司清偿了借款期限内的借款利息至 2014 年 4 月 6 日，合计 324 004 元，还按照月利率 30‰支付了借款期限届满后 2014 年 4 月 7 日至 7 月 6 日 3 个月的利息和罚息 182 000 元。

2014 年 3 月 24 日，安泰能源公司作为借款人又与贷款人太一贷款公司及保证人陈静签订了一份300万元的担保借款合同。约定："第一条借款基本条款（一）借款品种：短期借款；（二）借款金额：叁佰万元整；（三）借款用途：资金周转；（四）借款利率：执行月利率20‰；（五）借款期限6个月，自2014年3月24日起至2014年9月23日止；（六）担保方式：本合同项下借款的担保方式为保证；（七）还款方式：按月清息，到期还本；（八）结息：本合同项下借款按月结息，结息日为每月的23日，借款人须于每一结息日付息；（九）罚息1.借款人未按本合同规定日期归还贷款本息，贷款人有权对逾期贷款在本合同载明的贷款利率水平上加收50%的利息。第八条本笔贷款的保证方式为连带责任保证。第九条保证担保范围包括：本合同项下全部贷款本金、利息、罚息、复利、违约金、损害赔偿金、贷款人实现债权的费用和借款人所有其他应付费用。第十条保证期间为本合同项下贷款到期之日起二年。第十三条其他约定事项1.在贷款期内，若连续两次或累计超过三次未按时清息，贷款人有权提前终止借款合同，收回已发放贷款本息，并有权向保证人追要。"当日，陈静向太一贷款公司出具保证担保承诺书，内容为："因借款人安泰能源公司于2014年3月24日向贵公司借款人民币叁佰万元整，期限6个月，实行按月清息，到期还本还款方式，贷款到期日为2014年9月23日。该笔贷款由我自愿提供第三方连带责任保证，为确保该笔贷款按期归还本息，我自愿用我家庭所有财产及收入作为该笔贷款的担保并负连带责任。担保范围包括：贷款本金、利息、复息、罚息、借款人违约金、实现主债权和担保债权的所有费用等。如借款人因各种原因不能按期归还贷款本息，我作为保证人将无条件按期代为偿还全部贷款本息，并承担借款人的违约金及贵公司因实现主债权和担保债权而形成的一切费用。本承诺书与保证担保借款合同具有同等法律效力"，担保借款合同签订后，太一贷款公司向安泰能源公司给付了借款300万元。此后，安泰能源公司未按合同约定的结息日向太一贷款公司结息，2014年7月8日按照月利率20‰向太一贷款公司支付了利息184 000元，包括2014年3月24日至4月23日利息62 000元，2014年4月24日至5月23日利息60 000元，2014年5月24日至6月23日利息62 000元，2014年7月30日按照月利率20%。向太一贷款公司支付了2014年6月24日至7月23日利息60 000元。

▌案例分析

本案的争议焦点为：安泰能源公司应向太一贷款公司归还借款本金及利息的具体数额如何确定以及陈静应当承担保证责任的范围。

关于安泰能源公司应向太一贷款公司归还借款本金及利息的具体数额。太一贷款公司按照其与安泰能源公司自愿签订的两份担保借款合同的约定，共向安泰能源公司支付了 500 万元借款，两份担保借款合同系当事人的真实意思表示，未违反法律、行政法规的效力性、强制性规定，应属有效合同，太一贷款公司向安泰能源公司出借款项的原始本金应确定为 500 万元。《最高人民法院关于审理民间借贷案件适用法律若干问题的规定》第 26 条规定："借贷双方约定的利率未超过年利率 24%，出借人请求借款人按照约定的利率支付利息的，人民法院应予支持。借贷双方约定的利率超过年利率 36%，超过部分的利息约定无效。借款人请求出借人返还已支付的超过年利率 36% 部分的利息的，人民法院应予支持。"本案中，太一贷款公司与安泰能源公司签订的两份担保借款合同约定的月利率 20‰符合相关法律规定，应予保护。两份担保借款合同中约定的罚息，即"借款人未按规定日期归还贷款本息，贷款人有权对逾期贷款在本合同载明的贷款利率水平上加收 50% 利息"，实属违约金，违约金不同于利息，利息是在合同约定期限内产生的，而违约金是在一方违反合同的情况下应承担的责任，具有赔偿损失兼惩罚的性质，两者可以同时适用。《最高人民法院关于审理民间借贷案件适用法律若干问题的规定》第 30 条规定："出借人与借款人既约定了逾期利率，又约定了违约金或者其他费用，出借人可以选择主张逾期利息、违约金或者其他费用，也可以一并主张，但总计超过年利率 24% 的部分，人民法院不予支持。"因此，担保借款合同中的罚息条款有效。但由于约定的罚息超过了年利率 24% 的规定，故对超过的部分不予保护。200 万元担保借款合同中，安泰能源公司在约定的借款期限届满后，向太一贷款公司按照罚息 3% 支付了 3 个月的逾期借款利息 182 000 元，已付利息中包含超过年利率 24% 的部分，对超过部分可冲抵本金。经计算，200 万元担保借款合同中，200 万元的借款本金经冲抵后应为 193.8 万元，193.8 万元的借款罚息应按照年利率 24% 从2014 年 7 月 7 日计算至实际还款日。300 万元的担保借款合同中，安泰能源公司仅按照合同约定的月利率 2% 支付了 4 个月借款利息后，再未清偿利息，亦未归还本金，借款本金仍应为 300 万元。安泰能源公司应付太一贷款公司借款期内剩余 2 个月的利息，太一贷款公司主张按照 2% 计算为124 000 元，合法有据，应予支持。300 万元借款从借款期限届满即 2014 年 9 月 24 日至实际还款日的罚息应按照年利率 24% 的标准计算。

关于陈静应当承担保证责任的范围。陈静作为保证人在太一贷款公司与安泰能源公司签订的两份担保借款合同上作为保证人签字并分别向太一贷款公司就两笔借款出具了保证担保承诺书，约定其对两笔借款承担连带保证责任，保证期间为两年，是其真实的意思表示，保证行为符合相关法律规定，有效成立。

太一贷款公司在保证期间内要求陈静承担保证责任符合法律规定，陈静应就安泰能源公司欠太一贷款公司的借款及利息和罚息承担连带保证责任。200 万元担保借款合同中，安泰能源公司以其自有的两台车辆作为抵押，且均办理了抵押登记，抵押合同有效成立，太一贷款公司对两台车辆的抵押权自该担保借款合同生效时设立。《物权法》第 176 条规定："被担保的债权既有物的担保又有人的担保的，债务人不履行到期债务或者发生当事人约定的实现担保物权的情形，债权人应当按照约定实现债权；没有约定或者约定不明确，债务人自己提供物的担保的，债权人应当先就该物的担保实现债权；第三人提供物的担保的，债权人可以就物的担保实现债权，也可以要求保证人承担保证责任。提供担保的第三人承担担保责任后，有权向债务人追偿。"因此，陈静对 193.8 万元借款及利息和罚息承担连带保证责任的范围为太一贷款公司就安泰能源公司抵押的两台车辆实现债权后仍不能清偿的部分。300 万元担保借款合同中，陈静应对 300 万元借款及利息和罚息承担连带保证责任。陈静承担保证责任后，可向安泰能源公司追偿。

综上所述，被担保的债权既有物的担保又有人的担保，债务人不履行到期债务或者发生当事人约定的实现担保物权的情形的，债权人应当按照约定实现债权；没有约定或者约定不明确的，债务人自己提供物的担保的，债权人应当先就该物的担保实现债权，再要求保证人承担保证责任；如果第三人提供物的担保的，债权人可以就物的担保实现债权，也可以要求保证人承担保证责任。提供担保的第三人承担担保责任后，有权向债务人追偿。

4. 借款的实际用途与借条约定不一，而债权人对此明知的，保证人是否承担保证责任

▌基本案情[1]

2010 年 12 月 17 日，出具借条一份，内容为：今借到李战坤人民币 2000 万元整，使用期限四个月，用于天赐佳园建设经营。借款人：陈佳；担保人：孙常法、杜丙坤；一般担保：陈平。2010 年 12 月 19 日，李战坤在邳州农村商业银行运河支行从其卡号为 320＊＊＊＊7358 的账户上取款 500 万元汇入陈佳卡号为 320＊＊＊＊8668 的账户内。同日，陈佳将其卡号为 320＊＊＊＊8668 账户内的 500 万元在邳州农村商业银行炮车支行取出，汇入案外人何培山（陈平的朋

---

[1] 本案例选取自北大法宝：陈佳与李战坤民间借贷纠纷案。

友）卡号为 320＊＊＊3776 的账户内。同日，何培山在邳州农村商业银行炮车支行从其卡号为 320＊＊＊3776 的账户内将该笔款项取出，汇入案外人刘兴山（李战坤的朋友）卡号为 320＊＊＊6770 的账户内。2010 年 12 月 19 日，李战坤在邳州农村商业银行运河支行从案外人刘兴山卡号为 3203＊＊＊6770 的账户上取款 500 万元汇入陈佳卡号为 320＊＊＊8668 的账户内。同日，陈佳将其卡号为 320＊＊＊8668 账户内的 500 万元在邳州农村商业银行炮车支行取出，汇入案外人汤超（汤沂蒙的侄子）卡号为 320＊＊＊6541 的账户内。同日，汤沂蒙在邳州农村商业银行炮车支行从汤超卡号为 320＊＊＊6541 的账户内将该笔款项取出，汇入李战坤卡号为 320＊＊＊7358 的账户内。2010 年 12 月 19 日，李战坤在邳州农村商业银行运河支行从其卡号为 320＊＊＊7358 的账户上取款 400 万元汇入陈佳卡号为 320＊＊＊8668 的账户内。同日，陈佳将其卡号为 320＊＊＊8668 账户内的 400 万元在邳州农村商业银行炮车支行取出，汇入案外人张静（汤沂蒙的妻子）卡号为 320＊＊＊3233 的账户内。同日，张静在邳州农村商业银行炮车支行从其卡号为 320＊＊＊3233 的账户内将该笔款项取出，汇入案外人刘兴山卡号为 32＊＊＊6770 的账户内。2010 年 6 月 11 日陈佳向汤沂蒙出具借条一份，内容为：今借到汤沂蒙现金 700 万元，使用期限六个月整。注：本借据以实际注入新沂万信担保公司账户数额为准。此款延期到 2011 年 6 月 11 日止。2010 年 9 月 24 日，张伟向李战坤出具借条一份，内容为：借到李战坤人民币 500 万元整，借期四个月。2011 年 9 月 24 日，陈佳向李战坤出具承诺书一份，内容为：2010 年 9 月 24 日，由张伟借李战坤人民币 500 万元，此款由我支配使用，为此产生的一切后果由本人全部承担责任。

▌案例分析

本案的争议焦点为李战坤与陈佳之间是否存在 1400 万元的借款关系以及孙常法和杜丙坤是否应当承担担保责任的问题。

关于李战坤与陈佳之间是否存在 1400 万元真实的借款关系的问题。2010 年 12 月 17 日，陈佳向李战坤出具借款 2000 万元借条一份，其后李战坤于 2010 年 12 月 19 日将 500 万元通过取、存的方式，将该笔款项先后以 500 万元、500 万元、400 万元（累计 1400 万元）分三次转入陈佳账户，为此，李战坤与陈佳之间形成了 1400 万元的债权债务关系。虽然该笔款项后又经案外人的账户转回李战坤的账户，陈佳提出其并未收到借条约定的李战坤出借的款项，但分三次转入陈佳账户而形成的 1400 万元款项，均是由陈佳签字确认后经陈佳的账户转出，且陈佳认可其分别于 2010 年 6 月 11 日、2010 年 9 月 24 日向汤沂蒙和李战坤借款 700 万元、500 万元的事实，汤沂蒙认可陈佳向其所借的 700 万元已偿还，李战坤也认可张伟向其所借的 500 万元已偿还。虽然陈佳提出对于款项的出处及去向均不知情，但作为自己账户所有人其应当证明而并无证据证明。担保人孙常法和杜丙坤提出李战坤与陈佳骗取担保人提供担保，已涉嫌犯罪，亦尚无充分证据证实。综上，在本民事案件中可认定李战坤与陈佳之间的借贷关系。2010 年 12 月 17 日，陈佳向李战坤出具的借条为公民之间的定期无息借贷，根据《最高人民法院关于审理民间借贷案件适用法律若干问题的规定》第 25 条第 1 款"借贷双方没有约定利息，出借人主张支付借期内利息的，人民法院不予支持"的规定，陈佳与李战坤之间的公民之间的借贷属于无息借款。

关于孙常法和杜丙坤是否应当承担担保责任的问题。《担保法》第 30 条规定："有下列情形之一的，保证人不承担民事责任：（一）主合同当事人双方串通，骗取保证人提供保证的；（二）主合同债权人采取欺诈、胁迫等手段，使保证人在违背真实意思的情况下提供保证的。"《最高人民法院关于适用〈中华人民共和国担保法〉若干问题的解释》第 40 条规定："主合同债务人采取欺诈、胁迫等手段，使保证人在违背真实意思的情况下提供保证的，债权人知道或者应当知道欺诈、胁迫事实的，按照担保法第三十条的规定处理。"本案中，陈佳于 2010 年 12 月 17 日向李战坤出具的借条中明确载明，其所借款项用于天赐佳园建设经营，而从李战坤出借给陈佳款项的流转情况来看，李战坤将此款项打入陈佳账户后，陈佳将资金汇入何培山、汤超、张静等人的账户，何培山、汤超、张静等人又将资金转回李战坤账户。根据汤沂蒙、陈平的陈述，陈佳之所以将资金汇入何培山、汤超、张静等人的账户是为了归还此前陈佳的借款。但是李战坤对何培山、汤超、张静等人基于何种原因又将相关款项汇入其账户未能作出合理解释，亦未提供证据证明其与何培山、汤超、张静等人存在其他债权债务关系。因此，对陈佳将所借款项用于归还此前的借款，李战坤也应是明知。李战坤虽认为杜丙坤、孙常法对陈佳借款的实际用途亦为明知，但未能提供充分证据证明，所以保证人依法不应承担保证责任。此外，李战坤虽通过银行向陈佳汇出资金，但当天该资金即回转入李战坤的账户，该情形足以使人产生李战坤与陈佳串通骗取保证和该种循环流转并不真实、合法、有效的内心确信，李战坤、陈佳应当举证证明资金流转的合法性和正当性。否则，保证人不应承担责任，而李战坤、陈佳未举证证明资金流转的合法性和正当性。因此，孙常法和杜丙坤不应当承担担保责任。

《担保法解释》第 40 条规定："主合同债务人采取欺诈、胁迫等手段，使保证人在违背真实意思的情况下提供保证的，债权人知道或者应当知道欺诈、胁迫事实的，按照担保法第三十条的规定处理。"即保证人在此情况下不承担保证责任。本案中，借款的实际用途与借条约定不一，违背了保证人的真实意思表示，而债权人对此应为明知，因此，保证人不承担保证责任。基于本案中资金循环流转回到源头的现象，在民法上应当由资金的出借人和收款人共同证实借贷行为的真实性、合法性及正当性。

5. 为借款合同中的债务人提供保证担保，在债权人不能证明主合同实际履行的情况下，保证人是否承担保证责任

▌基本案情[1]

2011 年 10 月 27 日，魏学军与博誉公司签订《保证合同》，约定：为了确保债权人（魏学军）与债务人（美洁公司）签订的主合同的履行，保证人（博誉公司）愿为债权人按主合同与债务人所形成的债权提供保证担保。被担保的主债权为贷款，本金数额 5000 万元整；保证范围包括主债权本金、利息、罚息、复利、违约金、损害赔偿金，以及诉讼费、律师费等债权人实现债权的一切费用；保证方式为连带责任保证。2011 年 11 月 1 日，美洁公司与魏学军签订《借款合同》约定，美洁公司向魏学军借款 5000 万元整，借款期限自 2011 年 11 月 1 日起至 2012 年 4 月 30 日，借款月利率为 30‰。同日，美洁公司出具《借款借据》，载明："今借到魏学军现金伍仟万元，期限 2011 年 11 月 1 日至 2012 年 4 月 30 日。借款人：周兴起，担保人：王建华。"周兴起为美洁公司法定代表人。博誉公司、美洁公司分别在该《借款借据》上加盖印章。魏学军未提交《借款合同》及《借款借据》中 5000 万元借款实际履行的证据，也未提供相关证据证明 5000 万元借款已支付给美洁公司的事实。并且魏学军认为美洁公司出具的《借款借据》已经能够证明美洁公司借款 5000 万元的事实，并称这笔借款是自 2010 年 12 月 29 日起至 2011 年 10 月 25 日期间多次向美洁公司发放，有现金、转账方式，还有提供承兑汇票的方式，截至 2011 年 10 月 28 日，美洁公司又向魏学军借钱，就打了一个总的 5000 万元的借款借据，并签订了《借款合同》。因为是个人借款，没有建立自己的财务账目，有些借款凭证丢失了。美洁公司提供该公司 2012 年 12 月 31 日《借款信息统计表》一份，该表载明美洁公司与魏学军及宁夏融通小额贷款有限公司自 2010 年 12 月 29 日起至 2011 年 10 月 28

---

[1] 本案例选取自北大法宝：魏学军诉宁夏博誉印刷物资有限公司保证合同纠纷案。

日止，共发生借款 15 笔，扣除 3 笔还款，借款余额 4466 万元。美洁公司称其提供的《借款信息统计表》载明的款项，既有魏学军出借的款项，也有宁夏融通小额贷款有限公司出借的款项，宁夏融通小额贷款有限公司出借的款项与本案没有关系。上述信息表证明案涉《借款合同》签订后，魏学军没有履行发放借款的合同义务。并且美洁公司与魏学军一直有借款往来，但是本案所涉 5000 万元借款，美洁公司财务中没有财务凭证，即没有魏学军向美洁公司支付 5000 万元借款的汇款或者转账的任何记录。魏学军认为美洁公司提供的《借款信息统计表》是美洁公司书写，未经其认可，不认可其真实性。担保人博誉公司愿意承担与魏学军签订的《保证合同》所确定范围内的保证责任，但具体数额应结合魏学军向美洁公司发放的借款金额及还款金额确定。

■ 案例分析

本案的争议焦点为：2011 年 11 月 1 日《借款合同》是否实际履行以及博誉公司是否应承担保证责任。

关于 2011 年 11 月 1 日《借款合同》是否实际履行的问题。魏学军与美洁公司签订的上述合同系双方真实的意思表示，该《借款合同》约定借款金额为 5000 万元整，借款期限为 6 个月，"自 2011 年 11 月 1 日起至 2012 年 4 月 30 日止"。《借款合同》第 3 条贷款人权利和义务中第 5 款约定："根据本合同约定按期足额向借款人发放借款。"第 7 条借款担保约定："本合同项下借款的担保人为博誉公司，担保方式为保证，担保合同另行签订。"美洁公司同日出具的《借款借据》载明："今借到魏学军现金伍仟万元，期限 2011 年 11 月 1 日至 2012 年 4 月 30 日。借款人：周兴起，担保人：王建华。"博誉公司与美洁公司分别在借款借据上加盖印章。魏学军应对《借款合同》签订后履行借款情况进行举证，魏学军没有提供支付 5000 万元现金的证据，并且根据现有的证据，美洁公司并没有收到《借款合同》及《借款借据》约定的 5000 万元现金。因此，《借款合同》及《借款借据》中约定的借款并未实际履行。

关于博誉公司是否应承担保证责任问题。《担保法》第 6 条规定："本法所称保证，是指保证人和债权人约定，当债务人不履行债务时，保证人按照约定履行债务或者承担债务的行为。"依照上述法律规定，债权人主张保证人承担保证责任，首先要证明保证人担保的债权系其主张的债权。本案中，对于博誉公司担保的债权，魏学军及博誉公司均认可。而且博誉公司与魏学军于《借款合同》签订前，即 2011 年 10 月 27 日签订了《保证合同》，为了确保魏学军与美洁公司签订的主合同履行，博誉公司愿为债权人魏学军按主合同与债务人美洁公司所形成的债权提供保证担保，保证金额为5000万元。魏学军与博誉公司签订的《保证合同》是魏学军与美洁公司签订的《借款合同》的从合同，上述保证合同约定的担保债权系魏学军依据《借款合同》约定向美洁公司借款所享有的借款债权。但是，因为主合同《借款合同》未实际履行，所以博誉公司承担担保责任的事实依据也就不存在，因此，博誉公司不应承担保证责任。

综上所述，为借款合同中的债务人提供保证担保，在债权人不能证明主合同实际履行的情况下，借款合同的保证人不用承担保证责任。

6. 债权人在保证期间主张权利的，保证期间由保证合同的诉讼时效取代

▌基本案情[1]

2008年1月9日，王君浩因还贷之需向董爱平借款200万元，当时口头约定月利率为2%，借款期限自2008年1月9日起至2008年3月8日止，由林锦帮提供保证担保，有王君浩与林锦帮共同出具的借条和保证借款合同各一份为凭。借款到期后，王君浩归还借款120万元，尚欠董爱平借款80万元。王君浩称：2008年1月9日，王君浩向董爱平借款200万元并由林锦帮提供担保是实。后王君浩已陆续归还了借款本金120万元，尚欠借款本金80万元。该合同未约定保证期限，董爱平应在主债务履行届满之日起六个月向林锦帮主张，但董爱平过了一年多才向林锦帮主张，林锦帮不再承担保证责任。林锦帮称2008年1月9日林锦帮为王君浩向董爱平借款200万元提供担保是实。由于借条上明确约定借款期限为两个月，借款到期后，董爱平没有在主债务到期后的六个月内向保证人林锦帮主张，故保证人林锦帮不再承担保证责任。

▌案例分析

本案双方争议的焦点为：董爱平与王君浩、林锦帮之间的借贷关系、保证关系是否存在以及林锦帮是否应当承担保证责任。

关于董爱平与王君浩、林锦帮之间的借贷关系、保证关系是否存在的问题。本案中，借贷关系与保证关系明确，事实清楚，证据确实充分，债务应当清偿。王君浩经董爱平催讨之后没有履行偿还义务，应当承担继续履行的违约责任。从2008年1月9日的借条与2008年1月9日签订的保证借款合同来看，其形成

---

[1] 本案例选取自北大法宝：董爱平与林锦帮民间借贷纠纷案。

的时间、借款金额、借款期限、借款人、保证人身份完全一致。虽然保证借款合同上出借方一栏系空白，但借款人和保证人均在合同上签字、盖章，且该合同由董爱平持有，董爱平也已实际履行了借款合同上 200 万元的出借义务，故应认定该借条与保证借款合同系就同一借款事实签订的合同。因此，董爱平与王君浩、林锦帮之间的借贷关系、保证关系合法存在。

关于林锦帮是否应当承担保证责任的问题。本案中，对 2008 年 1 月 9 日《保证借款合同》第 8 条"合同时效：本合同履行期间自本合同所约定款项出借之日起至实际足额还款之日二年内"的约定如何理解？对此，先从该约定的文义理解，该条款系对"合同时效"的内涵进行解释或约定合同具体期间，并无约定保证期间的意思表示，而合同时效与合同期间系两个不同的法律概念，不能做相同意思解释。另外，该《保证借款合同》系填空式格式合同，当合同双方对其中条款理解有两种以上解释时，则根据《合同法》第 41 条"对格式条款有两种以上解释的，应当作出不利于提供格式条款一方的解释"的规定，董爱平作为该合同的提供方，应承担不利于其的解释后果。故该第 8 条约定并非保证期间的约定。该条款应视为对保证期限没有约定，根据《担保法》第 26 条第 1 款"连带责任保证的保证人与债权人未约定保证期间的，债权人有权自主债务履行期届满之日起六个月内要求保证人承担保证责任"的规定，林锦帮的保证期间应为 2008 年 3 月 9 日后 6 个月内，即从 2008 年 3 月 9 日起到 2008 年 9 月 8 日止。由于董爱平未在主债务履行期届满之日起 6 个月要求保证人承担保证责任，故保证人应当免除保证责任。另外，董爱平称 2008 年 9 月 4 日其主张过债权，保证期间应从此时开始计算。显然董爱平混淆了保证合同的诉讼时效与保证期间的概念。保证期间是指根据当事人约定或者法律规定，债权人应当向债务人（在一般保证情况下）或者保证人（在连带保证情况下）主张权利的期间，即保证期间是债权人主张请求权的权利存续期间，债权人在该期间内没有主张权利，则保证人不再承担保证责任，并且其不因任何事由而中断、中止或延长。诉讼时效则是指民事权利受到侵害的权利人在法定的时效期间内不行使权利，当时效期间届满时，债务人获得诉讼时效抗辩权，而债权人的请求权可能会因为诉讼时效的完成而消灭。而本案中，无论在《保证借款合同》还是在《借条》中，双方对借款期限的约定均很明确，为"贰个月"或"60 天"，所以林锦帮的保证期间应从主债务人王君浩借款期限届满之日（即 2008 年 3 月 9 日）起计算。如果董爱平在 2008 年 9 月 4 日向保证人主张过债权能够证明属实，那么，从 2008 年 9 月 4 日就开始计算保证合同的诉讼时效，董爱平主张保证人承担保证责任就符合法律的规定，应当予以支持。但是，董爱平未能就该事实予以充分的证明。而依据《担保法解释》第 36 条的规定，一般保证中，主债务诉讼时效中断，保证债务诉讼时效中断；连带责任保证中，主债务诉讼时效中断，保证债务诉讼时效不中断。一般保证和连带责任保证中，主债务诉讼时效中止的，保证债务的诉讼时效同时中止。因此，董爱平向借款人王君浩主张过债权，只发生主债务诉讼时效中断的效果，不会对保证期间产生作用，也不会引起保证合同诉讼时效中断。

此外，简要介绍一下保证期间与保证债务的诉讼时效之间的关系以及主债务诉讼时效和保证债务诉讼时效之间的关系。一方面，保证期间与保证债务的诉讼时效之间存在着转换关系，无论是一般保证还是连带责任保证，只要债权人在约定的或者法定的保证期间内按照法定的方式主张了担保权，则由保证债务的诉讼时效代替保证期间开始计算保证债务诉讼时效。如果债权人在保证期间内没有主张担保权，保证人因保证期间届满而免于承担保证责任，诉讼时效也不再计算。在一般保证中，一般保证人享有先诉抗辩权，债权人要想让一般保证人承担保证责任，应当在保证期间内对债务人提起诉讼或者仲裁，此时保证期间终结。从判决或者仲裁生效之日起，保证合同的诉讼时效开始计算，产生保证债务的诉讼时效期间。《担保法》第 25 条规定："一般保证的保证人与债权人未约定保证期间的，保证期间为主债务履行期届满之日起六个月。在合同约定的保证期间和前款规定的保证期间，债权人未对债务人提起诉讼或者申请仲裁的，保证人免除保证责任；债权人已提起诉讼或者申请仲裁的，保证期间适用诉讼时效中断的规定。"《担保法解释》第 34 条第 1 款规定："一般保证的债权人在保证期间届满前对债务人提起诉讼或者申请仲裁的，从判决或者仲裁裁决生效之日起，开始计算保证合同的诉讼时效。"在连带责任保证中，债权人要想让保证人承担保证责任，也应当在保证期间之内提出权利主张，但对于主张方式没有要求，既可以诉讼或者仲裁的方式，也可以催款通知单等形式主张。只要债权人在保证期间之内向保证人主张权利，则保证期间在主张权利之日终结，开始计算保证合同的诉讼时效期间。《担保法》第 26 条规定："连带责任保证的保证人与债权人未约定保证期间的，债权人有权自主债务履行期届满之日起六个月内要求保证人承担保证责任。在合同约定的保证期间和前款规定的保证期间，债权人未要求保证人承担保证责任的，保证人免除保证责任。"《担保法解释》第 34 条第 2 款规定："连带责任保证的债权人在保证期间届满前要求保证人承担保证责任的，从债权人要求保证人承担保证责任之日起，开始计算保证合同的诉讼时效。"另一方面，关于主债务诉讼时效和保证债务诉讼时效之间的关系问题，保证债务与主债务相比具有从属性，因此保证债务的诉讼时效本质上也属于诉讼时效的一种类型，也适用《民法通则》关于诉讼时效的规定，如诉讼时效的期限、中止、中断等，但仍受到主债务诉讼时效的影响。《担保法解释》第36条规定："一般保证中，主债务诉讼时效中断，保证债务诉讼时效中断；连带责任保证中，主债务诉讼时效中断，保证债务诉讼时效不中断。一般保证和连带责任保证中，主债务诉讼时效中止的，保证债务的诉讼时效同时中止。"〔1〕

7. 当事人之间订立的抵押担保合同中用于设定抵押担保的土地使用权没有办理抵押登记，抵押担保合同的效力如何

▌基本案情〔2〕

2012年9月29日，周兴起与樊华签订《借款合同》，约定周兴起向樊华借款3500万元，期限24天，发放日期为2012年9月29日至2012年10月22日，利率为月息18‰，计月息1.8分，利息支付方式为放款当日向樊华一次性支付全部利息，按日计息，以借款期限内最后实际使用天数计算，借款到期日一次性偿还全部本金；周兴起提供担保方式为抵押和保证，担保人为启融公司和刘宁，并承诺按约定清偿本金、利息及其他应付款项，承担合同订立和履行所发生的费用以及樊华为实现本债权已付和应付的费用，包括但不限于诉讼费、财产保全费、律师费、执行费、评估费、拍卖费、公告费等；周兴起未按约定偿还本息及其他应付款项或违背保证或承诺的即构成违约，樊华有权要求周兴起赔偿违约损失，借款到期后，周兴起未按约定偿还的，樊华有权自逾期之日起按约定的逾期利率计收罚息，罚息按逾期天数在原利率基础上加收1‰/日；本合同自签订之日生效，至周兴起全部履行义务完毕后终止。同日，樊华作为抵押权人与抵押人启融公司签订了《抵押担保合同》，约定启融公司以其名下位于银川德胜工业园区虹桥路东侧贺国用（2007）第485号土地使用权为周兴起的涉案全部借款本金、利息、罚息、违约金、实现债权费用（包括但不限于因追偿借款产生的诉讼费、财产保全费、律师费、评估费、鉴定费、拍卖费等）、其他费用和周兴起所有其他应付费用提供抵押担保，并对周兴起违约而承担的所有损失及费用承担连带清偿责任。同时，樊华与刘宁、启融公司签订了《保证合同》，约定刘宁自愿为周兴起的涉案借款全部本金、利息、逾期利息、罚息、

---

〔1〕 林晨、金赛波主编：《民间借贷实用案例解析》，法律出版社2015年版，第242~243页。

〔2〕 本案例选取自北大法宝：周兴起与樊华民间借贷纠纷案。

违约金、损害赔偿金等应支付的其他款项以及实现债权与担保权利而发生的诉讼费、律师费、评估费、鉴定费、拍卖费等一切费用提供保证担保，承担连带保证责任，并将启融公司名下贺国用（2007）第 485 号 33 333.3m² 的土地使用证交付给樊华作为涉案借款的抵押物予以抵押，刘宁签名盖章并按下手印。合同签订当日，周兴起要求樊华将全部借款 3500 万元转到丁辉名下，樊华向丁辉转款 500 万元，周兴起出具了收条；同年 9 月 30 日，樊华向丁辉转款 1600 万元，周兴起出具了收条；同年 10 月 15 日，樊华向丁辉转款 900 万元，周兴起出具了 1400 万元的收条；10 月 16 日，樊华向丁辉转款 500 万元，至此，樊华支付了全部借款，完成借款给付义务。借款到期后，周兴起未按约定偿还借款本息，保证人的连带保证责任成就，樊华主张周兴起、启融公司、刘宁履行还款义务。

▌案例分析

本案的争议焦点为：樊华向周兴起提供借款 3500 万元截至 2012 年 10 月 22 日利息数额以及抵押担保合同是否因未登记而不具有效力。

关于樊华向周兴起提供借款 3500 万元截至 2012 年 10 月 22 日的利息数额。本案中，双方当事人签订的《借款合同》《抵押担保合同》《保证合同》系其真实意思表示，且不违反法律规定，合法有效。双方当事人应按约履行合同，周兴起应如数归还借款本金 3500 万元。借款合同约定的借款利率不违反法律规定，且双方当事人予以认可，借款期限内的利息应按实际出借款天数计息，即根据双方当事人签订的《借款合同》第三条对利率和利息的支付方式约定："本笔借款利率为月息 18‰，计月息 1.8 分；利息支付方式为放款当日向樊华一次性支付全部利息，按日计息，以借款人在借款期限内最后实际使用天数计算，若多出，则退回剩余利息。"从该案的事实来看，2012 年 9 月 29 日《借款合同》签订当日，樊华应周兴起要求向丁辉转款 500 万元，周兴起出具了收条；同年 9 月 30 日，樊华向丁辉转款 1600 万元，周兴起出具了收条；同年 10 月 15 日，樊华向丁辉转款 900 万元，周兴起出具了 1400 万元的收条；10 月 16 日，樊华向丁辉转款 500 万元。按照双方对利息支付的约定，利息支付方式为放款当日支付利息，按日计息，以借款人在借款期限内最后实际使用天数计算，结合樊华提供借款的事实，涉案借款的利息计算如下：第一笔是 9 月 29 日提供借款 500 万元，截至 10 月 22 日还款期限共计 24 天，利息应为 7.2 万元（500 万元 × 24 天 × 1.8% ÷ 30 天）；第二笔是 9 月 30 日提供借款 1600 万元，截至 10 月 22 日还款期限共计 23 天，利息应为 22.08 万元（1600 万元 × 23 天 × 1.8% ÷ 30 天）；第三笔是

10 月 15 日提供借款 900 万元，截至 10 月 22 日还款期限共计 8 天，利息应为 4. 32 万元（900 万元×8 天×1.8% ÷30 天）；第四笔是 10 月 16 日提供借款 500 万元，截至 10 月 22 日还款期限共计 7 天，利息应为 2. 1 万元（500 万元×7 天×1.8% ÷30 天）。上述四笔利息总额为 35. 7 万元。

关于抵押担保合同是否具有效力的问题。周兴起主张，樊华与启融公司签订的《抵押担保合同》未办理抵押登记，案涉国有土地使用权抵押法律关系系无效抵押。根据该案的案件事实，2012 年 9 月 29 日，周兴起与樊华签订《借款合同》约定，周兴起提供担保方式为抵押和保证，担保人为启融公司和刘宁。同日，樊华作为抵押权人与抵押人启融公司签订了《抵押担保合同》，约定启融公司以其名下位于银川德胜工业园区虹桥路东侧贺国用（2007）第 485 号土地使用权为周兴起的涉案全部借款本金、利息、罚息、违约金、实现债权费用（包括但不限于因追偿借款产生的诉讼费、财产保全费、律师费、评估费、鉴定费、拍卖费等）、其他费用和周兴起所有其他应付费用提供抵押担保，并对周兴起违约而承担的所有损失及费用承担连带清偿责任。同时，樊华与刘宁、启融公司签订了《保证合同》，约定刘宁自愿为周兴起的涉案借款全部本金、利息、逾期利息、罚息、违约金、损害赔偿金等应支付的其他款项以及实现债权与担保权利而发生的诉讼费、律师费、评估费、鉴定费、拍卖费等一切费用提供保证担保，承担连带保证责任，并将启融公司名下贺国用（2007）第 485 号33 333. 3m² 的土地使用证交付给樊华作为涉案借款的抵押物予以抵押，刘宁签名盖章并按了手印。从上述《借款合同》《抵押担保合同》《保证合同》签订的过程和内容看，启融公司、刘宁与樊华是在平等自愿协商一致基础上达成的合意，是启融公司、刘宁真实的意思表示。虽然《抵押担保合同》中用于设定抵押担保的土地使用权没有办理抵押登记，但只是抵押权没有成立，并不影响合同的效力，更不能因此免除启融公司、刘宁的连带保证责任。《物权法》第 187 条规定，以土地使用权设定抵押的，应当办理抵押登记，抵押权自登记时设立。该项规定仅仅是对抵押权是否设立的规定，并非是合同具备效力的条件，并不影响抵押合同的效力。

综上所述，当事人之间订立的抵押担保合同中用于设定抵押担保的土地使用权没有办理抵押登记，抵押担保合同的效力不受影响。

8. 保证人为借款人与贷款人签订保证合同，并约定承担连带保证责任，借款人未能及时还款的，贷款人是否有权仅起诉保证人

▌基本案情[1]

2009 年 7 月 23 日，孔红梅与郭风春签订借款合同一份，约定郭风春向孔红梅借款 20 000 元，借款期限为 2009 年 7 月 23 日至 2009 年 9 月 5 日，月利率为15‰。同日，郭风春收到 20 000 元后出具收据一份。当日，李士秋与孔红梅签订保证合同一份，载明：霍学聚、耿顺章对上述 20 000 元借款承担连带保证责任，保证期间为主合同债务提前到期之日起两年。2009 年 8 月 2 日，孔红梅与郭风春签订借款合同书一份，约定郭风春向孔红梅借款 28 000 元，借款期限为2009 年 8 月 2 日至 2009 年 9 月 15 日，月利率为 16‰。李士秋、耿顺章作为担保人在该合同上签字捺印，为该笔借款提供连带责任担保，保证期间为还款之日起两年，同日郭风春收到该 28 000 元后出具收据一份。2009 年 8 月 5 日，孔红梅与郭风春签订借款合同书一份，约定由郭风春向孔红梅借款 5000 元，借款期限为 2009 年 8 月 5 日至 2009 年 9 月 18 日，月利率为 16‰。李士秋、耿顺章作为担保人在该合同上签字捺印，为该笔借款提供连带担保，保证期间为还款之日起两年。同日郭风春收到该 5000 元后出具收据一份，李士秋、耿顺章作为担保人在该收据上签字捺印。2009 年 8 月 21 日，孔红梅与郭风春签订借款合同一份，约定由郭风春向孔红梅借款 40 000 元，借款期限为 2009 年 8 月 21 日至2009 年 10 月 19 日，月利率为 16‰。郭风春收到该 40 000 元借款后出具收据一份。2009 年 8 月 23 日，霍学聚、耿顺章与孔红梅签订保证合同一份，保证合同载明霍学聚、耿顺章对上述 40 000 元借款承担连带保证责任，保证期间为债务人履行期限届满之日起两年。2009 年 12 月 9 日，郭风春向孔红梅出具还款计划一份，载明："我向孔红梅借款本金玖万叁仟元整，计划到 2009 年 12 月 26 日上午以前还款，所欠利息也一并结清。否则违约金贰万元整"。李士秋、耿顺章作为保证人在该还款计划上签名捺印。霍学聚、耿顺章、李士秋称郭风春作为主债务人，是本案必要的共同诉讼参加人。

▌案例分析

依法成立的合同，受法律保护，对当事人具有法律约束力。本案中几份借款合同当事人的意思表示真实，合同内容不违反法律规定，为有效合同，合同

---

[1] 本案例选取自北大法宝：孔红梅与霍学聚民间借贷纠纷案。

双方当事人均应按照合同约定履行各自义务。本案的争议焦点为保证是否超过保证期间以及债权人是否可以仅起诉保证人。

关于三人提供的保证是否超过保证期间的问题。因涉案本金 20 000 元的借款期限为 2009 年 7 月 23 日至 2009 年 9 月 5 日、本金 28 000 元的借款期限为 2009 年 8 月 2 日至 2009 年 9 月 15 日、本金 5000 元的借款期限为 2009 年 8 月 5 日至 2009 年 9 月 18 日、本金 4000 元的借款期限为 2009 年 8 月 21 日至 2009 年 9 月 19 日，上述借款保证人的保证期间均为主债务履行期届满之日起两年。孔红梅于 2010 年 8 月 10 日诉至法院向三人主张权利，未超出保证期间。《担保法》第 18 条第 1 款以及第 19 条规定："当事人在保证合同中约定保证人与债务人对债务承担连带责任的，为连带责任保证。""当事人对保证方式没有约定或者约定不明确的，按照连带责任保证承担保证责任。"本案中，霍学聚、耿顺章、李士秋作为担保人签订的借款合同、保证合同中均明确约定保证方式为连带责任保证；还款计划中对保证方式没有明确约定，亦应按照连带责任保证承担保证责任。因此，连带责任保证的债务人在主合同规定的债务履行期届满没有履行债务的，债权人可以要求债务人履行债务，也可以要求保证人在其保证范围内承担保证责任。孔红梅依约向郭风春提供借款后，因郭风春未按期履行还款义务，孔红梅要求霍学聚等三人作为保证人在其保证范围内承担保证责任，符合法律规定，应予支持。

关于债权人是否可以仅起诉连带责任保证人的问题。《担保法》第 18 条第 2 款规定："连带责任保证的债务人在主合同规定的债务履行期届满没有履行债务的，债权人可以要求债务人履行债务，也可以要求保证人在其保证范围内承担保证责任。"《担保法解释》第 126 条规定："连带责任保证的债权人可以将债务人或者保证人作为被告提起诉讼，也可以将债务人和保证人作为共同被告提起诉讼。"《担保法解释》第 66 条规定："因保证合同纠纷提起的诉讼，债权人向保证人和被保证人一并主张权利的，人民法院应当将保证人和被保证人列为共同被告。保证合同约定为一般保证，债权人仅起诉保证人的，人民法院应当通知被保证人作为共同被告参加诉讼；债权人仅起诉被保证人的，可以只列被保证人为被告。"因此，存在连带责任保证人时，对被保证人和保证人进行了区分，将起诉被保证人和保证人的选择权赋予债权人，在此情况下，被保证人和保证人不是必须共同进行诉讼的当事人。本案所涉四笔借款在合同中均明确约定或者推定保证人承担的是连带保证责任，作为债权人的孔红梅有权选择起诉主债务人和连带责任保证人，也有权仅起诉连带责任保证人。

综上所述，保证人为借款人与贷款人签订保证合同，并约定承担连带保证责任，借款人未能及时还款的，贷款人有权仅起诉连带责任保证人。

9. 在保证担保合同中，存有两个保证人，双方没有约定保证份额的，债权人免除一个保证人的保证责任后，另一保证人的保证责任范围的确定

▌基本案情 [1]

陈佐、陈影系夫妻关系。2006年10月31日，陈佐以工程施工需要资金为由向王有成借款90万元，双方签订《借款保证合同》一份，合同载明的借款期限为一个月，月利率为2‰。合同还载明，借款人保证按时还款，若不能按时还款，出借人有权对借款人从逾期之日起每日收取2000元的违约金，直至全部借款还清为止；与合同有关的律师费及出借人实现债权的费用均由借款人承担。陈伟陆和许维兔作为保证人在《借款保证合同》上签字。2007年4月23日，陈佐通过银行汇款支付王有成还款40万元，其余借款未归还。后王有成与陈伟陆就担保责任事宜已达成和解，和解内容予为不要陈伟陆承担担保责任。

▌案例分析

本案中双方对本案借款及担保的事实并无异议，双方的争议焦点为许维兔承担连带保证责任的范围。

本案中王有成与陈佐之间的借款合同合法有效，陈佐在借款后应向王有成履行还款义务。对王有成要求陈佐归还借款90万元的主张，因陈佐已归还了40万元，故对尚未归还的50万元借款应当予以支持。《最高人民法院关于审理民间借贷案件适用法律若干问题的规定》第30条规定："出借人与借款人既约定了逾期利率，又约定了违约金或者其他费用，出借人可以选择主张逾期利息、违约金或者其他费用，也可以一并主张，但总计超过年利率24%的部分，人民法院不予支持。"本案中，由于双方约定2000元/日的标准已经超过年利率24%，故对于超过年利率24%的部分不予保护。另外，由于陈影无证据证明本案借款为陈佐个人债务，故应按夫妻共同债务处理，由陈佐、陈影共同承担本案所涉及的债务。许维兔为上述借款的保证人，应承担连带清偿责任。

本案中，借贷双方对本案借款及担保的事实并无异议，争议的是许维兔承担连带保证责任的范围。对于双方争议的许维兔承担连带保证责任的范围问题，因为王有成与陈伟陆达成和解，具体的和解内容为不需要陈伟陆承担该笔借款的担保责任。而按《借款保证合同》的约定，陈伟陆、许维兔均系本案借款的连带责任保证人。根据《担保法》第12条的规定，同一债务有两个以上保证人

---

[1] 本案例选取自北大法宝：孔卫萍等与陈影民间借贷纠纷上诉案。

的，保证人应当按照保证合同约定的保证份额，承担保证责任。没有约定保证份额的，保证人承担连带责任，债权人可以要求任何一个保证人承担全部保证责任，保证人都负有担保全部债权实现的义务。已经承担保证责任的保证人，有权向债务人追偿，或者要求承担连带责任的其他保证人清偿其应当承担的份额。现在王有成免除陈伟陆的连带保证责任，已导致许维兔在承担连带保证责任后，不能要求陈伟陆清偿其应当分担的份额。所以许维兔在陈伟陆应分担的份额内免除连带保证责任。而且由于两连带责任保证人间并未约定各自的分担比例，根据《担保法解释》第 20 条的规定，连带共同保证的债务人在主合同规定的债务履行期届满没有履行债务的，债权人可以要求债务人履行债务，也可以要求任何一个保证人承担全部保证责任。连带共同保证的保证人承担保证责任后，向债务人不能追偿的部分，由各连带保证人按其内部约定的比例分担。没有约定的，平均分担。因此，许维兔仅对陈佐、陈影需履行债务的二分之一承担连带保证责任。

综上所述，在保证担保合同中，存有两个保证人，双方没有约定保证份额的，债权人免除一个保证人的保证责任后，另一保证人的保证责任范围在已免除保证人应分担的份额内免除连带保证责任。在民间借贷实务中，作为债权人的出借人理应知晓自己的债务免除行为的不利法律后果，不仅要正确认知在借款人与保证人并存时免除其中一方责任这类情形下明显的法律后果，还应当明辨连带共同保证债务中免除部分保证人保证责任的法律后果，切莫抱着仍可向其他债务人或者保证人主张的侥幸心理，以免陷入债权难以得到全面主张的不利境地。

10. 借款人为境外个人，但借款行为发生在中国境内，主债权人为境内机构而非境外机构或境内外资金融机构，担保合同是否要经过国家有关主管部门批准及到外汇局办理相关登记手续

■ **基本案情**[1]

2009 年 3 月 30 日，开源公司为了让杨陶在江苏阜宁新上碳纤维布及结构胶树脂项目，同意提供借款给杨陶满足其建设发展资金。双方签订了借款合同，该合同约定：借款金额 1000 万元；借款期限：原则上不超过 24 个月，自实际提

---

[1] 本案例选取自北大法宝：江苏某投资发展有限公司诉某某（杨某）、石某某"涉外"民间借贷纠纷案。

款日起算，但在满一年时应归还借款本息，然后重新办理后期续借手续。借款利率与计结息：借款利率为固定利率，年利率按中国银行所借贷款利率计算。抵押和信用：本合同以曼高公司全部资产作为抵押，新疆金风科技股份公司投资部长石勤清个人提供担保，共同与杨陶承担连带还款责任。法律适用、争议解决：本合同适用中华人民共和国法律。在本合同生效后，因订立、履行本合同所发生的一切争议，双方可协商解决。协商不成的，任何一方可以依法向债权人住所地的人民法院起诉。杨陶、石勤清、东台曼高公司法定代表人薛敏在上述合同中署名。2009 年 3 月 30 日，石勤清向开源公司提供担保，双方订立了保证合同一份。该合同约定：主合同双方协议变更的内容，除增加借款金额外，无须征得石勤清同意，石勤清仍应承担保证责任。保证金额及范围：本合同所担保的主债权为开源公司向杨陶所出借的借款，最高本金限额为人民币 1000 万元；担保的范围包括借款合同产生的借款本金、利息、违约金、赔偿金、实现债权的费用（包括诉讼费、律师费、公证费、公告费、执行费）等。保证方式为连带责任担保，以所有的全部资产作为保证。保证期间从借款合同生效之日开始到借款合同债务履行期届满之日起经过两年。2009 年 3 月 31 日，杨陶向开源公司出具一份授权委托书，委托上海辰日塔兹黑科技有限公司代为办理向开源公司借款事宜。2009 年 4 月 2 日，开源公司通过江苏阜宁农村合作银行电汇1000 万元至上海辰日塔兹黑科技有限公司账户。2010 年 3 月 26 日，杨陶向开源公司出具承诺，请求将借款期限延长 6 个月，先结算前 12 个月的利息，剩下的6 个月利息和本金约定 2010 年 10 月 2 日之前归还。开源公司同意被告杨陶的上述请求。同年 4 月 6 日，杨陶向开源公司支付了一年的借款利息 772 200 元。此后，开源公司多次向被告杨陶索要借款，杨陶未能归还剩余借款本金及利息。开源公司设立于 2003 年 10 月 20 日，企业类型为有限公司（法人独资）内资。投资者为江苏省阜宁经济开发区管理委员会，出资人民币 8000 万元。石勤清提出开源公司为国有独资公司，借钱给日本人杨陶违反《中华人民共和国企业国有资产法》《企业财务通则》等相关法律规章，涉案借款合同应属无效，其不承担保证责任。

▌案例分析

本案的争议焦点是：①开源公司与杨陶所签订的借款合同是否有效；②开源公司与石勤清所签订的保证合同是否有效；③开源公司要求石勤清承担保证责任是否已过保证期间。

关于开源公司与杨陶所签订的借款合同效力问题。《合同法》第 196 条规定："借款合同是借款人向贷款人借款，到期返还借款并支付利息的合同。"《最高人民法院关于审理民间借贷案件适用法律若干问题的规定》第1条第1款规定："本规定所称的民间借贷，是指自然人、法人、其他组织之间及其相互之间进行资金融通的行为。"本案中，2009年3月30日，开源公司（甲方）与杨陶（乙方）签订借款合同。虽然借款人杨陶是外国人，但该合同中载明开源公司借款是"为满足乙方在甲方所在地新上碳纤维布及结构胶树脂项目建设发展资金需要"，乙方承诺"将新建碳纤维布及结构胶树脂项目设立在甲方所在地"，合同中还对该项目的申报、开工建设及投产的具体时间做出约定，即双方约定借款在中国境内使用，实际上开源公司根据杨陶的指定将借款1000万元打入辰日公司账户，并未汇至中国境外，故本案不属于对外借款，不适用中华人民共和国财政部令第41号《企业财务通则》第23条第2款的规定，即对外借款应报外汇管理机构批准或登记。并且借款合同是双方真实的意思表示，内容不违反法律、法规的强制性规定，且已实际履行。综上，本案中开源公司与杨陶所订立的借款合同并不违反国家的法律法规，合法有效。

关于开源公司与石勤清所签订的保证合同效力问题。对外担保是指中国境内机构（境内外资金融机构除外）向中国境外机构或者境内的外资金融机构承诺，当债务人未按照合同约定偿付债务时，由担保人履行偿付义务。《担保法解释》第6条规定："有下列情形之一的，对外担保合同无效：（一）未经国家有关主管部门批准或者登记对外担保的；（二）未经国家有关主管部门批准或者登记，为境外机构向境内债权人提供担保的；（三）为外商投资企业注册资本、外商投资企业中的外方投资部分的对外债务提供担保的；（四）无权经营外汇担保业务的金融机构、无外汇收入的非金融性质的企业法人提供外汇担保的；（五）主合同变更或者债权人将对外担保合同项下的权利转让，未经担保人同意和国家有关主管部门批准的，担保人不再承担担保责任。但法律、法规另有规定的除外。"本案中，石勤清为日本人杨陶向债权人开源公司所订立的保证合同，受益人即主债权人开源公司为境内机构而非境外机构或境内外资金融机构，所以本案保证合同不属于对外担保合同范畴，而仅为具有涉外因素的保证合同，无须经外汇管理部门批准或登记，故不属于《担保法解释》第6条第1项规定的无效合同情形。本案保证合同中，石勤清虽向中国境内债权人开源公司提供担保，但被担保人杨陶为境外个人而非境外机构，杨陶借款行为发生在中国境内，即涉案款项均在中国境内流通而并未流至境外。而石勤清为杨陶向开源公司担保的行为，仅是借款债务在国内的风险转移，并非存在潜在的国际收支平衡问题，并不损害国家经济利益及违背公序良俗，亦无须经外汇管理部门批准或登记，故不属于《担保法解释》第 6 条第 2 项之无效合同情形。同时，开源公司与杨陶所订立的借款合同中明确约定，借款用途为杨陶在江苏阜宁新上碳纤维布及结构胶树脂项目建设。由于杨陶创设经济实体的资本来源并非境外金融机构或企业，不属于引进外资的范畴，实质上系利用中国内资，故无从涉及外债风险转移给国内金融机构和企业。涉案保证合同也不属于《担保法解释》第 6 条第 3 款之无效合同情形。因此，石勤清为杨陶向开源公司借款债务所订立的保证合同，系当事人的真实意思表示，且内容并不违反法律、行政法规等强制性规定，应当认定为合法有效。

关于石勤清向开源公司承担保证责任的保证期间问题。《担保法》第 24 条规定："债权人与债务人协议变更主合同的，应当取得保证人书面同意，未经保证人书面同意的，保证人不再承担保证责任。保证合同另有约定的，按照约定。"本案借款合同中约定，借款期限原则上不超过 24 个月，自实际提款日起算，但在满一年时应归还借款本息，然后重新办理后期续借手续。借款期满一年后杨陶未能归还借款本息，与开源公司协商展期 6 个月。虽然开源公司提出石勤清书面同意借款展期 6 个月的证据不足，但因保证合同中明确约定除增加借款金额外，主合同双方协议变更的内容无须征得保证人同意，故开源公司与杨陶变更借款合同履行期限未经石勤清书面同意，石勤清仍应承担保证责任，应按约定履行，且借款展期 6 个月并未超过借款合同上约定的"借款期限原则上不超过 24 个月"的总期限，未超出保证人石勤清在签订保证合同时对自己应承担保证责任的预期风险范围。石勤清在订立保证合同时认可上述条款，则应当认定其明确放弃对开源公司与杨陶可能借款展期加重其保证责任的风险，并自愿承担此种风险，故石勤清应当按照该条款向开源公司承担保证责任，即开源公司有权在展期借款合同的履行期届满两年内向石勤清主张连带保证责任。借款合同变更后的履行期届满日为 2010 年 10 月 1 日，则石勤清向开源公司承担保证责任的保证期间至 2012 年 9 月 30 日止。

综上所述，企业向境外支付、调度资金应当符合国家有关外汇管理的规定。如企业在境内借款给外国自然人使用且该资金未流转至境外，该借贷行为并不涉及国际收支平衡，不适用国家外汇管理规定。自然人为外国自然人的境内债务向境内企业提供的担保，因受益人为非境外机构以及境内的外资金融机构，该担保债务仅在境内风险转移，不属于法律规定的对外担保范畴，该担保合同效力应依法予以认定。

第三章

民间借贷夫妻债务的认定

1. 婚姻关系存续期间，夫妻一方向第三人借款用于夫妻共同日常生活需要，应按夫妻共同债务处理

▌基本案情[1]

2010年7月18日，薛师友向黄家斌借款300 000元，并于当日出具借据一份，该借据载明："今借到黄家斌人民币叁拾万元整，用于贷款，借期自2010年7月18日至2010年8月17日，逾期按日千分之五支付违约金。该笔借款由金安生提供担保，承担到期归还全部借款本金、利息及违约金的连带责任。借款人：薛师友，担保人：金安生，借款时间2010年7月18日"。借款到期后经黄家斌多次催讨未果，薛师友、郑卫萍于2010年10月20日在长兴县民政局协议离婚。郑卫萍称，该借款其一直不知情，直到2011年1月29日，金安生到郑卫萍家（丽阳景苑）告诉后，才知此事，但该借款并没有用于家庭开支，因本家庭不需要如此巨大的开支。故郑卫萍不同意承担这笔债务，只能由薛师友个人归还该笔借款。另外，薛师友曾于2009年7月16日以购房为由向长兴县农业合作银行借款29万元，该借款的还款时间为2010年7月11日。薛师友于2010年7月18日以归还农行贷款为由，在金安生的介绍并担保的情形下，向黄家斌借款30万元。2010年10月20日，薛师友与郑卫萍协议离婚，双方约定，夫妻共有的两套房产归郑卫萍所有，薛师友未分得财产，同时需负担女儿教育费、医药费及每月800元的生活费等。薛师友与郑卫萍离婚后，将共有房产变更登记在郑卫萍个人名下，嗣后郑卫萍分别将两处房产转让他人，其中长兴县一套房产转让给郑卫萍妹妹，并由其妹夫承诺对该房产不享有共有权。薛师友于

---

[1] 本案例选取自北大法宝：金安生与薛师友等民间借贷纠纷上诉案。

2011 年 3 月辞去长兴县农业银行工作。

▌案例分析

本案当事人争议的焦点主要是夫妻关系存续期间共同债务的认定问题。

本案中，黄家斌与薛师友之间的民间借贷关系由金安生签名担保，系当事人真实意思表示，合法有效，应受法律保护。薛师友向黄家斌的借款到期后，经黄家斌多次催讨至今未归还，属于违约，理应承担立即归还借款本息的民事责任。金安生作为该借款的担保人，对保证方式与对方已约定为连带责任保证，故金安生应按连带责任保证承担保证责任。双方发生借贷时对逾期应按日利率千分之五计息作出了约定，但《最高人民法院关于审理民间借贷案件适用法律若干问题的规定》第 30 条规定："出借人与借款人既约定了逾期利率，又约定了违约金或者其他费用，出借人可以选择主张逾期利息、违约金或者其他费用，也可以一并主张，但总计超过年利率 24% 的部分，人民法院不予支持。"因此，对于当事人之间的约定逾期应按日利率千分之五计息的违约金条款予以认可，但是对于总计超过年利率 24% 的部分，人民法院不予支持。

另外，现有证据表明，薛师友向黄家斌借款时系银行工作人员，家庭购房尚有房贷未清偿，薛师友向黄家斌借款 30 万元也是载明用于还贷，证据反映，借款的当月，薛师友确有一笔 29 万元的房贷到期，期间，郑卫萍还配合薛师友共同以装修为名向银行贷款 29 万元，时间为 2010 年 9 月 8 日。据此，薛师友的借款虽未经其妻签字认可，但黄家斌和金安生有理由相信薛师友为归还家庭房产的银行贷款而借钱的，符合表见代理的构成要件。郑卫萍没有证据证明薛师友有经商业务或其他赌博等不良恶习，夫妻协议离婚，全部财产归郑卫萍所有，继而又将全部房产转让他人，在薛师友对外债务没有清偿的情况下，如此处置，确有违背诚信避债的嫌疑。《婚姻法解释一》第 17 条第 2 项规定："夫或妻非因日常生活需要对夫妻共同财产做重要处理决定，夫妻双方应当平等协商，取得一致意见。他人有理由相信其为夫妻双方共同意思表示的，另一方不得以不同意或不知道为由对抗善意第三人。"《婚姻法》第 41 条规定："离婚时，原为夫妻共同生活所负的债务，应当共同偿还。共同财产不足清偿的，或财产归各自所有的，由双方协议清偿；协议不成时，由人民法院判决。"《婚姻法解释二》第 24 条第 1 款："债权人就婚姻关系存续期间夫妻一方以个人名义所负债务主张权利的，应当按夫妻共同债务处理。"因此，薛师友的借款应认定为夫妻共同债务，郑卫萍应当与薛师友共同偿还黄家斌的款项。

综上所述，在婚姻关系存续期间，夫妻一方向第三人借款用于夫妻共同日常生活需要的，应按夫妻共同债务处理。

2. 不能证明涉案借款为个人债务或属于《婚姻法》除外情形的，夫妻双方应共同偿还

▌基本案情 [1]

2009 年 1 月 21 日始，吴伟以做工程和资金掉头等理由陆续向赵卓借款，截止到 2009 年 6 月 4 日累计借款总额为 200 万元。2009 年 6 月 4 日，吴伟向赵卓出具"借据"一份，在借据中言明"借到人民币 2 000 000 元，利息按月息 2% 计算，定于 2009 年 6 月 30 日前归还，若逾期归还，愿支付每天 5000 元的违约金，若逾期五天未归还，愿承担赵卓为追讨借款而支付的律师费和诉讼费用"。但借款到期后，吴伟未归还借款本息且下落不明，赵卓追讨未着，纠纷成讼。另外，张丽颖与吴伟有合法的婚姻关系，登记结婚的时间为 2007 年 1 月 4 日。张丽颖称赵卓交付了 200 万元给吴伟，应是吴伟的个人债务而非夫妻共同债务，其无须承担清偿责任。另外，在吴伟和张丽颖夫妻关系存续期间，吴伟和张丽颖于 2008 年 5 月 28 日购买蒙迪欧 caf7230a 小轿车一辆，登记在吴伟名下，于 2009 年 8 月 13 日购买马自达 jm17nc18f 轿车一辆并登记在张丽颖名下。

▌案例分析

本案争议焦点是张丽颖是否应当和吴伟共同偿还赵卓借款本金 200 万及利息。

本案中，借款合同是赵卓、吴伟真实意思的表示，合法有效。赵卓已依约向吴伟履行了出借义务，吴伟应当按照约定的期限履行还款付息义务。吴伟未依约还本付息已构成违约，故吴伟应按要求向赵卓归还借款 200 万元。《最高人民法院关于审理民间借贷案件适用法律若干问题的规定》第 26 条规定："借贷双方约定的利率未超过年利率 24%，出借人请求借款人按照约定的利率支付利息的，人民法院应予支持。借贷双方约定的利率超过年利率 36%，超过部分的利息约定无效。借款人请求出借人返还已支付的超过年利率 36% 部分的利息的，人民法院应予支持。"本案中借贷双方约定的月利息 2% 并未超过年利率 24% 的规定，符合法律的要求，应当予以认可。《最高人民法院关于审理民间借贷案件适用法律若干问题的规定》第 30 条规定："出借人与借款人既约定了逾期利率，

---

[1] 本案例选取自北大法宝：张丽颖与赵卓等民间借贷纠纷上诉案。

又约定了违约金或者其他费用，出借人可以选择主张逾期利息、违约金或者其他费用，也可以一并主张，但总计超过年利率24%的部分，人民法院不予支持。"因此，违约金未超过年利率24%的部分，人民法院予以支持，超过的不予支持。

《婚姻法解释二》第24条规定："债权人就婚姻关系存续期间夫妻一方以个人名义所负债务主张权利的，应当按夫妻共同债务处理。但一方能够证明债权人与债务人明确约定为个人债务，或能够证明属于婚姻法第十九条规定情形的除外。"张丽颖不能证明债权人与债务人明确约定涉案借款为吴伟个人债务，也不能证明存在《婚姻法》第十九条规定的除外情形，即夫妻对婚姻关系存续期间所得的财产约定归各自所有的，夫或妻一方对外所负的债务，第三人知道该约定的，以夫或妻一方所有的财产清偿。另外，吴伟虽有因赌博被公安部门没收赌资1400元的处罚记录，但不能因此推断吴伟赌博成性或借款用于赌博，并且张丽颖也没有举证证明该笔款项被吴伟用于赌博。与之相反，张丽颖自结婚生育至2010年，未曾工作过，无收入来源，其和吴伟婚后的主要经济来源是吴伟的装潢公司。另外，张丽颖称2009年8月13日购买马自达轿车并登记在其名下是因为其父母赠与其的别克车被吴伟抵债抵掉了，吴伟才去重新购买了一辆马自达轿车给她，此情节可以说明张丽颖对吴伟在外有欠债有所知晓，该购车行为是在涉案借款发生之后。综上，张丽颖应对债务负共同偿还责任。

综上所述，如果借款人配偶不能证明涉案借款为个人债务或属于《婚姻法》除外情形的，应认定为夫妻共同债务，夫妻双方应当共同偿还。

3. 夫妻一方和第三人恶意串通，虚构具有婚内债务并单方认可债务，但出借人对借款关系无法举证的，如何处理

▌基本案情 [1]

赵俊与项会敏系朋友关系，项会敏与何雪琴系夫妻关系，于2005年9月20日登记结婚。项会敏向赵俊出具落款日期为2007年7月20日的《借条》一张，载明："今我项会敏向赵俊借人民币200 000元整（贰拾万元整），于2009年7月20日前归还，利息按5%计算"，落款处由项会敏以借款人身份签名。后赵俊书写一份《催款通知单》，载明："今项会敏向赵俊借款（贰拾万元正），于2009年7月20日前归还，但已超过期限，至今没还，特此向项会敏催讨借款"，

---

〔1〕 本案例选取自北大法宝：赵俊诉项会敏、何雪琴民间借贷纠纷案。

落款日期为 2009 年 7 月 23 日。项会敏在该份《催款通知单》上加注："我知道，因经营不善无钱归还，恳求延长两年，利息照旧"。此后，赵俊再次书写一份《催款通知单》，载明："今项会敏借赵俊贰拾万元整，经多次催款至今没还，特此向项会敏再次催讨借款及利息"，落款日期为 2011 年 7 月 27 日。项会敏则在该份《催款通知单》上加注："因经营不善无钱归还，恳求延长两年，利息照旧"，并签署其姓名。2007 年 7 月 19 日，项会敏名下账号为 1001××××××××××3366 的中国工商银行账户内余额为 167 545.34 元。2007 年 8 月 2日，项会敏自上述银行账户内支取 100 000 元。当日，项会敏向中国建设银行偿还个人购房贷款 100 000 元。2009 年 6 月 18 日，项会敏与何雪琴两人签署《协议书》一份，确认双方生意经营、房产状况、房屋贷款等事宜，未涉及本案系争借款。双方同时约定"其他债务事宜，双方任何一方不确认则不成立"。2010年 7 月，项会敏与何雪琴两人开始分居。2010 年 9 月 28 日、2011 年 6 月 1 日，何雪琴分别起诉至上海市长宁区人民法院，要求与项会敏离婚。上述两案诉讼过程中，项会敏均未提及本案系争借款，后该两次离婚诉讼均经调解不予离婚。2012 年 8 月 31 日，何雪琴第三次起诉要求与项会敏离婚，目前该案正在审理中。

▌案例分析

本案的争议焦点为：赵俊与项会敏之间的借贷关系是否成立并生效，以及在此前提之下，何雪琴是否负有还款义务。

根据民事诉讼证据规则，在合同纠纷案件中，主张合同关系成立并生效的一方当事人对合同订立和生效的事实承担举证责任。同时，根据《合同法》规定，自然人之间的借款合同，自贷款人提供借款时生效。所以赵俊主张其与项会敏之间存在有效的借款合同关系，其应就双方之间存在借款的合意以及涉案借款已实际交付的事实承担举证责任。现赵俊提供《借条》意在证明其与项会敏之间存在借款的合意。关于借款交付，其主张因无使用银行卡的习惯，所以家中常年放置大量现金，200 000 元是以现金的形式一次性交付给项会敏。对于赵俊的主张，项会敏均表示认可，并称其收到借款后同样以现金形式存放，并于 2007 年 8 月 2 日以其中的 10 万元提前归还房屋贷款，而何雪琴则明确否认本案借款的真实性。依据本案的证据，该笔债务不能认定为夫妻共同债务。理由如下：

首先，赵俊在本案中虽表示向项会敏主张还款，但项会敏称本案的借款用于其与何雪琴两人夫妻共同生活，应由两人共同偿还。事实上，经调查，在两人的第三次离婚诉讼中，项会敏也始终将本案借款作为夫妻共同债务，要求何雪琴承担相应的还款责任。后来赵俊将该项借贷纠纷诉至法院，基于案件的处理结果与何雪琴有法律上的利害关系，法院应依法将其追加其为第三人参加诉讼。而在此过程中，赵俊及项会敏一再反对何雪琴参加本案诉讼。这种行为不仅缺乏法律依据，亦有违常理。何雪琴作为本案的利害关系人，当然有权就系争借款陈述意见并提出抗辩主张。

其次，基于项会敏与何雪琴两人目前的婚姻状况以及利益冲突，项会敏对系争借款的认可显然亦不能当然地产生两人自认债务的法律效果。并且，项会敏称其于 2007 年 8 月 2 日用涉案借款中的 100 000 元提前归还房贷。然而，经调查，项会敏银行交易记录却显示当天有 100 000 元存款从其名下银行账户支取，与其归还的银行贷款在时间、金额上具有对应性。此外，项会敏银行账户在同期有十余万元存款，其购房银行贷款也享有利率的七折优惠，再以 5% 的年利率向他人借款用以冲抵该银行贷款，缺乏必要性和合理性。上述事实和行为足以对项会敏相关陈述的真实性产生怀疑。基于以上原因，赵俊仍需就其与项会敏之间借贷关系成立并生效的事实承担相应的举证义务。

再次，本案中，项会敏与何雪琴两人于 2009 年 6 月 18 日签署《协议书》一份，确认双方生意经营、房产状况、房屋贷款等事宜，并未涉及本案系争借款。双方同时约定"其他债务事宜，双方任何一方不确认则不成立"。2010 年 7 月，项会敏与何雪琴两人开始分居。2010 年 9 月 28 日、2011 年 6 月 1 日，何雪琴分别起诉至上海市长宁区人民法院，要求与项会敏离婚。上述两案诉讼过程中，项会敏均未提及本案系争借款，后该两次离婚诉讼均经调解不予离婚。在两人的第三次离婚诉讼中，项会敏才要求将本案借款作为夫妻共同债务要求何雪琴承担相应的还款责任。这也使得法官对该笔债务的真实性产生怀疑。

最后，赵俊自述其名下有多套房产，且从事经营活动，故其具有相应的现金出借能力，但其亦表示向项会敏出借 200 000 元时，其本人因购房负担着巨额银行贷款。为此，赵俊应提供相应的证据证明其资产状况和现金出借能力。嗣后，赵俊明确拒绝提供相应的证据，并且其提供的现有证据亦不能证明涉案借款的交付事实以及本人的资金出借能力，其陈述的借款过程也不符合常理，故应承担举证不能的法律后果。对于赵俊认为本案借款属于夫妻共同债务的主张，不能予以支持。至于项会敏个人对涉案借款的认可，因其与赵俊之间对此并无争议，其可自行向赵俊清偿。

此外，夫妻一方以个人名义对外借款，其债务能否认定为夫妻共同债务有两个判定标准：一是夫妻共同债务认定规则，即依据借款是否为夫妻共同生活所负债务来认定；二是夫妻共同债务的推定规则，即依借款时间是否发生在婚姻关系存续期间来推定。在按照借款目的认定夫妻一方对外借款的债务性质时，根据谁主张谁举证的基本原则，出借人一般应就借款人夫妻共同借款合意、借款具体用途或者借款利益共享等要件事实择一进行举证，出借人只有举证证明了借款是为夫妻共同生活所负债务的，才可以认定为夫妻共同债务，否则就无法依据借款目的来认定为夫妻共同债务。但民间借贷的实际用途，除了借款人外，其他人难以控制，所以夫妻一方借款的实际用途不易查明，出借人对借款是否为夫妻共同生活所用的举证能力较弱，特别是在借款人夫妻否认夫妻共同债务的情况下，这种举证更无法完成。而在司法实践中，当出借人无法就借款是为夫妻双方共同生活所举充分举证的情况下，出借人几乎都是利用夫妻共同债务的推定规则来主张权利，这样就大大地减轻了自己的举证责任。根据《婚姻法解释二》第 24 条，债权人就婚姻关系存续期间夫妻一方以个人名义所负债务主张权利的，应当按夫妻共同债务处理。但夫妻一方能够证明债权人与债务人明确约定为个人债务，或者债权人知道或应当知道夫妻实行分别财产制的除外。但是，如果将不符合夫妻共同债务本质特征仅仅局限于这两种情形，容易导致夫妻一方恶意举债或者虚构债务以达到不法目的。本案依据相关的证据，就属于这种情形。因此，出借人在主张夫妻共同债务和借款人的配偶抗辩借款是个人债务之前，在举证顺序、责任分配、举证内容、证明标准方面应予以明确，具体分析如下：

首先，由出借人承担借款真实和借款发生在借款人夫妻关系存续期间的证明责任。夫妻共同债务推定并不意味着免除出借人的全部举证责任，作为权利的主张者，出借人首先应举证证明借款真实和借款发生在借款人夫妻关系存续期间两项基础事实，这是适用夫妻共同债务推定规则的前提条件。本案中，2010 年 7 月，项会敏与何雪琴两人开始分居。2010 年 9 月 28 日、2011 年 6 月 1 日，何雪琴分别起诉要求离婚，后该两次离婚诉讼均经调解不予离婚。借款发生在 2007 年。

其次，由借款人配偶承担借款并非为夫妻共同生活所举债务的证明责任。在适用夫妻共同债务推定规则时，当出借人举证证明了借款真实和借款发生在借款人夫妻关系存续期间两项基础事实后，就可推断借款原则上为夫妻共同债务。借款人的配偶若对推定的债务性质有异议，则需提出借款并非为夫妻共同生活所举的证据来推翻夫妻共同债务的推定。而借款人配偶仅仅通过口头否认借款并没有用于夫妻共同生活或者借款人口头承认借款为个人债务都不符合要求。借款人配偶如果能够证明以下情形之一的，可以认定债务为个人债务：①债权人与债务人明确约定为个人债务；②债权人知道或者应当知道夫妻实行分别财产制；③出借人与借款人恶意串通，损害另一方的利益；④出借人知道或者应当知道所借款项并非用于家庭生活。本案属于第三种情形，而现实生活中借款人配偶大多通过第四种情形来免除自己的责任。实务中，借款人配偶一般会提供有关夫妻感情状况、家庭经济情况、借款人个人情况以及与出借人的关系等方面的证据来说明借款理由违反了生活经验和生活逻辑、借款超出了日常家庭代理的范围或者借款未用于夫妻共同生活。

最后，由出借人承担自己有理由相信借款是借款人夫妻共同意思表示或者用于夫妻共同生活的证明责任。当借款人配偶能够证明借款人以个人名义的借款明显超出了日常家庭代理的范围或者不属于夫妻共同债务时，该借款一般不能构成夫妻共同债务。但如果出借人有理由相信借款是借款人夫妻共同意思表示或者用于夫妻共同生活的，即出借人能够证明自己善意且无过失的，则可以适用表见代理原则。但出借人应该对此承担举证证明的责任。证明夫妻之间构成表见代理的要件主要包括两方面：一是夫妻关系和睦，说明出借人有理由相信夫妻之间存在日常家事代理权。如果夫妻关系不和谐，出借人明知夫妻正在分居或者正在离婚的，则不具有互为代理的因素。二是出借人主观上善意且无过失，对此要结合借款过程的各方面因素综合判断出借人是否尽到了合理的注意义务。

综上所述，夫妻共同债务的推定规则并非无视夫妻债务的本质特征，也不是只要是夫妻关系存续期间的借款就一律认定为夫妻共同债务，而是在考虑夫妻举债的合意、借款的用途、借款的利益分享等因素后综合进行判断，并就各方明确规定了具体的举证责任。[1]

4. 无效婚姻被宣告无效之前，基于双方共同利益、共同生活所举债务，在婚姻被宣告无效后，双方仍需承担共同偿还责任

▌基本案情[2]

2009 年 11 月 30 日，孟某某向刘某某出具借据一份，内容为：今借到刘某某现金人民币 600 万元整（大写陆佰万元整）；还款日期：2009 年 12 月 12 日；

---

〔1〕 林晨、金赛波主编：《民间借贷实用案例解析》，法律出版社 2015 年版，第 203～205 页。
〔2〕 本案例选取自北大法宝：刘某某诉李小云基于无效婚姻之共同债务及徐秀华等基于遗产继承借款纠纷案。

借款人：孟某某，2009年11月30日。在孟某某名字上有指纹。在借据的下方，孟某某向刘某某出具保证书一份，内容为：本人2009年11月30日向刘某某借到人民币陆佰万元整，如不按期还清，在我自愿承担借款金额20%的违约金基础上，逾期部分每天付1万元作为违约金，自愿立此保证书为证明。保证人：孟某某，2009年11月30日。在借据和保证书之间有"证明人：周某某"字样，周某某名字上有周某某的指纹。2009年12月1日，孟某某向刘某某再次出具借据一份，内容为：今借到刘某某现金人民币145 000元整（大写壹拾肆万伍仟元整）；还款日期：2009年12月12日；借款人：孟某某，2009年12月1日。孟某某名字上有指纹。在借据的下方，孟某某向刘某某出具保证书一份，内容为：本人2009年12月1日向刘某某借到人民币壹拾肆万伍仟元整，如不按期还清，在我自愿承担借款金额20%的违约金基础上，逾期部分每天付（空白）元作为违约金，自愿立此保证书为证明。保证人：孟某某，2009年12月1日。在借据和保证书之间有孟某某手写字迹，内容为"请打入中行4463××××0148，￥218 750李艳秋，余款现金"。2009年11月30日，刘某某之妻崔某某从其中国银行账户（账号：4449××××5464）中支取两笔款分别为320万元、240万元，同日崔某某将320万元存入许进奎中国银行卡（卡号：4490××××2579），将240万元存入孟婕中国银行卡（卡号：4490××××2587）。在许进奎和孟婕的中国银行存款回单上均有孟某某的签名。

2009年11月30日，抵押权人贾方成、郑红解除了李小云名下的位于同昌路南北京路西电子楼第三层建筑面积900.52平方米房产的抵押，该房产设定的权利价值为160万元。2009年12月3日，孟某某又用该处房抵押给徐州市郊农村信用合作联社，并设定权利价值650万元。2009年12月1日，抵押权人秦刚解除了李小云名下的车库四间的抵押，四间车库设定的权利价值为40万元。2009年12月1日，抵押权人秦刚解除了孟某某名下的位于同昌路南北京路西综合楼建筑面积756.49平方米房产抵押，该房产设定权利价值200万元。2009年12月3日，孟某某又用该处房抵押给徐州市郊农村信用合作联社，并设定权利价值650万元。

1975年，孟某某与徐秀华结婚，婚后生长子孟召强、长女孟召艳、次子孟召成。2002年年底，孟某某与李小云同居。李小云于2003年10月10日生下长女孟昭彤，2005年6月9日生下次子孟昭宇。2005年11月28日，孟某某与李小云在铜山县人民政府办理结婚登记。李小云名下的房产有：①位于同昌路南北京路西电子楼第三层建筑面积900.52平方米房产；②位于铜山新区同昌路南北京路西电子楼第三层使用权面积259.51平方米房产；③位于铜山新区同昌路北 20 号底层北 4、9、10、11、12、13、14 号房产七处，面积分别为：26.22 平方米、25.12 平方米、31.89 平方米、31.89 平方米、25.12 平方米、25.12 平方米、31.89 平方米及同昌路北 20 号底层南 11、12、15、16、18、19、20 号房产七处，面积分别为：32.3 平方米、27.94 平方米、27.94 平方米、32.3 平方米、27.94 平方米、27.56 平方米、27.56 平方米。以上房产的产权登记时间均在孟某某与李小云在铜山县人民政府办理结婚登记之后。2010 年 6 月 27 日，孟某某因病死亡。2010 年 11 月 19 日，铜山县人民法院判决李小云与孟某某之间的婚姻无效。后刘某某对还款的本金数额进行了变更，不再坚持孟某某出具的两张借条合计的 614.5 万元借款，仅主张通过银行转账支付的 5 818 750 元本金及相应的违约金和利息。

▌案例分析

本案中的争议焦点是：①孟某某向刘某某借款共计 5 818 750 元是否正确；②本案中的利息与违约金如何计算；③在婚姻关系被判决无效后，李小云应否承担孟某某向刘某某所借款项的还款责任。

首先，关于孟某某是否向刘某某借款及借款本金的问题。孟某某向刘某某借款是双方当事人的真实意思表示，且不违反法律的规定，该借贷关系合法有效。刘某某为主张债权，提供了孟某某于 2009 年 11 月 30 日和 2009 年 12 月 1 日出具的两张借据，以及刘某某妻子崔某某通过银行转账方式分别支付 320 万元、240 万、218 750 元于他人银行账户的"存款回单"予以证明。关于两张借据及 320 万元、240 万银行"存款回单"中孟某某签名的真实性，刘某某虽然没有提交孟某某指示其将所借 320 万元、240 万交付给他人的直接证据，但刘某某持有他人银行"存款回单"，且在该"存款回单"上有孟某某本人签名。刘某某持有的 218 750 元银行"存款回单"，虽无孟某某本人签名，但孟某某在 2009 年 12 月 1 日借据中已写明将该款项汇入他人银行账户。李小云对该借据中手写部分是否为孟某某本人所写提出异议，但又表示不缴纳司法鉴定费用。《最高人民法院关于民事诉讼证据的若干规定》第 25 条第 2 款规定："对需要鉴定的事项负有举证责任的当事人，在人民法院指定的期限内无正当理由不提出鉴定申请或者不预交鉴定费用或者拒不提供相关材料，致使对案件争议的事实无法通过鉴定结论予以认定的，应当对该事实承担举证不能的法律后果。"因此，李小云应当对否认孟某某在相关证据上的签名及孟某某在借据中手写部分的真实性承担举证不能的法律后果。刘某某自愿放弃按两张借据载明的借款总额 614.5 万元主张债权，系处分自己的民事权利的行为，应当予以认可。

　　其次，关于借款利息和违约金如何计算的问题。关于借款期限内利息计算的问题，《合同法》第211条规定，自然人之间的借款合同对支付利息没有约定或者约定不明的，视为不支付利息。《最高人民法院关于审理民间借贷案件适用法律若干问题的规定》第25条规定："借贷双方没有约定利息，出借人主张支付借期内利息的，人民法院不予支持。自然人之间借贷对利息约定不明，出借人主张支付利息的，人民法院不予支持。除自然人之间借贷的外，借贷双方对借贷利息约定不明，出借人主张利息的，人民法院应当结合民间借贷合同的内容，并根据当地或者当事人的交易方式、交易习惯、市场利率等因素确定利息。"本案中，孟某某向刘某某两次借款，在借款期限内均未约定借款利率，故刘某某主张两次借款期限内的利息，依法不应予以支持。关于逾期利息和违约金计算的问题，借贷合同当事人约定违约金与逾期利息的，依据《最高人民法院关于审理民间借贷案件适用法律若干问题的规定》第30条的规定："出借人与借款人既约定了逾期利率，又约定了违约金或者其他费用，出借人可以选择主张逾期利息、违约金或者其他费用，也可以一并主张，但总计超过年利率24%的部分，人民法院不予支持。"本案中，双方约定2009年12月12日还款，约定的逾期还款违约金为本金的20%，未超过按照年利率24%计算的利息，故当事人之间约定的违约金有效。

　　最后，关于在婚姻关系被判决无效后，李小云应否承担孟某某向刘某某所借款项的还款责任。《婚姻法解释一》第15条规定："被宣告无效或被撤销的婚姻，当事人同居期间所得的财产，按共同共有处理。但有证据证明为当事人一方所有的除外。"本案中，孟某某与李小云的婚姻关系虽被人民法院判决宣告无效，但双方在同居期间形成的财产关系并不因婚姻无效而终止，双方在基于同居而形成的财产关系中，既享有共同的财产权益，亦负有承担共同债务的义务。从李小云名下多处房产都是在李小云与孟某某共同生活期间取得的事实可以看出，孟某某所从事的经营活动，是为了孟某某和李小云的共同利益。从孟某某与李小云先后取得的综合楼及电子楼第三层房产的时间来看，该两处房产应认定为双方同居期间所得的财产。李小云主张电子楼第三层房产系其个人财产，但其提交的"拍卖成交报告书""付款收据"等证据不足以证明其主张，且从2010年4月19日孟某某与李小云共同委托周某某处理该房产有关事宜的"授权委托书"载明的内容看，双方一致认可该房产属于双方共有财产。孟某某向刘某某两次借款，是为了归还其民间借款、解除孟某某名下和李小云名下的房产抵押，故从借款的用途来看，是为了孟某某和李小云的共同利益。李小云与孟某某婚姻关系虽然被法院判决宣告无效，但这仅是对双方身份关系的确认，并不能改变该债务为李小云与孟某某共同债务的性质。因此，根据上述司法解释规定，该债务应当由双方共同承担还款责任。

另外，关于该债务是否为孟某某和徐秀华共同债务的问题。虽然孟某某与徐秀华系夫妻关系，根据《婚姻法解释二》第26条的规定，夫或妻一方死亡的，生存一方应当对婚姻关系存续期间的共同债务承担连带清偿责任，但本案债务发生在孟某某已经与李小云登记结婚并且以夫妻名义共同生活期间，刘某某没有证据证明孟某某的经营活动及借款行为是为了徐秀华与孟某某的共同利益。并且从徐秀华的财产状况来看，在孟某某与李小云同居生活期间，徐秀华也没有因为孟某某的经营活动而获得收益。因此，孟某某与徐秀华之间没有共同经营活动，也不存在共同收益，故该债务不应当认定为孟某某与徐秀华的共同债务，该债务应认定为孟某某的个人债务。关于徐秀华、孟召强、孟召艳、孟召成、孟昭彤、孟昭宇责任承担的问题。徐秀华、孟召强、孟召艳、孟召成、孟昭彤、孟昭宇是孟某某第一顺序的合法继承人，且均愿意在继承孟某某个人遗产范围内对孟某某的借款承担清偿责任，符合法律规定，故徐秀华、孟召强、孟召艳、孟召成、孟昭彤、孟昭宇应在继承孟某某个人遗产范围内，对孟某某的借款承担清偿责任。

综上所述，在无效婚姻被宣告无效之前，基于双方共同利益、共同生活所举债务，在婚姻被宣告无效后，双方仍需承担共同偿还责任，一方以婚姻关系被认定为无效而主张责任免除的抗辩无效。并且对于合法婚姻关系存续期间的夫妻一方对外所举债务，即使该债务并非基于婚姻双方共同利益、共同生活所举债务，作为债务人的夫或妻一方死亡的，其继承人仍应在继承遗产的范围内对该债务承担清偿责任。

5. 婚前一方的个人债务，虽借条是婚后出具，仍不能转化为共同债务

▌基本案情 [1]

吴碧辉和林梅远系夫妻关系。吴碧辉因生意缺资，于2006年5月24日，通过吴金挺从缙云县农村信用合作联社舒洪信用社大源分社借贷80 000元使用，此后于2007年5月24日、2008年5月29日进行过两次续贷，在借贷及续贷的《保证借贷合同》中注明的借款用途均为材料周转款。2008年5月29日，吴碧辉向吴金挺出具借条，借条中载明"今向吴金挺借到人民币捌万元整

---

[1] 本案例选取自北大法宝：林梅远与吴金挺等民间借贷纠纷上诉案。

（80 000.00 元），利息按同期信用社贷款利息计付，到期日为 2009 年 5 月 20 日，到期还本清息归还"。但吴碧辉未能履行还款义务。2010 年 4 月 15 日，林梅远代吴碧辉归还利息 1000 元。另外，2007 年 2 月 1 日，林梅远与吴碧辉登记结婚。2008 年 10 月，吴碧辉因涉嫌诈骗罪被公安机关刑事拘留，2009 年 5 月，被法院判处有期徒刑二年零六个月，至 2011 年 2 月出狱。

▎案例分析

吴碧辉与吴金挺之间的民间借贷法律关系合法有效，应受法律保护。吴碧辉应按约定期限归还借款。本案的争议焦点是涉及的债务是否为夫妻共同债务。

一般来说，夫妻一方婚前为个人事务形成的债务属于其个人债务，在民间借贷关系中就表现为夫妻一方在婚姻关系成立之前与出借人之间形成的债权债务关系，原则上属于借款人婚前个人债务。根据债权相对性的原理，出借人一般应向借款人本人主张权利，而不能在借款人结婚后向其配偶主张权利。同时，婚前个人债务由债务方承担清偿责任，也是与一方婚前财产为个人财产相对应的。在婚姻关系中，夫妻双方都是具有独立人格的平等主体，夫妻一方的个人财产不因结婚发生自然转化，其个人债务也不因结婚而自动转化为夫妻双方的共同债务。判断借款是否属于婚前个人债务，首要的标准就是借款的时间，另外一个重要的标准则是借款的目的和用途。

本案中借条的出具时间是在吴碧辉和林梅远婚姻关系成立期间，但林梅远主张该债务实际上是吴金挺从信用社贷款出来后出借给吴碧辉使用，而贷款时间是 2006 年 5 月 24 日，故该债务形成于婚姻关系成立之前，应属于吴碧辉的个人债务。吴金挺认可其最初是在 2006 年 5 月 24 日向信用社借贷供吴碧辉使用，但称信用社贷款在每个贷款周期届满后，均需将款项归还，所以每次都是吴碧辉归还了款项后，由其重新向信用社借贷并再次借给吴碧辉使用，因此在每一次信用社借贷期满后都成立一个新的借款行为，最初的 80 000 元与案涉的这一笔 80 000 元并非同一笔。其认为最初的 80 000 元虽是吴碧辉在婚前向其所借，但 2008 年 5 月 29 日这一次的重新出借行为发生在林梅远与吴碧辉登记为夫妻之后，所以借款也已转为夫妻共同债务。从本案的证据来看，林梅远提交的三份来源于缙云县农村信用合作联社舒洪信用社大源分社的《保证借款合同》，借款数额始终是 80 000 元，借款用途一直为材料周转，借款期限基本连续，所以即使信用社有收回资金再转出的行为，也只是借款人为了能长期使用这笔 80 000 元的资金而履行的一个必要的手续，并不产生新的资金使用行为。所以本案的借条虽然是林梅远和吴碧辉登记结婚后出具，但吴金挺实际上明知借款是夫妻一方个人债务，因而不应认定为夫妻共同债务。另外，林梅远虽在夫妻关系存续期间有代吴碧辉支付部分利息的行为，但该行为并不足以改变债务本身的性质，不能因此认定林梅远认可了该债务属于夫妻共同债务。依照《婚姻法解释二》第 23 条以及第 24 条规定，"债权人就一方婚前所负个人债务向债务人的配偶主张权利的，人民法院不予支持。但债权人能够证明所负债务用于婚后家庭共同生活的除外"。"债权人就婚姻关系存续期间夫妻一方以个人名义所负债务主张权利的，应当按夫妻共同债务处理。但夫妻一方能够证明债权人与债务人明确约定为个人债务，或者能够证明属于婚姻法第十九条第三款规定情形的除外。"本案中的借款用途一直为材料周转款，并且发生在婚姻关系成立之前，虽然延续到了婚后婚姻关系存续期间，但未用于婚后家庭共同生活，出借人吴金挺明知借款实际上是夫妻一方个人债务。因此，不应认定为夫妻共同债务。综上所述，对于婚前一方的个人债务，虽借条是婚后出具，仍不能转化为共同债务。

婚姻关系是一种身份关系，夫妻一方婚前的个人债务原则上不因夫妻关系的延续而改变其性质，转变为夫妻共同债务，否则债务人的配偶极有可能在毫不知情的情况下因婚姻而负担他人债务，这不仅违背公平正义的理念，而且与传统的婚姻家庭关系观念相悖，必将严重危及婚姻基础和常态。但为了保护善意债权人的合法权益，防止债务人借助婚姻关系逃避债务，婚前个人债务于特定情形下也能转化为夫妻共同债务，此时的债权人有权向夫妻双方请求为一定给付，这样才能达到既保护夫妻双方各自利益又不损害到第三方债权人利益的目的。

婚前个人债务的性质转化本质上属于债务转移，可因法律行为和法律规定而发生。具体的转化情形有两种：一种是约定情形，即债务人配偶就其自愿共同承担债务人的婚前债务与债权人或者债务人达成协议，这就在当事人之间产生了意定之债，此种转化属于当事人意思自治范畴，合同约定是其当然的转化情形。另一种是法定情形，指法律规定将婚前个人债务视为夫妻共同债务的情形。如《婚姻法解释二》第 23 条规定："债权人就一方婚前所负个人债务向债务人的配偶主张权利的，人民法院不予支持。但债权人能够证明所负债务用于婚后家庭共同生活的除外。"司法实践中，认定婚前个人债务的性质是否发生转化，其难点在于转化情形的认定。只有债权人能够举证证明所负债务用于婚后家庭共同生活的，才认定婚前个人债务转化为夫妻共同债务。如果债权人能够证明一方婚前个人所欠债务与债务人婚后家庭共同生活具有必然的因果关系，即夫妻中一方婚前所欠债务中的资金、财务已经转化为夫妻双方婚后物质生活的条件时，一方的婚前个人债务即应比照夫妻共同债务的原则予以处理。对于法定转化情形的证明责任，依法由主张债权的当事人承担，债权人需要提供充分的证据证明婚前所欠债务用于婚后家庭共同生活消费、生产经营或者履行法定义务。而婚前所欠债务用于婚后家庭共同生活的标准过于笼统，实践中应当根据证明责任的分配、证明的标准、证据的内容、证据的证明力等全面审查债务人借款的目的、用途以及婚后共同生活的需要等诸多因素，综合判断一方婚前债务与婚后共同生活的因果联系，进而正确认定是否存在法定的转化情形。如民间借贷中出借人能够举证证明借款人婚前的借款用于买房、装修或者购置大量的结婚用品，婚后夫妻双方共同居住或者共同使用的，可以认定转化为婚后共同债务。并且在婚前个人债务转化为婚后夫妻共同债务后，债务人的配偶应在实际接受财产或者享受利益的范围内承担清偿责任。

6. 在婚姻关系存续期间，夫妻双方经济独立，一方短时间内连续借债且无证据证明用于共同生活的，属于个人债务

▌基本案情[1]

王茂以经营需要资金为由，分别在 2007 年 6 月 16 日向钱德校借款 3 万元、2007 年 6 月 21 日向钱德校借款 5 万元、2007 年 6 月 28 日向钱德校借款 5 万元，以上合计借款 13 万元；王茂分别出具了相应的借条，言明了借款的数额，并对其中 2007 年 6 月 28 日所借的 5 万元约定于 2007 年 7 月 30 日前归还；上述三份借条中均未约定借款利息。该三笔借款至今均未归还。王茂与竹娜于 2007 年 5 月 29 日登记结婚，后于 2008 年 1 月 14 日经该院调解离婚，该三次借款均发生在王茂与竹娜婚姻关系存续期间。

▌案例分析

本案双方当事人对于借款事实均无异议，双方争议的主要焦点是该借款是否是竹娜与王茂夫妻共同债务。

首先，公民之间合法的借贷关系受法律保护，债务应当清偿。王茂向钱德校借款 13 万元并出具借条，是双方的真实意思表示，且双方的借款关系明确，其内容未违反法律禁止性规定，应属合法有效。王茂在收到钱德校的借款后，对约定还款期限的，应按约定的日期归还借款；对未约定还款日期的，应在合

---

〔1〕 本案例选取自北大法宝：竹娜与钱德校民间借贷纠纷上诉案。

理的期限内归还。《最高人民法院关于审理民间借贷案件适用法律若干问题的规定》第 25 条："借贷双方没有约定利息，出借人主张支付借期内利息的，人民法院不予支持。自然人之间借贷对利息约定不明，出借人主张支付利息的，人民法院不予支持。除自然人之间借贷的外，借贷双方对借贷利息约定不明，出借人主张利息的，人民法院应当结合民间借贷合同的内容，并根据当地或者当事人的交易方式、交易习惯、市场利率等因素确定利息。"当事人双方对于借款期间的利息并未约定，因此，钱德校与王茂之间的借款视为没有利息。

其次，对于王茂逾期还款的，钱德校可以主张逾期利息。《最高人民法院关于审理民间借贷案件适用法律若干问题的规定》第 29 条："借贷双方对逾期利率有约定的，从其约定，但以不超过年利率 24% 为限。未约定逾期利率或者约定不明的，人民法院可以区分不同情况处理：（一）既未约定借期内的利率，也未约定逾期利率，出借人主张借款人自逾期还款之日起按照年利率 6% 支付资金占用期间利息的，人民法院应予支持；（二）约定了借期内的利率但未约定逾期利率，出借人主张借款人自逾期还款之日起按照借期内的利率支付资金占用期间利息的，人民法院应予支持。"因此，钱德校可以主张逾期利息，即主张王茂自逾期还款之日起按照年利率 6% 支付资金占用期间利息。

最后，本案中的借款是否是竹娜与王茂夫妻共同债务。钱德校认为该债务发生在王茂与竹娜婚姻关系存续期间，在竹娜未提供证据证明该债务为王茂个人债务的情况下，应认定为夫妻共同债务，王茂与竹娜应共同偿还。王茂与竹娜在婚前签订了夫妻财产约定的协议书，在本案所涉的债务发生时，钱德校不知道该份协议书的存在，所以竹娜不能以该份协议书中的约定对抗其主张。《婚姻法解释二》第 24 条规定，债权人就婚姻关系存续期间夫妻一方以个人名义所负债务主张权利的，应当按夫妻共同债务处理。但夫妻一方能够证明债权人与债务人明确约定为个人债务，或者夫妻对婚姻关系存续期间所得的财产约定归各自所有，第三人知道该约定的除外。第 25 条规定："当事人的离婚协议或者人民法院的判决书、裁定书、调解书已经对夫妻财产分割问题做出处理的，债权人仍有权就夫妻共同债务向男女双方主张权利。一方就共同债务承担连带清偿责任后，基于离婚协议或者人民法院的法律文书向另一方主张追偿的，人民法院应当支持。"因此，本案所涉债务为夫妻共同债务，王茂与竹娜仍应共同偿还。竹娜认为该三笔借款虽然都发生在夫妻关系存续期间，但由于竹娜与王茂夫妻关系存续时间较短，而且该三笔借款间隔时间较短、金额较大，也没有证据显示该段时间王茂与竹娜夫妻有因日常生活需要较大金额支出的事项，如购买大宗日用品或家电、重大医疗支出、大额子女教育费用支出等。同时，钱德校也没有提供证据证明由王茂所借的该些借款确实用于家庭共同生活或经营所需。因此，本案借款应认定为王茂的个人债务。

对于本案来说，钱德校是以夫妻共同债务的推定规则来主张权利的，这样就大大减轻了自己的举证责任。当钱德校举证证明了借款真实和借款发生在借款人夫妻关系存续期间两项基础事实后，就可推断借款原则上为夫妻共同债务。此时，竹娜若对推定的债务性质有异议，则需提出借款并非为夫妻共同生活所举债务的证据来推翻夫妻共同债务的推定。本案中，竹娜与王茂夫妻关系存续时间较短，而且该三笔借款间隔时间较短、金额较大，也没有证据显示该段时间王茂与竹娜夫妻有因日常生活需要较大金额支出的事项，该笔借款违反了生活经验和生活逻辑，借款超出了日常家庭代理的范围，并且借款未用于夫妻共同生活。因此，就需要钱德校对借款用于夫妻共同生活承担证明责任，而钱德校也没有提供证据证明由王茂所借的这些借款确实用于家庭共同生活或经营所需。所以，本案应认定为王茂的个人债务，不应认定为夫妻共同债务。

综上所述，对于在婚姻关系存续期间，夫妻双方经济独立，一方短时间内连续借债且无证据证明用于共同生活的，出借人应当证明该笔债务确实用于夫妻家庭共同生活或经营所需，否则应认定为借款人的个人债务。

7. 当事人结婚后，父母为双方购置房屋出资后，双方主动向父母出具借条的，该出资应认定为借款还是赠与

▌基本案情[1]

朱新华与钟鸣强系母子关系，钟鸣强、徐璟于 2007 年 2 月 25 日登记结婚，两人于 2007 年期间在北京生活。2007 年 11 月，钟鸣强、徐璟需在北京购房。2007 年 11 月 15 日，朱新华从工商银行卡内取款 35 万元，同时汇款给钟鸣强用于购房。2008 年 2 月 8 日，钟鸣强回杭州后补写了借条一张给朱新华，借条中注明："于 2007 年 11 月 15 日向母亲朱新华借取人民币叁拾伍万元整，今补写此借条为据"。另外，朱新华自认本案涉及的 35 万元借款向钟鸣强汇出后，朱新华曾收到钟鸣强还款 18 万元。徐璟认为借款关系是不可能成立的。钟鸣强是朱新华夫妇的唯一子女，是唯一财产继承人，钟鸣强和徐璟结婚后也没有对家长不孝的行为。在此情况下，儿子和父母之间经济来往采取书面形式立据为凭令人不可想象，尤其是该笔款项是为了儿子在北京置业所需，作为父母理应倾力

---

[1] 本案例选取自北大法宝：朱新华与徐璟民间借贷纠纷案。

相助。如果是借据，徐璟作为儿媳绝对不会要公婆的款项，而事后的"借条"徐璟无从知晓，也绝不会去认可的。徐璟不否认公婆有出钱资助钟鸣强、徐璟到北京买房的想法，但认为这是标准的赠与行为。

▌案例分析

本案中，各方当事人对朱新华于2007年11月15日汇款35万元给钟鸣强，用于钟鸣强、徐璟在北京购房的事实均无异议。本案争议的焦点在于该笔款项是赠与还是借款。

本案中，虽然徐璟提出"父母出钱给自己子女买房是很正常的事"，并且该传统习惯在我国民间也确实存在，但这并非是我国统一实施的法律规范，亦非父母的法定义务。本案中，朱新华提供了钟鸣强亲笔所写的借据，从文字表述上明确了双方的借款关系，而徐璟提出是赠与的主张并无任何事实依据。基于此，应当认定朱新华与钟鸣强之间构成借款关系。并且由于该笔借款发生在钟鸣强、徐璟夫妻关系存续期间，并用于购置夫妻共同生活所需的房屋。《婚姻法解释二》第24条规定，债权人就婚姻关系存续期间夫妻一方以个人名义所负债务主张权利的，应当按夫妻共同债务处理。但夫妻一方能够证明债权人与债务人明确约定为个人债务，或者夫妻对婚姻关系存续期间所得的财产约定归各自所有，第三人知道该约定的除外。本案中，钟鸣强将35万元借款用于钟鸣强、徐璟在北京购房，并且徐璟也无相反的证据证明朱新华与钟鸣强明确约定为个人债务，或者对婚姻关系存续期间所得的财产约定归各自所有，故应认定该笔款项为夫妻共同债务，应由钟鸣强、徐璟共同偿还。另外，朱新华在案涉35万元借款汇出后，自认钟鸣强曾经还款18万元，应当予以认定。钟鸣强在夫妻关系存续期间的还款应认定是用于归还钟鸣强、徐璟的夫妻共同债务。扣除还款18万元，钟鸣强、徐璟还需向朱新华共同清偿借款17万元。

综上所述，当事人结婚后，父母为双方购置房屋出资，双方主动向父母出具借条的，该出资应认定为借款。

8. 婚姻关系存续期间，债务人向债权人借款，债权人持债务人配偶书写并代债务人签字的借条主张夫妻共同偿还的处理

▌基本案情[1]

周德利与林小燕系夫妻关系。2009年12月1日，周德利向林顺英借款3万

---

[1] 本案例选取自北大法宝：周德利向林顺英民间借贷纠纷案。

元，并出具借条，借条背面附有周德利的身份证复印件。2010 年 10 月 20 日，周德利向林顺英还款 2 万元，林顺英出具收条。2010 年 6 月 8 日，林小燕书写借条一份给林顺英，载明："借条 兹有周德利投资工程，向林顺英借人民币壹万伍仟元，待无毛、周自奋还钱，再还给林顺英。借款人：周德利 2010 年 6 月 8 日"。2010 年 10 月 20 日，林小燕又书写借条一份给林顺英，载明："借条 兹有周德利投资工程向林顺英借人民币壹万伍仟元，待无毛拆迁门窗一个月后还清。借款人：周德利 2010 年 10 月 20 日"。林顺英主张的借款发生在周德利与林小燕夫妻关系存续期间。另外，林顺英申请对两份借条中的笔迹和指纹进行鉴定，并委托福建历思司法鉴定所进行鉴定，鉴定内容为：1. "2009 年 12 月 1 日"借条左下方书写内容"壹万元中如果别人还伍仟……"系林小燕所写；2. "2010 年 6 月 8 日"借条周德利签名处的捺印指纹系周德利的指纹。福建历思司法鉴定所于 2011 年 11 月 14 日出具闽历思司鉴所［2011］文鉴字第 114 号司法鉴定意见：1. "2009 年 12 月 1 日"借条左下方书写内容"壹万元中如果别人还伍仟……"与林小燕书写笔迹是同一人所写；2. "2010 年 6 月 8 日"借条的捺印指纹不具备同一认定的鉴定条件。

▍案例分析

本案中，林顺英提供的日期分别为 2010 年 6 月 8 日和 2010 年 10 月 20 日的借条系由林小燕书写，并代为签署周德利的名字，此两份借条的法律效力为本案争议之焦点，并且该笔借款是否为夫妻共同债务亦为本案争议焦点。

本案系民间借贷纠纷，林顺英提供的日期为 2009 年 12 月 1 日的借条系由周德利签写并加盖手印，内容、形式均合法，为有效债权凭证。周德利欠林顺英借款 3 万元的事实，双方没有争议，应当予以认定。另外，从笔迹鉴定意见来看，林小燕参与周德利与林顺英之间借款活动的事实应予认定。林小燕述称周德利借钱还钱给林顺英的过程其均未参与，与事实相悖。而且，由于林小燕与周德利系夫妻关系，两份借条由林小燕代为书写并签名，两人夫妻关系和睦，林顺英有理由相信林小燕有权代理周德利，并且林顺英在借款过程中善意且无过失，已经尽到了合理的注意义务。而且林小燕并未举证证明林顺英存在过失等情况。因此，对于日期分别为 2010 年 6 月 8 日和 2010 年 10 月 20 日的借条，周德利应承担偿还责任。三份借条借款金额共计 6 万元，林顺英确认周德利已经偿还的 2 万元应予以扣除。周德利尚欠林顺英借款 4 万元。林顺英还要求周德利支付借款利息，但未提供相应的证据证明双方约定利息，《最高人民法院关于审理民间借贷案件适用法律若干问题的规定》第 25 条："借贷双方没有约定利息，出借人主张支付借期内利息的，人民法院不予支持。自然人之间借贷对利息约定不明，出借人主张支付利息的，人民法院不予支持。除自然人之间借贷的外，借贷双方对借贷利息约定不明，出借人主张利息的，人民法院应当结合民间借贷合同的内容，并根据当地或者当事人的交易方式、交易习惯、市场利率等因素确定利息。"因此，林顺英与周德利之间的借款视为没有利息。

另外，本案的借款纠纷发生在周德利、林小燕婚姻关系存续期间。《婚姻法解释二》第24条规定，债权人就婚姻关系存续期间夫妻一方以个人名义所负债务主张权利的，应当按夫妻共同债务处理。但夫妻一方能够证明债权人与债务人明确约定为个人债务，或者夫妻对婚姻关系存续期间所得的财产约定归各自所有的，第三人知道该约定的除外。本案中，林小燕并不能证明债权人与债务人明确约定为个人债务，或者夫妻对婚姻关系存续期间所得的财产约定归各自所有，因此，对于周德利在夫妻关系存续期间向林顺英所借款项，应按夫妻共同债务处理，林小燕应与周德利承担共同偿还责任。

综上所述，婚姻关系存续期间，债务人向债权人借款，债权人持债务人配偶书写并代债务人签字的借条主张夫妻共同偿还的，应视为夫妻之间成立表见代理，并作为夫妻共同债务予以偿还。

9. 婚姻关系存续期间男方以个人名义所负的债务，离婚协议中明确由男方承担，后男方死亡的，债权人能否向女方主张承担连带清偿责任

▌基本案情[1]

2004年3月30日，余昌辉向许时丰借款人民币4万元整，约定月息按月利率8‰计算，按季付息，利息已付至2009年6月30日。余昌辉与汪兰春原系夫妻关系，1990年6月25日登记结婚，1991年5月1日生育女儿余丹妮，2009年8月28日登记离婚。2009年9月28日，余昌辉死亡。借款后，汪兰春曾通过许尚元、齐佩华转交许时丰利息。许时丰认为余昌辉因投资煤矿缺资，于2004年3月30日向其借款4万元，借款时汪兰春与余昌辉夫妻关系存续，该借款应属共同债务。汪兰春称对许时丰所说的借款及付息情况全然不知，对借款的真实性及是否归还有疑问。并且汪兰春与余昌辉因婚前缺乏了解，双方性格不合，且余昌辉嗜赌如命，1995年开始分居生活。即使余昌辉的借款用于煤矿投资，也不是为日常生活需要，经营收入又没有用于家庭，不能认定为夫妻共同债务。

---

[1] 本案例选取自北大法宝：许时丰与汪兰春民间借贷纠纷案。

另外，汪兰春生育女儿后，与余昌辉的夫妻关系日趋紧张。汪兰春与余昌辉于2009年5月23日签订的离婚协议载明：双方自愿离婚，将坐落于天台县人民东路291号A幢302室商住房一套归余昌辉，坐落于天台县环城西路32号商住房一套归汪兰春所有。

▌案例分析

本案中，余昌辉于2004年3月30日出具给许时丰一张载明借款4万元的借条是事实，双方之间因此形成的借贷关系合法有效。本案双方争执的焦点在于：汪兰春是否通过许尚元、齐佩华转交利息；利息是否已付至2009年6月30日；该笔借款是否应由汪兰春负责偿还。

许时丰称汪兰春曾经三次付息，且利息已付至2009年6月30日。但汪兰春予以否认，并称其对借款及付息情况全然不知。对此，许时丰表示许尚元、齐佩华可以作证，但许尚元、齐佩华是许时丰的胞弟和妻子，在无其他证据予以印证的情况下，对其证言无法予以采信和认定。许时丰自称借款利息已付至2009年6月30日，属其自认的对其不利的事实，对此依法可以予以认定。

该笔借款是否应由汪兰春负责偿还的问题。首先，由于该笔债务形成于汪兰春与余昌辉夫妻关系存续期间，依照《婚姻法解释二》第24条关于"债权人就婚姻关系存续期间夫妻一方以个人名义所负债务主张权利的，应当按夫妻共同债务处理"的规定，并且汪兰春也未提供证据证明该借款系余昌辉个人债务，所以该笔借款应认定为夫妻共同债务。其次，从离婚协议看，余昌辉于2004年开始投资煤矿是事实，尽管该离婚协议对煤矿投资所产生的债务承担及投资收益的归属作出了约定，但该约定对第三人并不具有当然的法律约束力。即使当时汪兰春对煤矿投资是"极力反对"的，本案中其也未能证明此后的煤矿投资收益并未用于家庭开支，并且汪兰春也未提供证据证明与许时丰有过该约定。因此，余昌辉的煤矿投资应当依法认定为家庭经营，并且不具有《婚姻法》规定的除外情形。另外，本案中借条载明的借款日期是2004年3月30日，而离婚协议记载"2004年开始投资煤矿"，在时间上两者能够印证。因此，该笔借款系煤矿投资所需，依法应当由余昌辉和汪兰春共同偿还。最后，余昌辉已经亡故，且离婚时分得的坐落于天台县人民东路291号A幢302室的商住房一套在病故前已由其转让他人，因此许时丰要求汪兰春负责偿还本案借款的理由正当，依法应予支持。综上，汪兰春以其与余昌辉夫妻关系不和及独自带养女儿为由，认为本案借款应属余昌辉个人债务的主张不能成立。许时丰自认借款利息已付至2009年6月30日，因此借款利息应自2009年7月1日起计付。

婚姻关系存续期间男方以个人名义所负的债务，离婚协议中明确由男方承担，后男方死亡，债权人向女方主张承担连带清偿责任时，女方依旧需要证明该笔债务为男方的个人债务，或者对于夫妻对婚姻关系存续期间所得的财产约定归各自所有，第三人知道或者应当知道该约定，否则依然以夫妻共同债务算，需要继续偿还债务。

第四章
民间借贷利息与违约金的认定

1. 自然人之间的借款合同未约定利息的处理

▌基本案情[1]

2013年10月8日，张某在虎洞街道向陈某提出借款50 000元，陈某委托高某用其银行卡在虎洞乡信用社取款50 000元，张某在高某家向陈某出具借条，借条记载张某向陈某借款50 000元，约定借款期限为自借款之日起两个月，该借条内容为："今借到陈某现金伍万元整（50 000），用期两个月，借款人张某。"借款到期后，张某于2014年4月向陈某归还借款20 000元，余款至今未归还。张某诉称，其在向陈某借款时，陈某扣除了5000元的利息，实际交付45 000元本金。借款后，其五次分别向陈某还款2000元、3000元、2000元、11 000元及10 000元，但陈某均未出具收条，也未更换原始条据。陈某答辩称，张某所述均不是事实。借款时，实际给付50 000元，并未扣除利息。借款到期后，张某迟迟不归还借款，只清偿了3000元利息，后其将张某的车辆扣押，张某才归还借款20 000元。张某为支持其理由，提交了敬某证言一份，证实陈某在给张某借款时，扣除了5000元利息，实际给付45 000元。陈某对该证言的客观性、真实性、合法性均有异议，称其与敬某并不相识，当天给钱时在街上，是否有敬某其不知情。另查明，借款到期后，张某向陈某归还3000元。陈某也承认张某曾向其清偿3000元，但认为是利息，并且借条上未对利息进行约定。陈某请求张某偿还剩余借款，并支付利息。

---

[1] 本案例选取自北大法宝：张某与陈某民间借贷纠纷案。

▌案例分析

首先，陈某与张某之间借款 50 000 元的事实经证人高某证实，且有陈某提交的借条为证，陈某与张某之间的民间借贷关系成立。陈某作为出借人对借款人负有支付借款的义务，经查实其已经支付借款，义务已经履行完毕。借款人张某收到借款，负有在债务到期后清偿债务的义务。借款期限届满后，张某应及时向陈某归还借款。

其次，张某主张向陈某还款 2000 元、3000 元、2000 元、11 000 元及 10 000 元，但未提交相关证据予以证实。陈某陈述张某已于 2014 年 4 月归还 20 000 元的事实。《最高人民法院关于民事诉讼证据的若干规定》第 2 条规定："当事人对自己提出的诉讼请求所依据的事实或者反驳对方诉讼请求所依据的事实有责任提供证据加以证明。没有证据或者证据不足以证明当事人的事实主张的，由负有举证责任的当事人承担不利后果。"本案中张某对于自己分五次还款的事实并没有提出相应的证据，因此，不予认定。陈某陈述的已经偿还 20 000 元借款的事实系陈某真实意思表示，且该事实系对张某有利，予以认定。

再次，对于陈某是否事先扣除 5000 元利息的问题，张某提交了敬某证言一份，证实陈某在给张某借款时扣除了 5000 元利息。而证人敬某未出庭作证，双方对该证据不能进行质证。并且陈某对该证据的客观性、真实性、合法性有异议，但张某不能予以证实。因此，对于预先扣除利息的事实不予认定。

最后，陈某请求张某支付利息的问题。张某曾向其清偿 3000 元，陈某认为是利息。但双方在借款合同中未明确约定利息。《合同法》第 211 条第 1 句："自然人之间的借款合同对支付利息没有约定或者约定不明确的，视为不支付利息。"《最高人民法院关于审理民间借贷案件适用法律若干问题的规定》第 25 条规定："借贷双方没有约定利息，出借人主张支付借期内利息的，人民法院不予支持。自然人之间借贷对利息约定不明，出借人主张支付利息的，人民法院不予支持。除自然人之间借贷的外，借贷双方对借贷利息约定不明，出借人主张利息的，人民法院应当结合民间借贷合同的内容，并根据当地或当事人的交易方式、交易习惯、市场利率等因素确定利息。"因此，应视为双方之间的借款不支付利息。故张某已归还的 3000 元应确定为归还的本金，即还应支付欠款 27 000元。

此外，《最高人民法院关于审理民间借贷案件适用法律若干问题的规定》第 29 条规定："借贷双方对逾期利率有约定的，从其约定，但以不超过年利率24%为限。未约定逾期利率或者约定不明的，人民法院可以区分不同情况处理：

（一）既未约定借期内的利率，也未约定逾期利率，出借人主张借款人自逾期还款之日起按照年利率6%支付资金占用期间利息的，人民法院应予支持；（二）约定了借期内的利率但未约定逾期利率，出借人主张借款人自逾期还款之日起按照借期内的利率支付资金占用期间利息的，人民法院应予支持。"故此，陈某可以主张自逾期还款之日起按照年利率6%支付资金占用期间的利息。

2. 利息预先在本金中扣除的，应当按照实际借款数额计算本金

▌基本案情[1]

2013年6月14日，安泰公司、王会强向柳建军、叶新泽、石劲洁、韩新民、杨刚借款500万元，并签订了借款合同，柳建军向王会强中国建设银行账户转存475万元。后安泰公司、王会强按月利率5%向柳建军等五人每月支付利息25万元至2014年2月14日，共计200万元。同年8月19日，安泰公司、王会强再次向叶新泽、石劲洁借款200万元，柳建军向王会强同一账户转存190万元。安泰公司、王会强仍按月利率5%向叶新泽、石劲洁每月支付利息10万元至2014年3月19日，共计60万元。2014年3月12日，柳建军等五人将500万元借款转借，借款人安泰公司、王会强及担保人张亚娟与柳建军等五人分别签订了100万元借款合同，并出具了借条。张亚娟为贷款提供连带保证责任。当日双方签订了借款抵押合同，安泰公司用其所有的甘M24380、甘M24408及甘M24948号2250型压裂车为500万借款提供抵押，但未办理抵押登记。2014年3月18日，叶新泽、石劲洁将200万元借款转借，借款人安泰公司、王会强及担保人张亚娟与该二人分别签订了100万元借款合同，并出具了借条，张亚娟为借款提供连带保证责任。当日双方签订了借款抵押合同，安泰公司用其所有的甘M24428号2250型压裂车为200万借款提供抵押，亦未办理抵押登记。后安泰公司、王会强未对两笔借款清偿利息，亦未归还借款。另外，甘M24948号2250型压裂车在与柳建军等五人签订抵押合同之前，安泰公司就已抵押给他人，并办理了抵押登记，其他三辆车仍在安泰公司名下。

▌案例分析

本案争议的焦点问题是：①安泰公司、王会强应偿还柳建军等人借款本金及利息的数额；②柳建军等人是否对抵押享有优先受偿权；③张亚娟是否应对

---

[1] 本案例选取自北大法宝：柳建军等诉庆阳安泰能源装备有限公司等民间借贷纠纷案。

本案借款承担保证责任。

首先，本案最重要的是安泰公司、王会强应偿还柳建军等人借款本金及利息数额的确定。2013年6月14日及8月19日，安泰公司、王会强向柳建军等五人借款500万元及200万元，并签订了借款合同。2014年3月12日，柳建军等五人将500万元借款转借，安泰公司、王会强与该五人分别签订了100万元借款合同。2014年3月18日，叶新泽、石劲洁将200万元借款转借，安泰公司、王会强亦与该二人分别签订了借款合同，但合同签订后，柳建军等五人并未实际支付款项，根据《合同法》第210条："自然人之间的借款合同，自贷款人提供借款时生效"的规定，柳建军等五人于2014年3月12日及2014年3月18日重新签订的借款合同成立但未生效。柳建军等五人要求安泰公司、王会强依据转借后所签合同约定的款项承担还款义务的请求不能成立，安泰公司、王会强应按首次借款合同的约定继续承担还款义务。首次借款合同签订后，柳建军等五人在支付款项时，扣除了首月利息，实际支付475万元和190万元。对此，《合同法》第200条规定"借款的利息不得预先在本金中扣除。利息预先在本金中扣除的，应当按照实际借款数额返还借款并计算利息。"《最高人民法院关于审理民间借贷案件适用法律若干问题的规定》第27条规定："借据、收据、欠条等债权凭证载明的借款金额，一般认定为本金。预先在本金中扣除利息的，人民法院应当将实际出借的金额认定为本金。"因此，两笔借款本金应分别确定为475万元和190万元。《最高人民法院关于审理民间借贷案件适用法律若干问题的规定》第26条规定："借贷双方约定的利率未超过年利率24%，出借人请求借款人按照约定的利率支付利息的，人民法院应予支持。借贷双方约定的利率超过年利率36%，超过部分的利息约定无效。借款人请求出借人返还已支付的超过年利率36%部分的利息的，人民法院应予支持。"年利率24%转化月利率为2%，年利率36%转化为月利率为3%。因此，月利率低于2%的，受法律保护；2%至3%的，法院只保护2%部分的月利息，剩余部分，法院不予支持。但如果借款人已经按约定利率支付，对于超过2%的部分，法院默认，借款人不得以月利率超过2%为由反悔，要求出借人返还。月利率超过3%的，即使借款人已经按照约定支付了利息，对于超过部分，借款人有权要求出借人返还，法律对年利率超过36%的不保护。

因此，475万元借款产生于2013年6月14日，因为借款人自愿支付月利率2%至3%的部分，按法律规定，已支付的，不可要求返还。因此，按月息3%计算利息。至2013年7月14日，安泰公司、王会强应支付柳建军等五人利息142 500元（475万元×3%），实际支付利息25万元，多支付的107 500元可以请求出借人返还或者作为对本金的返还。若每月多余部分作为本金的清偿，则至 2013 年 7 月 14 日，本金数额为 4 642 500 元；2013 年 8 月 14 日应支付利息数额为 139 275 元（4 642 500 元 ×3%），多支付的 110 725 元冲抵本金，至 2013 年 8 月 14 日本金数额为 4 531 775 元；2013 年 9 月 14 日应支付利息为 135 953 元（4 531 775 元 ×3%），多支付的 114 046 元冲抵本金，至 2013 年 9 月 14 日，本金数额应为 4 417 729 元；2013 年 10 月 14 日应支付利息为 132 531 元（4 417 729 元 ×3%），多支付的 117 468 元应冲抵本金，至 2013 年 10 月 14 日本金数额为 4 300 261 元；2013 年 11 月 14 日应支付利息为 129 007 元（4 300 261 元 ×3%），多支付的 120 992 元冲抵本金，至 2013 年 11 月 14 日，本金数额应为 4 179 268 元。2013 年 12 月 14 日应支付利息为 125 378 元（4 179 268 元 ×3%），多支付的 124 621 元冲抵本金，至 2013 年 12 月 14 日，本金数额应为 4 054 646 万元；2014 年 1 月 14 日应支付利息为 121 639 元（4 054 646 元 ×3%），多支付的 128 360 元冲抵本金，至 2014 年 1 月 14 日本金数额为 3 926 285 元；2014 年 2 月 14 日应支付利息为 117 788 元（3 926 285 元 ×3%），多支付的 132 211 元冲抵本金，至 2014 年 2 月 14 日，本金数额应为 3 794 073 元。故安泰公司、王会强应偿还柳建军等五人剩余本金 3 794 073 元。因安泰供公司、王会强向柳建军等五人支付利息至 2014 年 2 月 14 日，故安泰公司、王会强应自 2014 年 2 月 15 日起按月利率 2% 以下支付利息，借款人自愿同意在月利率 3% 以下支付利息的也可以。

190 万元借款产生于 2013 年 8 月 19 日，按以上方法计算，至 2014 年 3 月 19 日本金数额为 1 570 512 元。故安泰公司、王会强应偿还叶新泽、石劲洁剩余本金 1 570 512 元。因安泰公司、王会强向叶新泽、石劲洁支付利息至 2014 年 3 月 19 日，故安泰公司、王会强应自 2014 年 3 月 20 日起按月利率 2% 以下支付利息，借款人自愿同意在月利率 3% 以下支付利息的也可以。

其次，关于柳建军等人是否对本案抵押享有优先受偿权的问题。2014 年 3 月 12 日、18 日，安泰公司、王会强及张亚娟与柳建军等五人签订了借款抵押合同及保证条款，虽然本次两份借款主合同未生效，但实则此次合同是对首次借款合同的延续，是在借款合同履行过程中，安泰公司、王会强及张亚娟对原告债权实现的承诺，应认定安泰公司自愿以其车辆为两笔借款提供抵押，张亚娟亦同意为两笔借款提供担保。《物权法》第 188 条规定："以本法第一百八十条第一款第四项、第六项规定的财产或者第五项规定的正在建造的船舶、航空器抵押的，抵押权自抵押合同生效时设立。未经登记的，不得对抗善意第三人"。因此，安泰公司用其名下的甘 M24380、甘 M24408、甘 M24948 号三辆车为 475

万元借款提供抵押，用甘 M24428 号车为 190 万元借款提供抵押，柳建军等五人的抵押权自合同签订时已设立，只是因未登记，不得对抗善意第三人。但因甘 M24948 号车已抵押给他人并已作出抵押登记，故柳建军等五人的 475 万元借款可在甘 M24380、甘 M24408 号两辆车的价值范围内优先受偿，叶新泽、石劲洁的 190 万元借款可在甘 M24428 号车的价值范围内优先受偿。

最后，关于张亚娟是否应对本案借款承担保证责任的问题。《担保法》第 26 条第 1 款规定："连带责任保证的保证人与债权人未约定保证期间的，债权人有权自主债务履行期间届满之日起六个月内要求保证人承担保证责任。"张亚娟对两笔借款的保证期间为两笔借款主债务履行期间届满之日起 6 个月。如果起诉的时间不在保证期间内，则不承担责任，若在保证期间，其应对两笔借款承担连带保证责任。若在张亚娟的保证期间的，安泰公司、王会强在向柳建军等五人借款时，安泰公司用其公司的甘 M24380、甘 M24408 号车为 475 万元借款提供抵押，用甘 M24428 号车为 190 万元提供抵押，根据《物权法》第 176 条"被担保的债权既有物的担保又有人的担保的，债务人不履行到期债务或者发生当事人约定的实现担保物权的情形，债权人应当按照约定实现债权；没有约定或者约定不明确，债务人自己提供物的担保的，债权人应当先就该物的担保实现债权。提供担保的第三人承担担保责任后，有权向债务人追偿"的规定，柳建军等五人应先就该三辆车的抵押实现债权，不足部分由张亚娟承担连带保证责任，张亚娟在承担保证责任后，有权向安泰公司、王会强追偿。

3. 民间借贷中计算复利的合法性

▌基本案情[1]

刘志忠曾于 2007 年 11 月向方伦飞借款，至 2009 年 6 月 15 日结账，刘志忠尚欠方伦飞借款本金 500 000 元，借款利息 495 000 元，合计 995 000 元。当时，刘志忠无力还款，因此，在结账当日，双方签订了书面的还款协议一份，约定：刘志忠所欠 500 000 元借款，在 2009 年 12 月 30 日前归还，期间不计息；刘志忠历年所欠方伦飞的利息 495 000 元，方伦飞同意减免 100 000 元，余欠款 395 000 元，应在 2010 年 2 月 20 日前归还，期间不计息，如刘志忠不按上述二项约定期限还款，则应按所欠款项的金额月息 2.5% 计算利息支付给方伦飞，同时不减免 100 000 元的欠款。刘志忠分别于 2009 年 12 月、2010 年 1 月 19 日向

---

[1]　本案例选取自北大法宝：刘志忠与方伦飞民间借贷纠纷案。

方伦飞支付 200 000 元、以货抵款 203 000 元，合计 403 000 元，刘志忠实际尚欠方伦飞本金及利息共计 592 000 元

一审法院认为，方伦飞与刘志忠之间的民间借贷关系依法成立，应受法律保护。刘志忠未按约归还借款本金及利息，显属违约，应承担相应的民事责任。刘志忠实际尚欠方伦飞借款本金 97 000 元。刘志忠认为，还款协议约定的月息 2.5 分息过高，超过法律规定的银行同期贷款利率的 4 倍。关于双方当事人对利息 495 000 元是否可以计算复利问题。方伦飞认为，双方约定利息已成为欠款，刘志忠未按还款协议约定的时间支付，故应支付利息。刘志忠认为，利息不应再计算利息。法院认为，双方约定的利息是对前期借款本金进行结算后确定的，后期的利息应当按照实际借款本金来计算，且月息不能超过银行同期贷款利率的 4 倍，同时对约定利息不应再计算利息，根据当事人在民事活动中意思自治原则，刘志忠未按还款协议的约定支付约定利息的，100 000 元利息不再减免。

二审法院根据双方当事人的诉辩主张，认为本案的争议焦点在于：刘志忠是否应该按照还款协议的约定支付利息 495 000 元。对此，法院认为，方伦飞与刘志忠于 2009 年 6 月 15 日签订的还款协议系双方当事人真实意思表示，合法有效，双方均应按约履行各自的义务。协议中已经确定至 2009 年 6 月，刘志忠需支付方伦飞的利息数额为 495 000 元，而刘志忠在一审过程中并未对该利息的数额提出异议，二审中也未提供证据证明双方约定的该利息数额的计算标准超出了中国人民银行公布的同期同档次贷款基准利率 4 倍，故刘志忠要求重新计算还款协议中确定的利息 495 000 元，理由不充分，难以支持，刘志忠需按约向方伦飞支付协议约定的利息 495 000 元。另外，原审法院确定的刘志忠需归还方伦飞的借款本金 97 000 元及刘志忠需支付方伦飞 2009 年 6 月 15 日后的借款利息数额也并无不当。综上，原审判决事实认定清楚，审判程序合法，判决得当。

▌案例分析

首先，本案中方伦飞与刘志忠之间的民间借贷关系依法成立并受法律保护。在当时，民间借贷的利息约定为不得超过中国人民银行公布的同期同档次贷款基准利率 4 倍，随着《最高人民法院关于审理民间借贷案件适用法律若干问题的规定》的出台，这一 4 倍限制性规定已被废除。以今天的标准看，《最高人民法院关于审理民间借贷案件适用法律若干问题的规定》第 26 条规定："借贷双方约定的利率未超过年利率 24%，出借人请求借款人按照约定的利率支付利息的，人民法院应予支持。借贷双方约定的利率超过年利率 36%，超过部分的利息约定无效。借款人请求出借人返还已支付的超过年利率 36% 部分的利息的，

人民法院应予支持。"因此，如果本案在《最高人民法院关于审理民间借贷案件适用法律若干问题的规定》出台后诉至法院，则被告对于超过36%的利息部分如果已经支付的，还可以追回，而原来的规定为，对于自愿支付的不可以返还。

其次，也是本案的争议焦点，即刘志忠是否应该按照还款协议的约定支付利息495 000元，并就利息支付复利。在实践中，民间借贷利息的计算分单利和复利两种。单利即以本金为基础计算利息，所得收入不加入本金计算。而复利则将到期应得的利息再计算到本金予以计算利息。复利的产生主要有两种情况，一种是有的当事人在利息未发生前就对复利的计算予以约定：在每经过一个计息期后，都要将所剩利息加入本金计算下一期的利息，以此类推。另一种情形就是利息已经发生，在清偿期时双方以合同的形式明确约定将利息计入本金，以借款数额与应付的利息一起作为本金再计算利息。这种事后约定复利是非典型的复利，本案就属于这种。

对于民间借贷利息能否计收复利的问题，《最高人民法院关于审理民间借贷案件适用法律若干问题的规定》第28条规定："借贷双方对前期借款本息结算后将利息计入后期借款本金并重新出具债权凭证，如果前期利率没有超过年利率24%，重新出具的债权凭证载明的金额可认定为后期借款本金；超过部分的利息不能计入后期借款本金。约定的利率超过年利率24%，当事人主张超过部分的利息不能计入后期借款本金的，人民法院应予支持。按前款计算，借款人在借款期间届满后应当支付的本息之和，不能超过最初借款本金与以最初借款本金为基数，以年利率24%计算的整个借款期间的利息之和。出借人请求借款人支付超过部分的，人民法院不予支持。"即当事人约定前期利息可转为后期本金，但转入本金的前提是前期利息未超过年息24%。并且利息转入本金后，变大的本金继续计息，再计的本息总和不得超过最初的本金按24%的年利率计算的借款本息总和，超过的部分无效。这就对复利进行了限制。对本案来讲，如果利息495 000元是本金按年利率24%以内计算出来的，继续与本金计算利息是允许的，但是也受到最初本金按24%年利率计算的本息和的限制，即500 000元的本金按照年利率24%计算的本息和，超过的部分无效。本案中的利息495 000元明显超过了符合法律规定的要求。如果在审理该案时，《最高人民法院关于审理民间借贷案件适用法律若干问题的规定》已经出台，则被告刘志忠不用偿还那么多利息。如果该案按照今天的法律规定计算，被告应支付的借款总额为：借款本金500 000元，假设被告从2007年11月31日借款，按24%的年利率计算至2010年3月30日的本息和为780 000元，即被告最多还款数为780 000元，大大减少了还款数额。

最后，双方合同中约定，按 2.5% 月息计算利息，对此，《最高人民法院关于审理民间借贷案件适用法律若干问题的规定》第 26 条规定，月利率 2% 以下的，受法律保护；2% 至 3%，当事人自愿支付的，不能要求返还，超过 3% 的，法律不予保护，已支付的可以要求返还；而本案对合同约定的利息还没有支付，如果被告不愿以 2.5% 支付的，可以按照 2% 予以支付利息。

4. 借款人提前还款的，如何计算利息

■ 基本案情[1]

2005 年 6 月 20 日，江某向李某借款 300 000 元，当日江某向李某出具欠条，内容为："今有江某向李某借用现金 300 000 元，借期 3 年，利息按 5 年死期还。江某签名。"此后，江某于 2006 年底还款 100 000 元，2007 年 11 月底还款 100 000 元，2008 年 7 月底前还款 100 000 元，未支付利息。至 2007 年 7 月 11 日，江某已将所借本金付清，但拒绝支付利息。李某要求江某按约定支付利息 38 610 元。

■ 案例分析

本案的当事人江某向李某出具欠条，李某向江某支付借款，二者之间属于合法的借贷关系，受法律保护。本案的焦点就是，江某在借款期限届满前存在还款的事实，之后的利息如何计算。

民间借贷如果没有约定还款期限，那么出借人可以随时要求借款人还款，但是应当给借款人必要的准备时间，而借款人也可以随时还款。所以，如果没约定还款期限，则不存在提前还款的情况。只有在民间借贷合同约定了还款期限的前提下，才存在借款人在借款到期前提前还款。对此分为两种情况处理：

第一种：民间借贷借款人提前还款，出借人予以同意的，视为当事人双方同意变更合同，按双方约定的时间还款并支付利息。对利息有新约定的，按照新的约定计算利息；没有约定利息的，则按照原借款合同的利率和实际的用款天数计算利息。

第二种：借款人要求提前还款，而出借人不同意的。《最高人民法院关于审理民间借贷案件适用法律若干问题的规定》第 32 条规定："借款人可以提前偿还借款，但当事人另有约定的除外。借款人提前偿还借款并主张按照实际借款

---

[1] 本案例选取自北大法宝：江某与李某民间借贷纠纷案。

期间计算利息的，人民法院应予支持。"因此，如果双方对提前还款没有特别约定，则借款人可以提前还款，不用征得出借人的同意，并按照实际的借款日期支付利息。如果提前还款而造成出借人额外的支出费用的，借款人应当承担责任。对于本案来说，出借人与借款人并未约定禁止提前还款，借款人江某提前还款，并主张按实际借款天数支付利息的，依据《最高人民法院关于审理民间借贷案件适用法律若干问题的规定》第 32 条的规定，其主张成立，即按照实际的用款天数计算利息。

5. 逾期利息和违约金的认定

▌基本案情 [1]

被告宋某于 2011 年 8 月 22 日向原告高某借款 15 万元，双方签订了《借款合同》。借款合同约定，借款应于 2011 年 11 月 21 日还清，如未依约还款，则被告宋某除应当按照中国人民银行公布的同期商业贷款利率的 4 倍向原告高某支付借款利息外，还应当按照每日 5‰的利率标准向原告高某支付逾期还款的违约金。此外，被告宋某还应当承担原告高某为实现本债权而支出的全部费用，包括但不限于案件受理费、财产保护费以及聘请律师、会计师、房产专业机构人员等有关费用。被告张某作为担保人在借款合同上签字，并向原告高某出具了《不可撤销连带责任保证函》。借条内容为："因资金周转向高某借款人民币壹拾伍万（150 000）元，于 2011 年 11 月 21 日还清。借款人：高某，2011 年 8 月22 日。"保证函内容为："本人自愿对宋某向高某借款壹拾伍万元人民币提供担保，特出具保证函。一、担保借款金额为：壹拾伍万元人民币。二、担保责任：本人自愿对该借款承担连带清偿责任。如宋某未按合同约定偿付借款本息，本人自愿以全部财产承担连带清偿责任。三、担保范围：保证责任的范围包括本合同的本息、违约金、损害赔偿金及甲方为实现本债权而支付的全部费用。保证期间为借款期限届满之次日起两年。"借款到期后，被告宋某、被告张某未偿还上述借款。原告高某要求被告宋某偿还借款 15 万元，并按照每日 100.27 元（原告高某按照中国人民银行公布的同期商业贷款利率的 4 倍算出的数额）标准支付自 2011 年 11 月 22 日起至实际付清之日止的利息损失及按照每日 750 元（原告高某按照每日 5‰的利率标准计算出来的数额）标准支付自 2011 年 11 月 22 日起至实际付清之日止的违约金。被告张某对上述诉讼请求承担连带付款

---

[1]　本案例选取自北大法宝：宋某与高某民间借贷纠纷案。

责任。

▎案例分析

首先，本案中原告高某与被告宋某签订的借款合同、借条及被告张某向原告高某出具的不可撤销的连带责任保证函，系各方当事人真实意思表示，不违反法律、行政法规的强制性规定，合法有效，受法律保护。

其次，对逾期利息的支付。逾期利息是对出借人损失的合理补偿，无论借贷双方在事前是否约定，借款人逾期还款的，出借人都可要求借款人支付逾期利息。依据现阶段的法律，原告的诉讼请求将不予支持。《最高人民法院关于审理民间借贷案件适用法律若干问题的规定》第 29 条规定："借贷双方对逾期利率有约定的，从其约定，但以不超过年利率 24% 为限。未约定逾期利率或者约定不明的，人民法院可以区分不同情况处理：（一）既未约定借期内的利率，也未约定逾期利率，出借人主张借款人自逾期还款之日起按照年利率 6% 支付资金占用期间利息的，人民法院应予支持；（二）约定了借期内的利率但未约定逾期利率，出借人主张借款人自逾期还款之日起按照借期内的利率支付资金占用期间利息的，人民法院应予支持。"依据该规定，对于逾期利息的计算主要有以下几种：一是在民间借贷期内以及期外均未约定逾期还款的利率，当事人可按年利率 6% 主张计算逾期利息，法院予以支持；二是约定了借贷期内利率但未约定逾期利率的，可按借贷期内利率主张逾期利息，借贷期内的利率也受到年利率 24% 的限制；三是借贷双方对逾期利率有约定的，从其约定，但以不超过年利率 24% 为限。本案中，借款合同约定如被告宋某未依约还款，应按照中国人民银行同期商业贷款利率的 4 倍向原告高某支付借款利息，即每日 100.27 元。按照《最高人民法院关于审理民间借贷案件适用法律若干问题的规定》第 29 条，中国人民银行同期商业贷款利率的 4 倍如果低于年利率 24% 的，法院予以保护，否则法院不予保护。按照 24% 计算，每日的逾期利息为 98.63 元。如按照现在的法律规定，原告高某要求被告宋某支付借款 15 万元自 2011 年 11 月 22 日起至实际付清之日止（利率以中国人民银行同期贷款利率的 4 倍为标准）的利息损失的诉讼请求将不予支持，应按照法律的规定支付逾期利息。

再次，借款合同约定被告宋某未依约还款，应按照每日 5‰的利率标准向原告高某支付逾期还款违约金，原告高某已要求被告宋某按照中国人民银行同期商业贷款利率的 4 倍向其支付利息损失。那么，对原告高某要求被告宋某按照每日 750 元的标准支付自 2011 年 11 月 22 日起至实际付清之日止的违约金的诉讼请求，是否应予支持呢？违约金是一种预先确定的违约责任，作为一种由当事人根据自己的估计而对未来的违约损害赔偿所达成的协议，是当事人通过事先约定在违约后生效的独立于履行行为之外的给付义务。我国合同法并未禁止借款合同适用违约金条款。因此，民间借贷合同也可以适用违约金条款。《最高人民法院关于审理民间借贷案件适用法律若干问题的规定》第30条规定："出借人与借款人既约定了逾期利率，又约定了违约金或者其他费用，出借人可以选择主张逾期利息、违约金或者其他费用，也可以一并主张，但总计超过年利率24%的部分，人民法院不予支持。"因此，根据本条规定，逾期利息、违约金、其他费用合计不得超过年利率24%，超过的部分无效。对于本案的逾期利息与违约金，根据该规定可以选择主张，也可以一并主张，但总额不得超过本金年利率24%，超过的部分无效。本案中对逾期利息和违约金未超过标准的，法院予以认可，超过无效。本案原告主张违约金和逾期利息，两者相加已经远远超过了年利率24%，法院在确认具体逾期利率时采用年利率24%是最佳选择，既对原告的合理损失予以补偿，也体现了对被告逾期还款的适度惩罚，体现法律效果与社会效果的统一。

最后，本案中张某作为担保人在借款合同中签字，并出具了不可撤销的连带责任保证函。该保证函约定张某对借款承担连带保证责任，且保证范围为本息、违约金、损害赔偿金等费用。依据《担保法》的规定，连带责任保证的债务人在主合同规定的债务履行期限届满没有履行的，债权人可以要求债务人履行，也可以要求保证人在其保证范围内承担保证责任。因此，张某作为连带保证人对上述借款及利息损失等费用承担连带保证责任。

1. 以本人名义借款称替他人借款的责任主体的认定

▌基本案情 [1]

原告吴某同被告韩某之父于 2011 年 12 月 23 日签订一份《股份制企业合作协议》，约定双方各出资 50% 合伙经营韩父开办的华荣山食品厂。合伙经营期间，韩某先后向吴某出具五份借条，内容分别为："今借到吴某现金 10 000 元（一万元整），借款人：韩某，2012.2.12"，"今借到吴某现金 9300（玖仟叁佰元），借款人：韩某，2012.2.12"，"今借到吴某现金 2000（贰仟元），借款人：韩某，2012.4.3"，"今借到吴某现金 35 000（叁万伍仟元），借款人：韩某，2012.4.5"，"今借到吴某现金 1500（壹仟伍佰元），借款人：韩某，2012.4.11"。韩某称自己是该厂会计，为支付该厂经营期间的人工工资，以会计身份向企业借款 57 800元，韩某提交材料明细分类账目摘录复印件及人工工资表复印件。嗣后，吴某与韩某之父因合伙经营产生分歧，双方停止合伙经营未予清算。吴某多次催收，韩某以无钱为由拒绝归还，同时还转移了财产，规避债务。

▌案例分析

本案的争议焦点为韩某的借款是企业的债务还是个人的债务，即债务人的确定。

首先，当事人对于自己提出的诉讼请求所依据的事实或者反驳对方的诉讼

---

[1] 本案例选取自北大法宝：吴某与韩某民间借贷纠纷案。

请求所依据的事实有责任提供证据。本案中吴某提出了五份借条，证明韩某借款共计57 800元的事实，韩某对此无异议。双方的借贷关系合法有效，受法律保护。

其次，韩某主张自己是华荣山食品厂会计，为支付该厂经营期间的人工工资，以会计身份向企业借款57 800元，并且提交了现金材料明细分类账目摘录复印件及人工工资表复印件用以证明借款为合伙企业所用，对此证据，双方都予以认可。从现金流水账本记载的内容上看，韩某在2012年所借的10 000元、9300元、2000元、35 000元在公司出纳账上都记载支出，并且现金流水账号是吴某与韩某之父合伙经营期间的出纳账，该账本上有公司出纳吴某及韩某的签字。对此，应当认定该笔款项为合伙企业所借，而不能认定为韩某个人所借。而对于2012年4月11日向吴某所借的1500元，在公司流水账号上并没有显示。韩某称支付了工人工资，但与工人工资的支付方式并不相同，不能予以认定。因此，对于该笔1500元的款项应由韩某归还出借人吴某。

最后，双方对借款的利息并未约定，依据现《最高人民法院关于审理民间借贷案件适用法律若干问题的规定》第25条规定，借贷双方没有约定利息，出借人主张支付借期内利息的，人民法院不予支持。自然人之间借贷对利息约定不明，出借人主张支付利息的，人民法院不予支持。除自然人之间借贷的外，借贷双方对借贷利息约定不明，出借人主张利息的，人民法院应当结合民间借贷合同的内容，并根据当地或者当事人的交易方式、交易习惯、市场利率等因素确定利息。对此，该1500元的借款不用支付利息。

综上所述，对于韩某在2012年所借的10 000元、9300元、2000元、35 000元，应认定为合伙企业的借款，而对于2012年4月11日向吴某所借的1500元，认定为韩某的个人借款，韩某负有清偿责任。并且二者未对借款的利息进行约定，根据法律的规定，自然人之间的借款合同未约定借款利息的，视为不支付利息。因此，1500元借款不支付利息。

2. 以他人名义借款的责任主体的认定

▋基本案情[1]

2011年9月5日，唐某向庄某出具借条一张，该借条载明："兹何某借庄某现金50 000元整（伍万元整），此款于2011年9月6日归还。借款人：唐某代

---

[1] 本案例选取自北大法宝：唐某与庄某民间借贷纠纷案。

何某，2011年9月5日"。庄某收到借条后，未直接向何某、唐某支付50 000元借款。2011年9月5日，庄某向另一人周某转账支付了5万元。庄某主张是按照何某的要求支付给周某5万元的，请求何某、唐某归还其借款本金5万元，及自2011年9月7日起支付中国人民银行同期贷款利率至还清之日止的资金占用利息。何某对借条的真实性不予认可，称其根本没有委托唐某向庄某借款，且何某没有在借条上签字，借款5万元没有实际支付。周某称，他和庄某、何某都是朋友，何某欠他5万元，在催收过程中，称让庄某给他打了5万元，作为还款，但无法证明他与何某之间存在债权债务关系以及收款后的抵销证据。而何某、唐某表示不知道周某收款的事实，何某与周某之间没有债权债务，庄某没有实际支付5万元借款。

▌案例分析

本案的焦点在于唐某以何某的名义出具借条的性质，以及庄某是否履行了提供借款的义务。

在民间借贷实务中，借款合同中载明的借款人（借款名义人）与借款行为人不一致的情况时有发生。在借款不能清偿的情形发生时，出借人既可能只选择名义借款人为被告，也可能只选择行为人为被告，或者将二者列为共同被告。而行为人多以自己是"中间人"或者"经手人"收款，已经交付名义借款人或者直接代借款人归还其他债务。名义借款人则以自己不是实际借款人或者未实际收到借款为由否认借贷关系的成立生效。

一般来说，民间借贷的借款行为人应该是借款人本人或者借款人的代理人。因此，如果借条或者借款合同载明的借款人与行为人不一致时，原则上应以债权凭证上记载的为准，即推定名义借款人为债务人，具有诉讼被告主体资格。但名义借款人在审理过程中若有证据证明另有借款行为人存在的，此时名义借款人是否承担责任，需要先对实际行为人和名义借款人之间是否存在代理关系做出判断。主要有以下情形：一是借款行为人有代理权的。借条上的名义借款人并不是真正需要借款的人，只是基于特定的原因替他人借款，只在借条上签字，借款也是直接交给需要借款的人。此时的签名等行为已经表明需要借款的人为名义借款人的代理人。我国相关法律规定，本人知道他人以本人的名义实施民事行为而不否认的，视为同意。所以，出借人与名义借款人是民间借贷关系的双方当事人。二是借款行为人的代理权得到追认。《民法通则》第66条第1款规定："没有代理权、超越代理权或者代理权终止后的行为，只有经过被代理人的追认，被代理人才承担民事责任。未经追认的行为，由行为人承担民事责任。"当名义借款人通过明示、默示的方式对行为人的行为予以追认时，名义借款人仍对借款承担还款义务。三是借款行为人无代理权。《合同法》第48条第1款规定："行为人没有代理权、超越代理权或者代理权终止后以被代理人名义订立的合同，未经被代理人的追认，对被代理人不发生效力，由行为人承担责任。"据此，行为人以借款人的名义出具借条代为借款的，只要借款人不予认可，行为人不能证明所借款项用于借款人的，由行为人承担民事责任。无论行为人以他人名义借贷还是冒用他人名义借款或者虚构借款人借款，只要不能证明两者之间的代理借款关系，或者借款已经实际交付给名义借款人的，就应由行为人即实际收款人作为债务人承担还款责任。

本案中，唐某以何某名义向庄某出具借条，但何某否认唐某代为借款一事，且唐某也承认其没有得到何某的委托。所以，依据《合同法》第48条唐某未得到授权，而以何某的名义向庄某出具借条产生的民事责任，应该由行为人本人即唐某承担。

另外，本案的另一焦点即出借人是否履行了出借义务。我国《合同法》第210条规定，自然人之间的借款合同，自贷款人提供借款时生效。如果民间借贷合同是自然人之间的借贷合同，无论有偿与否、书面与否，都是实践性合同，自出借人将借款提供给借款人时生效。本案中，虽然庄某提交了唐某出具的5万元借条，但何某、唐某否认收到过借款。且庄某的证据也不能证明其向何某、唐某直接交付5万元借款。而庄某称按何某的要求已将借款支付给周某，但何某、唐某对委托周某一事表示否认。周某虽然承认收到庄某代何某偿还的5万元欠款，但不能提供证明他与何某之间存在债权债务关系以及收款后的抵销证据，并且何某否认与周某之间存在债权债务关系。因此，仅凭周某的证言不能认定庄某向周某支付5万元是庄某履行本案借款出借人义务的行为。因此，应认定庄某并未向借款人实际提供借款，民间借贷合同未生效。至于庄某向周某支付5万元的行为，可以依据不当得利追回。

3. 持有借条的当事人可推定为出借人

▌基本案情[1]

2009年4月19日，孙某因做买卖急需用钱，在陈某处借款1万元，没有约定利息及还款期限，现陈某急需用钱向孙某索要，孙某一直未给付。现陈某要

---

[1] 本案例选取自北大法宝：孙某与陈某民间借贷纠纷案。

求孙某立即还款。孙某承认借款事实，但认为钱不是在陈某手中借的，是在其外甥李某手中所借，不同意还款。

▋案例分析

本案的焦点在于陈某持有借条凭证，孙某否认其为债权人，应该如何认定债权人。

借条作为民间借贷合同的常见表现形式，一般应当明确记载出借人与借款人的姓名或者名称，但实践中时常出现借条上的出借人信息并不完整的情形，如未记载出借人。出借人信息不完整或者事后填写等，导致难以从借条上对出借人进行识别，最终导致无法认定出借人。借条不仅是债权债务合同的证明，即确认出借人与借款人之间债权债务关系存在以及双方之间权利义务的依据，它还是出借人的权利凭证。作为民间借贷中最常见的权利凭证，借条通常由出借人亲自持有，并且由于知识水平、习惯等不同，可能存在着遗漏信息的情形。所以，司法实践中一般推定持有借条原件的当事人为债权人。如果作为债务人的被告对原告的主体资格提出异议，抗辩借条持有人并非真正的出借人的，应当由其承担举证责任。如果不能提出相反的证据证明，或者提供的证据不足以证明借条等债权凭证的持有人并非实际出借人或者债权人的，推定借条持有人对该借条是合法、善意占有，借条持有人为债权人。本案中，孙某向陈某借款1万元，由其本人出具欠条，孙某也予以认可，事实清楚，证据充分。虽然双方未约定还款期限，但陈某可以随时主张权利。虽然未记载出借人的名字，但不影响借条的效力。若无相反的证据证明持有借条的人不是债权人，则应认定陈某为债权人。依据《最高人民法院关于审理民间借贷案件适用法律若干问题的规定》第2条第2款规定，当事人持有的借据、收据、欠条等债权凭证没有载明债权人，持有债权凭证的当事人提起民间借贷诉讼的，人民法院应予受理。被告对原告的债权人资格提出有事实依据的抗辩，人民法院经审理认为原告不具有债权人资格的，裁定驳回起诉。

当然，对于推定的事实，如果被告对原告的主体资格提出异议，且提供的证据足以证明借条等借款凭证的持有人并非实际的出借人或者债权受让人的，债权凭证的持有人就不具有权利主体资格。本案中，虽然孙某提出此款项并不是在陈某处借的，而是在李某处借的，并已偿还，李某也予以作证，但证人李某是孙某的外甥，与孙某有利害关系。依据《最高人民法院关于民事诉讼证据的若干规定》第69条第2项规定，与一方当事人或者其代理人有利害关系的证人出具的证言不能单独作为认定案件事实的依据。因此，在陈某不认可李某证言，孙某又未提供其他证据佐证的情况下，不能单独以李某的证言认定孙某与李某之间存在债权债务关系。

综上所述，陈某持有债权凭证借条，孙某予以反驳的证据不能予以认定，应认定陈某为债权人，孙某应向其履行1万元的还款义务。双方对利息没有约定，根据法律的规定，自然人之间的民间借贷未约定利息的，视为不支付利息。因此，对于1万元借款不用支付利息。

4. 项目经理职务行为的认定

▌基本案情[1]

2008年9月1日，华亮公司与安徽省颍上第一中学签订一份《建设工程施工合同》，约定由华亮公司承建安徽省颍上第一中学城北新校区教学楼、食堂、学生公寓工程（简称颍上一中新校区工程）。同日，双方又签订一份教学楼、宿舍、食堂工程《补充协议》，约定食堂、宿舍工程建设所需资金由华亮公司全部垫资，与教学楼同期交付使用。2009年4月20日，华亮公司任命汪峰为颍上一中新校区工程项目经理，行使项目经理权限。2010年9月19日，汪峰以该项目资金缺乏为由向张林海借款100万元，并签订一份《借款担保合同》，约定借款用于工程，借款期限自2010年9月19日至2010年12月18日。该合同由汪峰签字并加盖华亮建筑股份有限公司安徽省颍上一中新校区施工管理章（简称施工管理章）。合同签订后，张林海履行了约定的借款义务。华亮公司认可印章使用期间为2009年4月21日至2010年11月19日。2013年11月12日，汪峰在补充说明中认可案涉借款约定的月利率为3%，按月支付利息，但自2013年3月份起未支付利息。庭审中，张林海认可2013年8月19日汪峰又向其支付利息4万元。华亮公司未提交为颍上一中新校区工程垫资的证据。张林海请求判令华亮公司、汪峰连带偿还借款100万元、利息30万元（自2013年3月1日算至2013年12月30日，计10个月）。

▌案例分析

在当前的建筑市场，多数施工企业在承包建设工程后推行各种各样的项目负责制，设立工程项目部完成承接的特定工程。项目部负责人向外借款所导致的诉讼纠纷很多。本案就属于项目部经理向外界借款的情形。那么，项目部经

---

[1] 本案例选取自北大法宝：张林海与汪峰、华亮公司民间借贷纠纷案。

理向外界借款究竟属于公司债务，还是项目部债务或者个人债务呢？下面将予以分析。

首先，应该审查项目部负责人是否属于有权代理。建设施工企业临时设立的项目部负责管理施工，项目部经理有权组织人力、物力、财力开展生产经营，如可以对外签订劳务合同、买卖合同、租赁合同等，但并不意味着其必然享有对外融资借款的权限。项目部经理以项目部的名义对外借款的，一般应得到建筑施工企业的明确授权，即有证据证明施工企业授权项目经理对外借款的，如施工企业参与签订的合同明确约定项目部经理可以因工程建设需要对外融资借款的，则不管是以企业的名义还是以项目部的名义，均应认定项目经理的行为属于有权代理，由施工企业作为被代理人承担民事责任。

其次，应当审查施工企业是否有事后追认行为。项目经理在没有明确授权的情况下，应当对施工企业是否有事后追认行为进行审查。若出借人能够证明施工企业事后以明示或者默示方式对行为人的行为进行确认，则项目经理的借款行为也产生有权代理的法律效果，应认定为代理关系成立，由建筑施工企业承担责任。

最后，不符合代理的要件，也不属于事后追认情形的，如果符合表见代理的要件，就要适用表见代理的规定。即出借人如果要求企业承担还款责任的，应举证证明项目经理的借款行为构成表见代理，才能产生表见代理的效力。在施工企业因表见代理承担相应的民事责任后，可以依内部承包责任的约定向涉案债务的最终承担者追偿。依据《最高人民法院关于当前形势下审理民商事合同纠纷案件若干问题的指导意见》的规定，《合同法》第49条规定的表见代理制度不仅要求代理人的无权代理行为具有代理权的表象，即第三人相信其有代理权，而且要求相对人在主观上善意且无过失地相信行为人有代理权。如何认定具有代理权的表象，需要综合各种因素予以判断，如借款的名义、借款的时间和用途、施工企业是否知道、借贷双方的关系、项目经理的身份、印章的真伪等。对判断是否有授权的表象有较大影响的主要有加盖的印章和项目经理的身份两项。项目经理与建筑企业的委托代理关系中，项目经理属于代理人的身份，代理权来源于企业的授权，可以施工合同约定，也可双方协议约定，等等。项目章是由建筑企业为项目运行方便所刻，可以作为代理权的表象证明。企业项目部的其他章如技术章、材料章等无法直接证明代理权的表象。未加盖项目部章，则不属于项目部，不产生表见代理的问题。项目经理签字并加盖项目部印章具有较强的证明效力，但也不能因为项目经理签字并盖章的行为就视为施工企业的借款行为，因为项目部的设立目的在于管理工程建设，并不当然的具有对外借款的行为。若要加以证明，除项目经理签字并加盖项目部印章外，还需对借款时间、地点、金额、交付等与企业相牵连的事实证据加以证明，综合判断。此外，还需要出借人主观上善意无过失。对于善意无过失，应当结合合同缔结与履行过程中的各种因素综合判断合同相对人是否尽到合理注意义务，此外还要考虑合同的缔结时间、以谁的名义签字、是否盖有相关印章及印章真伪、标的物的交付方式与地点、购买的材料、租赁的器材、所借款项的用途、建筑单位是否知道项目经理的行为、是否参与合同履行等各种因素，作出综合分析判断。[1]

本案的借款事实基本清楚，即汪峰向张林海借款 100 万元的事实可以认定，借条上有项目经理汪峰的签名，又加盖了华亮建设集团股份有限公司安徽省颍上一中新校区施工管理章。有争议的是借款的主体是汪峰个人还是华亮建设集团，其焦点就在于汪峰对外借款是否具有代理权或者是否构成表见代理。结合全案证据，汪峰的行为不属于有权代理，属于表见代理。从以下几方面加以分析：首先，汪峰为华亮公司的项目经理，其职责是从事与承建项目工程有关的事项，对外借款不属于项目经理的职责范围，现有的证据也不足以证明华亮公司授权汪峰对外借款。所以，汪峰以项目部名义对外借款，系超越项目经理的职责范围，且事后华亮公司未追认，该借款行为属于无权代理。其次，本案中借款合同载明了借款用途为工程款，并加盖施工管理章，此章为华亮公司项目部唯一一枚印章，且在汪峰任项目经理期间使用，因此在借款合同上盖章具有合理性。本案的借款合同有项目经理的签字与项目部的盖章，并载明为工程款，因华亮公司为部分工程垫资建设的承诺，发包方颍上一中在工程建设期间无须付款，在华亮公司无证据证明已为工程款实际垫资的情况下，汪峰为工程建设对外借款具有现实性。所以，此借款行为具备表见代理的权利外观。最后，从相对人即出借人张林海的主观状态分析。汪峰本人签字盖章，并明确了借款用途，张林海作为出借人应以善良管理人的注意义务为标准，审慎审查授权的真伪。华亮公司承诺不挂靠、工程不转包，且任命汪峰为项目经理。依据汪峰的这些权利外观，张林海有理由相信汪峰是代表华亮公司为涉案工程需要而借款，已尽到注意义务，此借款行为符合表见代理的要件，构成表见代理。因此，依据《合同法》第 49 条规定，行为人没有代理权、超越代理权或者代理权终止后以被代理人名义订立合同，相对人有理由相信行为人有代理权的，该代理行为有效，该笔借款应由华亮公司承担。

---

〔1〕　林晨、金赛波主编：《民间借贷实用案例解析》，法律出版社 2015 年版，第 37～38 页。

另外，本案还涉及剩余借款数额的问题。依据现行法律规定，对于自愿支付的年利率在24%到36%之间的利息部分，已经支付的不能要求返还，超过年利率36%，已经支付的可以要求返还。本案的年利率为36%，并且汪峰已经自愿支付，不得要求返还。2013年3月1日以前已经支付的利息不得要求返还，对于2013年3月1日至2013年12月30日的利息，按月利率3%计算，高于受法律保护的月利率2%以下，如果借款人同意支付的话，可以继续支付，如果不同意支付，双方可以协商确定。

5. 法定代表人对外借款的责任主体的认定

▌基本案情[1]

2010年4月27日，原告张金明起诉至嘉兴市秀洲区人民法院称：陈永富以盛能公司经营钢材生意缺乏资金为由，由王廷海作担保，先后于2010年2月27日和同年3月30日共向其借款90万元，上述借款均用于盛能公司购买钢材。后陈永富为逃避债务不知去向，无法联系，故提起诉讼，要求陈永富、盛能公司归还借款90万元，支付借款利息7200元（以90万元为本金，自借款之日起按月利率2%计算至2010年4月27日止）；王廷海对借款本息承担连带责任。陈永富称：借款90万元系由其个人向张金明所借，与盛能公司无关；2010年4月2日，通过银行转账的方式已归还张金明借款30万元，实际尚欠借款60万元。王廷海称：其为陈永富的驾驶员，本案的两次借款均由其介绍，并为借款作担保，借款均用于支付钢材款，张金明诉称属实。被告盛能公司称：陈永富以个人名义向张金明借款，系个人行为，与盛能公司无法律上的关系，借款用途尚不清楚，也不影响借贷法律关系，故张金明起诉盛能公司无事实和法律依据。

陈永富为盛能公司经营钢材生意之需，于2010年2月27日和3月30日分别向张金明借款30万元和60万元，借款期限分别为3个月和1个月，并口头约定借款利息为月息2分，王廷海为上述借款提供担保。陈永富于2010年2月27日和3月30日分别向张金明出具借条两份，其中第一份借据载明："今有陈永富向张金明借人民币叁拾万元整，三个月归还。管辖范围：由秀洲区人民法院管辖。借据人陈永富，担保人王廷海，2010年2月27日，身份证号＊＊＊"。第二份借条载明："本人因做钢材生意，今向张金明借人民币陆拾万元整一个月

---

[1] 本案例选取自北大法宝：张金明诉嘉兴盛能进出口有限公司、陈永富、王廷海民间借贷纠纷案。

归还"，其余内容与前述借条一致，保证人亦为王廷海。同年 4 月 2 日，陈永富以银行卡转账的方式归还张金明 30 万元。陈永富遂以该借款向上海某钢材供应商采购钢材，并以盛能公司的名义，向海盐龙创钢材物资有限公司（以下简称龙创公司）等企业销售钢材。同年 4 月 2 日，陈永富以银行卡转账的方式归还张金明 30 万元。同年 4 月 17 日，陈永富又因经营钢材生意需要，要求继续向张金明借款 30 万元，张金明遂按其要求，将 28 万元汇入林兴荣银行卡中，并通过王廷海，将现金 2 万元交付陈永富。同年 4 月 16 日、17 日，陈永富两次以盛能公司名义，将总计 208.7 吨的钢材交付龙创公司，并将龙创公司签收的两份送货单（记账联）交由张金明保管，以备此后双方一同向龙创公司结算钢材价款，归还张金明借款。此后，张金明失去与陈永富的联系。

▌案例分析

本案属于民间借贷纠纷，款项已经交付，双方当事人对于借贷事实予以承认，民间借贷关系合法有效。本案主要争议焦点在于该笔借款的还款义务人是盛能公司还是法定代表人陈永富个人。

法定代表人对外可以直接以公司的名义进行活动，且行为后果直接归属于公司。而法定代表人从事合同行为时，一般无须法人另行出具授权书，除非另有约定，否则法定代表人签字与加盖法人公章具有同等的效力。另外，法定代表人自己从事相关的活动也会进行签名。因此，法定代表人身份具有重合性。那么，在法定代表人对外借款时，应该看作是自然人身份的借款还是基于法人提出的借款，直接关系到债务性质的认定以及民事责任的承担。因此，认定法定代表人对外借款是个人行为还是代表行为时，除了对借据进行认真审核外，还应当全面考量借款时法人和法定代表人的经营状况、财务状况、出借人与法定代表人的关系、当事人之间的交易相关、借款的名义、款项的交付方式、款项的去向、用途等，对证据进行准确的判断，正确认定证据的效力，查清案件事实。

具体到本案，陈永富具有双重身份，其既为自然人，又是代表盛能公司行使职权的法定代表人，其行为是否构成职务行为，应当结合行为的性质及具体表现来判断。首先，法定代表人陈永富的行为若要构成职务代表行为，必须符合两个条件，即行为时必须是企业的法定代表人，以及在进行民事活动时必须是以企业的名义进行。本案中，陈永富在借款时的身份确实是法定代表人，但借款时并没有以企业的名义。张金明主张借款的主要证据是陈永富于 2010 年 2 月 27 日和 2010 年 3 月 30 日出具的两份借条，从其内容来看，在借款人一栏中均署名陈永富且附有陈永富的个人身份证号，在 2010 年 3 月 30 日的借条中亦载明借款事由，系陈永富"本人因做钢材生意"。可以看出属于陈永富个人借款的可能性较大。其次，本案的借款主要用于盛能公司经营钢材生意，陈永富两次以盛能公司名义，将总计 208.7 吨的钢材交付龙创公司，并将龙创公司签收的两份送货单（记账联）交由张金明保管。因此，本案借款用于经营买卖钢材业务的可能性确实存在。最后，出借人张金明是否尽到了善意相对人谨慎的注意义务，如出借人与借款人签订借款合同时有无审查借款人的身份及权限、有无要求企业在借据上盖章等。本案所涉借条上并未加盖盛能公司的公章，并且在借据上陈永富明确写明是本人个人借款，即该借条内容所涉债务系陈永富个人债务。如果张金明认为是盛能公司借款，应当要求对方在借据上加盖公章，这样才能确保万无一失，并且应该拒绝陈永富个人签字出具借据。同时也可以要求写明公司的借款用途，而借据明确写明为个人借款，张金明并无异议。另外，张金明在一审提起诉讼时仅将陈永富个人作为被告，追加盛能公司的理由系借款为盛能公司购买钢材所用，由此亦可推定直至本案诉讼发生时，张金明在主观上同样认为其借款对象为陈永富个人。

此外，张金明称，本案借款系用于盛能公司购买钢材，也系陈永富在取得借款后对款项所做的处分，基于合同相对性的原理，亦不能改变借款人系陈永富的基本事实。但是，《最高人民法院关于审理民间借贷案件适用法律若干问题的规定》第 23 条规定，企业法定代表人或负责人以企业名义与出借人签订民间借贷合同，出借人、企业或者其股东能够证明所借款项用于企业法定代表人或负责人个人使用，出借人请求将企业法定代表人或负责人列为共同被告或者第三人的，人民法院应予准许。企业法定代表人或负责人以个人名义与出借人签订民间借贷合同，所借款项用于企业生产经营，出借人请求企业与个人共同承担责任的，人民法院应予支持。因此，本案应属于企业法定代表人以个人名义借款，但借款的用途是为公司经营活动所用。本案中张金明已经对借款系用于购买钢材的事实进行了举证，即陈永富两次以盛能公司名义，将总计 208.7 吨的钢材交付龙创公司，并将龙创公司签收的两份送货单（记账联）交由张金明保管。如果盛能公司对于此款项用于本公司钢材买卖活动不予认可，应提出相应的证据予以证明。本案中，盛能公司并没有证明该事实。因此，依据《最高人民法院关于审理民间借贷案件适用法律若干问题的规定》第 23 条，企业法定代表人陈永富以个人名义与张金明签订民间借贷合同，所借款项用于盛能公司从事经营活动，张金明请求盛能公司与陈永富共同承担责任应予支持。

至于欠款数额的问题，虽然陈永富称其已归还张金明 30 万元款项，但张金明手中仍持有 30 万元、60 万元两份借条，且张金明还提供了其根据陈永富短信指令，将 28 万元款项汇给案外人林兴荣、2 万元交给保证人王廷海的相关证据，即其在收到陈永富归还的 30 万元款项后，又将 30 万元重新出借给陈永富。因此，陈永富应归还的借款仍为 90 万元。双方在借条中并未约定利息，张金明称口头约定月息 2% 的说法并无证据予以佐证，依据《最高人民法院关于审理民间借贷案件适用法律若干问题的规定》第 25 条第 1 款，借贷双方没有约定利息，出借人主张支付借期内利息的，人民法院不予支持。自然人之间借贷对利息约定不明，出借人主张支付利息的，人民法院不予支持。除自然人之间借贷的外，借贷双方对借贷利息约定不明，出借人主张利息的，人民法院应当结合民间借贷合同的内容，并根据当地或者当事人的交易方式、交易习惯、市场利率等因素确定利息。但两份借条中均明确约定了还款日期，陈永富应赔偿张金明自还款期届满之日起至今的逾期利息。依据《最高人民法院关于审理民间借贷案件适用法律若干问题的规定》第 29 条，借贷双方对逾期利率有约定的，从其约定，但以不超过年利率 24% 为限。未约定逾期利率或者约定不明的，人民法院可以区分不同情况处理：既未约定借期内的利率，也未约定逾期利率，出借人主张借款人自逾期还款之日起按照年利率 6% 支付资金占用期间利息的，人民法院应予支持；约定了借期内的利率但未约定逾期利率，出借人主张借款人自逾期还款之日起按照借期内的利率支付资金占用期间利息的，人民法院应予支持。最后，保证人王廷海自愿为陈永富的借款提供保证，其应依约对上述债务承担连带责任。

6. 在他人借条上签字的性质

▌基本案情〔1〕

2012 年 9 月，李亚铃介绍杨勇红与马青平相识。马青平称其有工程但缺少资金，所以向杨勇红分两次共借款 70 万元。杨勇红将现金交付给被告马青平并由其书写了借条，被告李亚铃均在场。同年 12 月 28 日，在杨勇红的要求下，被告马青平又重新书写了一份保证书，内容为"今保证借杨勇红的柒拾万元在 2012 年 12 月 31 日前一次付清，否则愿承担一切法律责任"，被告马青平在保证人后签名，被告李亚铃在该保证书上保证人前面签名。2013 年 6 月 6 日，被告马青平给杨勇红转账还款 10 万元。剩余借款至今未付。

---

〔1〕 本案例选取自北大法宝：杨勇红与李亚铃等民间借贷纠纷案。

█ 案例分析

实践中，见证人与保证人、借款人的签名因为位置不同，会被认定为不同的当事人。而当债权人主张在借条上签字的人为共同借款人或者保证人时，应提出足够的证据予以证明，否则不予支持。本案的焦点问题是马青平、李亚铃是否是共同的借款人。

本案中杨勇红主张马青平、李亚铃借款事实存在的证据仅有 2012 年 12 月 28 日名为保证书的借条中有马青平、李亚铃的签名。但以该签名就认定马青平李亚铃为共同借款人，证据不足。首先，《最高人民法院关于民事诉讼证据的若干规定》第 2 条规定："当事人对自己提出的诉讼请求所依据的事实或者反驳对方诉讼请求所依据的事实有责任提供证据加以证明。没有证据或者证据不足以证明当事人的事实主张的，由负有举证责任的当事人承担不利后果。"杨勇红作为债权凭证的持有人与保管人，因保管不善将两张借条丢失，其应承担不利的法律后果。仅凭被上诉人李亚铃在"借款人马青平"左面空白处签了名的保证书，不能直接证明被上诉人李亚铃为共同借款人。如果被上诉人李亚铃作为共同借款人之一，则其在保证书"保证人马青平"的左面空白处签名，不符合通常的书写习惯。并且马青平称在杨勇红交付 50 万元、20 万元现金时，马青平分别出具了借条，借条上明确写明"借款人马青平""见证人李亚铃"。杨勇红承认马青平书写过这两张借条，李亚铃也在这两张借条上签了名，但并没有注明是"见证人李亚铃"，且签名的方位和保证书中基本一致，而这两张借条现均已丢失，无法提供。这两张借条借款数额较大，并于 2012 年 9 月至 11 月间书写，和 2012 年 12 月 28 日的保证书在时间上间隔不久，且都由杨勇红保管，但杨勇红却因保管不善两张借条丢失，唯独只剩保证书，这不符合常理。而且，马青平与李亚铃均称在该两张借条中签的是"见证人李亚铃"。杨勇红认为是二人合谋、串通，但未提交相关证据进行证明，故不予认可。即便如杨勇红所述，李亚铃仅在借条中签字并未注明见证人三个字，同样，李亚铃的签名方位在"借款人马青平"的左面空白处，这也并不符合书写习惯。其次，马青平认为其将杨勇红借给的 70 万元现金全部用于联系工程，钱花光了，但工程也没有承揽下来，所以愿意承担还款的全部责任，工程方面的事因李亚铃不懂并未参与，与李亚铃无关，两份借条和保证书不牵扯李亚铃，李亚铃在本案借款合同中仅仅是中间见证人的身份，并不是共同借款人。杨勇红认为其为了让李亚铃逃避还款责任，所以让没有任何偿还能力的马青平承担全部还款责任，有相互串通的嫌疑，但未向提出相关证据，所以不能认可。再次，李亚铃提供的录音材料及证人证言能够相互印证，证明李亚铃是在杨勇红的要求下才在保证书上签名的过程，且签名的意思仅是见证人，而杨勇红对该说法没有明确表示反对，该说法也与马青平的陈述一致。最后，马青平已于 2013 年 6 月给杨勇红还款 10 万元。

综上所述，依据《最高人民法院关于审理民间借贷案件适用法律若干问题的规定》第 21 条，他人在借据、收据、欠条等债权凭证或者借款合同上签字或者盖章，但未表明其保证人身份或者承担保证责任，或者通过其他事实不能推定其为保证人，出借人请求其承担保证责任的，人民法院不予支持。因此，对于认定保证人或者共同借款人也应当提出证据加以证明，否则不能予以认定。本案中杨勇红要求被告李亚铃偿还借款的证据不足，不能认定李亚铃为共同借款人。

第六章
民间借贷证据的认定

1. 对借条提出异议的处理

▍基本案情 [1]

陈震东与陈兰系恋爱关系，恋爱期间，陈震东了解到陈兰的舅舅是湖北省某人民银行的行长，即多次要求被告通过该关系贷款，多次要求未果后，就逼迫陈兰写下了一张 100 万元的借条。2009 年 7 月 16 日，陈兰向陈震东出具借条一张，载明：本人借陈震东现金人民币 100 万元整，还款日期为 2009 年 7 月。陈兰称：并未向陈震东借款。陈震东开办公司的地方已经被租赁，陈震东目前也仅仅是通过网络做生意，陈震东母亲在 2009 年刚刚开过刀，其根本没有能力借款 100 万元。2009 年 9 月 18 日，双方因款项事宜产生冲突，经陈兰报警后，常州市公安局天宁分局茶山派出所为此出警。经陈兰申请，2012 年 3 月 26 日，南京东南司法鉴定中心对陈兰单方进行多道心理生理测试，该中心于 2012 年 4 月 10 日出具东南司法鉴定中心［2012］心测字第 5 号报告书，测试结果为：被测人陈兰在陈述"我没有收到陈震东借款 100 万元现金"时，无明显说谎显示。

▍案例分析

解决民间借贷纠纷的关键就在于事实的查明，而事实查明后的法律责任是简单的。因此，借条作为民间借贷中最常见的书证，其证据效力的判断尤为重要。但是在审理民间借贷案件中，债权人仅凭借条起诉，当双方争议焦点集中

---

〔1〕　本案例选取自北大法宝：陈震东持借条起诉但陈兰抗辩未借款并报警及要求测谎民间借贷纠纷案。

在是否存在借款事实，并且被告提出有力抗辩，动摇了"借条"在一般情况下证明借款关系存在的基础时，应当根据借款金额大小、出借人的经济能力、交付方式、交付凭证、交易习惯、借贷双方的亲疏关系以及当事人陈述等全部相关证据，认真查明，并结合其他证据综合判断借款事实是否存在。本案的争议焦点就是借款事实是否存在。

民间借贷的传统交易习惯就是借贷双方一般不签订借款合同，只需借款人向出借人出具一张借条，载明借款金额、利息、还款时间等，并由借款人署名、按手印。借款人还款后，出借人交回借条，或者当面撕毁借条，或者出借人出具收据给借款人。借条是证明双方存在借贷合意和借贷实际发生的直接证据，具有直接证明性，证明力较强，其一般能够推定以下要件事实：一是出借人与借款人之间存在借贷合意。借贷合意是借贷双方协商达成的，包括出借时间、借贷金额、利息、借款期限、担保事项、逾期还款利息等。借贷双方协商达成的合意一般会记载于借条之中。二是出借人已经将借款交付于借款人。一般情况下，交付借款与交付借条都是同时的，即出借人向借款人交付借款，借款人向出借人出具借条。即使不是同时，其时间间隔也不会很长。三是借条所涉的借贷债权存在，是证明债权存在的重要凭证。借条一般在还款后由借款人收回或者撕毁。因此，如果出借人持有借条，一般推定借贷债权仍然存在，借贷关系未消灭。

虽然借条的证据效力较强，但其效力也可以被推翻，本案就属于推翻借条效力的情形。实务中借款人对借条的效力提出异议，主要的抗辩理由有以下几种：一是借款人出具的借条并不是其真实意思表示，主要有双方之间的关系并非借贷关系而出具借条，应按照原基础法律关系处理，以及借款人非自愿出具借条，即借款人基于欺诈、胁迫而出具借条。二是借贷关系不合法，主要包括出借人明知借款人借款用于吸毒、赌博等非法用途，借贷关系不受法律保护，以及"以合法形式掩盖非法目的"的毒资、赌债等不法债务。三是借贷事实未按借条实际发生，主要包括借款未实际支付，即借贷关系未生效，以及借款未按借条足额交付，如预先扣除利息。四是借贷债务已消灭，主要包括借款已经清偿完毕、部分清偿或者抵销，而借条未收回，以及出借人的请求已过诉讼时效。需要注意的是，民间借贷的借条既是借贷关系成立的依据，也是借贷关系实际发生的证据，其效力不可低估，某个事项的陈述瑕疵尚不足以推翻借条的证明力。借款人仅有简单的抗辩，也不能轻易地否定借条的证明力，除非有确实的相反证据，即借款人有充分的证据证实或者提供一定的证据，而出借人既无法做出解释，亦不能提供其他证据证明的情况下，才能否定借条的证明力。

本案中，陈震东目前提供的证据不能证明借款事实的存在。首先，陈兰的提款方式存在疑问。陈震东陈述借款当日是陈兰独自把现金提走，从陈震东的公司走出去坐车，100万元扎好后装在大小类似于西服的纸袋子里。从提款的安全性和100万元现金的体积上看，此提款方式缺乏合理性和可操作性。其次，陈震东的借款能力不足。陈震东提供的银行卡、房产证、证券资料等证据证明其资产持有情况，但在各明细账单中没有发现数额在30万元以上的往来或存款，数额在10万元、20万元的存取款或往来数量亦较少，亦无短期内连续小额取款累积的情况，该证据无法证明其具备一次性借出100万元的能力。再次，在测谎阶段，陈震东以各种理由拒绝，拒绝就针对测谎的意见出具书面说明理由。同时，经对陈兰单方进行测谎，结果显示陈兰无明显说谎迹象。最后，从陈震东日常经营的业务分析，其本人开列有多个股票、期货账户，在此情况下仍长期将百万元的现金存放于保险柜，既违背企业财务规定，又极不符合办企业、做投资的常情，且大额对外借款不以转账方式而以现金方式进行，其做法不具有可信度。

依据《合同法》第210条，自然人之间的借款合同，自贷款人提供借款时生效。结合本案陈震东提供的借条及可供证明的其他证据，综合陈震东的经济能力、借贷金额、现金交付的方式和双方的关系等进行分析，陈震东不能证明自己已经实际交付了该款，不能证明借款事实的存在。所以，双方之间不存在民间借贷关系。

2. 担保人以担保的债务向出借人出具借条的效力

▌基本案情 [1]

经杨新生介绍，彭智民和冯艳伟相识。冯艳伟所承包经营的大湖金矿二选厂和坑口需要资金，2008年5月18日，冯艳伟（甲方）和彭智民（乙方）签订了1份《精粉销售合作协议》，约定：乙方给甲方投入150万元（以借条为准），选厂所生产的精粉共同发往冶炼厂，乙方按每次卖精粉所结算款项的70%收回所借出的资金，甲方每克向乙方让利15元人民币为借款利息。次日，彭智民将150万元现金交给杨新生，杨新生口头承诺作为担保人，冯艳伟给彭智民出具了内容为"今借到彭智民现金壹佰五拾万元，此款无利息"的借条。之后，彭智民未参与冯艳伟的金精粉销售，冯艳伟先后偿还彭智民借款70万元。2008

---

〔1〕 本案例选取自北大法宝：彭智民与杨新生民间借贷纠纷案。

年8月，冯艳伟又向彭智民借用现金60万元。为催要前期借款，2008年10月20日，彭智民和冯艳伟、杜占平签订了1份《协议书》，约定：彭智民给冯艳伟的选厂投入50万元（杜占平投入140万元），在选厂生产出精粉后由杜占平和彭智民按6∶4的比例分配收回投资。次日，冯艳伟和彭智民、杨新生三人又签订了1份《入股协议》，协议明确：彭智民借给冯艳伟现金233万元，其中160万元为2分利息，30万元为3分利息，以上借款还清后，彭智民占选厂及坑口的10%股份，彭智民在选厂和坑口的管理权交由杨新生代管，当日，冯艳伟给彭智民出具了内容为"今借到彭智民现金贰佰叁拾叁万元（2 330 000元）整，此款从精粉款中扣除，2008年11月30日归还捌拾万元，2008年12月20日归还伍拾万元，2008年12月30日还清，借款人冯艳伟"的借条，杨新生在该借条中签上"担保人杨新生"的字样。彭智民给冯艳伟投入了50万元后，选厂所生产的第一批精粉由杜占平拉走，之后选厂停产，彭智民实际没有通过精粉收回投资。在冯艳伟和彭智民所约定的还款期限内，冯艳伟未偿还分文借款。2008年12月26日，彭智民和家人以债主催要借款在其家中居住为由，到杨新生家中催要借款，杨新生同意彭智民暂时在其家中居住，并将房门钥匙和防盗报警器交给彭智民，同时又给彭智民出具了"家中无贵重物品"的字据。之后，彭智民一直居住在杨新生家中。2008年12月29日，杨新生依据233万元借款，在计算利息后，给彭智民又出具了内容为"今借到彭智民现金贰佰肆拾柒万（2 470 000元），其中壹佰捌拾万元月息为2分，叁拾万元月息为3分，借款人杨新生"的借条和内容为"我叫杨新生，现有冠天花园26栋11层A座（房屋）一套抵押给彭智民。如果到期归还不了彭智民现金，可用此房用以还款，抵押人杨新生"的抵押协议（杨新生所述的还款协议），并将其购买该房的交款收据复印件2份交给彭智民。2009年1月9日，双方发生争执后，彭智民更换了房门钥匙，杨新生不能回家，双方的矛盾加剧。

▍案例分析

本案中，冯艳伟因其承包经营的选厂和坑口需要资金，通过杨新生介绍，先后从彭智民处借款233万元。从表面上看，冯艳伟在每克精粉中让利15元作为借款利息，彭智民的借款可以说是投资或入股的资金，但事实是彭智民始终没有依据协议参与冯艳伟的金精粉销售，同时也未参与冯艳伟选厂的经营，也未从冯艳伟的金精粉销售款中收回借款。并且，冯艳伟与彭智民签订入股协议和借据，约定了借款利息、还款方式和时间，双方签订的协议名为入股，实际符合借款的形式，彭智民与冯艳伟之间的借款关系成立。冯艳伟与彭智民在发生经济往来之前彼此并不熟悉，杨新生是介绍人，冯艳伟给彭智民出具的借条中，杨新生以担保人的身份签名，因此，彭智民为债权人，冯艳伟为债务人，杨新生为担保人，对此事实各方均已认可，应当确认该借款担保行为有效。冯艳伟出具的借条上，杨新生并未注明保证责任方式，依照《担保法》第 19 条规定，当事人对保证方式没有约定或者约定不明确的，按照连带责任保证承担保证责任。因此，杨新生对该债务的保证方式应为连带责任保证。在约定的还款期限届满后，彭智民可以要求冯艳伟履行债务，也可以要求杨新生承担保证责任。在彭智民向杨新生主张保证责任时，要求杨新生又向其出具借款 247 万元的借条。杨新生给彭智民出具的 247 万元借条及冯艳伟给彭智民出具的 233 万元借条中的借款是同一笔债务。显然杨新生并没有借彭智民的钱，所以杨新生为彭智民出具的 247 万元"借条"和"自愿"用房屋一套作为抵押的《抵押协议》无效。另外，杨新生称冯艳伟是实际债务人，自己在冯艳伟的借条上虽然签了担保人，但之后彭智民与冯艳伟又签订了入股协议，其就不再是担保人。经查，冯艳伟出具的借条和冯艳伟与彭智民签的入股协议的时间均在 2000 年 10 月 21 日同一天，且该入股协议上也有杨新生的签名，又查明该协议并未履行，所以杨新生所称入股协议签订后其不再是担保人的理由不能成立。因此，杨新生系冯艳伟借彭智民 233 万元的担保人，其应在该款本息范围内承担民事责任。杨新生在偿还彭智民债务后可向冯艳伟另行追偿。

3. 录音资料证据效力的认定

▌基本案情[1]

罗应天于 2013 年 11 月 2 日出具《欠条》一张，载明：罗应天向陈克智借款 41 万元；该借款共向陈克智出具了两张借据，一张系 2013 年 11 月 2 日出具，金额 21 万元，一张系 2013 年 11 月 12 日出具，金额 20 万元，陈克智声称丢失该两张借据，故罗应天补写此欠条，之前写给陈克智或者其儿子陈常新的所有借据作废；以上借款分三次借入，21 万元和 11 万元的借款分别于 2013 年 11 月 2 日、2013 年 11 月 12 日向陈克智借入，9 万元的借款于 2013 年 9 月 6 日向陈常新借入（现计入 2013 年 11 月 12 日出具的 20 万元借据的借款中）；罗应天保证于 2014 年 9 月 30 日前归还以上欠款；罗应天已按双方口头约定的利率支付至 2014 年 5 月 2 日和 5 月 12 日的利息，共计 41 000 元。陈克智于 2013 年 11 月 2

---

[1] 本案例选取自北大法宝：罗应天等与陈克智民间借贷纠纷上诉案。

日向罗应天通过银行转账 21 万元。陈克智于 2013 年 11 月 12 日分两次取款 50 040 元、6 万元。2013 年 11 月 12 日，陈克智出具《收据》一张，载明：收到罗应天交来的利息款 41 000 元。陈克智提交了通话录音光碟一份，证明罗应天在 2014 年 1 月、2 月、6 月通话的时候均还承认欠有陈克智 41 万本金和利息。罗应天、钟志珍对通话录音光盘的证明目的没有异议。

▌案例分析

本案涉及录音资料证据效力的认定问题。虽然本案对于录音的效力没有异议，但我们应该认识到录音对证明的作用以及容易出现的问题。合法的借贷关系受法律保护。罗应天向陈克智借款的事实有陈克智提供的《欠条》、转款凭证及罗应天与钟志珍的认可予以证实，故陈克智与罗应天之间的债权债务关系成立。本案中双方的争议焦点在于：①借款是否归还；②约定的利息的计算标准；③借款本金的数额及罗应天需要支付的借款利息的金额。

首先，关于涉诉的借款是否已经归还。罗应天主张该笔借款已于 2013 年 12 月分四次取款后，现金还了陈克智，故罗应天现在不欠陈克智的借款。罗应天提交的证据只能证明其取款的事实，不能证明其取款的用途是归还给陈克智，罗应天也未提供其他证据予以佐证，故法院不予采信。

其次，关于陈克智与罗应天约定的利息的计算标准。综合整张《欠条》，"罗应天已按双方口头约定的利率支付至 2014 年 5 月 2 日和 5 月 12 日的利息，共计 41 000 元"只能表示罗应天已支付完 2014 年 5 月 2 日和 5 月 12 日的利息。但后来提交的通话录音能够证明本案借款的相关事实，41 万元的本金并未归还，且欠条中约定利息已支付到 2014 年 5 月份有误，应为支付到 2014 年 4 月，双方均认可了该事实。本案的月利率为 2%，即 41 000 元是支付了 5 个月的利息，因此，双方约定的月利率应为 2%（41 000 元÷5÷41 万元），并没有超过《最高人民法院关于审理民间借贷案件适用法律若干问题的规定》对利率的限制，是符合法律规定的。

最后，关于借款本金的数额。罗应天认可有该笔借款，但认为该笔借款的借款本金应为 369 000 元，因为 2013 年 11 月 12 日，罗应天就已向陈克智支付 41 000 元利息。本金方面，本案的借款 41 万元由 2013 年 11 月 2 日的 21 万元加上 2013 年 11 月 12 日的 20 万元组成，其中 2013 年 11 月 12 日的 20 万元又是由当天支付 11 万元加上之前借款结算后的 9 万元组成。综合前文对利息的分析，41 000 元的利息是包括支付了 10 天 21 万元的利息 1400 元和提前支付的利息 39 600 元，提前支付的利息应在本金中予以扣除，故本案借款的本金应为

370 400 元（21 万 + 9 万 + 11 万 − 39 600 元）。因此，需要支付的利息为 81 488
元（利息按照月利率 2% 计算，以 370 400 元为本金，自 2013 年 11 月 12 日起计
至 2014 年 10 月 12 日止）。罗应天、钟志珍系夫妻关系，罗应天向陈克智借款的
事实发生于罗应天、钟志珍婚姻关系存续期间。根据《婚姻法解释二》第 24 条
的规定，债权人就婚姻关系存续期间夫妻一方以个人名义所负债务主张权利的，
应当按夫妻共同债务处理。但夫妻一方能够证明债权人与债务人明确约定为个
人债务的，或者能够证明属于《婚姻法》第 19 条第 3 款规定情形的除外。本案
债务应按夫妻共同债务处理，钟志珍应当对罗应天在婚姻关系存续期间以个人
名义所负的上述债务承担共同偿还责任。

另外，本案涉及录音资料的问题。虽然本案中对通话录音的证据效力都表
示认可，但司法实践中对录音资料的证据效力的认定经常发生争议，如何认定
录音资料的证据效力成为关键。下面将分析录音资料的证据效力。

录音资料属于法定的证据形式视听资料的一种，可以作为证据使用，并且
对借贷事实的证明具有直接、准确、形象的特点，但其本身容易被伪造、剪辑、
篡改，合法性往往受到质疑。因此，要对录音资料进行严格的审查，才能确认
其证据效力。首先，审查录音资料的真实性。正因为录音资料的准确性与可能
的虚假性，所以录音资料的真实性审查非常重要。真实性审查要确认录音资料
的来源，审查其制作者的身份和制作的时间、地点、环境等因素，关键是需要
对录音资料的客观性和完整性进行审查。要求当事人提供录音资料的原始载体，
严格限制复制件的使用。其次，对录音资料进行合法性的审查。录音资料是否
具有证据能力，与合法性相关。录音资料的取得方式、手段、途径必须合法，
否则应该被排除使用，不具有证明力。我国相关规定将以侵害他人合法权利或
者违反法律禁止性规定的方法取得的证据限定为非法证据。因此，只要不以侵
害他人合法权利或者违反法律禁止性规定的方法取得的证据，都可以成为有效
证据。如以电话窃听取得的证据、偷盗取得的证据、非法拘禁取得的证据或者
侵犯他人隐私权而私自录制的录音资料等，不符合证据的合法性要求，不能作
为证据使用。最后，对录音资料关联性进行审查。只有录音资料与案件事实之
间存在关联性，该录音资料才有证据的价值。在民间借贷中出现的录音资料往
往是一方在没有借款凭证的情况下，依据当面对话、打电话等方式让对方对借
款事实予以回应而录制。而因为对话的随意性，对于借款事实或者还款事实未
直接承认，甚至无明确的意思表示，所以需要对关联性进行审查。我国《民事
诉讼法》第 71 条规定："人民法院对视听资料，应当辨别真伪，并结合本案的
其他证据，审查确定能否作为认定事实的根据。"因此，录音资料要具有完全的

证明力，应该符合以下几个条件，即以合法的手段取得的、没有疑点的、有其他证据佐证的录音资料才能予以认定。不仅要符合真实性、合法性、关联性的要求，在对方提出异议时，法院还要通过对全部证据的审查，对录音资料的内容进行认定。如录音资料一般需要与汇款凭证、借条、证人证言等其他证据相结合才能认定双方存在借贷关系。[1]

4. QQ 聊天记录的证据效力

▌基本案情[2]

2015 年 5 月 5 日，熊文超通过账号×××某某某某 2 的中国农业银行银行卡向赵海洋名下账号为×××某某某某 4 银行卡转账付款 20 000 元人民币。此后，熊文超以赵海洋借款 30 000 元至今未还为由，主张赵海洋返还借款并支付利息。赵海洋确认收到熊文超上述转账款 20 000 元，但认为该款系熊文超返还赵海洋的投资款，双方无借贷关系。熊文超称双方通过世纪佳缘网站相识，于 2015 年 5 月 1 日见面后确立恋爱关系并以结婚为目的开始交往，赵海洋通过 QQ 聊天方式向熊文超借款 30 000 元；并且双方口头约定交往期限截至 2015 年 10 月 1 日，如届时赵海洋不愿与熊文超结婚，则应归还向熊文超所借 30 000 元并每月支付利息 3000 元。熊文超提供了如下证据：①世纪佳缘网页截屏一组，称赵海洋在该网站注册昵称"秋风夜雨"并以该昵称与熊文超在网上聊天，在聊天中披露赵海洋 QQ 号为 18×××549。②QQ 昵称"知秋"、号码 18×××549 聊天记录一组（系电脑翻拍照片），熊文超称其中的"中华龙"即熊文超，"知秋"即赵海洋，此组记录可证明"知秋"向"中华龙"商借 30 000 元。熊文超未能提供其与赵海洋就还款期限、借款利率达成约定的书面证据，未能举证"秋风夜雨"、"知秋"即赵海洋或两者之间存在关联。

▌案例分析

借贷关系成立应当具备的构成要件，一是当事人双方达成借贷的合意，二是贷款人须将借款交付借款人。本案的争议焦点为民间借贷是否发生，并且在本案中涉及 QQ 聊天记录等电子数据的证明效力问题。下面将对此进行分析。

我国《合同法》规定，"自然人之间的借款合同，自贷款人提供借款时生

---

[1] 林晨、金赛波主编：《民间借贷实用案例解析》，法律出版社 2015 年版，第 130~131 页。
[2] 本案例选取自北大法宝：熊文超与赵海洋民间借贷纠纷案。

效"，"在合同纠纷案件中，主张合同关系成立并生效的一方当事人对合同订立和生效的事实承担举证责任"，"对合同是否履行发生争议的，由负有履行义务的当事人承担举证责任"。本案中双方当事人均系自然人，现熊文超认为双方构成民间借贷关系，而赵海洋否认双方发生借款之事且认为涉案 20 000 元钱款性质为熊文超还款，即赵海洋对双方之间借款事实不予认可。本案无争议的事实是转账至赵海洋银行账户的 20 000 元人民币。资金往来不仅存在于借贷关系中，还有可能基于投资、代付、赠与、还款等诸多事实关系。因此，双方当事人间存在资金往来，不能当然或直接证明双方之间存在借贷关系。若要证明双方为借贷关系，理应形成借款合同或借条等字据予以固定借贷事实。在没有证据证明双方当事人间的款项流转是达成借贷合意后而进行转账时，不能认定为民间借贷。因此，熊文超应提供证据证明其与赵海洋之间存在其所称的 30 000 元借款合意且熊文超据此交付借款 30 000 元给赵海洋，以及双方当事人就借款利息约定为 3000 元且本案争议款项还款期限已经届满。

然而，依据本案的证据，对熊文超的主张不能予以认定。首先，赵海洋认可收到转账凭证所涉的 20 000 元人民币，但认为该款系熊文超还款，而不是借款。因该凭证未载明钱款用途，故凭证仅可证明熊文超在当日付款 20 000 元给赵海洋，不能据此推论赵海洋向熊文超借款 20 000 元并于当日交付借款资金 20 000 元给赵海洋，即不能认定存在借贷关系。其次，熊文超提供了世纪佳缘网页截屏，熊文超称该网页上的"秋风夜雨"即赵海洋，而熊文超未就此提供其他证据佐证。所以无法仅凭熊文超自述认定"秋风夜雨"就是赵海洋，也不能确认其中涉及的 QQ 号 18××549 系赵海洋的 QQ 号码。再次，关于 QQ 聊天记录（翻拍照片），熊文超也未提交其他证据佐证，故无法认定赵海洋是 QQ 昵称"知秋"，号码为 18××549 的实际使用人或者赵海洋与该昵称、号码有关。因而，不能据此认定该组记录是双方当事人商定借款 30 000 元的直接证据。此外，该组聊天记录没有显示聊天日期，故无法判断该记录实际发生日期。该记录中聊天双方约定的借款金额为 30 000 元，而熊文超提供的转账凭证金额为 20 000 元，两者金额明显不符。熊文超自称次日以现金方式又借给赵海洋 10 000 元，无其他证据印证，赵海洋对熊文超的观点不予认可。所以对熊文超上述 QQ 聊天记录难以采信，对其所称双方通过 QQ 聊天方式约定借款 30 000 元且熊文超此后实际出借 30 000 元的观点，不能采信。最后，熊文超称在借款后与赵海洋口头约定截止于 2015 年 10 月 1 日，如赵海洋不愿与熊文超结婚，则赵海洋应归还熊文超借款 30 000 元并每月支付利息 3000 元，但未能就此举证。根据举证责任分配原则，对于其主张不能予以认可。综上，双方当事人原是恋爱关系，熊文超主张的"借款"一事发生在双方恋爱期间，现熊文超坚持认为其根据双方 QQ 聊天的约定借给赵海洋 30 000 元，赵海洋对此不予认可，则熊文超有义务提供充分证据印证其观点。但是熊文超既不能证明涉案聊天记录是双方之间发生的，也不能证明双方之间借款合同成立，不能证明熊文超实际借给赵海洋 30 000 元，并且该款已经到期以及双方约定月息 3000 元。所以对熊文超主张的各项内容都不能予以认可。

另外，本案涉及 QQ 聊天记录的证据效力问题。聊天记录作为电子数据，是一种新型的证据形式，在难以确认对话双方的身份，或者存在修改的可能时，一方当事人持有异议，一般需要通过其他相关证据来佐证，形成证据链，才能作为认定案件事实的依据。随着计算机技术和网络的发展，在民间借贷关系中，借贷双方除了以口头或者书面形式表示意思外，还可以通过 QQ 聊天记录、短信、微信聊天记录、电子邮件等证据形式来证明借款和还款的事实。本案中熊文超就利用 QQ 聊天记录证明借款的事实，只不过无其他证据佐证，不能予以认定。QQ 聊天记录的特点有以下几方面：①QQ 聊天记录的产生具有无形性和虚拟性，目前 QQ 聊天软件未采取实名制，进行 QQ 聊天时采用的姓名与资料都可以任意更改，并且只要有账号和密码就可以登录，使得聊天主体身份难以确定。②QQ 聊天记录的内容具有不准确性和易删改性。QQ 聊天记录的内容收集存储简单，易于长期保存，可反复查看。但同时也容易被篡改、伪造、删除和破坏，或者被病毒侵袭、设备故障等都可能使 QQ 聊天记录的客观真实性受到影响。③QQ 聊天记录的形式具有复杂多样性，不单局限于文字，也可以图形、动画、音频、图像、视频等多媒体形式出现。

QQ 聊天记录作为证据要经过真实性、合法性、关联性的审查，才能对其有无证明力和证明力大小作出判断。首先，对 QQ 聊天记录的真实性进行审查。QQ 聊天记录具有易删改性，当事人常常会有异议，因此，具有真实性是 QQ 聊天记录具有证据能力的基础。一般可以通过自认、推定、专家辅助人的意见和鉴定方式来认定其真实性：①通过自认的方式认定 QQ 聊天记录的真实性，如果各方当事人都无异议的，则应予以采纳。②通过推定的方式来认定 QQ 聊天记录的真实性，如聊天记录生成时双方的计算机环境正常运行，可推定具有真实性。③通过专家辅助人来认定真实性，是指运营商中的专业技术人员，他们能够接触到电子聊天记录，并具有专业知识，能够进行辨别。④通过具有专业资质的鉴定机构对聊天记录的可靠性和完整性进行鉴定。其次，审查 QQ 聊天记录的关联性。关联性要求记录的内容与案件事实之间具有客观的联系。QQ 聊天的昵称可以随时更改、使用者具有不确定性使得关联性的审查难点在于将聊天记录的虚拟对象还原为现实中的当事人，进而才能将聊天中的意思表示与现实当事人之间联系起来。如果不能还原为现实中的当事人，则应该予以排除。本案中熊文超虽然提交了 QQ 聊天记录，但是其并不能对聊天中的"知秋"这个网名一直被赵海洋注册并使用的事实予以举证，因此不能认可该证据与案件事实具有关联性，不予认可其证据能力。最后，对 QQ 聊天记录的合法性进行审查。除对证据的主体和其他形式要件进行审查外，还要对收集、提取等方面是否严格按照法定的程序和方法进行审查。如以窃录的方式获得的聊天记录、以非法搜查扣押的方式取得的聊天记录、以其他侵犯他人隐私权或者言论自由的方式取得的聊天记录不具有合法性。当 QQ 聊天记录具有客观性、真实性、合法性后，法院要对其证明力进行认定。主要根据聊天记录是原件还是复印件，是直接证据还是间接证据以及综合全案的整体证据来判断证据能力的大小。从本案来看，熊文超提供了 QQ 聊天记录，但其不能证明赵海洋一直使用该记录中的网名，并且对于 QQ 聊天记录中的内容与查证的事实不符，其不能予以证明。因此，结合该案的其他证据，该聊天记录不具有证据效力。[1]

5. 鉴定程序的启动

▌基本案情 [2]

2012 年 2 月 27 日，高世奎因购买翻斗车资金短缺向张彦龙提及借款之事，后高世奎在张彦龙妻子董学琴处借取现金 20 000 元。同年 2 月 28 日，高世奎妻子以高世奎名义向董学琴出具借条一张，内容为："今借到张彦龙现金贰万元（20 000.00），借款人高西平，月息 400.00，2012.2.28，高世奎。"该借条一直由董雪琴保管。双方未约定还款期限。高世奎拿到 20 000 元现金后未通知张彦龙，也未向董雪琴归还借款本金及利息。2013 年 12 月，董雪琴持借条向高世奎要求归还借款时，高世奎以向张彦龙归还 20 000 元借款为由拒绝归还，称其于 2012 年 3 月下旬在自家小卖部门前向张彦龙归还了 10 000 元，现场有张彦龙雇佣的司机张占全及其雇佣的司机张满儒在场，但不能证明是归还本案借款。同年 4 月 20 日，其又在甜水农村信用社取款 10 000 元交给张彦龙，还当场在该信用社将其随身携带的 30 000 元，共计 40 000 元作为按揭车款汇入宁夏一家汽车销售公司。在其向张彦龙清偿剩余两个月利息时，张彦龙称两个月利息可不予

---

[1] 林晨、金赛波主编：《民间借贷实用案例解析》，法律出版社 2015 年版，第 134～135 页。

[2] 本案例选取自北大法宝：高世奎与张彦龙民间借贷纠纷案。

偿还，在其要求抽回借条时，张彦龙称回去后予以撕毁，现在张彦龙所持的借条是伪造的。二审庭审中，高世奎申请对借条的真实性进行鉴定。法院经审查认为高世奎仅为听说原始条据已经撕毁，且在一审庭审中，高世奎对该借条的真实性予以认可，故高世奎要求对借条进行鉴定的申请不能成立。

▍案例分析

合法的借贷受法律保护，本案中张彦龙、高世奎之间借款事实清楚，双方都予以认可。因此，高世奎应按照约定归还张彦龙的借款本息。本案的争议焦点在于高世奎事后是否还款。此外本案还涉及申请鉴定的问题：高世奎在二审中申请对借条的真伪进行鉴定，但被二审法院以高世奎在一审庭审中对该借条的真实性予以认可为由驳回了其申请。

本案的事实比较简单，争议的主要焦点为高世奎事后是否还款。高世奎称其事后分两次将 20 000 元借款归还给张彦龙，具体于 2012 年 3 月下旬在自家小卖部门前向张彦龙归还了 10 000 元，有张彦龙雇佣的司机张占全及其雇佣的司机张满儒在场。同年 4 月 20 日，其又在甜水农村信用社取款 10 000 元交给张彦龙，还当场在该信用社将其随身携带的 30 000 元，共计 40 000 元作为按揭车款汇入宁夏一家汽车销售公司。虽然高世奎向张彦龙归还了 10 000 元并有证人作证，但不能证明是归还本案借款。并且高世奎未到董雪琴处收回借条，其作为成年人应预料到不收回借条的不利后果，但其未收集并提交归还借款的相关证据。根据《最高人民法院关于民事诉讼证据的若干规定》第 2 条"当事人对自己提出的诉讼请求所依据的事实或者反驳对方诉讼请求所依据的事实有责任提供证据加以证明。没有证据或者证据不足以证明当事人的事实主张的，由负有举证责任的当事人承担不利后果"的规定，高世奎应承担举证不能的法律后果。

此外，高世奎在二审中申请法院对借条进行真伪鉴定，但被法院予以驳回。在民间借贷实践中常常会涉及鉴定程序，下面对鉴定程序的启动进行介绍：民间借贷纠纷案件中，经常会有被告对原告持有的借条内容或者借款人签章的真实性提出异议，如认为借条上的签字或者其他字迹并非报告人本人书写、借条上的部分字迹系他人事后添加或者伪造的内容等。此时，启动鉴定程序可以查明案件的相关事实。《民事诉讼法》第 76 条规定："当事人可以就查明事实的专门性问题向人民法院申请鉴定。当事人申请鉴定的，由双方当事人协商确定具备资格的鉴定人；协商不成的，由人民法院指定。当事人未申请鉴定，人民法院对专门性问题认为需要鉴定的，应当委托具备资格的鉴定人进行鉴定。"因此，鉴定程序的启动有依当事人申请和法院依职权启动两种情况。而法院依职权启动鉴定程序的范围为可能有损于国家利益、社会利益或者他人合法权益的事实。所以，民间借贷纠纷中，对于属于当事人举证责任范围的鉴定事项，应该由当事人提出申请鉴定。

对于当事人的申请鉴定，《民事诉讼法》并未明确是否需要法院的审查同意才能进行。但《最高人民法院关于民事诉讼证据的若干规定》则规定需要人民法院的审查同意才能进行鉴定。从本案的做法也能看出，鉴定申请需要人民法院进行审查。法院进行审查是为了节约诉讼成本和防范不必要的诉讼拖延。在民间借贷案件中，对于当事人提出的鉴定申请，法院一般对以下几方面进行审查：①对关联性进行审查。对于申请鉴定的事项，与借贷事实之间是否具有关联性是审查的重点。如果鉴定所要解决的问题与案件的处理结果没有关联，则不需要进行鉴定。②对必要性进行审查。当事人申请司法鉴定的目的是对借贷关系的某一事实借助技术手段进行查明。如果通过其他方式查明了该事实，则不需要进行鉴定。如案件有其他证据印证该事实的发生，达到法律要求的标准，就不需要启动鉴定程序。另外，对于通过常识性判断就能知道的事实以及受制于技术条件不能鉴定的事项也不用进行鉴定。③效益性审查。如果当事人在指定的举证期限内能提出司法鉴定申请而未提出，不说明理由或者理由不成立的，法院可以对其鉴定不予准许。本案就属于此种情形，当事人在一审中能够提出申请而不提出，并且在一审中对该借条的真实性予以认可，所以对其要求对借条进行鉴定的申请不予准许。另外，还要参考申请鉴定的费用与争议的标的额之间的比例进行效益性判断，而且应当依据案件的具体情况来确定申请鉴定的主体：如对于借贷合意以及借款事实的发生，原告应该首先承担证明责任，当其不能完成证明责任时，应由其自己申请笔迹鉴定，以完成自己的证明责任。当原告所提供的证据达到了证明借贷关系成立的标准，完成了举证责任后，被告若否认，则应该由被告申请笔迹鉴定并提供样本。对于鉴定费用的承担，有谁申请、谁预缴的原则，并且由败诉方最终负责，但胜诉方自愿承担的除外。

此外，如果不同的鉴定机构和鉴定人员得出了不同的鉴定意见，甚至是矛盾的、冲突的鉴定意见时，需要对鉴定意见进行认真审查、分析、比较，从鉴定程序、鉴定人资格、鉴定材料、鉴定依据、鉴定结果与全案其他证据的一致性等形式和内容全面进行审查，才能确定具有可采性的鉴定意见作为定案或者认定事实的依据。主要从以下几方面进行判断：一是从鉴定程序启动上看。鉴定程序可以依当事人申请启动，也可以由法院依职权启动。当事人之间可以协商确定司法鉴定结构，也可以自行委托鉴定，法院也可以直接委托鉴定。与当事人自行委托鉴定相比，法院委托具有规范性、公开性、中立性，因此其鉴定意见应当优先采纳。另外，当事人之间协议委托鉴定的，其效力应当高于当事人单方委托的效力。二是从鉴定机构和鉴定人员资质来看。鉴定机构以及鉴定人员要具有鉴定该项争议内容的资质，如果不具备该资质，则其鉴定意见不具有证据效力。三是鉴定技术手段。鉴定技术手段是否科学、鉴定的步骤方法是否规范、鉴定技术依据的标准是否权威，是审查判断鉴定意见有无证明力以及证明力大小的重要标准。四是鉴定材料。鉴定材料直接决定着鉴定意见的准确性。原件的可靠性要高于复印件，初始的鉴定材料高于后采集的鉴定材料。另外，鉴定材料要充分，鉴定材料越充分，鉴定意见越接近客观事实。此外，依据《民事诉讼法》第 78 条的规定，当事人对鉴定意见有异议或者人民法院认为鉴定人有必要出庭的，鉴定人应当出庭作证。经人民法院通知，鉴定人拒不出庭作证的，鉴定意见不得作为认定事实的根据；支付鉴定费用的当事人可以要求返还鉴定费用。[1]

6. 仅有借条的民间借贷的认定

▌基本案情[2]

2014 年间，陶冶向杨辉出具内容为"我已收到上述借款现金人民币贰拾壹万元整（210 000.00），收款人：陶冶"，在上述内容下方再签名，并在（210 000.00）处捺指纹的条子。尔后，杨辉在该条子的上述内容上方载明"借条今向杨辉借到人民币贰拾壹万元整（210 000.00），利息按月利率 2% 计算，如若发生纠纷，由债权人所在人民法院解决，产生的诉讼费用，律师代理费用及实际债权的一切费用，全部由债务人承担。"并在被告陶冶的另一签名前填上"借款人"和在该签名下方填上"2014.9.3"。上述借条中杨辉所写的"（210 000.00）"、"2%"、二处"陶冶"签名处均盖有他人指纹。另外，陶冶、蒋琰于 2014 年 4 月 21 日在台州市黄岩区民政局婚姻登记处登记结婚，于 2014 年 10 月 28 日登记离婚。蒋琰申请司法鉴定，要求对借条中"我已收到上述借款现金人民币贰拾壹万元整（210 000.00），收款人：陶冶"和"借款人：陶冶，2014 年 .9.3"进行笔迹及所有指纹鉴定。浙江千麦司法鉴定中心进行司法鉴定，该鉴定中心于 2015 年 10 月 28 日做出浙千司鉴中心［2015］文鉴字第 131 号浙江千麦司法鉴定中心文书司法鉴定意见书和浙千司鉴中心［2015］痕鉴字第 28 号浙江千麦

---

〔1〕　林晨、金赛波主编：《民间借贷实用案例解析》，法律出版社 2015 年版，第 121 页。

〔2〕　本案例选取自北大法宝：杨辉为与陶冶、蒋琰民间借贷纠纷案。

司法鉴定中心痕迹司法鉴定意见书。浙千司鉴中心［2015］文鉴字第131号鉴定意见为送检的《借条》中"收款人"、"借款人"处"陶冶"的签名字迹均是陶冶本人所写。浙千司鉴中心［2015］痕鉴字第28号鉴定意见为检材日期为2014年9月3日借条第七行数字（210 000.00）上的指印是陶冶本人所捺。因借条中另四处指纹无对比指纹无法鉴定，该中心未做鉴定意见。陶冶对司法鉴定书的鉴定内容，即借条中间部分的"210 000.00"和"借款人"，认为不是其所写。指纹是当时在空白条子留在杨辉处捺的，归还借款后，忘记了该条子，后来杨辉在该条子上填上借款内容。蒋琰对司法鉴定书的鉴定结论有异议，不相信鉴定结论是准确的，并认为根据陶冶所讲，没有借款，是空白条子留在杨辉处，其自己加上的内容。借款内容中的"210 000.00"上的指纹不是被告陶冶所捺，并认为陶冶原来向杨辉借款，杨辉将陶冶扣押后，陶冶母亲于2014年7月13日归还240 000元结清了借款，双方也变成仇人，不可能再向其借款210 000元。杨辉原来借款给陶冶30 000元都要求担保，9月3日借款210 000元没有担保，不符合常规。

▌案例分析

根据杨辉与陶冶、蒋琰的陈述，本案的争议焦点主要是陶冶有无向杨辉借本案的210 000元，以及该借款是否已经实际交付。杨辉称，2014年9月3日，陶冶向其借款210 000元，其向案外人临时调来210 000元，在黄岩锦凤凰门口现金交付给陶冶。陶冶则称2014年9月3日没有收到杨辉的借款210 000元，该日没有去过锦凤凰，该条子是原来向杨辉借款时余留在那的，借款已于2014年7月13日全部结清。根据双方的陈述及相关证据，杨辉称其于2014年9月3日借款210 000元给陶冶的事实主要存在以下几处疑点：首先，从借条的格式以及借条的出具来看。本案借条的上面部分由杨辉书写，即"借条今向杨辉借到人民币贰拾壹万元整（210 000.00），利息按月利率2%计算，如若发生纠纷，由债权人所在人民法院解决，产生的诉讼费用，律师代理费用及实际债权的一切费用，全部由债务人承担"。本案借条的中间部分由陶冶书写，即"我已收到上述借款现金人民币贰拾壹万元整（210 000.00），收款人：陶冶"及下面部分"陶冶"。本案借条的下面部分"借款人："及"2014.9.3"也由杨辉书写。根据借条的通用格式，应当是借款内容、借款人签名、日期，依次写明。如果有收条，应该还有借款人收到借款的内容、签名、日期，依次写明。而本案借条的借款人签名在最后，收到借款的内容在中间，这不符合借条通用格式。且陶冶原来向杨辉借款都由其本人出具借条，借款内容均由其书写，借条的内容也仅写借款内容，没有收款内容。而本案借条的内容由双方共同书写，亦不符合双方以往对借条的书写习惯。其次，从借条中的指纹来看。根据本案的两份鉴定意见，本案借条中有五处指纹，陶冶仅在自己所写的"（210 000.00）"处捺有指纹。其余四处指纹即原告所写的"（210 000.00）""2%"、收款人"陶冶"、借款人"陶冶"处均非陶冶的指纹。假如存在借款事实，借条中的所有指纹，应当均由陶冶所捺，不可能有两种以上的指纹。再次，从借款的可能性以及保证方式来看。杨辉与陶冶为借款于 2014 年 5 月发生冲突，陶冶于 2014 年 7 月 13 日归还了杨辉借款 240 000 元。双方为借款发生这种冲突后，不到两个月时间又发生大额借款，不符现实。另外，陶冶原来向杨辉借款出具的两笔各 30 000 元的借条均有担保人提供担保，其中一笔借款不仅有担保人，陶冶还用汽车作抵押。而本案借款 210 000 元却无任何担保或抵押，仅是杨辉相信陶冶的信用借款，也不符合双方的借贷习惯。最后，从借款资金来源以及交付方式来看。杨辉自己没有出借资金，而是向案外人借款转借给陶冶，而且借款资金的取款银行与交付借款地点有一段路程，且借款是现金交付，该陈述亦不符合实际情况。综上所述，虽然杨辉持有本案借条，但杨辉未能提供其他证据佐证其已于 2014 年 9 月 3 日将借款 210 000 元交付给陶冶，所以应该认定杨辉未交付本案借款 210 000 元。根据《合同法》第 210 条"自然人之间的借款合同，自贷款人提供借款时生效"的规定，本案的借款合同未生效。

随着社会经济的发展，现实生活中存在许多虚假的民间借贷或者不合法的民间借贷。本案就属于虚假的民间借贷案件，只是由于陶冶在杨辉处借款时忘了将已经签名并按手印的无效借条收回，从而导致本案的发生。因此，对于日常生活中从事民间借贷借款的当事人来说，对于自己签名和按手印的行为要小心谨慎，没有作用的借条要及时销毁，并且对于出借人出具的收条要保存好，以便双方发生纠纷时，对还款的事实予以证明。此外，对于自然人之间的民间借贷而言，由于借贷关系自出借人提供借款之日起生效，出借人还要将借款人收取借款的证明凭证保存好，以证明借款已经交付给借款人。而人民法院在审理民间借贷案件时，也不能仅以一份"借条""欠条"或者收条就断然认定存在借贷关系，而应当对当事人双方提交的全部证据进行全面、客观的审核和判断，从各个证据与案件事实的关联程度、各个证据之间的联系等方面综合判断。对于现金交付的民间借贷，应当从交付凭证、支付能力、交易习惯、借贷金额的大小、当事人之间的关系以及当事人陈述的交易细节经过等等因素综合判断。本案中，从当事人之间的关系、交易习惯、交易方式等因素综合判断，认定双方当事人之间不存在借贷关系。

1. 未表示拒绝偿还欠款的诉讼时效起算

▌基本案情[1]

重庆众源汽车修理有限公司（以下简称众源公司）原为重庆市鲜乐园乳业有限公司（以下简称鲜乐园公司），2008 年 6 月 11 日变更为现公司名称。刘兴和原为鲜乐园公司股东。鲜乐园公司在经营过程中，因短缺资金，刘兴和将其子刘颜的房屋作为鲜乐园公司的抵押担保物向银行贷款。后因鲜乐园公司未按约偿还银行贷款，银行胜诉后申请执行，法院依法拍卖了刘颜的房屋，拍卖价款 97 200 元用于偿还银行贷款。2005 年 12 月 8 日，刘兴和将其在鲜乐园公司的股份转让，退出该公司。2006 年 11 月，刘兴和向鲜乐园公司催收相关款项，鲜乐园公司于当月 12 日、14 日，分别给刘兴和出具了两份欠条，12 日欠条的内容为："兹有鲜乐园公司在成立之初由原股东刘兴和之子刘颜所有的房屋为鲜乐园公司提供贷款担保，后由于鲜乐园公司经营较差，未能按时归还其贷款，导致法院于 2006 年 10 月 18 日拍卖刘颜住房还了鲜乐园公司的贷款。所以，刘颜房子的拍卖价款玖万柒仟贰佰元（小写 97 200 元）应由鲜乐园公司吴斌予以偿还。待政府安排的资金中和企业经营利润中优先予以偿还，并视其情况予以适当补偿。"14 日欠条的内容为："兹有鲜乐园公司原股东刘兴和累计投入公司壹佰壹拾贰万叁仟零捌拾玖元伍角，外加欠刘兴和贷款壹拾肆万柒仟肆佰贰拾元伍角伍分整，合计欠款：壹佰贰拾柒万零伍佰壹拾元零伍分整（小写 1 270 510. 05元），减去应由公司归还的刘兴和头上的贷款合计伍拾陆万元整（其中：兴和公

---

[1] 本案例选取自北大法宝：刘兴和与重庆市众源汽车修理有限公司合同纠纷抗诉案。

司抵押贷款 30 万元，用五桥门面、船员宿舍共同抵押，塘坊信用社 5 万元用万开路房子抵押）。实际应欠刘兴和投资款柒拾壹万零伍佰壹拾元整（小写 710 510 元），应由鲜乐园公司吴斌以积极的态度予以偿还。从政府安排的贷款和公司经营的利润中优先予以偿还。（原始单据已收回公司，所欠款项以此据为准。）"鲜乐园公司及其法定代表人吴斌（执行董事）在两份欠条上签字并加盖了公司印章。2008 年 7 月 16 日，吴斌再次在两份欠条上签字。

▌案例分析

本案中，刘兴和主张的两笔欠款是刘兴和用其子刘颜房屋为众源公司贷款提供担保以及刘兴和投入众源公司使用的款项后所产生的债务，众源公司也认可欠款为借款。双方之间债权债务关系清楚，应该予以确认。本案的争议焦点为债务人出具欠条时，并未表示拒绝偿还欠款，是否超过诉讼时效。

首先，刘兴和主张的两笔欠款均系众源公司使用，众源公司向刘兴和出具了加盖公司印章的欠条。吴斌系众源公司当时的法定代表人，其向刘兴和出具欠条的行为属于职务行为，且欠款是刘兴和借给众源公司的，并不是借给吴斌个人的。因此，众源公司为欠款的债务人，应该偿还刘兴和的欠款。

其次，众源公司认为刘兴和主张权利超过诉讼时效。众源公司向刘兴和出具的两份欠条并不能确定具体的履行期限。《合同法》第 62 条第 4 项规定："履行期限不明确的，债务人可以随时履行，债权人也可以随时要求履行，但应当给对方必要的准备时间。"《民法通则》第 137 条规定："诉讼时效期间从知道或者应当知道权利被侵害时起计算。但是，从权利被侵害之日起超过二十年的，人民法院不予保护。有特殊情况的，人民法院可以延长诉讼时效期间。"《最高人民法院关于审理民事案件适用诉讼时效制度若干问题的规定》第 6 条规定："未约定履行期限的合同，依照合同法第六十一条、第六十二条的规定，可以确定履行期限的，诉讼时效期间从履行期限届满之日起计算；不能确定履行期限的，诉讼时效期间从债权人要求债务人履行义务的宽限期届满之日起计算，但债务人在债权人第一次向其主张权利之时明确表示不履行义务的，诉讼时效期间从债务人明确表示不履行义务之日起计算。"因此，诉讼时效期间应从债权人要求债务人履行义务的宽限期届满之日起计算，但债务人在债权人第一次向其主张权利之时明确表示不履行义务的，诉讼时效期间从债务人明确表示不履行义务之日起计算。本案中，刘兴和向众源公司主张权利时，众源公司并未明确表示不履行义务，刘兴和享有的债权并未被侵害，诉讼时效并未开始起算。刘兴和于 2008 年 7 月催收欠款时，吴斌也未拒绝归还，刘兴和直到 2010 年还在找吴斌收款，所以众源公司认为刘兴和主张权利超过诉讼时效的理由不能成立。

最后，2006 年 11 月 12 日，众源公司向刘兴和出具欠条时承诺对刘兴和视情况予以适当补偿，该承诺系众源公司的真实意思。因此，众源公司应当对刘兴和提供的担保房屋被拍卖给予适当补偿。

诉讼时效制度直接影响着借贷双方的权利义务关系，诉讼时效起算点的确定更是直接关系到借贷双方的具体利益问题。民事诉讼中诉讼时效的终点是确定的，即借款人起诉之日。因此，诉讼时效的起算点就成为确定诉讼时效期间的关键。我国《民法通则》规定了一般的诉讼时效期间为 2 年，以权利人知道或者应当知道权利被侵害时开始计算。20 年的诉讼时效以权利被侵害之日起开始计算。在诉讼实践中，权利人知道或者应当知道权利被侵害时的情况还要区分借贷双方有无约定的还款期限而分别确定民间借贷案件诉讼时效的起算点。

对于借贷双方约定了还款期限的情形。在这时，诉讼时效期间的起算就有了确定的时间，即还款期限届满之日为出借人知道或者应当知道权利被侵害之日，所以诉讼时效的起算点为还款期限届满之日。对于约定的分期履行的借贷合同，根据《最高人民法院关于审理民事案件适用诉讼时效制度若干问题的规定》第 5 条，当事人约定同一债务分期履行的，诉讼时效期间从最后一期履行期限届满之日起计算。该规定在当事人约定对同一笔债务分期履行的情形下才能适用。

对于借贷双方未约定还款期限的情形。《最高人民法院关于审理民事案件适用诉讼时效制度若干问题的规定》第 6 条规定："未约定履行期限的合同，依照合同法第六十一条、第六十二条的规定，可以确定履行期限的，诉讼时效期间从履行期限届满之日起计算；不能确定履行期限的，诉讼时效期间从债权人要求债务人履行义务的宽限期届满之日起计算，但债务人在债权人第一次向其主张权利之时明确表示不履行义务的，诉讼时效期间从债务人明确表示不履行义务之日起计算。"据此，民间借贷未约定还款期限的，诉讼时效期间的起算可分为以下几种情形：一是借款合同虽未约定还款期限，但是依据《合同法》第 61 条规定，当事人可以就还款期限的内容协议补充或者按照借款合同的有关条款或者交易习惯确定。二是依旧不能确定还款期限的，该合同为不确定民间借贷合同，依据《合同法》第 62 条第 4 项的规定，借款人可以随时要求返还借款，出借人可以催告借款人在合理期限内返还借款。诉讼时效自出借人知道或者应当知道借款人拒绝履行还款义务之日起计算。对于出借人要求借款人还款时给出宽限期的，诉讼时效从宽限期届满之日起计算。如果借款人自出借人第一次向其主张债权时明确表示拒绝的，诉讼时效期间从借款人明确表示拒绝之日起计算。本案就属于此种情形。三是在还款期限不能确定的情形下，如果出借人一直未行使请求权，还款人也未明确表示不履行还款义务的，为了平衡借贷双方的利益，此时诉讼时效可以适用最长诉讼时效的规定，即 20 年的最长诉讼时效。

2. 民间借贷诉讼时效的中断

▌基本案情 [1]

2006 年 4 月 13 日，曹国良向张德明出具借条一张，写明："今收到向张德明借款现金 40 万元整，借款期限为 60 天，即 2006 年 6 月 11 日一次性还清借款与利息。" 2008 年 7 月 8 日，张德明与曹国良签订《还款协议》，载明双方共同确定债务总额为 25 万元，协议签订之日曹国良支付 5 万元，2008 年 8 月 8 日需还款 2 万元，2008 年 9 月 8 日需还款 2 万元，2008 年 10 月 8 日需还款 5 万元，2008 年 11 月 8 日需还款 5 万元，2008 年 12 月 8 日支付最后一笔还款 6 万元，如出现任何一笔款项未按时归还，即视为全部欠款到期，张德明有权全部请求清偿，曹国良未按时履行上述还款，自违约日起，按全部未还本金日万分之六支付利息。曹国良承认 2006 年 4 月 13 日借条的真实性，但称与本案无关，其已经将借条载明的 40 万元偿还。2009 年 3 月 22 日，曹国良给付张德明 2 万元。2010 年 2 月 13 日，曹国良给付张德明 11 000 元。张德明称上述款项系曹国良给付的利息。另外，张德明曾于 2010 年 10 月 25 日以曹国良和案外人周桂云为共同被告诉至法院，由于上述案件起诉状及授权委托书上张德明签名并非张德明本人所签，故法院未受理该案件。2010 年 12 月 20 日，张德明对曹国良再次提起诉讼。曹国良认为本案已经经过诉讼时效，应该以 2008 年 8 月 9 日作为本案诉讼时效的起算点，因为在双方的《还款协议》中明确约定如出现任何一笔款项未按时还款，即视为全部欠款到期。结合本案的实际情况，曹国良在 2008 年 8 月 8 日并没有按期还款 2 万元，那么在 2008 年 8 月 9 日即视为全部欠款到期。相应的，本案诉讼时效的起算点应当是 2008 年 8 月 9 日，而在本案中，张德明在 2010 年 12 月 21 日才提起诉讼，明显超过两年的诉讼时效，所以张德明的请求不成立。并且张德明长达两年之久怠于行使自己的权利，没有及时提起诉讼也导致利息的损失扩大，对于扩大的损失也不应当得到支持。张德明认为双方对于还款利息有明确约定。关于诉讼时效，曹国良于 2009 年 3 月 22 日、2010

---

〔1〕　本案例选取自北大法宝：曹国良与张德明民间借贷纠纷案。

年 2 月 13 的还款行为均导致诉讼时效中断，且张德明在诉讼时效期间内正式向北京市朝阳区人民法院提起了诉讼，并未超过诉讼时效。

▌案例分析

本案中，主要的争议焦点为该笔债务是否已经经过诉讼时效期间。

首先，本案中的债务应当清偿。根据张德明提交的借条及还款协议，足以认定张德明与曹国良之间存在民间借贷法律关系，曹国良应当依照还款协议约定的期限和金额对张德明履行还款义务。曹国良认为双方之间不存在民间借贷关系，但不能予以证明。

其次，关于本案诉讼时效问题。第一，张德明与曹国良在《还款协议》中约定："如出现任何一笔款项未按时归还，即视为全部欠款到期，张德明有权全部请求清偿。"上述内容系约定了张德明的合同解除权以及行使合同解除权的期限。《合同法》第 95 条第 2 款规定："法律规定或者当事人约定解除权行使期限，期限届满当事人不行使的，该权利消灭。"本案中，张德明并未在合同履行期间主张合同解除权，表明其同意曹国良继续履行合同。因此，借贷双方的约定继续有效。第二，当事人约定同一债务分期履行的，诉讼时效期间从最后一期履行期限届满之日起计算。张德明与曹国良所签还款协议约定最后一期还款日期为 2008 年 12 月 8 日，故本案的诉讼时效期间应当自该日期起算。第三，曹国良于 2009 年 3 月 22 日、2010 年 2 月 13 日的还款行为均导致诉讼时效中断。因此，本案中张德明向一审法院提起诉讼，并未超过法定诉讼时效。曹国良主张张德明的请求已超过诉讼时效的理由不成立。

最后，双方当事人在《还款协议》中约定"曹国良未按时履行上述还款，自违约日起，按全部未还本金日万分之六支付利息"。该约定属于逾期利息，依据现行《最高人民法院关于审理民间借贷案件适用法律若干问题的规定》第 29 条的规定，借贷双方对逾期利率有约定的，从其约定，但以不超过年利率 24% 为限。未约定逾期利率或者约定不明的，人民法院可以区分不同情况处理：（一）既未约定借期内的利率，也未约定逾期利率，出借人主张借款人自逾期还款之日起按照年利率 6% 支付资金占用期间利息的，人民法院应予支持；（二）约定了借期内的利率但未约定逾期利率，出借人主张借款人自逾期还款之日起按照借期内的利率支付资金占用期间利息的，人民法院应予支持。"该法条年利率 24% 折合成日利率为万分之六点五，本案中双方约定的违约利息为日万分之六，并未超过法律的限制，应当予以支持。

关于诉讼时效的中断，我国《民法通则》第 140 条规定，诉讼时效因提起诉讼、当事人一方提出要求或者同意履行义务而中断。从中断时起，诉讼时效期间重新计算。据此，民间借贷诉讼时效中断的情形主要有以下三种：

第一，出借人提起诉讼。权利人在诉讼时效期间不行使权利的，诉讼时效就会丧失。若行使权利，则会使诉讼时效延续。出借人提起诉讼，会使诉讼时效中止。依据《最高人民法院关于审理民事案件适用诉讼时效制度若干问题的规定》，下列事项，人民法院应当认定与提起诉讼具有同等诉讼时效中断的效力：申请仲裁；申请支付令；申请破产、申请破产债权；为主张权利而申请宣告义务人失踪或死亡；申请诉前财产保全、诉前临时禁令等诉前措施；申请强制执行；申请追加当事人或者被通知参加诉讼；在诉讼中主张抵销等。权利人向人民调解委员会以及其他依法有权解决相关民事纠纷的国家机关、事业单位、社会团体等组织提出保护相应民事权利请求的，权利人向公安机关、人民检察院、人民法院报案或者控告，请求保护其民事权利的，都会导致诉讼时效中断。依据《最高人民法院关于审理民事案件适用诉讼时效制度若干问题的规定》规定，当事人一方向人民法院提交起诉状或者口头起诉的，诉讼时效从提交诉状或者口头起诉之日起中断；权利人向人民调解委员会以及其他依法有权解决相关民事纠纷的国家机关、事业单位、社会团体等社会组织提出保护相应民事权利的请求，诉讼时效从提出请求之日起中断；权利人向公安机关、人民检察院、人民法院报案或者控告，请求保护其民事权利的，诉讼时效从其报案或者控告之日其中断；债权转让的，应当认定诉讼时效从债权转让通知到达债务人之日起中断；债务承担情形下，应当认定诉讼时效从债务承担意思表示到达债权人之日起中断。

第二，出借人向借款人提出清偿债权的要求。这是指在诉讼外，出借人向借款人提出偿还借款、支付利息的要求，这是诉讼时效中断的法定事由。在民间借贷中，这种主张借款人清偿债务的方式主要有：出借人口头向借款人要求还款，借款人口头答应还款的；出借人向担保人、借款人的代理人或者借款人的财产代管人主张权利的。

第三，借款人同意履行偿还义务。民间借贷合同到期后，借款人表示还本付息的，产生诉讼时效中断的效力。借款人向出借人表示先归还部分借款、先归还利息、提供担保等行为，都表示借款人承认债务的存在，同意履行债务，都产生诉讼时效中断的效力。

3. 债务人放弃诉讼时效的效果

▍**基本案情**[1]

2008 年 10 月 22 日，义乌市正达玩具有限公司因为资金周转困难向朱洪堂借款人民币 130 万元，并出具了借条，约定：借期七天。刘正民分别在借款人的法定代表人和担保人一栏上签名。2008 年 10 月 29 日，义乌市正达玩具有限公司归还借款本金 100 万元，还支付了利息 13 300 元。朱洪堂在借条下方的收据格式联上载明还款数额，并将收条交给义乌市正达玩具有限公司收执。之后，朱洪堂在原借条正面用蓝色笔注明"30 开始"，借条背面用黑色笔注明"30 日开始 30 万元""13 日还 15 万元"。2011 年 6 月 2 日，朱洪堂通过打录音电话与义乌市正达玩具有限公司法定代表人刘正民联系，问："2008 年借去的钱，到现在怎么办？"刘正民回答："只要我借去的，我肯定一分钱都不会少的……"朱洪堂于 2011 年 6 月 22 日，诉至人民法院。义乌市正达玩具有限公司称，朱洪堂起诉的时间为 2011 年 6 月 22 日，已经超过诉讼时效。另外，义乌市正达玩具有限公司所借的款项已经全部还清，在 2008 年 11 月 13 日，义乌市正达玩具有限公司法定代表人取款 15 万元用以还款，2008 年 12 月 3 日从王晓芳账户取款 16 万元归还本案的借款。

▍**案例分析**

本案中，根据现有的证据，可以认定义乌市正达玩具有限公司与朱洪堂存在民间借贷民事法律关系。根据双方当事人的主张，本案的争议焦点在于朱洪堂在借条背面注明的文字"13 日还 15 万元"及义乌市正达玩具有限公司提供的 15 万元、16 万元取款单能否作为还款的证据以及对本案诉讼时效如何认定。

关于第一个焦点，即朱洪堂在借条背面注明的文字"13 日还 15 万元"及义乌市正达玩具有限公司提供的 15 万元、16 万元取款单能否作为还款的证据。从本案的证据进行分析，借条约定的借款期限为 7 天，借款时间是 2008 年 10 月 22 日，借款期限届满日为 2008 年 10 月 29 日，义乌市正达玩具有限公司称已归还 100 万元及利息，双方对此无异议。关于余款 30 万元是否归还，义乌市正达玩具有限公司称借条反面有还款记录，应认定 13 日归还了 15 万元，之后又归还了 16 万元，即在 2008 年 11 月 13 日，义乌市正达玩具有限公司法定代表人取

---

[1] 本案例选取自北大法宝：义乌市正达玩具有限公司与朱洪堂民间借贷纠纷案。

款15万元用以还款，2008年12月3日从王晓芳账户取款16万元归还本案的借款。而义乌市正达玩具有限公司之前称2008年10月30日已经归还了30万元，全部款项已还清。其对还款时间的两种说法明显存在矛盾。而朱洪堂解释说30日开始算30万元的借款利息，而借条反面注明的"13日还15万元"则与本案无关。本案中，朱洪堂陈述30日开始算30万元的借款利息，符合常理。而"13日还15万元"可作两种解释，一是13日这一天归还了15万（元），二是约定在13日归还15万（元）。文字表述的意思不够明确。结合其他证据分析，义乌市正达玩具有限公司虽然在2008年11月13日也有向义乌农村合作银行取现金15万元的记录，之后还有取款16万元现金的记录，但如果上述两笔款项用以清偿本案债务，应由朱洪堂出具收条或在借条的正面加以注明，特别是义乌市正达玩具有限公司所说的还清最后一笔款项之时，更应该取回借条或由朱洪堂出具收条。而现在朱洪堂自己在借条反面标注文字，其解释是案外人傅肃平答应还15万元的日子。并且朱洪堂给李正民打录音电话时间2008年借去的钱，到现在准备怎么办时，李正民表示只要他借去的，肯定一分钱不会少的。义乌市正达玩具有限公司如已还款而没有对朱洪堂索要借款的要求进行质疑、反对，这不符合常理。从以上相关证据分析，义乌市正达玩具有限公司称借款已还清，缺少证据支持。

关于焦点二，即该案是否超过诉讼时效。借条约定了还款期限，如果借款期限满两年后，义乌市正达玩具有限公司当时没有还款的意思表示或没有实际还款行为，可认定已过诉讼时效。本案中，借贷双方明确约定了2008年10月29日还款，即诉讼时效自2010年10月29日已超过诉讼时效期间，义乌市正达玩具有限公司可以诉讼时效已过期限进行抗辩。但在本案中，朱洪堂向义乌市正达玩具有限公司法定代表人李正民打录音电话时，从电话录音的内容上看，上诉人有愿意归还的意思表示。《最高人民法院关于审理民事案件适用诉讼时效制度若干问题的规定》第22条规定："诉讼时效期间届满，当事人一方向对方当事人作出同意履行义务的意思表示或者自愿履行义务后，又以诉讼时效期间届满为由进行抗辩的，人民法院不予支持。"因此，应当认定义乌市正达玩具有限公司放弃了诉讼时效。

在法定的诉讼时效期间届满之后，权利人行使请求权的，人民法院将不再予以保护。诉讼时效届满后，义务人虽可拒绝履行其义务，但权利人请求权的行使仅发生障碍，权利本身及请求权并不消灭。当事人超过诉讼时效后起诉的，人民法院应当受理。受理后，如另一方当事人提出诉讼时效抗辩且查明无中止、中断、延长事由的，判决驳回其诉讼请求。在民间借贷纠纷案件中，如果超过诉讼时效，出借人与借款人又达成还款协议的，视为借款人同意履行偿还义务，将产生新的诉讼时效期间，即债务人以明示或者默示的方式表明其不行使诉讼时效抗辩权，愿意履行诉讼时效期间届满的义务。放弃诉讼时效抗辩权需要具备以下要件：一是放弃抗辩权的主体需要具有权利能力、行为能力、处分能力。二是放弃诉讼时效抗辩权的意思表示应向相对方为之，但不需要权利人的同意。三是放弃诉讼时效抗辩权需要以义务人知道诉讼时效完成、其享有诉讼时效抗辩权为要件。如果义务人不知道诉讼时效完成、其享有诉讼时效抗辩权，则不能认定其放弃诉讼时效抗辩权。四是放弃诉讼时效抗辩权既可以采取明示的方式，也可以采取默示的方式。本案中，李正民以明示的方式在电话中表示将归还欠款，可认定其放弃诉讼时效抗辩权。诉讼时效届满后，出借人仍然可以请求借款人还款。借款人有以下方式可以选择：一是拒绝还款，即诉讼时效届满后借款人可以拒绝还款，不再承担法律后果，而出借人的债权将不能实现；二是借款人常常提出延期借款、减免利息的要求，但承认借贷关系的存在并履行；三是对于诉讼时效届满的债务自愿履行。

诉讼时效届满，借款人同意履行的表现形式主要有以下几种：①借款人向出借人出具还款计划或者双方达成还款协议；②借款人为诉讼时效届满后的债务提供担保；③借款人在催收单上签字或者盖章的；④借款人以口头方式向权利人明确表示愿意还款的；⑤借款人履行诉讼时效期间届满的义务的；⑥借款人自愿用自己未过诉讼时效的债权抵销已过诉讼时效的债务的。还需注意的是，如果借款人仅仅承认借款的事实，而未作出同意偿还借款的意思表示的，不产生诉讼时效抗辩权放弃的效力；连带债务人中的一个对诉讼时效抗辩权的放弃对其他连带债务人不发生效力；借款人只同意偿还部分债务的，应认定借款人只放弃部分诉讼时效抗辩权，借款人一旦放弃其诉讼时效抗辩权，则不能以任何方式撤回或者反悔。因此，债务人如果放弃诉讼时效抗辩权，一定要认真考虑。

4. 一审未提出诉讼时效抗辩，二审未提出新证据的，不予支持

▌基本案情[1]

1997年9月16日，徐熊因资金紧张到周友财处借款2100元，并向周友财出具了借条一份，该款至今未还。2010年9月28日，周友财向原审法院提起诉

---

[1] 本案例选取自北大法宝：徐熊与周友财民间借贷纠纷案。

讼，请求判令徐熊归还借款 2100 元并承担案件诉讼费用。二审中徐熊称其曾于 1997 年 9 月 16 日向周友财借款 2100 元属实，但 2000 年 8 月，周友财即向其主张过权利，并到其经营的江山市富荣砖厂拉过红砖抵债。徐熊向二审法院提交了《江山市富荣建材分公司产品销售明细账》两页，拟证明周友财曾到其经营的砖厂拉过 20 000 块红砖用于抵债，其中有 8000 块红砖是周友财本人拉的，其余 12 000 块红砖是周友财的司机"良存""朝喜"拉的。所以，诉争债务已经还清，而且诉争借款也已经超过诉讼时效。本案借款系个人之间借款，其不可能到徐熊厂里拉红砖进行抵债，即使拉过红砖，与本案借款也无关联；借款时并未约定还款期限，所以应适用 20 年的最长诉讼时效期间。

▌案例分析

本案中，徐熊到周友财处借款 2100 元，有其向周友财出具的借条予以证实，借贷双方对此也无异议。本案的争议焦点主要是诉争借款是否以红砖进行抵偿，以及借款是否已经经过诉讼时效。

首先是诉争借款是否以红砖进行抵偿的问题。在民事诉讼中，当事人对自己提出的诉讼请求所依据的事实有责任提供证据加以证明。没有证据或者证据不足以证明当事人的事实主张的，由负有举证责任的当事人承担不利后果。虽上诉人徐熊提交了《江山市富荣建材分公司产品销售明细账》用以证明红砖抵偿的事实，但该明细账系单方制作，内容未经周友财确认，所记录拉红砖的时间为 1997 年 9 月 17 日至同年 9 月 29 日，与徐熊所主张的 2000 年 8 月拉过红砖的时间也不相符，记录的内容也无法反映出用红砖抵偿了借款，所以该证据与本案缺乏关联性，不能予以确认。徐熊主张已用红砖抵偿借款，但未提供证据予以证实，因此不能采信。

其次，关于诉争借款的诉讼时效问题。《最高人民法院关于审理民事案件适用诉讼时效制度若干问题的规定》第 4 条规定："当事人在一审期间未提出诉讼时效抗辩，在二审期间提出的，人民法院不予支持，但其基于新的证据能够证明对方当事人的请求权已过诉讼时效期间的情形除外。当事人未按照前款规定提出诉讼时效抗辩，以诉讼时效期间届满为由申请再审或者提出再审抗辩的，人民法院不予支持。"徐熊在一审中未提出诉讼时效抗辩，并且在二审审理中虽然提出诉讼时效抗辩，但未对诉讼时效已经经过提出新的证据。所以，对于徐熊主张本案已经超过诉讼时效的抗辩不能予以支持。

本案中，不能对红砖进行抵偿的事实予以认定，并且诉讼时效未经过，徐熊应当对 2100 元债务进行清偿。

5. 诉讼时效已过，夫妻一方主张抗辩权，一方承诺继续履行债务的处理

▎基本案情 [1]

1999 年，杨锦火向杨美盛借款人民币 9000 元，约定月利率 1.5%。2001 年 1 月 23 日（农历 2000 年 12 月 29 日），李爱兰还清了一年的利息，并以杨锦火名义重新出具借条一份，载明：2000 年 12 月 29 日借杨美盛现金 9000 元整，利息按 1.5 分计算，期限一年。落款时间为农历 2000 年 12 月 29 日。其后，杨锦火与李爱兰未支付借款本金分文。杨锦火与李爱兰于 1996 年 12 月 25 日在仙居县湫山乡人民政府登记结婚。2001 年 5 月 22 日，李爱兰被诊断为患有子宫绒膜癌。2001 年 6 月 25 日杨锦火离开被告李爱兰。2010 年 5 月 14 日，两被告离婚，对债务承担问题未做处理。杨美盛于 2010 年 5 月 4 日请求立即归还借款本金 9000 元及截至农历 2010 年 3 月 16 日的利息 16 875 元，合计 25 875 元。杨锦火称这笔钱不是其借的，而且依据借条上的还款时间，已经超过了诉讼时效。李爱兰称钱是 1999 年杨锦火自己去借的，农历 2000 年 12 月 29 日，李爱兰还清了一年的利息，重新出具借条一份给杨美盛，杨美盛要求李爱兰写上期限。原来杨锦火所写的借条由李爱兰拿回，之前的借款本金是 9000 元，月利率 1.5%。并且认为借款是两人的共同债务，两人要承担债务，虽然过了诉讼时效，但本金也要还给杨美盛。

▎案例分析

本案的焦点在于，对于夫妻共同债务，一方以债务已过诉讼时效为由行使抗辩权，而另一方同意继续履行的如何处理。

本案中，杨美盛与杨锦火之间的借款合同依法成立，该合同自原告提供借款之时起生效。合法的民间借贷关系依法受到法律保护，同时债权人应当在法律规定的诉讼时效期间内主张权利。当事人双方之间的借贷关系合法有效。李爱兰代理杨锦火对借款合同内容进行了变更，约定了还款期限。综合两人当时系夫妻且关系尚好以及杨锦火于 2000 年记载的借款账目等事实，可认定杨锦火已经对该代理行为进行了追认。杨美盛与杨锦火对原借款合同进行了变更，并应以变更后的合同确认权利义务关系。该债务系杨锦火与李爱兰在夫妻关系存

---

[1] 本案例选取自北大法宝：杨锦火与杨美盛民间借贷纠纷案。

续中分居前负担的债务，推定为夫妻共同债务。本案中，借条约定还款期限为一年，所以杨美盛对杨锦火与李爱兰的债权请求权的诉讼时效期间为两年，从借款合同约定期限一年届满时开始计算，到2002年12月29日诉讼时效届满，而杨美盛没有证据证明具有诉讼时效中断的情形，因此至今诉讼时效已经届满。杨锦火对该债权请求权诉讼时效提出抗辩，李爱兰作为共同债务人之一，称"虽然过了诉讼时效，但本金也要还给原告"，系同意履行本案本金债务的意思表示，应认定李爱兰放弃了本金部分债务的诉讼时效抗辩权，故李爱兰依法应承担本案中本金的还款责任。

1. 公证债权文书的效力认定

▍基本案情[1]

2009 年 9 月 26 日，安鼎公司（甲方）与无锡亿仁签订编号为 BJAD09012 - 01 号的《委托贷款合同》，约定：甲方将 6000 万元人民币经受托人杭州银行股份有限公司北京分行（以下简称杭州银行北京分行）向乙方发放委托贷款；利率按月利率 5‰执行；借款期限自 2009 年 9 月 29 日至 2009 年 11 月 28 日共计 60 天，最终以借款人与受托人签订的《委托贷款借款合同》约定的期限为准；在本合同签订后三日内，乙方向甲方支付全部利息 60 万元；本合同生效后，除本合同另有约定外，任何一方需变更本合同条款或解除本合同的，应由甲乙双方协商一致达成协议。除本合同和借款人与受托人签订的《委托贷款借款合同》另有特别声明外，本合同与《委托贷款借款合同》存在冲突的，以本合同为准；借款期限届满，如乙方未能及时、足额向甲方清偿借款本息的，乙方除应按本合同项下借款利率向甲方支付逾期期间借款利息外，并应按逾期金额 5‰每日的标准向甲方支付逾期还款违约金。2009 年 9 月 27 日中信公证处为上述《委托贷款合同》作出（2009）京中信内经证字 10739 号公证书。

同年 9 月 26 日，无锡亿仁（甲方）与安鼎公司（乙方）及孙启银（丙方）、孙珂珂（丁方）、孙明（戊方）、亿仁集团（巳方）、珠海亿仁（庚方）、济南亿仁（辛方）又签订一份编号为 BJAD09012B 的《还款协议》，约定：甲

---

[1] 本案例选取自北大法宝：北京安鼎信用担保有限公司与无锡亿仁肿瘤医院有限公司等申请执行人执行异议案。

乙双方签订编号为 BJAD09012-01 的《委托贷款合同》，乙方向甲方提供期限为 60 天、金额为 6000 万元的委托贷款，乙方于 2009 年 9 月 29 日通过杭州银行北京分行向甲方发放该委托贷款，甲方应于 2009 年 11 月 28 日前偿还该委托贷款；作为委托贷款的担保，丙方、丁方、戊方分别与乙方签订了《保证合同》，丁方、戊方分别另与乙方签订了《股权质押协议》，庚方另与乙方签订了《抵押合同》，巳方、庚方、辛方分别另与乙方签订了《保证合同》；一旦甲方未完全、适当履行还本付息义务，乙方有权向甲方、丙方、丁方、戊方、巳方、庚方、辛方（以下简称担保各方）追偿。担保各方承诺在乙方主张追偿权后三日内向乙方偿还全部款项，如到期不履行还款义务，担保各方自愿放弃一切抗辩权，并自愿接受人民法院对《还款协议》的强制执行。同日，中信公证处为上述《还款协议》作出赋予强制执行效力的（2009）京中信内经证字 11928 号公证书。中信公证处在办理上述公证时，公证员分别与被执行人无锡亿仁、孙启银、孙珂珂、孙明、亿仁集团、珠海亿仁、济南亿仁谈话告知："如发生上述不履约情况，本处会将安鼎公司的主张通知您，如果有异议及相关证据，应向本处提出，请确认通知地点及回复期限。"被执行人回答："你处按合同申请表上所写的本人地址或电话通知我即可，本人如有异议或证据，会在你处发出通知之日起三个工作日内回复，如无回复，你处可视我方对安鼎公司的主张无异议。"

另外，安鼎公司委托杭州银行北京分行于 2009 年 9 月 29 日向无锡亿仁放款 3000 万元，10 月 20 日放款 3000 万元。并且中信公证处在 8 月 6 日上午向主债务人无锡亿仁的法定代表人孙珂珂进行了电话核实，同日上午也向孙启银、孙明进行了核实，孙珂珂、孙启银、孙明除了表示已经支付部分数额外，对其他问题未提出异议。而后，在签发执行证书后的 8 月 9 日上午向济南亿仁的法定代表人冯涛进行了核实，其未提出异议。安鼎公司在 8 月 6 日向中信公证处提交的《强制执行申请书》所附具的利息和违约金计算明细表中，第二笔贷款利息的起算日期为 2009 年 10 月 20 日，逾期罚息的起算日期为 2009 年 11 月 29 日，截止日期均为 2010 年 8 月 6 日。申请的利息总额（含罚息）为 382.5 万元，违约金总额为 7230 万元。同时，安鼎公司认可无锡亿仁已经偿还贷款利息 60 万元。

本案一审法院认为：①中信公证处公证的《委托贷款合同》和《还款协议》违反我国金融管理的强制性规定。非金融企业机构之间的资金拆借为我国金融管理制度所禁止。安鼎公司不具有金融许可证，其未经金融机构直接与无锡亿仁及其担保人签订《委托贷款合同》和《还款协议》违反我国金融管理的强制性规定。②中信公证处在作出《执行证书》时违反相关规定，对安鼎公司未依约履行的事实未做核查。③中信公证处在作出《执行证书》时存在违反公证程序的情形。本案中，中信公证处在签发执行证书前，未依相关规定及明示的公证程序询问各债务人。④中信公证处作出的《执行证书》的执行标的额超出了安鼎公司的申请数额。

▌案例分析

本案涉及的是公证债权文书的效力问题。公证债权文书有效需要符合以下三个条件：一是债权人的债权真实存在并且合法；二是当事人自愿接受强制执行；三是债权文书具有给付金钱、物品、有价证券的内容。只要公证债权文书能够满足这三个条件，人民法院就应当予以执行。就本案而言，则涉及三个焦点问题：①《委托贷款合同》和《还款协议》是否违反金融管理的强制性规定；②是否只能对三方当事人之间的《委托贷款借款合同》进行公证；③执行证书的签发程序是否存在足以不予执行的违法情形。具体分析如下：

第一，关于《委托贷款合同》和《还款协议》是否违反金融管理的强制性规定。企业委托银行进行贷款的行为，根据银行业管理部门的有关规定，并不违法。本案当事人双方所签《委托贷款合同》《还款协议》均明确指出，双方的借贷款是通过杭州银行北京分行进行委托贷款，其后在履行合同时也通过杭州银行北京分行发放了贷款，说明《委托贷款合同》和《还款协议》指向的标的是委托贷款法律关系。

第二，关于是否只能对三方当事人之间的《委托贷款借款合同》进行公证。本案当事人之间存在多个合同，其中《委托贷款合同》《还款协议》《委托贷款借款合同》之间关于委托贷款事项的约定，除关于违约金数额的计算标准不同外，利率、期限等核心条款均不存在冲突。根据《委托贷款借款合同》，在委托贷款关系的三方当事人中，杭州银行北京分行仅负有通知、提醒和监管职责，不承担任何实体义务，所有的违约责任均由安鼎公司和无锡亿仁自行承担。所以，安鼎公司作为实际权利人和委托人，与借款人另行签订《还款协议》，与委托贷款业务的性质并无不合。在当事人之间对同一笔债权存在多个合同时，公证哪一个合同属于当事人意思自治的范围，人民法院不应当干预。安鼎公司和无锡亿仁选择最有利于债权实现的《委托贷款合同》和《还款协议》进行公证，不违反法律的禁止性规定。

第三，关于执行证书的签发程序是否存在足以不予执行的违法情形。首先，关于未对安鼎公司违约放款的事实核查的问题。根据三方签订的《委托贷款借款合同》第4条，借款实际放款日和到期日以借款借据为准，说明该期限是可变期限。安鼎公司在申请执行证书时，已经将第二笔款项的到期日按照实际放款日相应予以顺延，对第二笔贷款的计息日也按照实际放款日进行计算。同时，如果安鼎公司确实存在违约情形，无锡亿仁应当对违约放款的问题提出异议，但直至安鼎公司申请执行，该公司始终未对第二笔款项放款的期限提出异议，而且一直在使用该笔借款。一审法院仅仅依据双方当事人之间合同的某一个条款就判断安鼎公司违约放款，显然没有对当事人之间的合同约定进行全面审查。其次，关于未询问债务人的问题。中信公证处除对担保人济南亿仁的核实在执行证书签发之后，其他时间均是在执行证书签发当天。而且当天接受询问的债务人提出的数额问题，安鼎公司在申请时已经认可。对济南亿仁的核实虽在执行证书签发之后，但是，由于其是从债务人，在主债务人对债权债务关系并无异议的情况下，对其是否核实并不构成对执行证书签发程序的重大影响，且其在事后的核实程序中也并无异议。最后，关于执行证书多计算债权数额的问题。执行证书是否多计算债权数额，不能构成人民法院不予执行的理由。如果确实存在多计算债权数额的问题，人民法院查实后在执行程序中可以进行核减。违约金数额是否过高不能构成不予执行公证债权文书的理由。

2. 唯一住房是否可以执行拍卖、变卖

▌基本案情〔1〕

徐某某、陈某某系夫妻关系，二人是重庆市云阳县法院一起借款纠纷生效判决的被执行人。受云阳县法院委托，重庆市大足区人民法院对被执行人徐某某、陈某某在大足区的一套房屋进行强制执行。在对该房屋进行评估且被执行人对评估房屋未予赎回的情况下，大足区法院依法对房屋进行公开拍卖，经过三次拍卖，最终张某以31万余元的价格购买了该房屋。2014年6月30日，张某到产权部门办理了产权过户手续。但被执行人徐某某、陈某某一直拒绝搬离该房屋，并对大足法院的执行行为提出异议，认为大足法院在执行过程中评估拍卖的房屋系二人唯一住房，法院的执行行为违反了最高人民法院关于不得拍卖被执行人及其所扶养家属生活所必需的居住房屋的规定，要求法院撤销拍卖行为。

---

〔1〕 本案例选取自北大法宝："唯一住房"不再是逃避执行理由——重庆一被执行人提出执行异议被驳回。

▌案例分析

本案的焦点在于对被执行人唯一居住的住房是否能够强制执行。在以前有两种观点：第一种观点认为，根据《最高人民法院关于人民法院民事执行中查封、扣押、冻结财产的规定》（以下简称《查封规定》）第 6 条，其确实对不动产的执行进行了限制性规定，即被执行人及其所扶养家属生活所必需的居住房屋，法院可以查封，但不得拍卖、变卖或者抵债。第二种观点认为该条"必需的居住房屋"与人们常说的"唯一住房"有很大区别，不可一概而论。在民事执行中，此种"必需"被限定在"保障被执行人及其所扶养家属最低生活标准"范围内，一旦超出需求，人民法院就可以考虑到案件实际情况予以执行。《查封规定》第 7 条明确指出，对于超过被执行人及其所扶养家属生活所必需的房屋和生活用品，人民法院根据申请执行人的申请，在保障被执行人及其所扶养家属最低生活标准所必需的居住房屋和普通生活必需品后，可予以执行。并且根据《最高人民法院关于人民法院执行设定抵押的房屋的规定》第 1 条，对于被执行人所有的已经依法设定抵押的房屋，人民法院可以查封，并可以根据抵押权人的申请，依法拍卖、变卖或者抵债。可见，对已经设定抵押的"唯一住房"，只要与执行标的产生牵连关系，不论是否"必需"，都不享有执行豁免权。

但在 2015 年 5 月 5 日《最高人民法院关于人民法院办理执行异议和复议案件若干问题的规定》公布后，"唯一住房"不再成为逃避执行的理由，明确符合条件的唯一住房可以被拍卖、变卖，予以执行。《最高人民法院关于人民法院办理执行异议和复议案件若干问题的规定》第 20 条规定："金钱债权执行中，符合下列情形之一，被执行人以执行标的系本人及所扶养家属维持生活所必需的居住房屋为由提出异议的，人民法院不予支持：（一）对被执行人有扶养义务的人名下有其他能够维持生活必需的居住房屋的；（二）执行依据生效后，被执行人为逃避债务转让其名下其他房屋的；（三）申请执行人按照当地廉租住房保障面积标准为被执行人及所扶养家属提供居住房屋，或者同意参照当地房屋租赁市场平均租金标准从该房屋的变价款中扣除五至八年租金的。执行依据确定被执行人交付居住的房屋，自执行通知送达之日起，已经给予三个月的宽限期，被执行人以该房屋系本人及所扶养家属维持生活的必需品为由提出异议的，人民法院不予支持。"因此，根据该规定，在金钱债权执行中，申请执行人同意参照当地房屋租赁市场平均租金标准从该房屋的变价款中扣除五至八年租金的，被执行人以执行标的系本人及所扶养家属维持生活所必需的居住房屋为由提出异议的，人民法院不予支持。而本案的申请执行人已书面表示同意从拍卖款中依法扣除相应的房屋租赁费，符合法律的规定，应予以支持。

3. 被执行人故意隐藏财产，情节严重的可构成拒不执行判决、裁定罪

▌ **基本案情**[1]

2011 年 2 月 21 日，江苏省新沂市人民法院对原告刘国太与被告徐云峰民间借贷纠纷一案作出民事判决，判令徐云峰偿还刘国太借款 20 万元及利息。判决生效后，徐云峰未如期履行义务。2013 年 7 月 3 日，刘国太向新沂市人民法院申请强制执行。执行中，新沂市人民法院依法查询了被执行人徐云峰的银行账户、房屋、土地、工商及车辆登记等财产信息，发现其名下有苏 CWH856 号昌河车一辆，遂应申请人请求对该车辆作出了查封裁定，并于 2014 年 4 月在新沂市高流镇高流街将该车依法扣押。2014 年 6 月，徐云峰以被扣押的昌河车即将进行年审为由，申请将该车开出办理年审手续，并出具书面保证，保证年审之后将车辆及时送回法院。新沂市人民法院考虑该车如脱审会降低价值，遂同意将车交给徐云峰办理年审。徐云峰将车辆开走后予以隐匿，经法院多次催要，拒不交还，导致该案无法执行。2014 年 10 月，新沂市人民法院以被执行人徐云峰涉嫌构成拒不执行判决、裁定罪，将有关线索移送公安机关立案侦查。

新沂市公安局对徐云峰立案侦查后，于 2014 年 12 月 11 日将其抓获。徐云峰归案后，如实供述了隐藏涉案的苏 CWH856 号昌河车的事实。后该车被追回，移交给新沂市人民法院。2015 年 1 月 30 日，新沂市人民检察院指控徐云峰犯拒不执行判决、裁定罪，向新沂市人民法院提起公诉。新沂市人民法院经开庭审理后认为，被告人徐云峰故意隐藏财产，对人民法院的判决有能力执行而拒不执行，情节严重，其行为已构成拒不执行判决、裁定罪。考虑到其到案后能如实供述犯罪事实，并履行了民事判决书中确定的全部还款义务，对其可酌情从轻处罚。据此，该院于 2015 年 3 月 18 日，以徐云峰犯拒不执行判决、裁定罪，判处其有期徒刑十个月，缓刑一年。

▌ **案例分析**

所谓拒不执行判决、裁定罪是指对人民法院已经发生法律效力的判决或者

---

[1] 本案例选取自北大法宝：最高人民法院发布人民法院依法惩处拒执罪典型案例 7：徐云峰拒不执行判决、裁定案。

裁定有能力执行而拒不执行，情节严重的行为，是妨碍司法罪中的一种特殊犯罪。本罪的构成要件如下：

第一，犯罪主体。本罪的主体主要是指有义务执行判决、裁定的当事人，对判决、裁定负有协助执行义务的某些个人也可以成为拒不执行判决、裁定罪的主体。主要是被执行人，除被执行人之外，向法院提供执行担保的人和银行、有关国家行政机关等各类协助执行义务人也可以成为本罪的主体。

第二，犯罪客体。拒不执行判决裁定罪侵犯的客体是人民法院的正常活动。人民法院是代表国家行使审判权的唯一机关，它对各类案件制作的判决和裁定，是代表国家行使审判权的具体形式。判决和裁定一经生效，就具有法律强制力，有关当事人以及负有执行责任的机关、单位都必须坚持执行。维护这种生效的判决、裁定的权威，就是维护法律和法制的权威，就是维护司法机关的正常活动。本罪侵犯的对象是人民法院依法做出的具有执行内容并已发生法律效力的判决、裁定，包括人民法院为依法执行支付令、生效的调解书、仲裁裁决、公证债权文书等所做的裁定。

第三，犯罪的主观方面，本罪在主观方面表现为故意，即行为人明知是人民法院已经生效的判决或裁定，而故意拒不执行。如果确因不知判决、裁定已生效而未执行的，或者因不能预见或无法抗拒的原因而无法执行的，不应属于故意拒不执行，不能构成本罪。行为人故意拒不执行的动机是多种多样的，这并不影响拒不执行判决、裁定罪的构成。

第四，犯罪的客观方面，本罪在客观方面表现为有能力执行而拒不执行人民法院的生效判决和裁定，情节严重的行为。情节严重的行为包括以下几方面：①具有拒绝报告或者虚假报告财产情况、违反人民法院限制高消费及有关消费令等拒不执行行为，经采取罚款或者拘留等强制措施后仍拒不执行的；②伪造、毁灭有关被执行人履行能力的重要证据，以暴力、威胁、贿买方法阻止他人作证或者指使、贿买、胁迫他人作伪证，妨碍人民法院查明被执行人财产情况，致使判决、裁定无法执行的；③拒不交付法律文书指定交付的财物、票证或者拒不迁出房屋、退出土地，致使判决、裁定无法执行的；④与他人串通，通过虚假诉讼、虚假仲裁、虚假和解等方式妨害执行，致使判决、裁定无法执行的；⑤以暴力、威胁方法阻碍执行人员进入执行现场或者聚众哄闹、冲击执行现场，致使执行工作无法进行的；⑥对执行人员进行侮辱、围攻、扣押、殴打，致使执行工作无法进行的；⑦毁损、抢夺执行案件材料、执行公务车辆和其他执行器械、执行人员服装以及执行公务证件，致使执行工作无法进行的；⑧拒不执行法院判决、裁定，致使债权人遭受重大损失的。⑨被执行人隐藏、转移、故意毁损财产或者无偿转让财产、以明显不合理的低价转让财产，致使判决、裁定无法执行的；⑩担保人或者被执行人隐藏、转移、故意毁损或者转让已向人民法院提供担保的财产，致使判决、裁定无法执行的；⑪协助执行义务人接到人民法院协助执行通知书后，拒不协助执行，致使判决、裁定无法执行的；⑫被执行人、担保人、协助执行义务人与国家机关工作人员通谋，利用国家机关工作人员的职权妨害执行，致使判决、裁定无法执行的；⑬其他有能力执行而拒不执行，情节严重的情形。从以上情形来看，行为人无论是采取积极的作为方式，如使用暴力、威胁方法妨碍法院执行或抗拒执行，积极转移、隐藏可供执行的财产等，还是采取消极的不作为方式，如对人民法院的执行通知置之不理或者躲藏、逃避法院执行等，都要求必须导致法院判决、裁定无法执行这种情节严重的情况出现，即客观行为与危害后果必须有刑法意义上的因果关系，否则就不宜认定为犯罪。如行为人确实实施了上述积极作为或者消极不作为的方式，但并未导致判决、裁定无法执行，那么就不能认为属于情节严重的情形。本案中，案件事实清楚，被执行人对案件事实都予以承认，符合拒不执行判决、裁定罪的构成要件，其行为已经触犯了刑法，应依据刑法给予其应有的惩罚。

　　本案的重点不在于对案件的分析，而在于该案产生的具体意义，即对故意隐匿财产，拒不履行判决、裁定的行为，情节严重的，可能构成拒不执行判决、裁定罪。实践中，有的被执行人为逃避履行生效判决确定的义务，千方百计转移、隐匿财产。本案中被执行人徐云峰就是采取欺骗的手段，将法院已扣押车辆借故开走后隐匿起来，致使法院生效判决无法执行，不仅侵害了申请执行人的合法权益，而且在一定程度上破坏了人民法院正常的执行秩序，情节严重，必须依法追究相应的刑事责任。被执行人最终被判处有期徒刑十个月，缓刑一年。

4. 借款合同约定的利息过高是否导致不予执行的后果

▌基本案情 [1]

　　2010 年 9 月 25 日，孙某、车某与北京华创联合担保有限公司（以下简称华创担保公司）签订《借款合同》，约定孙某借给车某 100 万元，借款期限自 2010 年 9 月 25 日起至 2010 年 12 月 24 日，利息按月计算，月息为 1.5%，借款到期不能还款的，应支付违约金，违约金为借款总额的 40%，华创担保公司为此借

---

〔1〕　本案例选取自北大法宝：孙某与车某借款合同纠纷案。

款承担连带保证责任。同时约定，如车某到期不能依约还款，孙某有权向北京市方正公证处申请执行证书并凭执行证书向有管辖权的人民法院申请执行。2010 年 10 月 8 日，孙某、车某、华创担保公司在北京市方正公证处办理了（2010）京方正内民证字第 12305 号公证书，确认上述借款合同符合有关法律规定，并具有强制执行效力。2011 年 5 月 30 日，孙某向北京市方正公证处提出书面申请，以车某未能依约履行还款义务为由要求公证处出具执行证书，申请总金额为 1 523 000 元，其中本金 100 万元，借款利息为 123 000 元，逾期还款违约金 400 000 元。同年 7 月 13 日，北京市方正公证处作出第 17 号执行证书，执行标的为本金 100 万元、截至执行之日的利息和违约金。同年 8 月 14 日，孙某依据该执行证书向北京市东城区人民法院提出强制执行申请，范围包括本金、利息、违约金及双倍迟延履行利息。执行过程中，车某将借款本金 100 万元交至东城法院，该款已发还孙某。2011 年 9 月 30 日，车某向东城区人民法院提出不予执行申请，并称：双方约定的违约金数额为借款本金的 40%，已经严重违反了民间借贷不得高于同期银行贷款利率 4 倍的强制性规定，也违反了《合同法》有关违约金不得过高的规定，属于无效条款。

▌案例分析

本案的焦点为借款合同约定的利息和违约金过高是否导致不予执行的法律后果。《民事诉讼法》第 238 条规定："对公证机关依法赋予强制执行效力的债权文书，一方当事人不履行的，对方当事人可以向有管辖权的人民法院申请执行，受申请的人民法院应当执行。公证债权文书确有错误的，人民法院裁定不予执行，并将裁定书送达双方当事人和公证机关。"对于公证债权文书确有错误的情形，《民事诉讼法解释》第 480 条做出了规定："有下列情形之一的，可以认定为民事诉讼法第二百三十八条第二款规定的公证债权文书确有错误：（一）公证债权文书属于不得赋予强制执行效力的债权文书的；（二）被执行人一方未亲自或者未委托代理人到场公证等严重违反法律规定的公证程序的；（三）公证债权文书的内容与事实不符或者违反法律强制性规定的；（四）公证债权文书未载明被执行人不履行义务或者不完全履行义务时同意接受强制执行的。人民法院认定执行该公证债权文书违背社会公共利益的，裁定不予执行。公证债权文书被裁定不予执行后，当事人、公证事项的利害关系人可以就债权争议提起诉讼。"第 481 条规定："当事人请求不予执行仲裁裁决或者公证债权文书的，应当在执行终结前向执行法院提出。"此外，《民事诉讼法》第 237 条规定，对仲裁机构的裁决，被申请人提出证据证明仲裁裁决有下列情形之一的，经人民法院组成合议庭审查核实，裁定不予执行：①当事人在合同中未订有仲裁条款或者事后未达成书面仲裁协议的；②裁决的事项不属于仲裁协议的范围或者仲裁机构无权仲裁的；③仲裁庭的组成或者仲裁的程序违反法定程序的；④裁决所根据的证据是伪造的；⑤对方当事人向仲裁机构隐瞒了足以影响公正裁决的证据的；⑥仲裁员在仲裁该案时有贪污受贿、徇私舞弊、枉法裁决行为的。人民法院认定执行该裁决违背社会公共利益的，裁定不予执行。仲裁裁决被人民法院裁定不予执行的，当事人可以根据双方达成的书面仲裁协议重新申请仲裁，也可以向人民法院起诉。

本案中，双方当事人自愿签订了《借款合同》，该合同内容明确、具体，双方在公证机关均确认知晓此份公证债权文书的效力及法律后果，在公证机关出具执行证书时车某亦未提出异议，故公证机关就双方所签订的《借款合同》制作的公证书及执行证书合法、有效，双方均应按照合同约定切实履行各自义务。车某提出双方约定 100 万元借款的利息按月计算，月息为 1.5%，借款到期不能还款的，违约金为借款总额的 40%，认为在利息及违约金等方面的约定过高，已经严重违反了民间借贷不得高于同期银行贷款利率 4 倍的强制性规定。此 4 倍限制性的规定已经因为新法的颁布而废除了，依据《最高人民法院关于审理民间借贷案件适用法律若干问题的规定》第 26 条，借贷双方约定的利率未超过年利率 24%，出借人请求借款人按照约定的利率支付利息的，人民法院应予支持。借贷双方约定的利率超过年利率 36%，超过部分的利息约定无效。借款人请求出借人返还已支付的超过年利率 36% 部分的利息的，人民法院应予支持。本案中的月利息为 1.5% 并未超过法律对借款利率的限制。另外，依据该规定第 30 条，出借人与借款人既约定了逾期利率，又约定了违约金或者其他费用的，出借人可以选择主张逾期利息、违约金或者其他费用，也可以一并主张，但总计超过年利率 24% 的部分，人民法院不予支持。因此，本案中对于超过年利率 24% 的违约金部分，人民法院只是不予支持，不属于不予执行公证债权文书的抗辩理由，不属公证债权文书确有错误的情形。因此，执行法院应当依照该公证债权文书予以执行，但对于超过法律规定的违约金部分不予执行。

第九章

与刑事案件有关的民间借贷的处理

1. 非法吸收公众存款构成犯罪是否影响民间借贷合同的效力

▌基本案情 [1]

2008 年 11 月 4 日，吴国军与陈晓富签订一借款协议，陈晓富共向吴国军借款人民币 200 万元，借款期限为 2008 年 11 月 4 日至 2009 年 2 月 3 日，并由王克祥和中建公司提供连带责任担保，当日吴国军履行了出借的义务，陈晓富于当日收到吴国军 200 万元的借款，因陈晓富拖欠其他债权人款项无法及时偿还，数额较大，并已严重丧失信誉，现陈晓富无力归还借款，依照协议，遂要求陈晓富提前归还，王克祥、中建公司承担连带责任。2008 年 12 月 14 日陈晓富因故下落不明，吴国军认为陈晓富拖欠其他债权人款项数额巨大，已无能力偿还，2008 年 12 月 22 日陈晓富因涉嫌合同诈骗和非法吸收公众存款罪被公安机关立案侦查，依照协议，遂要求陈晓富提前归还，王克祥、中建公司承担连带责任。陈晓富称向吴国军借款人民币 200 万元到期未还是事实。目前无偿还能力，今后尽力归还。王克祥、中建公司称本案的程序存在问题，本案因陈晓富涉嫌犯罪，故应中止审理，2009 年 4 月 15 日德清人民法院以（2009）湖德商初字第 52 号—2 号民事裁定，本案中止审理，且明确规定，待刑事诉讼审理终结后再恢复审理本案。现陈晓富的刑事案件并未审理终结。本案借款的性质可能为非法吸收公众存款。在未确定本案借款的性质时，该案应该中止审理。且如确定陈晓富涉及犯罪，王克祥和中建公司无须承担保证责任。2010 年 1 月 13 日，德

---

〔1〕 本案例选取自北大法宝：吴国军诉陈晓富、王克祥及德清县中建房地产开发有限公司民间借贷、担保合同纠纷案。

清县人民法院以陈晓富犯非法吸收公众存款罪，判处其有期徒刑五年二个月，并处罚金人民币 25 万元，该判决已生效。

▌案例分析

本案的争议焦点是：①非法吸收公众存款构成犯罪是否影响涉案民间借贷合同和担保合同的效力认定；②非法吸收公众存款构成犯罪是否需要中止审理。

关于非法吸收公众存款构成犯罪是否影响涉案民间借贷合同和担保合同的效力认定问题。本案吴国军与陈晓富之间的借贷关系成立且合法有效，应受法律保护。本案中，单个的借款行为仅仅是引起民间借贷这一民事法律关系的民事法律事实，并不构成非法吸收公众存款的刑事法律事实，因为非法吸收公众存款的刑事法律事实是数个"向不特定人借款"行为的总和，从而从量变到质变。《合同法》第 52 条规定了合同无效的情形，其中符合"违反法律、法规的强制性规定""以合法形式掩盖非法目的"两种情形的合同无效。合同效力的认定应尊重当事人的意思自治，只要订立合同时各方意思表示真实，又没有违反法律、行政法规的强制性规定，就应当确认合同有效。《合同法解释二》第 14 条对《合同法》第 52 条第 5 项规定"强制性规定"解释为效力性强制性规定，本案中陈晓富触犯刑法的犯罪行为，并不必然导致借款合同无效，因为借款合同的订立没有违反法律、行政法规效力性的强制规定，并可在最大程度上尊重当事人的意思自治。当事人在订立民间借贷合同时，主观上可能确实基于借贷的真实意思表示，未违反法律、法规的强制性规定或以合法形式掩盖非法目的。非法吸收公众存款的犯罪行为与单个民间借贷行为并不等价，民间借贷合同并不必然损害国家利益和社会公共利益，两者之间的行为极有可能呈现为一种正当的民间借贷关系，即贷款人出借自己合法所有的货币资产，借款人自愿借人货币，双方自主决定交易对象与内容，既没有主观上要去损害其他合法利益的故意和过错，也没有客观上对其他合法利益造成侵害的现实性和可能性。根据《合同法》第 12 章规定，建立在真实意思基础上的民间借款合同受法律保护。因此，陈晓富向吴国军借款后，理应按约定及时归还借款。陈晓富未按其承诺归还所欠借款，是引起本案纠纷的原因，陈晓富应承担本案的民事责任，归还欠款。

王克祥和中建公司未按借款协议承担担保义务，对于王克祥、中建公司提出陈晓富可能涉及非法吸收公众存款，其不应再承担责任的理由，根据《担保法》有关规定，如债权人与债务人恶意串通或债权人知道或应当知道主合同债务人采取欺诈手段，使保证人违背真实意思提供保证的，则保证人应免除保证责任。而王克祥和中建公司不能提供相关证据佐证吴国军与陈晓富之间具有恶意串通的事实，亦不能提供相关证据证明吴国军知道或应当知道陈晓富采取欺诈手段骗取王克祥和中建公司提供担保。借款合同有效，从合同即担保合同本身无瑕疵的情况下，民间借贷中的担保合同也有效。从维护诚信原则和公平原则的法理上分析，将与非法吸收公众存款罪交叉的民间借贷合同认定为无效会造成实质意义上的不公，造成担保人以无效为由抗辩其担保责任，即把自己的担保错误作为自己不承担责任的抗辩理由，这更不利于保护不知情的债权人，维护诚信、公平也无从体现。涉嫌非法吸收公众存款的犯罪嫌疑人（或被告人、罪犯）进行民间借贷时往往由第三者提供担保，且多为连带保证担保。债权人要求债务人提供担保人，这是降低贷款风险的一种办法。保证人同意提供担保，应当推定为充分了解行为的后果。若因债务人涉嫌非法吸收公众存款而认定借贷合同无效，根据《担保法》，主合同无效前提下的担保合同也应当无效，保证人可以免除担保责任。债权人旨在降低贷款风险的努力没有产生任何效果，造成事实上的不公。因此，对于王克祥和中建公司的理由不予认可。

由本案可知，构成非法吸收公众存款罪不一定影响民间借贷合同以及担保合同的效力。

关于非法吸收公众存款构成犯罪是否需要中止审理的问题。吴国军根据借款协议给陈晓富200万元后，其对陈晓富的债权即告成立。至于陈晓富可能涉及非法吸收公众存款的犯罪，与本案合同纠纷属于两个法律关系，公安部门立案侦查、检察院起诉以及法院判决构成刑事犯罪，并不影响法院依据民事诉讼法审理本案当事人间的民事合同纠纷。对合同效力进行判断和认定属于民商事审判的范围，判断和认定的标准也应当是民事法律规范。非法吸收公众存款罪和合同的效力问题是两个截然不同的法律问题。判定一个合同的效力问题，应从民事法律的角度去考虑，从有效合同的三个要件来考察，即行为人是否具有相应的民事行为能力，意思表示是否真实，是否违反法律或者社会公共利益。且本案涉嫌的是非法吸收公众存款罪，涉嫌犯罪的当事人单个的借贷行为不构成犯罪，只有达到一定数量后才发生质变，构成犯罪，即犯罪行为与合同行为不重合，故其民事行为应该有效。鉴于此，法院受理、审理可以"刑民并行"。"先刑后民原则"并非法定原则，任何一部法律都未对这一原则做出明确规定。实行"先刑后民"有一个条件：只有符合《民事诉讼法》第136条规定，即"本案必须以另一案的审理结果为依据。而另一案尚未审结的"，才"先刑后民"。不符合《民事诉讼法》第136条规定的，应"刑民并行"审理。先刑后民，是指在民事诉讼活动中，发现涉嫌刑事犯罪时，应当在侦查机关对涉嫌刑事犯罪的事实查清后，由法院先对刑事犯罪进行审理，再就涉及的民事责任进行审理，或者由法院在审理刑事犯罪的同时，附带审理民事责任部分，在此之前不应当单独就其中的民事责任进行审理判决。基于刑事案件的认定和处理可能会与对民事案件的认定和处理不一致，或者基于民事案件的认定和处理可能会与对刑事案件的认定和处理不一致，先刑后民的作用在于避免民事判决与刑事判决的不稳定性。但是，先刑后民并非审理民刑交叉案件的基本原则，而只是审理民刑交叉案件的一种处理方式。据此，对于王克祥和中建公司提出在未确定本案借款的性质时应该中止审理的主张不能予以支持。因此，本案当事人双方之间的民间借贷法律关系明确，陈晓富对该借款应当予以归还，王克祥和中建公司自愿为陈晓富借款提供担保，应承担本案连带清偿责任。

2. 正确理解高利转贷罪

▌基本案情〔1〕

　　鞍山市第六粮库主任林占山得知鞍山市轧钢厂缺少生产资金急需融资，便找到被告人姚凯（与其系同学关系）商议，由姚凯出面办理营业执照，利用林占山与银行相关人员熟悉的便利条件，通过办理银行承兑汇票后借给鞍山轧钢厂以从中获利。姚凯于 1997 年 9 月承包了鞍山市农垦工贸公司，以该公司名义向银行申请办理银行承兑汇票并转借给鞍山市轧钢厂。1997 年 11 月，被告人姚凯以鞍山市农垦工贸公司名义向鞍山市农业发展银行办理承兑汇票人民币 500 万元。在办理该笔承兑汇票时，鞍山市农垦工贸公司在鞍山市农业发展银行所设账户内没有存入保证金，也没有向鞍山市农业发展银行提供担保。林占山、姚凯将这 500 万元银行承兑汇票借给鞍山市轧钢厂用于资金周转，从中获利 35 万元。1999 年 6 月，被告人姚凯以鞍山市农垦工贸公司名义向鞍山市农业银行营业部办理承兑汇票人民币 490 万元。在办理该笔承兑汇票时，鞍山市农垦工贸公司在鞍山市农业银行营业部所设账户内存款 100 万元作为保证金，并由鞍山市轧钢厂作为保证人提供担保，鞍山市农垦工贸公司、鞍山市农业银行营业部、鞍山市轧钢厂三方共同签订了保证担保借款合同。林占山、姚凯将这 490 万元银行承兑汇票借给鞍山市轧钢厂用于资金周转，从中获利 40 万元。上述两笔银行承兑汇票承兑期到期后，本金人民币计 990 万元均由鞍山市农垦工贸公司返还给银行。

---

〔1〕 本案例选取自北大法宝：姚凯高利转贷案。

▍案例分析

本案中，姚凯以转贷牟利为目的，套取金融机构信贷资金转贷给他人，违法所得数额巨大，其行为已构成高利转贷罪。下面予以分析：

第一，被告人编造虚假贷款理由并出具虚假购销合同，属于《刑法》第175条规定的套取行为。金融业务具有一定的风险性，同时又需要有相当程度的公信力。随着我国市场经济的不断发展和完善，国家进一步加强了对信贷资金的管理。无论单位还是个人，从银行取得贷款，不仅要具备良好的信誉、到期还贷的能力，还要符合国家的经济宏观调控政策。所以，从事金融业务需要特别许可，以便提高金融机构的公信力并且合理配置资源。《刑法》第175条高利转贷罪旨在禁止没有获取从事金融业务许可的单位与个人利用银行的贷款从事金融业务，以便维护市场经济运行中的金融秩序，促进社会的和谐与稳定。《刑法》第175条关于高利转贷罪中规定的套取，实际是一种骗取，行为人以虚假的贷款理由或者贷款条件，向金融机构申请贷款，获取通过正常程序无法获得的贷款。从主观上说，不需要行为人具有非法占有目的，否则构成的是贷款诈骗罪。本案中姚凯以农垦工贸公司的名义向银行申请办理承兑汇票，并编造了虚假的贷款申请理由，出具了虚假购销合同，采用了欺骗手段，这是一种利用承兑汇票套取银行资金的行为。至于贴现银行是否明知农垦工贸公司的虚假行为，不影响对姚凯套取行为的认定。因为高利转贷罪不同于贷款诈骗罪，不需要贷款银行基于认识错误处分财产。此外，票据贴现也是贷款的一种表现形式，所以不能以姚凯一方与银行、鞍山市轧钢厂之间具有票据关系而否认其实施了套取银行贷款的行为。

第二，正确理解和确定高利转贷罪中的高利标准。本案中，990万元的贷款，按照银行当期利率计算，贷款利息应为38万元，姚凯仅支付银行承兑手续费计4950元，而其非法转贷获得的利息是75万元。从数字分析看，姚凯转贷的利率尚不足银行正常利率的2倍，那么，被告人将银行信贷资金转贷他人时的利率是否属于高利？这将直接影响到对被告人行为的定性问题。该问题涉及对高利转贷罪中的高利作何理解。对于"高利"，学界未达成一致，有学者认为，"高利"是指以高出金融机构贷款利率的较大比例转贷给他人；还有学者认为，"高利"是指行为人将套取的金融机构信贷资金转贷他人所定利率远远高于其从银行或其他金融机构所套取的信贷资金利率。《最高人民法院关于审理民间借贷案件适用法律若干问题的规定》第26条第2款规定："借贷双方约定的利率超过年利率36%，超过部分的利息约定无效。借款人请求出借人返还已支付的超过年利率36%部分的利息的，人民法院应予支持。"即超过年利率36%的属于"高利"。另一种观点认为，"高利"是指将银行信贷资金以高于银行贷款的利率转贷他人，具体高出银行贷款利率多少，不影响本罪的成立。笔者同意第三种观点，《刑法》和司法解释中均未对高利做出规定，但鉴于该罪是以转贷牟利为目的的，只要高于银行的利息就应当属于高利。这样的观点基于以下几点原因：首先，依据罪刑法定原则，《刑法》第175条并没有指出本罪必须以行为人以高出金融机构贷款利率较多的利率转贷给他人才构成，而只是指出高利转贷他人就可能构成犯罪。其次，高利的认定，不应适用《最高人民法院关于审理民间借贷案件适用法律若干问题的规定》年利率36%的规定，即超过年利率36%部分的利息约定无效，超过年利率36%的属于"高利"。因为该意见是就民间借贷而言，即行为人将自己所有的闲置资金直接借贷给他人使用的，如果只是略高于银行贷款利率，当然不能禁止。但是，就套取银行贷款而高利转贷他人的案件而言，鉴于该行为是一种扰乱金融秩序的行为，转贷牟利危害了金融安全，二者之间具有了性质上的区别，因而对高利的认定不必达到年利率36%。最后，立法者之所以要将高利转贷行为规定为犯罪，是因为行为人通过转贷行为谋取非法利益。行为人非法谋取利益，并非只能通过高出银行法定标准的利率来实现，只要行为人以高于贷进利率的贷出利率进行转贷赚取差价，就是谋取了非法利益，产生了危害性。因此，笔者认为只要转贷利率高于银行贷款利率即属于"高利"。另外，若要构成高利转贷罪，除属于"高利"外，还应该违法所得较大。《刑法》第175条中的高利需要与违法所得联系起来理解和认定。违法所得越多，对高利的要求就越低；反之，如果违法所得越少，则高利的要求越高。如果行为人套取银行贷款几十亿，但转贷利率只是略高于银行，由于违法所得多，应认定为本罪；反之，如果行为人套取银行贷款几十万元或者十几万元，但转贷利率特别高，由于违法所得多，也应认定为本罪。认定高利转贷罪时，应将重点放在违法所得上。也就是说，只要违法所得较大，且转贷利率高于银行贷款利率，就应认定为高利转贷罪。《最高人民检察院、公安部关于公安机关管辖的刑事案件立案追诉标准的规定（二）》第26条规定："以转贷牟利为目的，套取金融机构信贷资金高利转贷他人，涉嫌下列情形之一的，应予立案追诉：（一）高利转贷，违法所得数额在十万元以上的；（二）虽未达到上述数额标准，但两年内因高利转贷受过行政处罚二次以上，又高利转贷的。"因此，对于高利没有限制，只是对违法所得数额有具体规定。本案中姚凯违法所得为75万元，故认定属于高利不存在问题。

第三，应在不违背罪刑法定原则的前提下，准确把握事实的本质与立法的精神，正确认定行为人的行为性质。有种观点认为，在商业银行业务中，贷款业务和票据承兑等业务是相并列的，贷款关系与票据关系是两种不同的法律关系。因此，骗取银行的承兑汇票并不等同于套取银行信贷资金。同样，持票人的贴现是实现票据权利，是与银行之间的一种关系，而不是从出票人处获得贷款。因此，姚凯的行为不能认定为高利转贷罪。上述观点，从本案的表现形式上来看，并结合罪刑法定原则，似乎不能认定姚凯的行为构成高利转贷罪。但就本案实质来说，我们不能过于形式地理解《刑法》第175条的规定，而应把握事实的本质并结合立法精神加以判定。虽然借贷关系与票据关系在形式上不同，但姚凯以套取银行承兑汇票的方式，将汇票交给用款人，然后用款人向银行贴现，由此完成了转贷并且非法获得了高利，从实质意义上说，这是一种高利转贷行为，其行为破坏了金融管理秩序，具有社会危害性，应当认定为高利转贷罪。

3. 集资诈骗罪的认定

▌基本案情[1]

2001年6月5日，许官成伙同冯小云（挂名股东）成立北京墨龙公司，并先后在广州、深圳、成都、重庆、南京等地设立分公司。2003年11月17日，许官成伙同马秀萍（挂名股东）设立北京冠成公司。2004年1月5日，许官成伙同许冠卿成立南京冠成公司。上述公司设立后，以实施集资诈骗犯罪为主要活动。许官成任北京冠成公司、南京冠成公司法定代表人，负责全面工作。许冠卿任南京冠成公司总经理，代表南京冠成公司与本案被害人签订合同。马茹梅任北京冠成公司财务总监，具体管理许官成收取的包括南京冠成公司在内的各地上缴的集资款，并按许官成指示划拨兑付款及各项费用支出。

自2002年始，许官成违反中国人民银行有关规定，未依照法定程序经有关部门批准，推行"星炬计划"非法集资，与客户签订特种药蚁销售合同、特种药蚁委托养殖合同、特种药蚁回收合同等三种系列合同，承诺客户每窝蚂蚁投资人民币460元，1年后返还人民币640元，年回报率为39.13%。2004年10月后，合同调整为每窝蚂蚁投资人民币460元，1年后返回人民币540元，年回报率为17.39%。2004年1月至2005年3月间，许官成、许冠卿、马茹梅以南京冠成公司名义，在明知无法归还本息的情况下，以高额回报为诱饵，虚构集

---

[1] 本案例选取自北大法宝：江苏省南京市人民检察院诉许官成、许冠卿、马茹梅集资诈骗案。

资用途非法集资，向不特定公众宣称集资款用于开发、研制蚂蚁产品，事实上，许官成虽与相关单位开展过一些有关开发、研制蚂蚁产品的合作，但投入的资金量占其募集资金的比例非常小。北京冠成公司基本没有经营活动，南京冠成公司的主要活动为募集客户资金及返还到期本金及利润，开发研制及销售蚂蚁产品、为养殖蚂蚁投入的资金量非常小。并且在集资过程中虚构事实，夸大公司实力，向不特定公众发布的宣传资料称，"星炬计划"被国务院扶贫办中国老区扶贫工作委员会、中国科技扶贫工作委员会在全国推广；"中国冠成国际科技集团"于2003年2月成立，南京冠成公司、北京冠成公司是中国冠成集团的下属公司、子公司。事实上，国务院扶贫开发领导小组办公室从未成立也未挂靠主管过中国老区扶贫工作委员会和中国科技扶贫工作委员会两个机构。许官成称中国冠成集团成立后一直没有开展业务，与南京、北京冠成公司也没有关系，以中国冠成集团名义吸收资金的目的是为了宣传公司经济实力雄厚、规模大，让客户信赖公司有能力返还客户的投资款。共骗取社会不特定对象829人投资款合计人民币33 278 700元，骗取的巨额集资款均打入三人的个人账户，除用于支付客户投资款和与客户约定的利息外，还用于个人生活消费、以个人的名义购置房产、汽车等。

▌案例分析

关于许官成、许冠卿、马茹梅是否构成集资诈骗罪，要分析行为人在主观上是否具有非法占有集资款的故意；在客观方面，行为人是否使用诈骗方法非法集资，集资数额是否达到法定的标准。集资诈骗罪量刑的幅度，由非法集资的数额以及集资诈骗造成社会危害的大小决定。本案中，三人骗取集资款合计人民币33 278 700元，公安机关只追回了一小部分，该事实符合《刑法》第199条"数额特别巨大并且给国家和人民利益造成特别重大损失"的规定。因此，本案的争议焦点是：①本案是否为单位犯罪；②许官成、许冠卿、马茹梅是否采取了诈骗的方法非法集资；③三人是否具有非法占有集资款的主观故意；④本案是否属于共同犯罪。

第一，本案是否为单位犯罪。虽然本案被害人确实是与几个涉案公司而非与被告人许官成、许冠卿、马茹梅签订合同，在名义上涉案行为是以单位名义实施的，但实际上，集资诈骗所得未归单位所有，集资款项均打入许官成、许冠卿、马茹梅的个人账户，由三人占有、支配。《最高人民法院关于审理单位犯罪案件具体应用法律有关问题的解释》第2条规定："个人为进行违法犯罪活动而设立的公司、企业、事业单位实施犯罪的，或者公司、企业、事业单位设立后，以实施犯罪为主要活动的，不以单位犯罪论处。"本案中，许官成为进行非法集资活动而设立北京冠成公司、南京冠成公司，且前述公司设立后以实施集资诈骗为主要活动，本案实际上是利用公司的外壳实施的自然人犯罪，不应认定为单位犯罪。

第二，许官成、许冠卿、马茹梅是否采取了诈骗的方法非法集资。《中国人民银行关于取缔非法金融机构和非法金融业务活动中有关问题的通知》第1条规定："非法集资是指单位或个人未依照法定程序经有关部门批准，以发行股票、债券、彩票、投资基金证券或者其他债权凭证的方式向社会公众募集资金，并承诺在一定期限内以货币、实物或其他方式向出资人还本付息或给予回报的行为。"它具有如下特点：①未经有关部门批准；②承诺在一定期限内给出资人还本付息；③向社会不特定对象即社会公众募集资金；④以合法形式掩盖非法集资的性质。根据本案的事实，许官成、许冠卿、马茹梅未经有关部门批准，通过与客户签订特种药蚁销售合同、特种药蚁委托养殖合同、特种药蚁回收合同等三种系列合同，承诺客户每窝蚂蚁投资人民币460元，1年后返还人民币640元，年回报率为39.13%。2004年10月后，合同调整为每窝蚂蚁投资人民币460元，1年后返回人民币540元，年回报率为17.39%。上述合同系承诺在一定期限内给出资人还本付息，向社会不特定对象筹集资金，该筹集资金的行为属于非法集资。许官成、许冠卿、马茹梅在非法集资过程中，明知无法归还本息，仍以高额回报为诱饵，虚构集资用途，谎称其集资款用于养殖蚂蚁、开发研制及销售蚂蚁产品，在募集资金过程中虚构其实施的"星炬计划"被国务院扶贫办中国老区扶贫工作委员会、中国科技扶贫工作委员会在全国推广；虚构南京冠成公司、北京冠成公司是2003年2月成立的中国冠成集团的下属公司、子公司，实力雄厚，其行为属于通过虚构和夸大公司实力等手段欺骗不特定公众投资。综上，可以认定三人采取了诈骗的方法非法集资。

第三，三人是否具有非法占有集资款的主观故意。对于认定集资诈骗罪中的"以非法占有为目的"，应当坚持主客观相统一的认定标准，既要避免单纯根据损失结果客观归罪，也不能仅凭当事人自己的供述，应当结合案情具体分析。本案中许官成、许冠卿、马茹梅骗取巨额集资款后，款项均打入三人的个人账户，由三人占有、支配，并未将资金用于合同约定用途，为养殖蚂蚁以及开发研制、销售蚂蚁产品只投入极少资金，收到的后期投资款部分用于兑现前期投资款的本金以及约定的高额利息，其余部分，除了用于涉案公司的运作开支外，许官成、马茹梅还以个人的名义购置房产、汽车。许官成称涉案公司无力兑现一部分客户的前期投资款本金以及约定的利息，给客户带来损失是因为经营方式有问题，事实上，三人进行实体经营的比例极小，根本无法通过正常经营偿还前期非法募集的本金及约定利息，甚至还将募集的款项进行挥霍，应当认定其主观上具有非法占有的目的。

第四，本案是否属于共同犯罪。许官成系北京冠成公司、南京冠成公司法定代表人，负责全面工作。许冠卿系南京冠成公司总经理，积极参与非法集资。马茹梅系北京冠成公司财务总监，按许官成指示，具体管理许官成集资诈骗得来的款项。许官成作为北京冠成公司、南京冠成公司法定代表人，许冠卿作为南京冠成公司总经理，马茹梅作为北京冠成公司财务总监，都清楚南京冠成公司募集集资款的基本状况及集资款用途、流向，对于相关蚂蚁产品开发研制尚未成熟，产量、产品远远无法兑现高额利息的情况，三人都应明知。在此情况下，三人仍在南京推行"星炬计划"，各负其责，分工合作，共同造成了南京冠成公司非法集资巨额款项无力兑现的事实，应认定为共同犯罪。许官成策划、指挥集资诈骗活动，许冠卿和被害人签订合同，收取投资款，积极参与集资诈骗活动，均系主犯。马茹梅受许官成指使，实施收取集资款、划拨兑付款等行为，在共同犯罪中处于次要地位，应认定为从犯，可减轻处罚。

综上所述，行为人以非法占有为目的，采取虚构集资用途，以虚假的证明文件和高回报率为诱饵，未经有权机关批准，向社会公众非法募集资金，骗取集资款的行为，构成《刑法》第192条规定的集资诈骗罪。在认定行为人是否具有非法占有目的时，应当坚持主客观相统一的认定标准，既要避免单纯根据损失结果客观归罪，也不能仅凭被告人自己的供述，应当根据案件具体情况全面分析行为人无法偿还集资款的原因，若行为人没有进行实体经营或实体经营的比例极小，根本无法通过正常经营偿还前期非法募集的本金及约定利息，将募集的款项隐匿、挥霍的，应当认定行为人具有非法占有的目的。

第三篇
法律法规

1. 最高人民法院关于
审理民间借贷案件适用法律若干问题的规定

（2015 年 6 月 23 日最高人民法院审判委员会第 1655 次会议通过）

为正确审理民间借贷纠纷案件，根据《中华人民共和国民法通则》《中华人民共和国物权法》《中华人民共和国担保法》《中华人民共和国合同法》《中华人民共和国民事诉讼法》《中华人民共和国刑事诉讼法》等相关法律之规定，结合审判实践，制定本规定。

第一条 本规定所称的民间借贷，是指自然人、法人、其他组织之间及其相互之间进行资金融通的行为。

经金融监管部门批准设立的从事贷款业务的金融机构及其分支机构，因发放贷款等相关金融业务引发的纠纷，不适用本规定。

第二条 出借人向人民法院起诉时，应当提供借据、收据、欠条等债权凭证以及其他能够证明借贷法律关系存在的证据。

当事人持有的借据、收据、欠条等债权凭证没有载明债权人，持有债权凭证的当事人提起民间借贷诉讼的，人民法院应予受理。被告对原告的债权人资格提出有事实依据的抗辩，人民法院经审理认为原告不具有债权人资格的，裁定驳回起诉。

第三条 借贷双方就合同履行地未约定或者约定不明确，事后未达成补充协议，按照合同有关条款或者交易习惯仍不能确定的，以接受货币一方所在地为合同履行地。

第四条 保证人为借款人提供连带责任保证，出借人仅起诉借款人的，人民法院可以不追加保证人为共同被告；出借人仅起诉保证人的，人民法院可以追加借款人为共同被告。

保证人为借款人提供一般保证，出借人仅起诉保证人的，人民法院应当追加借款人为共同被告；出借人仅起诉借款人的，人民法院可以不追加保证人为共同被告。

第五条 人民法院立案后，发现民间借贷行为本身涉嫌非法集资犯罪的，应当裁定驳回起诉，并将涉嫌非法集资犯罪的线索、材料移送公安或者检察机关。

公安或者检察机关不予立案，或者立案侦查后撤销案件，或者检察机关作出不起诉决定，或者经人民法院生效判决认定不构成非法集资犯罪，当事人又以同一事实向人民法院提起诉讼的，人民法院应予受理。

第六条 人民法院立案后，发现与民间借贷纠纷案件虽有关联但不是同一事实的涉嫌非法集资等犯罪的线索、材料的，人民法院应当继续审理民间借贷纠纷案件，并将涉嫌非法集资等犯罪的线索、材料移送公安或者检察机关。

第七条 民间借贷的基本案件事实必须以刑事案件审理结果为依据，而该刑事案件尚未审结的，人民法院应当裁定中止诉讼。

第八条 借款人涉嫌犯罪或者生效判决认定其有罪，出借人起诉请求担保人承担民事责任的，人民法院应予受理。

第九条 具有下列情形之一，可以视为具备合同法第二百一十条关于自然人之间借款合同的生效要件：

（一）以现金支付的，自借款人收到借款时；

（二）以银行转账、网上电子汇款或者通过网络贷款平台等形式支付的，自资金到达借款人账户时；

（三）以票据交付的，自借款人依法取得票据权利时；

（四）出借人将特定资金账户支配权授权给借款人的，自借款人取得对该账户实际支配权时；

（五）出借人以与借款人约定的其他方式提供借款并实际履行完成时。

第十条 除自然人之间的借款合同外，当事人主张民间借贷合同自合同成立时生效的，人民法院应予支持，但当事人另有约定或者法律、行政法规另有规定的除外。

第十一条 法人之间、其他组织之间以及它们相互之间为生产、经营需要订立的民间借贷合同，除存在合同法第五十二条、本规定第十四条规定的情形外，当事人主张民间借贷合同有效的，人民法院应予支持。

第十二条 法人或者其他组织在本单位内部通过借款形式向职工筹集资金，用于本单位生产、经营，且不存在合同法第五十二条、本规定第十四条规定的情形，当事人主张民间借贷合同有效的，人民法院应予支持。

第十三条 借款人或者出借人的借贷行为涉嫌犯罪，或者已经生效的判决认定构成犯罪，当事人提起民事诉讼的，民间借贷合同并不当然无效。人民法院应当根据合同法第五十二条、本规定第十四条之规定，认定民间借贷合同的效力。

担保人以借款人或者出借人的借贷行为涉嫌犯罪或者已经生效的判决认定构成犯罪为由，主张不承担民事责任的，人民法院应当依据民间借贷合同与担保合同的效力、当事人的过错程度，依法确定担保人的民事责任。

第十四条　具有下列情形之一，人民法院应当认定民间借贷合同无效：

（一）套取金融机构信贷资金又高利转贷给借款人，且借款人事先知道或者应当知道的；

（二）以向其他企业借贷或者向本单位职工集资取得的资金又转贷给借款人牟利，且借款人事先知道或者应当知道的；

（三）出借人事先知道或者应当知道借款人借款用于违法犯罪活动仍然提供借款的；

（四）违背社会公序良俗的；

（五）其他违反法律、行政法规效力性强制性规定的。

第十五条　原告以借据、收据、欠条等债权凭证为依据提起民间借贷诉讼，被告依据基础法律关系提出抗辩或者反诉，并提供证据证明债权纠纷非民间借贷行为引起的，人民法院应当依据查明的案件事实，按照基础法律关系审理。

当事人通过调解、和解或者清算达成的债权债务协议，不适用前款规定。

第十六条　原告仅依据借据、收据、欠条等债权凭证提起民间借贷诉讼，被告抗辩已经偿还借款，被告应当对其主张提供证据证明。被告提供相应证据证明其主张后，原告仍应就借贷关系的成立承担举证证明责任。

被告抗辩借贷行为尚未实际发生并能作出合理说明，人民法院应当结合借贷金额、款项交付、当事人的经济能力、当地或者当事人之间的交易方式、交易习惯、当事人财产变动情况以及证人证言等事实和因素，综合判断查证借贷事实是否发生。

第十七条　原告仅依据金融机构的转账凭证提起民间借贷诉讼，被告抗辩转账系偿还双方之前借款或其他债务，被告应当对其主张提供证据证明。被告提供相应证据证明其主张后，原告仍应就借贷关系的成立承担举证证明责任。

第十八条　根据《关于适用〈中华人民共和国民事诉讼法〉的解释》第一百七十四条第二款之规定，负有举证证明责任的原告无正当理由拒不到庭，经审查现有证据无法确认借贷行为、借贷金额、支付方式等案件主要事实，人民法院对其主张的事实不予认定。

第十九条　人民法院审理民间借贷纠纷案件时发现有下列情形，应当严格审查借贷发生的原因、时间、地点、款项来源、交付方式、款项流向以及借贷双方的关系、经济状况等事实，综合判断是否属于虚假民事诉讼：

（一）出借人明显不具备出借能力；

（二）出借人起诉所依据的事实和理由明显不符合常理；

（三）出借人不能提交债权凭证或者提交的债权凭证存在伪造的可能；

（四）当事人双方在一定期间内多次参加民间借贷诉讼；

（五）当事人一方或者双方无正当理由拒不到庭参加诉讼，委托代理人对借贷事实陈述不清或者陈述前后矛盾；

（六）当事人双方对借贷事实的发生没有任何争议或者诉辩明显不符合常理；

（七）借款人的配偶或合伙人、案外人的其他债权人提出有事实依据的异议；

（八）当事人在其他纠纷中存在低价转让财产的情形；

（九）当事人不正当放弃权利；

（十）其他可能存在虚假民间借贷诉讼的情形。

第二十条 经查明属于虚假民间借贷诉讼，原告申请撤诉的，人民法院不予准许，并应当根据民事诉讼法第一百一十二条之规定，判决驳回其请求。

诉讼参与人或者其他人恶意制造、参与虚假诉讼，人民法院应当依照民事诉讼法第一百一十一条、第一百一十二条和第一百一十三条之规定，依法予以罚款、拘留；构成犯罪的，应当移送有管辖权的司法机关追究刑事责任。

单位恶意制造、参与虚假诉讼的，人民法院应当对该单位进行罚款，并可以对其主要负责人或者直接责任人员予以罚款、拘留；构成犯罪的，应当移送有管辖权的司法机关追究刑事责任。

第二十一条 他人在借据、收据、欠条等债权凭证或者借款合同上签字或者盖章，但未表明其保证人身份或者承担保证责任，或者通过其他事实不能推定其为保证人，出借人请求其承担保证责任的，人民法院不予支持。

第二十二条 借贷双方通过网络贷款平台形成借贷关系，网络贷款平台的提供者仅提供媒介服务，当事人请求其承担担保责任的，人民法院不予支持。

网络贷款平台的提供者通过网页、广告或者其他媒介明示或者有其他证据证明其为借贷提供担保，出借人请求网络贷款平台的提供者承担担保责任的，人民法院应予支持。

第二十三条 企业法定代表人或负责人以企业名义与出借人签订民间借贷合同，出借人、企业或者其股东能够证明所借款项用于企业法定代表人或负责人个人使用，出借人请求将企业法定代表人或负责人列为共同被告或者第三人的，人民法院应予准许。

企业法定代表人或负责人以个人名义与出借人签订民间借贷合同，所借款项用于企业生产经营，出借人请求企业与个人共同承担责任的，人民法院应予支持。

第二十四条 当事人以签订买卖合同作为民间借贷合同的担保，借款到期后借款人不能还款，出借人请求履行买卖合同的，人民法院应当按照民间借贷法律关系审理，并向当事人释明变更诉讼请求。当事人拒绝变更的，人民法院裁定驳回起诉。

按照民间借贷法律关系审理作出的判决生效后，借款人不履行生效判决确定的金钱债务，出借人可以申请拍卖买卖合同标的物，以偿还债务。就拍卖所得的价款与应偿还借款本息之间的差额，借款人或者出借人有权主张返还或补偿。

第二十五条 借贷双方没有约定利息，出借人主张支付借期内利息的，人民法院不予支持。

自然人之间借贷对利息约定不明，出借人主张支付利息的，人民法院不予支持。除自然人之间借贷的外，借贷双方对借贷利息约定不明，出借人主张利息的，人民法院应当结合民间借贷合同的内容，并根据当地或者当事人的交易方式、交易习惯、市场利率等因素确定利息。

第二十六条 借贷双方约定的利率未超过年利率24%，出借人请求借款人按照约定的利率支付利息的，人民法院应予支持。

借贷双方约定的利率超过年利率36%，超过部分的利息约定无效。借款人请求出借人返还已支付的超过年利率36%部分的利息的，人民法院应予支持。

第二十七条 借据、收据、欠条等债权凭证载明的借款金额，一般认定为本金。预先在本金中扣除利息的，人民法院应当将实际出借的金额认定为本金。

第二十八条 借贷双方对前期借款本息结算后将利息计入后期借款本金并重新出具债权凭证，如果前期利率没有超过年利率24%，重新出具的债权凭证载明的金额可认定为后期借款本金；超过部分的利息不能计入后期借款本金。约定的利率超过年利率24%，当事人主张超过部分的利息不能计入后期借款本金的，人民法院应予支持。

按前款计算，借款人在借款期间届满后应当支付的本息之和，不能超过最初借款本金与以最初借款本金为基数，以年利率24%计算的整个借款期间的利息之和。出借人请求借款人支付超过部分的，人民法院不予支持。

第二十九条 借贷双方对逾期利率有约定的，从其约定，但以不超过年利率24%为限。

未约定逾期利率或者约定不明的，人民法院可以区分不同情况处理：

（一）既未约定借期内的利率，也未约定逾期利率，出借人主张借款人自逾期还款之日起按照年利率6%支付资金占用期间利息的，人民法院应予支持；

（二）约定了借期内的利率但未约定逾期利率，出借人主张借款人自逾期还款之日起按照借期内的利率支付资金占用期间利息的，人民法院应予支持。

第三十条 出借人与借款人既约定了逾期利率，又约定了违约金或者其他费用，出借人可以选择主张逾期利息、违约金或者其他费用，也可以一并主张，但总计超过年利率24%的部分，人民法院不予支持。

第三十一条 没有约定利息但借款人自愿支付，或者超过约定的利率自愿支付利息或违约金，且没有损害国家、集体和第三人利益，借款人又以不当得利为由要求出借人返还的，人民法院不予支持，但借款人要求返还超过年利率36%部分的利息除外。

第三十二条 借款人可以提前偿还借款，但当事人另有约定的除外。

借款人提前偿还借款并主张按照实际借款期间计算利息的，人民法院应予支持。

第三十三条 本规定公布施行后，最高人民法院于1991年8月13日发布的《关于人民法院审理借贷案件的若干意见》同时废止；最高人民法院以前发布的司法解释与本规定不一致的，不再适用。

2. 中华人民共和国合同法（节录）

(1999 年 3 月 15 日第九届全国人民代表大会第二次会议通过)

第一编 总 则

第一章 一般规定

第一条 为了保护合同当事人的合法权益，维护社会经济秩序，促进社会主义现代化建设，制定本法。

第二条 本法所称合同是平等主体的自然人、法人、其他组织之间设立、变更、终止民事权利义务关系的协议。婚姻、收养、监护等有关身份关系的协议，适用其他法律的规定。

第三条 合同当事人的法律地位平等，一方不得将自己的意志强加给另一方。

第四条 当事人依法享有自愿订立合同的权利，任何单位和个人不得非法干预。

第五条 当事人应当遵循公平原则确定各方的权利和义务。

第六条 当事人行使权利、履行义务应当遵循诚实信用原则。

第七条 当事人订立、履行合同，应当遵守法律、行政法规，尊重社会公德，不得扰乱社会经济秩序，损害社会公共利益。

第八条 依法成立的合同，对当事人具有法律约束力。当事人应当按照约定履行自己的义务，不得擅自变更或者解除合同。依法成立的合同，受法律保护。

第二章 合同的订立

第九条 当事人订立合同，应当具有相应的民事权利能力和民事行为能力。当事人依法可以委托代理人订立合同。

第十条 当事人订立合同,有书面形式、口头形式和其他形式。法律、行政法规规定采用书面形式的,应当采用书面形式。当事人约定采用书面形式的,应当采用书面形式。

第十一条 书面形式是指合同书、信件和数据电文(包括电报、电传、传真、电子数据交换和电子邮件)等可以有形地表现所载内容的形式。

第十二条 合同的内容由当事人约定,一般包括以下条款:

(一)当事人的名称或者姓名和住所;

(二)标的;

(三)数量;

(四)质量;

(五)价款或者报酬;

(六)履行期限、地点和方式;

(七)违约责任;

(八)解决争议的方法。

当事人可以参照各类合同的示范文本订立合同。

第十三条 当事人订立合同,采取要约、承诺方式。

第十四条 要约是希望和他人订立合同的意思表示,该意思表示应当符合下列规定:

(一)内容具体确定;

(二)表明经受要约人承诺,要约人即受该意思表示约束。

第十五条 要约邀请是希望他人向自己发出要约的意思表示。寄送的价目表、拍卖公告、招标公告、招股说明书、商业广告等为要约邀请。商业广告的内容符合要约规定的,视为要约。

第十六条 要约到达受要约人时生效。

采用数据电文形式订立合同,收件人指定特定系统接收数据电文的,该数据电文进入该特定系统的时间,视为到达时间;未指定特定系统的,该数据电文进入收件人的任何系统的首次时间,视为到达时间。

第十七条 要约可以撤回。撤回要约的通知应当在要约到达受要约人之前或者与要约同时到达受要约人

第十八条 要约可以撤销。撤销要约的通知应当在受要约人发出承诺通知之前到达受要约人。

第十九条 有下列情形之一的,要约不得撤销:

(一)要约人确定了承诺期限或者以其他形式明示要约不可撤销;

（二）受要约人有理由认为要约是不可撤销的，并已经为履行合同作了准备工作。

第二十条　有下列情形之一的，要约失效：

（一）拒绝要约的通知到达要约人；

（二）要约人依法撤销要约；

（三）承诺期限届满，受要约人未作出承诺；

（四）受要约人对要约的内容作出实质性变更。

第二十一条　承诺是受要约人同意要约的意思表示。

第二十二条　承诺应当以通知的方式作出，但根据交易习惯或者要约表明可以通过行为作出承诺的除外

第二十三条　承诺应当在要约确定的期限内到达要约人。要约没有确定承诺期限的，承诺应当依照下列规定到达：

（一）要约以对话方式作出的，应当即时作出承诺，但当事人另有约定的除外；

（二）要约以非对话方式作出的，承诺应当在合理期限内到达。

第二十四条　要约以信件或者电报作出的，承诺期限自信件载明的日期或者电报交发之日开始计算。信件未载明日期的，自投寄该信件的邮戳日期开始计算。要约以电话、传真等快速通讯方式作出的，承诺期限自要约到达受要约人时开始计算。

第二十五条　承诺生效时合同成立。

第二十六条　承诺通知到达要约人时生效。承诺不需要通知的，根据交易习惯或者要约的要求作出承诺的行为时生效。

采用数据电文形式订立合同的，承诺到达的时间适用本法第十六条第二款的规定。

第二十七条　承诺可以撤回。撤回承诺的通知应当在承诺通知到达要约人之前或者与承诺通知同时到达要约人。

第二十八条　受要约人超过承诺期限发出承诺的，除要约人及时通知受要约人该承诺有效的以外，为新要约。

第二十九条　受要约人在承诺期限内发出承诺，按照通常情形能够及时到达要约人，但因其他原因承诺到达要约人时超过承诺期限的，除要约人及时通知受要约人因承诺超过期限不接受该承诺的以外，该承诺有效。

第三十条　承诺的内容应当与要约的内容一致。受要约人对要约的内容作出实质性变更的，为新要约。有关合同标的、数量、质量、价款或者报酬、履

行期限、履行地点和方式、违约责任和解决争议方法等的变更，是对要约内容的实质性变更。

第三十一条　承诺对要约的内容作出非实质性变更的，除要约人及时表示反对或者要约表明承诺不得对要约的内容作出任何变更的以外，该承诺有效，合同的内容以承诺的内容为准。

第三十二条　当事人采用合同书形式订立合同的，自双方当事人签字或者盖章时合同成立。

第三十三条　当事人采用信件、数据电文等形式订立合同的，可以在合同成立之前要求签订确认书。签订确认书时合同成立。

第三十四条　承诺生效的地点为合同成立的地点。

采用数据电文形式订立合同的，收件人的主营业地为合同成立的地点；没有主营业地的，其经常居住地为合同成立的地点。当事人另有约定的，按照其约定。

第三十五条　当事人采用合同书形式订立合同的，双方当事人签字或者盖章的地点为合同成立的地点。

第三十六条　法律、行政法规规定或者当事人约定采用书面形式订立合同，当事人未采用书面形式但一方已经履行主要义务，对方接受的，该合同成立。

第三十七条　采用合同书形式订立合同，在签字或者盖章之前，当事人一方已经履行主要义务，对方接受的，该合同成立。

第三十八条　国家根据需要下达指令性任务或者国家订货任务的，有关法人、其他组织之间应当依照有关法律、行政法规规定的权利和义务订立合同。

第三十九条　采用格式条款订立合同的，提供格式条款的一方应当遵循公平原则确定当事人之间的权利和义务，并采取合理的方式提请对方注意免除或者限制其责任的条款，按照对方的要求，对该条款予以说明。

格式条款是当事人为了重复使用而预先拟定，并在订立合同时未与对方协商的条款。

第四十条　格式条款具有本法第五十二条和第五十三条规定情形的，或者提供格式条款一方免除其责任、加重对方责任、排除对方主要权利的，该条款无效。

第四十一条　对格式条款的理解发生争议的，应当按照通常理解予以解释。对格式条款有两种以上解释的，应当作出不利于提供格式条款一方的解释。格式条款和非格式条款不一致的，应当采用非格式条款。

第四十二条　当事人在订立合同过程中有下列情形之一，给对方造成损失的，应当承担损害赔偿责任：

（一）假借订立合同，恶意进行磋商；

（二）故意隐瞒与订立合同有关的重要事实或者提供虚假情况；

（三）有其他违背诚实信用原则的行为。

第四十三条　当事人在订立合同过程中知悉的商业秘密，无论合同是否成立，不得泄露或者不正当地使用。泄露或者不正当地使用该商业秘密给对方造成损失的，应当承担损害赔偿责任。

第三章　合同的效力

第四十四条　依法成立的合同，自成立时生效。

法律、行政法规规定应当办理批准、登记等手续生效的，依照其规定。

第四十五条　当事人对合同的效力可以约定附条件。附生效条件的合同，自条件成就时生效。附解除条件的合同，自条件成就时失效。

当事人为自己的利益不正当地阻止条件成就的，视为条件已成就；不正当地促成条件成就的，视为条件不成就。

第四十六条　当事人对合同的效力可以约定附期限。附生效期限的合同，自期限届至时生效。附终止期限的合同，自期限届满时失效。

第四十七条　限制民事行为能力人订立的合同，经法定代理人追认后，该合同有效，但纯获利益的合同或者与其年龄、智力、精神健康状况相适应而订立的合同，不必经法定代理人追认。

相对人可以催告法定代理人在一个月内予以追认。法定代理人未作表示的，视为拒绝追认。合同被追认之前，善意相对人有撤销的权利。撤销应当以通知的方式作出。

第四十八条　行为人没有代理权、超越代理权或者代理权终止后以被代理人名义订立的合同，未经被代理人追认，对被代理人不发生效力，由行为人承担责任。

相对人可以催告被代理人在一个月内予以追认。被代理人未作表示的，视为拒绝追认。合同被追认之前，善意相对人有撤销的权利。撤销应当以通知的方式作出。

第四十九条　行为人没有代理权、超越代理权或者代理权终止后以被代理人名义订立合同，相对人有理由相信行为人有代理权的，该代理行为有效。

第五十条　法人或者其他组织的法定代表人、负责人超越权限订立的合同，除相对人知道或者应当知道其超越权限的以外，该代表行为有效。

第五十一条 无处分权的人处分他人财产，经权利人追认或者无处分权的人订立合同后取得处分权的，该合同有效。

第五十二条 有下列情形之一的，合同无效：

（一）一方以欺诈、胁迫的手段订立合同，损害国家利益；

（二）恶意串通，损害国家、集体或者第三人利益；

（三）以合法形式掩盖非法目的；

（四）损害社会公共利益；

（五）违反法律、行政法规的强制性规定。

第五十三条 合同中的下列免责条款无效：

（一）造成对方人身伤害的；

（二）因故意或者重大过失造成对方财产损失的。

第五十四条 下列合同，当事人一方有权请求人民法院或者仲裁机构变更或者撤销：

（一）因重大误解订立的；

（二）在订立合同时显失公平的。

一方以欺诈、胁迫的手段或者乘人之危，使对方在违背真实意思的情况下订立的合同，受损害方有权请求人民法院或者仲裁机构变更或者撤销。

当事人请求变更的，人民法院或者仲裁机构不得撤销

第五十五条 有下列情形之一的，撤销权消灭：

（一）具有撤销权的当事人自知道或者应当知道撤销事由之日起一年内没有行使撤销权；

（二）具有撤销权的当事人知道撤销事由后明确表示或者以自己的行为放弃撤销权。

第五十六条 无效的合同或者被撤销的合同自始没有法律约束力。合同部分无效，不影响其他部分效力的，其他部分仍然有效。

第五十七条 合同无效、被撤销或者终止的，不影响合同中独立存在的有关解决争议方法的条款的效力

第五十八条 合同无效或者被撤销后，因该合同取得的财产，应当予以返还；不能返还或者没有必要返还的，应当折价补偿。有过错的一方应当赔偿对方因此所受到的损失，双方都有过错的，应当各自承担相应的责任。

第五十九条 当事人恶意串通，损害国家、集体或者第三人利益的，因此取得的财产收归国家所有或者返还集体、第三人。

第四章　合同的履行

第六十条　当事人应当按照约定全面履行自己的义务。

当事人应当遵循诚实信用原则，根据合同的性质、目的和交易习惯履行通知、协助、保密等义务。

第六十一条　合同生效后，当事人就质量、价款或者报酬、履行地点等内容没有约定或者约定不明确的，可以协议补充；不能达成补充协议的，按照合同有关条款或者交易习惯确定。

第六十二条　当事人就有关合同内容约定不明确，依照本法第六十一条的规定仍不能确定的，适用下列规定：

（一）质量要求不明确的，按照国家标准、行业标准履行；没有国家标准、行业标准的，按照通常标准或者符合合同目的的特定标准履行。

（二）价款或者报酬不明确的，按照订立合同时履行地的市场价格履行；依法应当执行政府定价或者政府指导价的，按照规定履行。

（三）履行地点不明确，给付货币的，在接受货币一方所在地履行；交付不动产的，在不动产所在地履行；其他标的，在履行义务一方所在地履行。

（四）履行期限不明确的，债务人可以随时履行，债权人也可以随时要求履行，但应当给对方必要的准备时间。

（五）履行方式不明确的，按照有利于实现合同目的的方式履行。

（六）履行费用的负担不明确的，由履行义务一方负担。

第六十三条　执行政府定价或者政府指导价的，在合同约定的交付期限内政府价格调整时，按照交付时的价格计价。逾期交付标的物的，遇价格上涨时，按照原价格执行；价格下降时，按照新价格执行。逾期提取标的物或者逾期付款的，遇价格上涨时，按照新价格执行；价格下降时，按照原价格执行。

第六十四条　当事人约定由债务人向第三人履行债务的，债务人未向第三人履行债务或者履行债务不符合约定，应当向债权人承担违约责任。

第六十五条　当事人约定由第三人向债权人履行债务的，第三人不履行债务或者履行债务不符合约定，债务人应当向债权人承担违约责任。

第六十六条　当事人互负债务，没有先后履行顺序的，应当同时履行。一方在对方履行之前有权拒绝其履行要求。一方在对方履行债务不符合约定时，有权拒绝其相应的履行要求。

第六十七条　当事人互负债务，有先后履行顺序，先履行一方未履行的，后履行一方有权拒绝其履行要求。先履行一方履行债务不符合约定的，后履行一方有权拒绝其相应的履行要求。

第六十八条 应当先履行债务的当事人，有确切证据证明对方有下列情形之一的，可以中止履行：

（一）经营状况严重恶化；

（二）转移财产、抽逃资金，以逃避债务；

（三）丧失商业信誉；

（四）有丧失或者可能丧失履行债务能力的其他情形。

当事人没有确切证据中止履行的，应当承担违约责任。

第六十九条 当事人依照本法第六十八条的规定中止履行的，应当及时通知对方。对方提供适当担保时，应当恢复履行。中止履行后，对方在合理期限内未恢复履行能力并且未提供适当担保的，中止履行的一方可以解除合同。

第七十条 债权人分立、合并或者变更住所没有通知债务人，致使履行债务发生困难的，债务人可以中止履行或者将标的物提存。

第七十一条 债权人可以拒绝债务人提前履行债务，但提前履行不损害债权人利益的除外。债务人提前履行债务给债权人增加的费用，由债务人负担。

第七十二条 债权人可以拒绝债务人部分履行债务，但部分履行不损害债权人利益的除外。债务人部分履行债务给债权人增加的费用，由债务人负担。

第七十三条 因债务人怠于行使其到期债权，对债权人造成损害的，债权人可以向人民法院请求以自己的名义代位行使债务人的债权，但该债权专属于债务人自身的除外。

代位权的行使范围以债权人的债权为限。债权人行使代位权的必要费用，由债务人负担。

第七十四条 因债务人放弃其到期债权或者无偿转让财产，对债权人造成损害的，债权人可以请求人民法院撤销债务人的行为。债务人以明显不合理的低价转让财产，对债权人造成损害，并且受让人知道该情形的，债权人也可以请求人民法院撤销债务人的行为。

撤销权的行使范围以债权人的债权为限。债权人行使撤销权的必要费用，由债务人负担。

第七十五条 撤销权自债权人知道或者应当知道撤销事由之日起一年内行使。自债务人的行为发生之日起五年内没有行使撤销权的，该撤销权消灭。

第七十六条 合同生效后，当事人不得因姓名、名称的变更或者法定代表人、负责人、承办人的变动而不履行合同义务。

第五章 合同的变更和转让

第七十七条 当事人协商一致，可以变更合同。

法律、行政法规规定变更合同应当办理批准、登记等手续的，依照其规定。

第七十八条 当事人对合同变更的内容约定不明确的，推定为未变更。

第七十九条 债权人可以将合同的权利全部或者部分转让给第三人，但有下列情形之一的除外：

（一）根据合同性质不得转让；

（二）按照当事人约定不得转让；

（三）依照法律规定不得转让。

第八十条 债权人转让权利的，应当通知债务人。未经通知，该转让对债务人不发生效力。

债权人转让权利的通知不得撤销，但经受让人同意的除外。

第八十一条 债权人转让权利的，受让人取得与债权有关的从权利，但该从权利专属于债权人自身的除外。

第八十二条 债务人接到债权转让通知后，债务人对让与人的抗辩，可以向受让人主张。

第八十三条 债务人接到债权转让通知时，债务人对让与人享有债权，并且债务人的债权先于转让的债权到期或者同时到期的，债务人可以向受让人主张抵销。

第八十四条 债务人将合同的义务全部或者部分转移给第三人的，应当经债权人同意。

第八十五条 债务人转移义务的，新债务人可以主张原债务人对债权人的抗辩。

第八十六条 债务人转移义务的，新债务人应当承担与主债务有关的从债务，但该从债务专属于原债务人自身的除外。

第八十七条 法律、行政法规规定转让权利或者转移义务应当办理批准、登记等手续的，依照其规定。

第八十八条 当事人一方经对方同意，可以将自己在合同中的权利和义务一并转让给第三人。

第八十九条 权利和义务一并转让的，适用本法第七十九条、第八十一条至第八十三条、第八十五条至第八十七条的规定。

第九十条 当事人订立合同后合并的，由合并后的法人或者其他组织行使合同权利，履行合同义务。当事人订立合同后分立的，除债权人和债务人另有约定的以外，由分立的法人或者其他组织对合同的权利和义务享有连带债权，承担连带债务。

第六章　合同的权利义务终止

第九十一条　有下列情形之一的，合同的权利义务终止：

（一）债务已经按照约定履行；

（二）合同解除；

（三）债务相互抵销；

（四）债务人依法将标的物提存；

（五）债权人免除债务；

（六）债权债务同归于一人；

（七）法律规定或者当事人约定终止的其他情形。

第九十二条　合同的权利义务终止后，当事人应当遵循诚实信用原则，根据交易习惯履行通知、协助、保密等义务。

第九十三条　当事人协商一致，可以解除合同。

当事人可以约定一方解除合同的条件。解除合同的条件成就时，解除权人可以解除合同。

第九十四条　有下列情形之一的，当事人可以解除合同：

（一）因不可抗力致使不能实现合同目的；

（二）在履行期限届满之前，当事人一方明确表示或者以自己的行为表明不履行主要债务；

（三）当事人一方迟延履行主要债务，经催告后在合理期限内仍未履行；

（四）当事人一方迟延履行债务或者有其他违约行为致使不能实现合同目的；

（五）法律规定的其他情形。

第九十五条　法律规定或者当事人约定解除权行使期限，期限届满当事人不行使的，该权利消灭。

法律没有规定或者当事人没有约定解除权行使期限，经对方催告后在合理期限内不行使的，该权利消灭。

第九十六条　当事人一方依照本法第九十三条第二款、第九十四条的规定主张解除合同的，应当通知对方。合同自通知到达对方时解除。对方有异议的，可以请求人民法院或者仲裁机构确认解除合同的效力。

法律、行政法规规定解除合同应当办理批准、登记等手续的，依照其规定。

第九十七条　合同解除后，尚未履行的，终止履行；已经履行的，根据履行情况和合同性质，当事人可以要求恢复原状、采取其他补救措施，并有权要求赔偿损失。

第九十八条　合同的权利义务终止，不影响合同中结算和清理条款的效力。

第九十九条　当事人互负到期债务，该债务的标的物种类、品质相同的，任何一方可以将自己的债务与对方的债务抵销，但依照法律规定或者按照合同性质不得抵销的除外。

当事人主张抵销的，应当通知对方。通知自到达对方时生效。抵销不得附条件或者附期限。

第一百条　当事人互负债务，标的物种类、品质不相同的，经双方协商一致，也可以抵销。

第一百零一条　有下列情形之一，难以履行债务的，债务人可以将标的物提存：

（一）债权人无正当理由拒绝受领；

（二）债权人下落不明；

（三）债权人死亡未确定继承人或者丧失民事行为能力未确定监护人；

（四）法律规定的其他情形。

标的物不适于提存或者提存费用过高的，债务人依法可以拍卖或者变卖标的物，提存所得的价款。

第一百零二条　标的物提存后，除债权人下落不明的以外，债务人应当及时通知债权人或者债权人的继承人、监护人。

第一百零三条　标的物提存后，毁损、灭失的风险由债权人承担。提存期间，标的物的孳息归债权人所有。提存费用由债权人负担。

第一百零四条　债权人可以随时领取提存物，但债权人对债务人负有到期债务的，在债权人未履行债务或者提供担保之前，提存部门根据债务人的要求应当拒绝其领取提存物。

债权人领取提存物的权利，自提存之日起五年内不行使而消灭，提存物扣除提存费用后归国家所有。

第一百零五条　债权人免除债务人部分或者全部债务的，合同的权利义务部分或者全部终止。

第一百零六条　债权和债务同归于一人的，合同的权利义务终止，但涉及第三人利益的除外。

第七章　违约责任

第一百零七条　当事人一方不履行合同义务或者履行合同义务不符合约定的，应当承担继续履行、采取补救措施或者赔偿损失等违约责任。

第一百零八条　当事人一方明确表示或者以自己的行为表明不履行合同义务的，对方可以在履行期限届满之前要求其承担违约责任。

第一百零九条　当事人一方未支付价款或者报酬的，对方可以要求其支付价款或者报酬。

第一百一十条　当事人一方不履行非金钱债务或者履行非金钱债务不符合约定的，对方可以要求履行，但有下列情形之一的除外：

（一）法律上或者事实上不能履行；

（二）债务的标的不适于强制履行或者履行费用过高；

（三）债权人在合理期限内未要求履行。

第一百一十一条　质量不符合约定的，应当按照当事人的约定承担违约责任。对违约责任没有约定或者约定不明确，依照本法第六十一条的规定仍不能确定的，受损害方根据标的的性质以及损失的大小，可以合理选择要求对方承担修理、更换、重作、退货、减少价款或者报酬等违约责任。

第一百一十二条　当事人一方不履行合同义务或者履行合同义务不符合约定的，在履行义务或者采取补救措施后，对方还有其他损失的，应当赔偿损失。

第一百一十三条　当事人一方不履行合同义务或者履行合同义务不符合约定，给对方造成损失的，损失赔偿额应当相当于因违约所造成的损失，包括合同履行后可以获得的利益，但不得超过违反合同一方订立合同时预见到或者应当预见到的因违反合同可能造成的损失。

经营者对消费者提供商品或者服务有欺诈行为的，依照《中华人民共和国消费者权益保护法》的规定承担损害赔偿责任。

第一百一十四条　当事人可以约定一方违约时应当根据违约情况向对方支付一定数额的违约金，也可以约定因违约产生的损失赔偿额的计算方法。

约定的违约金低于造成的损失的，当事人可以请求人民法院或者仲裁机构予以增加；约定的违约金过分高于造成的损失的，当事人可以请求人民法院或者仲裁机构予以适当减少。

当事人就迟延履行约定违约金的，违约方支付违约金后，还应当履行债务。

第一百一十五条　当事人可以依照《中华人民共和国担保法》约定一方向对方给付定金作为债权的担保。债务人履行债务后，定金应当抵作价款或者收回。给付定金的一方不履行约定的债务的，无权要求返还定金；收受定金的一方不履行约定的债务的，应当双倍返还定金。

第一百一十六条　当事人既约定违约金，又约定定金的，一方违约时，对方可以选择适用违约金或者定金条款。

第一百一十七条　因不可抗力不能履行合同的，根据不可抗力的影响，部分或者全部免除责任，但法律另有规定的除外。当事人迟延履行后发生不可抗力的，不能免除责任。

本法所称不可抗力，是指不能预见、不能避免并不能克服的客观情况。

第一百一十八条　当事人一方因不可抗力不能履行合同的，应当及时通知对方，以减轻可能给对方造成的损失，并应当在合理期限内提供证明。

第一百一十九条　当事人一方违约后，对方应当采取适当措施防止损失的扩大；没有采取适当措施致使损失扩大的，不得就扩大的损失要求赔偿。

当事人因防止损失扩大而支出的合理费用，由违约方承担。

第一百二十条　当事人双方都违反合同的，应当各自承担相应的责任。

第一百二十一条　当事人一方因第三人的原因造成违约的，应当向对方承担违约责任。当事人一方和第三人之间的纠纷，依照法律规定或者按照约定解决。

第一百二十二条　因当事人一方的违约行为，侵害对方人身、财产权益的，受损害方有权选择依照本法要求其承担违约责任或者依照其他法律要求其承担侵权责任。

第八章　其他规定

第一百二十三条　其他法律对合同另有规定的，依照其规定。

第一百二十四条　本法分则或者其他法律没有明文规定的合同，适用本法总则的规定，并可以参照本法分则或者其他法律最相类似的规定。

第一百二十五条　当事人对合同条款的理解有争议的，应当按照合同所使用的词句、合同的有关条款、合同的目的、交易习惯以及诚实信用原则，确定该条款的真实意思。

合同文本采用两种以上文字订立并约定具有同等效力的，对各文本使用的词句推定具有相同含义。各文本使用的词句不一致的，应当根据合同的目的予以解释。

第一百二十六条　涉外合同的当事人可以选择处理合同争议所适用的法律，但法律另有规定的除外。涉外合同的当事人没有选择的，适用与合同有最密切联系的国家的法律。

在中华人民共和国境内履行的中外合资经营企业合同、中外合作经营企业合同、中外合作勘探开发自然资源合同，适用中华人民共和国法律。

第一百二十七条 工商行政管理部门和其他有关行政主管部门在各自的职权范围内，依照法律、行政法规的规定，对利用合同危害国家利益、社会公共利益的违法行为，负责监督处理；构成犯罪的，依法追究刑事责任。

第一百二十八条 当事人可以通过和解或者调解解决合同争议。

当事人不愿和解、调解或者和解、调解不成的，可以根据仲裁协议向仲裁机构申请仲裁。涉外合同的当事人可以根据仲裁协议向中国仲裁机构或者其他仲裁机构申请仲裁。当事人没有订立仲裁协议或者仲裁协议无效的，可以向人民法院起诉。当事人应当履行发生法律效力的判决、仲裁裁决、调解书；拒不履行的，对方可以请求人民法院执行。

第一百二十九条 因国际货物买卖合同和技术进出口合同争议提起诉讼或者申请仲裁的期限为四年，自当事人知道或者应当知道其权利受到侵害之日起计算。因其他合同争议提起诉讼或者申请仲裁的期限，依照有关法律的规定。

第十二章　借款合同

第一百九十六条 借款合同是借款人向贷款人借款，到期返还借款并支付利息的合同。

第一百九十七条 借款合同采用书面形式，但自然人之间借款另有约定的除外。借款合同的内容包括借款种类、币种、用途、数额、利率、期限和还款方式等条款。

第一百九十八条 订立借款合同，贷款人可以要求借款人提供担保。担保依照《中华人民共和国担保法》的规定。

第一百九十九条 订立借款合同，借款人应当按照贷款人的要求提供与借款有关的业务活动和财务状况的真实情况。

第二百条 借款的利息不得预先在本金中扣除。利息预先在本金中扣除的，应当按照实际借款数额返还借款并计算利息。

第二百零一条 贷款人未按照约定的日期、数额提供借款，造成借款人损失的，应当赔偿损失。

借款人未按照约定的日期、数额收取借款的，应当按照约定的日期、数额支付利息。

第二百零二条 贷款人按照约定可以检查、监督借款的使用情况。借款人应当按照约定向贷款人定期提供有关财务会计报表等资料。

第二百零三条 借款人未按照约定的借款用途使用借款的，贷款人可以停止发放借款、提前收回借款或者解除合同。

第二百零四条 办理贷款业务的金融机构贷款的利率，应当按照中国人民银行规定的贷款利率的上下限确定。

第二百零五条 借款人应当按照约定的期限支付利息。对支付利息的期限没有约定或者约定不明确，依照本法第六十一条的规定仍不能确定，借款期间不满一年的，应当在返还借款时一并支付；借款期间一年以上的，应当在每届满一年时支付，剩余期间不满一年的，应当在返还借款时一并支付。

第二百零六条 借款人应当按照约定的期限返还借款。对借款期限没有约定或者约定不明确，依照本法第六十一条的规定仍不能确定的，借款人可以随时返还；贷款人可以催告借款人在合理期限内返还。

第二百零七条 借款人未按照约定的期限返还借款的，应当按照约定或者国家有关规定支付逾期利息。

第二百零八条 借款人提前偿还借款的，除当事人另有约定的以外，应当按照实际借款的期间计算利息

第二百零九条 借款人可以在还款期限届满之前向贷款人申请展期。贷款人同意的，可以展期。

第二百一十条 自然人之间的借款合同，自贷款人提供借款时生效。

第二百一十一条 自然人之间的借款合同对支付利息没有约定或者约定不明确的，视为不支付利息。

自然人之间的借款合同约定支付利息的，借款的利率不得违反国家有关限制借款利率的规定。

3. 最高人民法院关于适用《中华人民共和国合同法》若干问题的解释（一）

（1999 年 12 月 1 日由最高人民法院审判委员会第 1090 次会议通过，自 1999 年 12 月 29 日起施行）

为了正确审理合同纠纷案件，根据《中华人民共和国合同法》（以下简称合同法）的规定，对人民法院适用合同法的有关问题作出如下解释：

一、法律适用范围

第一条 合同法实施以后成立的合同发生纠纷起诉到人民法院的，适用合同法的规定；合同法实施以前成立的合同发生纠纷起诉到人民法院的，除本解释另有规定的以外，适用当时的法律规定，当时没有法律规定的，可以适用合同法的有关规定。

第二条 合同成立于合同法实施之前，但合同约定的履行期限跨越合同法实施之日或者履行期限在合同法实施之后，因履行合同发生的纠纷，适用合同法第四章的有关规定。

第三条 人民法院确认合同效力时，对合同法实施以前成立的合同，适用当时的法律合同无效而适用合同法合同有效的，则适用合同法。

第四条 合同法实施以后，人民法院确认合同无效，应当以全国人大及其常委会制定的法律和国务院制定的行政法规为依据，不得以地方性法规、行政规章为依据。

第五条 人民法院对合同法实施以前已经作出终审裁决的案件进行再审，不适用合同法。

二、诉讼时效

第六条 技术合同争议当事人的权利受到侵害的事实发生在合同法实施之前，自当事人知道或者应当知道其权利受到侵害之日起至合同法实施之日超过一年的，人民法院不予保护；尚未超过一年的，其提起诉讼的时效期间为两年。

第七条　技术进出口合同争议当事人的权利受到侵害的事实发生在合同法实施之前，自当事人知道或者应当知道其权利受到侵害之日起至合同法施行之日超过两年的，人民法院不予保护；尚未超过两年的，其提起诉讼的时效期间为四年。

第八条　合同法第五十五条规定的"一年"、第七十五条和第一百零四条第二款规定的"五年"为不变期间，不适用诉讼时效中止、中断或者延长的规定。

三、合同效力

第九条　依照合同法第四十四条第二款的规定，法律、行政法规规定合同应当办理批准手续，或者办理批准、登记等手续才生效，在一审法庭辩论终结前当事人仍未办理批准手续的，或者仍未办理批准、登记等手续的，人民法院应当认定该合同未生效；法律、行政法规规定合同应当办理登记手续，但未规定登记后生效的，当事人未办理登记手续不影响合同的效力，合同标的物所有权及其他物权不能转移。

合同法第七十七条第二款、第八十七条、第九十六条第二款所列合同变更、转让、解除等情形，依照前款规定处理。

第十条　当事人超越经营范围订立合同，人民法院不因此认定合同无效。但违反国家限制经营、特许经营以及法律、行政法规禁止经营规定的除外。

四、代位权

第十一条　债权人依照合同法第七十三条的规定提起代位权诉讼，应当符合下列条件：

（一）债权人对债务人的债权合法；

（二）债务人怠于行使其到期债权，对债权人造成损害；

（三）债务人的债权已到期；

（四）债务人的债权不是专属于债务人自身的债权。

第十二条　合同法第七十三条第一款规定的专属于债务人自身的债权，是指基于扶养关系、抚养关系、赡养关系、继承关系产生的给付请求权和劳动报酬、退休金、养老金、抚恤金、安置费、人寿保险、人身伤害赔偿请求权等权利。

第十三条　合同法第七十三条规定的"债务人怠于行使其到期债权，对债权人造成损害的"，是指债务人不履行其对债权人的到期债务，又不以诉讼方式或者仲裁方式向其债务人主张其享有的具有金钱给付内容的到期债权，致使债权人的到期债权未能实现。

次债务人（即债务人的债务人）不认为债务人有怠于行使其到期债权情况的，应当承担举证责任。

第十四条 债权人依照合同法第七十三条的规定提起代位权诉讼的，由被告住所地人民法院管辖。

第十五条 债权人向人民法院起诉债务人以后，又向同一人民法院对次债务人提起代位权诉讼，符合本解释第十三条的规定和《中华人民共和国民事诉讼法》第一百零八条规定的起诉条件的，应当立案受理；不符合本解释第十三条规定的，告知债权人向次债务人住所地人民法院另行起诉。

受理代位权诉讼的人民法院在债权人起诉债务人的诉讼裁决发生法律效力以前，应当依照《中华人民共和国民事诉讼法》第一百三十六条第（五）项的规定中止代位权诉讼。

第十六条 债权人以次债务人为被告向人民法院提起代位权诉讼，未将债务人列为第三人的，人民法院可以追加债务人为第三人。

两个或者两个以上债权人以同一次债务人为被告提起代位权诉讼的，人民法院可以合并审理。

第十七条 在代位权诉讼中，债权人请求人民法院对次债务人的财产采取保全措施的，应当提供相应的财产担保。

第十八条 在代位权诉讼中，次债务人对债务人的抗辩，可以向债权人主张。

债务人在代位权诉讼中对债权人的债权提出异议，经审查异议成立的，人民法院应当裁定驳回债权人的起诉。

第十九条 在代位权诉讼中，债权人胜诉的，诉讼费由次债务人负担，从实现的债权中优先支付。

第二十条 债权人向次债务人提起的代位权诉讼经人民法院审理后认定代位权成立的，由次债务人向债权人履行清偿义务，债权人与债务人、债务人与次债务人之间相应的债权债务关系即予消灭。

第二十一条 在代位权诉讼中，债权人行使代位权的请求数额超过债务人所负债务额或者超过次债务人对债务人所负债务额的，对超出部分人民法院不予支持。

第二十二条 债务人在代位权诉讼中，对超过债权人代位请求数额的债权部分起诉次债务人的，人民法院应当告知其向有管辖权的人民法院另行起诉。

债务人的起诉符合法定条件的，人民法院应当受理；受理债务人起诉的人民法院在代位权诉讼裁决发生法律效力以前，应当依法中止。

五、撤销权

第二十三条 债权人依照合同法第七十四条的规定提起撤销权诉讼的，由被告住所地人民法院管辖。

第二十四条 债权人依照合同法第七十四条的规定提起撤销权诉讼时只以债务人为被告，未将受益人或者受让人列为第三人的，人民法院可以追加该受益人或者受让人为第三人。

第二十五条 债权人依照合同法第七十四条的规定提起撤销权诉讼，请求人民法院撤销债务人放弃债权或转让财产的行为，人民法院应当就债权人主张的部分进行审理，依法撤销的，该行为自始无效。

两个或者两个以上债权人以同一债务人为被告，就同一标的提起撤销权诉讼的，人民法院可以合并审理。

第二十六条 债权人行使撤销权所支付的律师代理费、差旅费等必要费用，由债务人负担；第三人有过错的，应当适当分担。

六、合同转让中的第三人

第二十七条 债权人转让合同权利后，债务人与受让人之间因履行合同发生纠纷诉至人民法院，债务人对债权人的权利提出抗辩的，可以将债权人列为第三人。

第二十八条 经债权人同意，债务人转移合同义务后，受让人与债权人之间因履行合同发生纠纷诉至人民法院，受让人就债务人对债权人的权利提出抗辩的，可以将债务人列为第三人。

第二十九条 合同当事人一方经对方同意将其在合同中的权利义务一并转让给受让人，对方与受让人因履行合同发生纠纷诉至人民法院，对方就合同权利义务提出抗辩的，可以将出让方列为第三人。

七、请求权竞合

第三十条 债权人依照合同法第一百二十二条的规定向人民法院起诉时作出选择后，在一审开庭以前又变更诉讼请求的，人民法院应当准许。对方当事人提出管辖权异议，经审查异议成立的，人民法院应当驳回起诉。

4. 最高人民法院关于适用《中华人民共和国 合同法》若干问题的解释（二）

（2009 年 2 月 9 日最高人民法院审判委员会第 1462 次会议通过，自 2009 年 5 月 13 日起施行）

为了正确审理合同纠纷案件，根据《中华人民共和国合同法》的规定，对人民法院适用合同法的有关问题作出如下解释：

一、合同的订立

第一条 当事人对合同是否成立存在争议，人民法院能够确定当事人名称或者姓名、标的和数量的，一般应当认定合同成立。但法律另有规定或者当事人另有约定的除外。

对合同欠缺的前款规定以外的其他内容，当事人达不成协议的，人民法院依照合同法第六十一条、第六十二条、第一百二十五条等有关规定予以确定。

第二条 当事人未以书面形式或者口头形式订立合同，但从双方从事的民事行为能够推定双方有订立合同意愿的，人民法院可以认定是以合同法第十条第一款中的"其他形式"订立的合同。但法律另有规定的除外。

第三条 悬赏人以公开方式声明对完成一定行为的人支付报酬，完成特定行为的人请求悬赏人支付报酬的，人民法院依法予以支持。但悬赏有合同法第五十二条规定情形的除外。

第四条 采用书面形式订立合同，合同约定的签订地与实际签字或者盖章地点不符的，人民法院应当认定约定的签订地为合同签订地；合同没有约定签订地，双方当事人签字或者盖章不在同一地点的，人民法院应当认定最后签字或者盖章的地点为合同签订地。

第五条 当事人采用合同书形式订立合同的，应当签字或者盖章。当事人在合同书上摁手印的，人民法院应当认定其具有与签字或者盖章同等的法律效力。

第六条 提供格式条款的一方对格式条款中免除或者限制其责任的内容，

在合同订立时采用足以引起对方注意的文字、符号、字体等特别标识，并按照对方的要求对该格式条款予以说明的，人民法院应当认定符合合同法第三十九条所称"采取合理的方式"。

提供格式条款一方对已尽合理提示及说明义务承担举证责任。

第七条 下列情形，不违反法律、行政法规强制性规定的，人民法院可以认定为合同法所称"交易习惯"：

（一）在交易行为当地或者某一领域、某一行业通常采用并为交易对方订立合同时所知道或者应当知道的做法；

（二）当事人双方经常使用的习惯做法。

对于交易习惯，由提出主张的一方当事人承担举证责任。

第八条 依照法律、行政法规的规定经批准或者登记才能生效的合同成立后，有义务办理申请批准或者申请登记等手续的一方当事人未按照法律规定或者合同约定办理申请批准或者未申请登记的，属于合同法第四十二条第（三）项规定的"其他违背诚实信用原则的行为"，人民法院可以根据案件的具体情况和相对人的请求，判决相对人自己办理有关手续；对方当事人对由此产生的费用和给相对人造成的实际损失，应当承担损害赔偿责任。

二、合同的效力

第九条 提供格式条款的一方当事人违反合同法第三十九条第一款关于提示和说明义务的规定，导致对方没有注意免除或者限制其责任的条款，对方当事人申请撤销该格式条款的，人民法院应当支持。

第十条 提供格式条款的一方当事人违反合同法第三十九条第一款的规定，并具有合同法第四十条规定的情形之一的，人民法院应当认定该格式条款无效。

第十一条 根据合同法第四十七条、第四十八条的规定，追认的意思表示自到达相对人时生效，合同自订立时起生效。

第十二条 无权代理人以被代理人的名义订立合同，被代理人已经开始履行合同义务的，视为对合同的追认。

第十三条 被代理人依照合同法第四十九条的规定承担有效代理行为所产生的责任后，可以向无权代理人追偿因代理行为而遭受的损失。

第十四条 合同法第五十二条第（五）项规定的"强制性规定"，是指效力性强制性规定。

第十五条 出卖人就同一标的物订立多重买卖合同，合同均不具有合同法第五十二条规定的无效情形，买受人因不能按照合同约定取得标的物所有权，请求追究出卖人违约责任的，人民法院应予支持。

三、合同的履行

第十六条 人民法院根据具体案情可以将合同法第六十四条、第六十五条规定的第三人列为无独立请求权的第三人，但不得依职权将其列为该合同诉讼案件的被告或者有独立请求权的第三人。

第十七条 债权人以境外当事人为被告提起的代位权诉讼，人民法院根据《中华人民共和国民事诉讼法》第二百四十一条的规定确定管辖。

第十八条 债务人放弃其未到期的债权或者放弃债权担保，或者恶意延长到期债权的履行期，对债权人造成损害，债权人依照合同法第七十四条的规定提起撤销权诉讼的，人民法院应当支持。

第十九条 对于合同法第七十四条规定的"明显不合理的低价"，人民法院应当以交易当地一般经营者的判断，并参考交易当时交易地的物价部门指导价或者市场交易价，结合其他相关因素综合考虑予以确认。

转让价格达不到交易时交易地的指导价或者市场交易价百分之七十的，一般可以视为明显不合理的低价；对转让价格高于当地指导价或者市场交易价百分之三十的，一般可以视为明显不合理的高价。

债务人以明显不合理的高价收购他人财产，人民法院可以根据债权人的申请，参照合同法第七十四条的规定予以撤销。

第二十条 债务人的给付不足以清偿其对同一债权人所负的数笔相同种类的全部债务，应当优先抵充已到期的债务；几项债务均到期的，优先抵充对债权人缺乏担保或者担保数额最少的债务；担保数额相同的，优先抵充债务负担较重的债务；负担相同的，按照债务到期的先后顺序抵充；到期时间相同的，按比例抵充。但是，债权人与债务人对清偿的债务或者清偿抵充顺序有约定的除外。

第二十一条 债务人除主债务之外还应当支付利息和费用，当其给付不足以清偿全部债务时，并且当事人没有约定的，人民法院应当按照下列顺序抵充：

（一）实现债权的有关费用；

（二）利息；

（三）主债务。

四、合同的权利义务终止

第二十二条 当事人一方违反合同法第九十二条规定的义务，给对方当事人造成损失，对方当事人请求赔偿实际损失的，人民法院应当支持。

第二十三条 对于依照合同法第九十九条的规定可以抵销的到期债权，当事人约定不得抵销的，人民法院可以认定该约定有效。

第二十四条 当事人对合同法第九十六条、第九十九条规定的合同解除或者债务抵销虽有异议，但在约定的异议期限届满后才提出异议并向人民法院起诉的，人民法院不予支持；当事人没有约定异议期间，在解除合同或者债务抵销通知到达之日起三个月以后才向人民法院起诉的，人民法院不予支持。

第二十五条 依照合同法第一百零一条的规定，债务人将合同标的物或者标的物拍卖、变卖所得价款交付提存部门时，人民法院应当认定提存成立。

提存成立的，视为债务人在其提存范围内已经履行债务。

第二十六条 合同成立以后客观情况发生了当事人在订立合同时无法预见的、非不可抗力造成的不属于商业风险的重大变化，继续履行合同对于一方当事人明显不公平或者不能实现合同目的，当事人请求人民法院变更或者解除合同的，人民法院应当根据公平原则，并结合案件的实际情况确定是否变更或者解除。

五、违约责任

第二十七条 当事人通过反诉或者抗辩的方式，请求人民法院依照合同法第一百一十四条第二款的规定调整违约金的，人民法院应予支持。

第二十八条 当事人依照合同法第一百一十四条第二款的规定，请求人民法院增加违约金的，增加后的违约金数额以不超过实际损失额为限。增加违约金以后，当事人又请求对方赔偿损失的，人民法院不予支持。

第二十九条 当事人主张约定的违约金过高请求予以适当减少的，人民法院应当以实际损失为基础，兼顾合同的履行情况、当事人的过错程度以及预期利益等综合因素，根据公平原则和诚实信用原则予以衡量，并作出裁决。

当事人约定的违约金超过造成损失的百分之三十的，一般可以认定为合同法第一百一十四条第二款规定的"过分高于造成的损失"。

六、附　则

第三十条 合同法施行后成立的合同发生纠纷的案件，本解释施行后尚未终审的，适用本解释；本解释施行前已经终审，当事人申请再审或者按照审判监督程序决定再审的，不适用本解释。

5. 中华人民共和国婚姻法（节录）

（1980 年 9 月 10 日第五届全国人民代表大会第三次会议通过，根据 2001 年 4 月 28 日第九届全国人民代表大会常务委员会第二十一次会议《关于修改〈中华人民共和国婚姻法〉的决定》修正）

第三章　家庭关系

第十三条　夫妻在家庭中地位平等。

第十四条　夫妻双方都有各用自己姓名的权利。

第十五条　夫妻双方都有参加生产、工作、学习和社会活动的自由，一方不得对他方加以限制或干涉。

第十六条　夫妻双方都有实行计划生育的义务。

第十七条　夫妻在婚姻关系存续期间所得的下列财产，归夫妻共同所有：

（一）工资、奖金；

（二）生产、经营的收益；

（三）知识产权的收益；

（四）继承或赠与所得的财产，但本法第十八条第三项规定的除外；

（五）其他应当归共同所有的财产。

夫妻对共同所有的财产，有平等的处理权。

第十八条　有下列情形之一的，为夫妻一方的财产：

（一）一方的婚前财产；

（二）一方因身体受到伤害获得的医疗费、残疾人生活补助费等费用；

（三）遗嘱或赠与合同中确定只归夫或妻一方的财产；

（四）一方专用的生活用品；

（五）其他应当归一方的财产。

第十九条　夫妻可以约定婚姻关系存续期间所得的财产以及婚前财产归各自所有、共同所有或部分各自所有、部分共同所有。约定应当采用书面形式。

没有约定或约定不明确的，适用本法第十七条、第十八条的规定。

夫妻对婚姻关系存续期间所得的财产以及婚前财产的约定，对双方具有约束力。

夫妻对婚姻关系存续期间所得的财产约定归各自所有的，夫或妻一方对外所负的债务，第三人知道该约定的，以夫或妻一方所有的财产清偿。

第二十条　夫妻有互相扶养的义务。

一方不履行扶养义务时，需要扶养的一方，有要求对方付给扶养费的权利。

第二十一条　父母对子女有抚养教育的义务；子女对父母有赡养扶助的义务。

父母不履行抚养义务时，未成年的或不能独立生活的子女，有要求父母付给抚养费的权利。

子女不履行赡养义务时，无劳动能力的或生活困难的父母，有要求子女付给赡养费的权利。

禁止溺婴、弃婴和其他残害婴儿的行为。

第二十二条　子女可以随父姓，可以随母姓。

第二十三条　父母有保护和教育未成年子女的权利和义务。在未成年子女对国家、集体或他人造成损害时，父母有承担民事责任的义务。

第二十四条　夫妻有相互继承遗产的权利。

父母和子女有相互继承遗产的权利。

第二十五条　非婚生子女享有与婚生子女同等的权利，任何人不得加以危害和歧视。

不直接抚养非婚生子女的生父或生母，应当负担子女的生活费和教育费，直至子女能独立生活为止。

第二十六条　国家保护合法的收养关系。养父母和养子女间的权利和义务，适用本法对父母子女关系的有关规定。

养子女和生父母间的权利和义务，因收养关系的成立而消除。

第二十七条　继父母与继子女间，不得虐待或歧视。

继父或继母和受其抚养教育的继子女间的权利和义务，适用本法对父母子女关系的有关规定。

第二十八条　有负担能力的祖父母、外祖父母，对于父母已经死亡或父母无力抚养的未成年的孙子女、外孙子女，有抚养的义务。有负担能力的孙子女、外孙子女，对于子女已经死亡或子女无力赡养的祖父母、外祖父母，有赡养的义务。

第二十九条 有负担能力的兄、姐，对于父母已经死亡或父母无力抚养的未成年的弟、妹，有扶养的义务。由兄、姐扶养长大的有负担能力的弟、妹，对于缺乏劳动能力又缺乏生活来源的兄、姐，有扶养的义务。

第三十条 子女应当尊重父母的婚姻权利，不得干涉父母再婚以及婚后的生活。子女对父母的赡养义务，不因父母的婚姻关系变化而终止。

第四章 离 婚

第三十一条 男女双方自愿离婚的，准予离婚。双方必须到婚姻登记机关申请离婚。婚姻登记机关查明双方确实是自愿并对子女和财产问题已有适当处理时，发给离婚证。

第三十二条 男女一方要求离婚的，可由有关部门进行调解或直接向人民法院提出离婚诉讼。

人民法院审理离婚案件，应当进行调解；如感情确已破裂，调解无效，应准予离婚。

有下列情形之一，调解无效的，应准予离婚：

（一）重婚或有配偶者与他人同居的；

（二）实施家庭暴力或虐待、遗弃家庭成员的；

（三）有赌博、吸毒等恶习屡教不改的；

（四）因感情不和分居满二年的；

（五）其他导致夫妻感情破裂的情形。

一方被宣告失踪，另一方提出离婚诉讼的，应准予离婚。

第三十三条 现役军人的配偶要求离婚，须得军人同意，但军人一方有重大过错的除外。

第三十四条 女方在怀孕期间、分娩后一年内或中止妊娠后六个月内，男方不得提出离婚。女方提出离婚的，或人民法院认为确有必要受理男方离婚请求的，不在此限。

第三十五条 离婚后，男女双方自愿恢复夫妻关系的，必须到婚姻登记机关进行复婚登记。

第三十六条 父母与子女间的关系，不因父母离婚而消除。离婚后，子女无论由父或母直接抚养，仍是父母双方的子女。

离婚后，父母对于子女仍有抚养和教育的权利和义务。

离婚后，哺乳期内的子女，以随哺乳的母亲抚养为原则。哺乳期后的子女，如双方因抚养问题发生争执不能达成协议时，由人民法院根据子女的权益和双方的具体情况判决。

第三十七条 离婚后，一方抚养的子女，另一方应负担必要的生活费和教育费的一部或全部，负担费用的多少和期限的长短，由双方协议；协议不成时，由人民法院判决。

关于子女生活费和教育费的协议或判决，不妨碍子女在必要时向父母任何一方提出超过协议或判决原定数额的合理要求。

第三十八条 离婚后，不直接抚养子女的父或母，有探望子女的权利，另一方有协助的义务。

行使探望权利的方式、时间由当事人协议；协议不成时，由人民法院判决。

父或母探望子女，不利于子女身心健康的，由人民法院依法中止探望的权利；中止的事由消失后，应当恢复探望的权利。

第三十九条 离婚时，夫妻的共同财产由双方协议处理；协议不成时，由人民法院根据财产的具体情况，照顾子女和女方权益的原则判决。

夫或妻在家庭土地承包经营中享有的权益等，应当依法予以保护。

第四十条 夫妻书面约定婚姻关系存续期间所得的财产归各自所有，一方因抚育子女、照料老人、协助另一方工作等付出较多义务的，离婚时有权向另一方请求补偿，另一方应当予以补偿。

第四十一条 离婚时，原为夫妻共同生活所负的债务，应当共同偿还。共同财产不足清偿的，或财产归各自所有的，由双方协议清偿；协议不成时，由人民法院判决。

第四十二条 离婚时，如一方生活困难，另一方应从其住房等个人财产中给予适当帮助。具体办法由双方协议。

6. 最高人民法院关于适用《中华人民共和国婚姻法》若干问题的解释（二）

（2003 年 12 月 4 日最高人民法院审判委员会第 1299 次会议通过，2004 年 4 月 1 日实施）

为正确审理婚姻家庭纠纷案件，根据《中华人民共和国婚姻法》（以下简称婚姻法）、《中华人民共和国民事诉讼法》等相关法律规定，对人民法院适用婚姻法的有关问题作出如下解释：

第一条 当事人起诉请求解除同居关系的，人民法院不予受理。但当事人请求解除的同居关系，属于婚姻法第三条、第三十二条、第四十六条规定的"有配偶者与他人同居"的，人民法院应当受理并依法予以解除。

当事人因同居期间财产分割或者子女抚养纠纷提起诉讼的，人民法院应当受理。

第二条 人民法院受理申请宣告婚姻无效案件后，经审查确属无效婚姻的，应当依法作出宣告婚姻无效的判决。原告申请撤诉的，不予准许。

第三条 人民法院受理离婚案件后，经审查确属无效婚姻的，应当将婚姻无效的情形告知当事人，并依法作出宣告婚姻无效的判决。

第四条 人民法院审理无效婚姻案件，涉及财产分割和子女抚养的，应当对婚姻效力的认定和其他纠纷的处理分别制作裁判文书。

第五条 夫妻一方或者双方死亡后一年内，生存一方或者利害关系人依据婚姻法第十条的规定申请宣告婚姻无效的，人民法院应当受理。

第六条 利害关系人依据婚姻法第十条的规定，申请人民法院宣告婚姻无效的，利害关系人为申请人，婚姻关系当事人双方为被申请人。

夫妻一方死亡的，生存一方为被申请人。

夫妻双方均已死亡的，不列被申请人。

第七条 人民法院就同一婚姻关系分别受理了离婚和申请宣告婚姻无效案件的，对于离婚案件的审理，应当待申请宣告婚姻无效案件作出判决后进行。

前款所指的婚姻关系被宣告无效后，涉及财产分割和子女抚养的，应当继续审理。

第八条 离婚协议中关于财产分割的条款或者当事人因离婚就财产分割达成的协议，对男女双方具有法律约束力。

当事人因履行上述财产分割协议发生纠纷提起诉讼的，人民法院应当受理。

第九条 男女双方协议离婚后一年内就财产分割问题反悔，请求变更或者撤销财产分割协议的，人民法院应当受理。

人民法院审理后，未发现订立财产分割协议时存在欺诈、胁迫等情形的，应当依法驳回当事人的诉讼请求。

第十条 当事人请求返还按照习俗给付的彩礼的，如果查明属于以下情形，人民法院应当予以支持：

（一）双方未办理结婚登记手续的；

（二）双方办理结婚登记手续但确未共同生活的；

（三）婚前给付并导致给付人生活困难的。

适用前款第（二）、（三）项的规定，应当以双方离婚为条件。

第十一条 婚姻关系存续期间，下列财产属于婚姻法第十七条规定的"其他应当归共同所有的财产"：

（一）一方以个人财产投资取得的收益；

（二）男女双方实际取得或者应当取得的住房补贴、住房公积金；

（三）男女双方实际取得或者应当取得的养老保险金、破产安置补偿费。

第十二条 婚姻法第十七条第三项规定的"知识产权的收益"，是指婚姻关系存续期间，实际取得或者已经明确可以取得的财产性收益。

第十三条 军人的伤亡保险金、伤残补助金、医药生活补助费属于个人财产。

第十四条 人民法院审理离婚案件，涉及分割发放到军人名下的复员费、自主择业费等一次性费用的，以夫妻婚姻关系存续年限乘以年平均值，所得数额为夫妻共同财产。

前款所称年平均值，是指将发放到军人名下的上述费用总额按具体年限均分得出的数额。其具体年限为人均寿命七十岁与军人入伍时实际年龄的差额。

第十五条 夫妻双方分割共同财产中的股票、债券、投资基金份额等有价证券以及未上市股份有限公司股份时，协商不成或者按市价分配有困难的，人民法院可以根据数量按比例分配。

第十六条 人民法院审理离婚案件，涉及分割夫妻共同财产中以一方名义在有限责任公司的出资额，另一方不是该公司股东的，按以下情形分别处理：

（一）夫妻双方协商一致将出资额部分或者全部转让给该股东的配偶，过半数股东同意、其他股东明确表示放弃优先购买权的，该股东的配偶可以成为该公司股东；

（二）夫妻双方就出资额转让份额和转让价格等事项协商一致后，过半数股东不同意转让，但愿意以同等价格购买该出资额的，人民法院可以对转让出资所得财产进行分割。过半数股东不同意转让，也不愿意以同等价格购买该出资额的，视为其同意转让，该股东的配偶可以成为该公司股东。

用于证明前款规定的过半数股东同意的证据，可以是股东会决议，也可以是当事人通过其他合法途径取得的股东的书面声明材料。

第十七条 人民法院审理离婚案件，涉及分割夫妻共同财产中以一方名义在合伙企业中的出资，另一方不是该企业合伙人的，当夫妻双方协商一致，将其合伙企业中的财产份额全部或者部分转让给对方时，按以下情形分别处理：

（一）其他合伙人一致同意的，该配偶依法取得合伙人地位；

（二）其他合伙人不同意转让，在同等条件下行使优先受让权的，可以对转让所得的财产进行分割；

（三）其他合伙人不同意转让，也不行使优先受让权，但同意该合伙人退伙或者退还部分财产份额的，可以对退还的财产进行分割；

（四）其他合伙人既不同意转让，也不行使优先受让权，又不同意该合伙人退伙或者退还部分财产份额的，视为全体合伙人同意转让，该配偶依法取得合伙人地位。

第十八条 夫妻以一方名义投资设立独资企业的，人民法院分割夫妻在该独资企业中的共同财产时，应当按照以下情形分别处理：

（一）一方主张经营该企业的，对企业资产进行评估后，由取得企业一方给予另一方相应的补偿；

（二）双方均主张经营该企业的，在双方竞价基础上，由取得企业的一方给予另一方相应的补偿；

（三）双方均不愿意经营该企业的，按照《中华人民共和国个人独资企业法》等有关规定办理。

第十九条 由一方婚前承租、婚后用共同财产购买的房屋，房屋权属证书登记在一方名下的，应当认定为夫妻共同财产。

第二十条 双方对夫妻共同财产中的房屋价值及归属无法达成协议时，人民法院按以下情形分别处理：

（一）双方均主张房屋所有权并且同意竞价取得的，应当准许；

（二）一方主张房屋所有权的，由评估机构按市场价格对房屋作出评估，取得房屋所有权的一方应当给予另一方相应的补偿；

（三）双方均不主张房屋所有权的，根据当事人的申请拍卖房屋，就所得价款进行分割。

第二十一条 离婚时双方对尚未取得所有权或者尚未取得完全所有权的房屋有争议且协商不成的，人民法院不宜判决房屋所有权的归属，应当根据实际情况判决由当事人使用。

当事人就前款规定的房屋取得完全所有权后，有争议的，可以另行向人民法院提起诉讼。

第二十二条 当事人结婚前，父母为双方购置房屋出资的，该出资应当认定为对自己子女的个人赠与，但父母明确表示赠与双方的除外。

当事人结婚后，父母为双方购置房屋出资的，该出资应当认定为对夫妻双方的赠与，但父母明确表示赠与一方的除外。

第二十三条 债权人就一方婚前所负个人债务向债务人的配偶主张权利的，人民法院不予支持。但债权人能够证明所负债务用于婚后家庭共同生活的除外。

第二十四条 债权人就婚姻关系存续期间夫妻一方以个人名义所负债务主张权利的，应当按夫妻共同债务处理。但夫妻一方能够证明债权人与债务人明确约定为个人债务，或者能够证明属于婚姻法第十九条第三款规定情形的除外。

第二十五条 当事人的离婚协议或者人民法院的判决书、裁定书、调解书已经对夫妻财产分割问题作出处理的，债权人仍有权就夫妻共同债务向男女双方主张权利。

一方就共同债务承担连带清偿责任后，基于离婚协议或者人民法院的法律文书向另一方主张追偿的，人民法院应当支持。

第二十六条 夫或妻一方死亡的，生存一方应当对婚姻关系存续期间的共同债务承担连带清偿责任。

第二十七条 当事人在婚姻登记机关办理离婚登记手续后，以婚姻法第四十六条规定为由向人民法院提出损害赔偿请求的，人民法院应当受理。但当事人在协议离婚时已经明确表示放弃该项请求，或者在办理离婚登记手续一年后提出的，不予支持。

第二十八条 夫妻一方申请对配偶的个人财产或者夫妻共同财产采取保全措施的，人民法院可以在采取保全措施可能造成损失的范围内，根据实际情况，确定合理的财产担保数额。

第二十九条 本解释自 2004 年 4 月 1 日起施行。

本解释施行后，人民法院新受理的一审婚姻家庭纠纷案件，适用本解释。

本解释施行后，此前最高人民法院作出的相关司法解释与本解释相抵触的，以本解释为准。

7. 最高人民法院关于适用《中华人民共和国婚姻法》若干问题的解释（三）

（2011 年 7 月 4 日最高人民法院审判委员会第 1525 次会议通过，自 2011 年 8 月 13 起施行）

为正确审理婚姻家庭纠纷案件，根据《中华人民共和国婚姻法》《中华人民共和国民事诉讼法》等相关法律规定，对人民法院适用婚姻法的有关问题作出如下解释：

第一条　当事人以婚姻法第十条规定以外的情形申请宣告婚姻无效的，人民法院应当判决驳回当事人的申请。

当事人以结婚登记程序存在瑕疵为由提起民事诉讼，主张撤销结婚登记的，告知其可以依法申请行政复议或者提起行政诉讼。

第二条　夫妻一方向人民法院起诉请求确认亲子关系不存在，并已提供必要证据予以证明，另一方没有相反证据又拒绝做亲子鉴定的，人民法院可以推定请求确认亲子关系不存在一方的主张成立。

当事人一方起诉请求确认亲子关系，并提供必要证据予以证明，另一方没有相反证据又拒绝做亲子鉴定的，人民法院可以推定请求确认亲子关系一方的主张成立。

第三条　婚姻关系存续期间，父母双方或者一方拒不履行抚养子女义务，未成年或者不能独立生活的子女请求支付抚养费的，人民法院应予支持。

第四条　婚姻关系存续期间，夫妻一方请求分割共同财产的，人民法院不予支持，但有下列重大理由且不损害债权人利益的除外：

（一）一方有隐藏、转移、变卖、毁损、挥霍夫妻共同财产或者伪造夫妻共同债务等严重损害夫妻共同财产利益行为的；

（二）一方负有法定扶养义务的人患重大疾病需要医治，另一方不同意支付相关医疗费用的。

第五条　夫妻一方个人财产在婚后产生的收益，除孳息和自然增值外，应认定为夫妻共同财产。

第六条　婚前或者婚姻关系存续期间，当事人约定将一方所有的房产赠与另一方，赠与方在赠与房产变更登记之前撤销赠与，另一方请求判令继续履行的，人民法院可以按照合同法第一百八十六条的规定处理。

第七条　婚后由一方父母出资为子女购买的不动产，产权登记在出资人子女名下的，可按照婚姻法第十八条第（三）项的规定，视为只对自己子女一方的赠与，该不动产应认定为夫妻一方的个人财产。

由双方父母出资购买的不动产，产权登记在一方子女名下的，该不动产可认定为双方按照各自父母的出资份额按份共有，但当事人另有约定的除外。

第八条　无民事行为能力人的配偶有虐待、遗弃等严重损害无民事行为能力一方的人身权利或者财产权益行为，其他有监护资格的人可以依照特别程序要求变更监护关系；变更后的监护人代理无民事行为能力一方提起离婚诉讼的，人民法院应予受理。

第九条　夫以妻擅自中止妊娠侵犯其生育权为由请求损害赔偿的，人民法院不予支持；夫妻双方因是否生育发生纠纷，致使感情确已破裂，一方请求离婚的，人民法院经调解无效，应依照婚姻法第三十二条第三款第（五）项的规定处理。

第十条　夫妻一方婚前签订不动产买卖合同，以个人财产支付首付款并在银行贷款，婚后用夫妻共同财产还贷，不动产登记于首付款支付方名下的，离婚时该不动产由双方协议处理。

依前款规定不能达成协议的，人民法院可以判决该不动产归产权登记一方，尚未归还的贷款为产权登记一方的个人债务。双方婚后共同还贷支付的款项及其相对应财产增值部分，离婚时应根据婚姻法第三十九条第一款规定的原则，由产权登记一方对另一方进行补偿。

第十一条　一方未经另一方同意出售夫妻共同共有的房屋，第三人善意购买、支付合理对价并办理产权登记手续，另一方主张追回该房屋的，人民法院不予支持。

夫妻一方擅自处分共同共有的房屋造成另一方损失，离婚时另一方请求赔偿损失的，人民法院应予支持。

第十二条　婚姻关系存续期间，双方用夫妻共同财产出资购买以一方父母名义参加房改的房屋，产权登记在一方父母名下，离婚时另一方主张按照夫妻共同财产对该房屋进行分割的，人民法院不予支持。购买该房屋时的出资，可以作为债权处理

第十三条　离婚时夫妻一方尚未退休、不符合领取养老保险金条件，另一

方请求按照夫妻共同财产分割养老保险金的，人民法院不予支持；婚后以夫妻共同财产缴付养老保险费，离婚时一方主张将养老金账户中婚姻关系存续期间个人实际缴付部分作为夫妻共同财产分割的，人民法院应予支持。

　　第十四条　当事人达成的以登记离婚或者到人民法院协议离婚为条件的财产分割协议，如果双方协议离婚未成，一方在离婚诉讼中反悔的，人民法院应当认定该财产分割协议没有生效，并根据实际情况依法对夫妻共同财产进行分割。

　　第十五条　婚姻关系存续期间，夫妻一方作为继承人依法可以继承的遗产，在继承人之间尚未实际分割，起诉离婚时另一方请求分割的，人民法院应当告知当事人在继承人之间实际分割遗产后另行起诉。

　　第十六条　夫妻之间订立借款协议，以夫妻共同财产出借给一方从事个人经营活动或用于其他个人事务的，应视为双方约定处分夫妻共同财产的行为，离婚时可按照借款协议的约定处理。

　　第十七条　夫妻双方均有婚姻法第四十六条规定的过错情形，一方或者双方向对方提出离婚损害赔偿请求的，人民法院不予支持。

　　第十八条　离婚后，一方以尚有夫妻共同财产未处理为由向人民法院起诉请求分割的，经审查该财产确属离婚时未涉及的夫妻共同财产，人民法院应当依法予以分割。

　　第十九条　本解释施行后，最高人民法院此前作出的相关司法解释与本解释相抵触的，以本解释为准。

8. 最高人民法院印发《关于人民法院为防范化解金融风险和推进金融改革发展提供司法保障的指导意见》的通知

（2012 年 2 月 10 日）

各省、自治区、直辖市高级人民法院，解放军军事法院，新疆维吾尔自治区高级人民法院生产建设兵团分院：

现将最高人民法院《关于人民法院为防范化解金融风险和推进金融改革发展提供司法保障的指导意见》印发给你们，请认真贯彻执行。

二〇一二年二月十日

随着经济发展方式转变和结构调整，我国经济社会发展对金融改革和发展提出了更高的要求。国际金融危机使世界经济金融格局发生深刻变化，我国经济和金融开放程度不断提高，金融风险隐患也在积聚。中央经济工作会议和第四次全国金融工作会议提出了今后一个时期我国金融工作的总体要求，突出强调要显著增强我国金融业综合实力、国际竞争力和抗风险能力，全面推动金融改革、开放和发展。规范金融秩序，防范金融风险，推动金融改革，支持金融创新，维护金融安全，不仅是今后一个时期金融改革发展的主要任务，也是人民法院为国家全面推进金融改革发展提供司法保障的重要方面。各级人民法院要充分认识为防范化解金融风险和推进金融改革发展提供司法保障的重要性和紧迫性，充分发挥审判职能作用，深化能动司法，把握好"稳中求进"的工作总基调，为全面推进金融改革发展，保障实体经济平稳健康发展提供有力的司法保障。

一、制裁金融违法犯罪，积极防范化解金融风险

金融风险突发性强、波及面广、危害性大，积极防范化解金融风险是金融工作的生命线。各级人民法院必须充分认识当前国际金融局势的复杂性以及国

内金融领域的突出问题和潜在风险，通过审判工作严厉打击金融犯罪活动，制裁金融违法行为，防范化解金融风险，保障国家金融改革发展任务的顺利进行。

1. 依法惩治金融犯罪活动。各级人民法院要充分发挥刑事审判职能，依法惩治金融领域的犯罪行为。要依法审理贷款、票据、信用证、信用卡、有价证券、保险合同方面的金融诈骗案件，加大对操纵市场、欺诈上市、内幕交易、虚假披露等行为的刑事打击力度，切实维护金融秩序。要通过对非法集资案件的审判，依法惩治集资诈骗、非法吸收或变相吸收公众存款、传销等经济犯罪行为，以及插手民间借贷金融活动的黑社会性质组织犯罪及其他暴力性犯罪，维护金融秩序和人民群众的财产安全。要依法审判洗钱、伪造货币、贩运伪造的货币，逃汇套汇、伪造变造金融凭证等刑事案件，努力挽回经济损失。

2. 依法制裁金融违法行为。各级人民法院在审理金融民商事纠纷案件中，要注意其中的高利贷、非法集资、非法借贷拆借、非法外汇买卖、非法典当、非法发行证券等金融违法行为；发现犯罪线索的，依法及时移送有关侦查机关。对于可能影响社会稳定的金融纠纷案件，要及时与政府和有关部门沟通协调，积极配合做好处理突发事件的预案，防范少数不法人员煽动、组织群体性和突发性事件而引发新的社会矛盾。

3. 支持清理整顿交易场所。各级人民法院要根据国务院《关于清理整顿各类交易场所切实防范金融风险的决定》（国发〔2011〕38号）精神，高度重视各类交易场所违法交易活动中蕴藏的金融风险，对于"清理整顿各类交易场所部际联席会议"所提出的工作部署和政策界限，要予以充分尊重，积极支持政府部门推进清理整顿交易场所和规范金融市场秩序的工作。要审慎受理和审理相关纠纷案件，防范系统性和区域性金融风险，维护社会稳定。

4. 切实防范系统金融风险。各级人民法院要妥善审理因民间借贷、企业资金链断裂、中小企业倒闭、证券市场操纵和虚假披露等引发的纠纷案件，发现有引发全局性、系统性风险可能的，及时向公安、检察、金融监管、工商等部门通报情况。要正确适用司法强制措施，与政府相关部门一道统筹协调相关案件的处理，防止金融风险扩散蔓延。要加强对融资性担保公司、典当行、小额贷款公司、理财咨询公司等市场主体融资交易的调研和妥善审理相关纠纷案件，规范融资担保和典当等融资行为，切实防范融资担保风险向金融风险的转化。要依法审理地方政府举债融资活动中出现的违规担保纠纷，依法规范借贷和担保各方行为，避免财政金融风险传递波及。要加强与银行、证券、保险等金融监管部门的协调配合，确有必要时，可建立相应的金融风险防范协同联动机制。

二、依法规范金融秩序，推动金融市场协调发展

金融市场的稳定运行和健康发展，直接关涉金融秩序和社会政治的稳定。各级人民法院要通过切实有效地开展好各类金融案件的审判工作，促进多层次金融市场体系建设，维护金融市场秩序，推动金融市场全面协调发展。

5. 保障信贷市场规范健康发展。各级人民法院要根据《最高人民法院关于依法妥善审理民间借贷纠纷案件，促进经济发展维护社会稳定的通知》的精神，妥善审理民间借贷等金融案件，保障民间借贷对正规金融的积极补充作用。要依法认定民间借贷合同的效力，保护合法的民间借贷法律关系，提高资金使用效率，推动中小微企业"融资难、融资贵"问题的解决。要依法保护合法的借贷利息，遏制民间融资中的高利贷化和投机化倾向，规范和引导民间融资健康发展。要高度重视和妥善审理涉及地下钱庄纠纷案件，严厉制裁地下钱庄违法行为，遏制资金游离于金融监管之外，维护安全稳定的信贷市场秩序。

6. 保障证券期货市场稳定发展。各级人民法院要从保护证券期货市场投资人合法权益、维护市场公开公平公正的交易秩序出发，积极研究和妥善审理因证券机构、上市公司、投资机构内幕交易、操纵市场、欺诈上市、虚假披露等违法违规行为引发的民商事纠纷案件，消除危害我国证券期货市场秩序和社会稳定的严重隐患。要妥善审理公司股票债券交易纠纷、国债交易纠纷、企业债券发行纠纷、证券代销和包销协议纠纷、证券回购合同纠纷、期货纠纷、上市公司收购纠纷等，保障证券期货等交易的安全进行。

7. 依法保障保险市场健康发展。各级人民法院要妥善审理因销售误导和理赔等引发的保险纠纷案件，规范保险市场秩序，推动保险服务水平的提高。要在保险合同纠纷案件审理中，注意协调依法保护投保人利益和平等保护市场各类主体、尊重保险的精算基础和保护特定被保险人利益、维护安全交易秩序和尊重便捷保险交易规则、防范道德风险和鼓励保险产品创新等多种关系，要积极支持保险行业协会等调处各类保险纠纷，维护保险业对经济社会发展的"助推器"和"稳定器"功能，促进保险业的健康持续发展。

8. 促进金融中介机构规范发展。各级人民法院在金融纠纷案件审理过程中，发现中介机构存在不实披露或不合理估价等违法违规情形的，应当及时向金融监管部门通报相关情况，提高中介机构信息披露的透明度，加大会计机构对复杂金融产品信息的披露，强化中介机构对金融产品的合理估价。要妥善审理违法违规提供金融中介服务的纠纷案件，正确认定投资咨询机构、保荐机构、信用评级机构、保险公估机构、财务顾问、会计师事务所、律师事务所等中介机

构的民事责任，努力推动各类投资中介机构规范健康发展。

9. 完善金融企业市场退出机制。各级人民法院要妥善审理金融企业的重整和破产案件，规范金融企业和投资者的行为，建立合理的金融企业市场退出机制，维护金融市场稳健运行，夯实金融市场规范发展的基础，为金融企业破产立法奠定扎实的实证基础。要以优化证券市场优胜劣汰机制为导向，根据国家关于稳步推进上市公司退市制度改革的部署，加强对上市公司破产案件的受理和审理的调研工作，不断提高审判能力，最大限度地保障投资者合法权益，保障上市公司破产重整过程规范有序，促进证券市场法制环境的不断优化。

三、依法保障金融债权，努力维护国家金融安全

金融安全关乎国家安全和社会和谐稳定。保障金融债权的实现程度，是衡量金融安全水平的重要因素。各级人民法院要自觉服从和服务于国家经济发展的大局，依法支持金融监管机构有效行使管理职能，担负起保护金融债权、维护国家金融安全的职责。

10. 妥善审理金融不良债权案件。金融不良债权的处置事关国家利益和金融改革，各级人民法院要继续按照《关于审理涉及金融资产管理公司收购、管理、处置国有银行不良贷款形成的案件适用法律若干问题的规定》和《关于审理涉及金融不良债权转让案件工作座谈会纪要》等司法解释和司法政策的规定和精神审理相关案件，保障国家金融债权顺利清收，防止追偿诉讼成为少数违法者牟取暴利的工具，依法维护国有资产安全。

11. 依法制裁逃废金融债务行为。在审理金融纠纷案件中，要坚持标准，认真把关，坚决依法制止那些企图通过诉讼逃债、消债等规避法律的行为。对弄虚作假、乘机逃废债务的，要严格追究当事人和相关责任人的法律责任，维护信贷秩序和金融安全。针对一些企业改制、破产活动中所存在的"假改制，真逃债"、"假破产、真逃债"的现象，各级人民法院要在党委的领导下，密切配合各级政府部门，采取一系列积极有效的措施，依法加大对"逃废金融债务"行为的制裁，协同构筑"金融安全区"，最大限度地保障国有金融债权。

12. 继续加大金融案件执行力度。各级人民法院要在最高人民法院的指导和部署下，继续通过集中时间、集中力量、统一调度、强化力度等多种方式，有计划地开展金融案件专项执行活动。在必要时，要在各级党委领导下，各级政府支持下，通过执行联动机制，加大金融案件的执行力度，确保金融案件的顺利执行。要妥善运用诸如以资产使用权抵债、资产抵债返租、企业整体承包经营、债权转股权以及托管等执行方式，努力解决难以执行的金融纠纷案件。

四、依法保障金融改革，积极推进金融自主创新

随着金融改革的日益深入和金融创新的不断发展，金融改革和创新业务引发的纠纷案件显著增多，呈现出案件类型多样化、法律关系复杂化、利益主体多元化等特点。人民法院要妥善处理鼓励金融改革创新和防范化解金融风险之间的关系，依法保护各类金融主体的合法权益。

13. 妥善审理金融创新涉诉案件，推动金融产品创新。各级人民法院要关注和有效应对金融创新业务涉诉问题，加强对因股权出质、浮动抵押、保理、"银证通"清算、抵押贷款资产证券化信托、黄金期货交易委托理财、代客境外理财产品（QDII）、外汇贷款利率、货币掉期合约、外汇汇率锁定合约、信用证议付、独立保函等引发的新型案件的调研，上级人民法院要及时总结审判经验，加强对下级人民法院的审判指导。人民法院在审查金融创新产品合法性时，对于法律、行政法规没有规定或者规定不明确的，应当遵循商事交易的特点、理念和惯例，坚持维护社会公共利益原则，充分听取金融监管机构的意见，不宜以法律法规没有明确规定为由，简单否定金融创新成果的合法性，为金融创新活动提供必要的成长空间。

14. 妥善审理金融知识产权案件，保障金融自主创新。随着金融机构在金融创新领域中投入的不断加大，知识产权已经成为有效提升银行竞争力的重要手段。各级人民法院要加强对金融业务电子化和网络化进程中基础性金融技术知识产权的司法保护，加大对商业银行、保险公司、证券公司自主开放的软件和数据库的保护力度。要加强对知识产权担保、信托、保险、证券化等新情况、新问题的调研。在案件审理中注意金融法律和知识产权法律适用的衔接与协调，要通过对金融知识产权案件审理，切实保护金融知识产权人的合法权益，激励和保护金融创新，维护金融业公平竞争秩序。

15. 依法妥善运用各种司法措施，保护金融信息安全。各级人民法院要从防范系统性金融风险和保障国家金融安全的高度，认识依法保护金融信息安全的重要性和紧迫性，妥善运用各种司法措施，保障国家金融网络安全和金融信息安全。要依法打击攻击金融网络、盗取金融信息、危害金融安全的违法犯罪行为，依法审理金融电子化产品运用中引发的侵害金融债权纠纷案件，保护金融债权人合法的财产和信息安全，维护国家金融网络安全和信息安全。

五、深化能动司法理念，全面提升金融审判水平

化解金融纠纷的创新性和前沿性，要求人民法院必须大力开展调查研究，

发挥司法建议功能，延伸能动司法效果，构建专业审判机制，拓展金融解纷资源，不断提高金融审判水平。

16. 发挥司法建议功能，延伸能动司法效果。各级人民法院要关注金融纠纷的市场和法律风险，加强各种信息的搜集、分析、研判，充分发挥司法建议的预警作用。要通过对审理案件过程中发现的问题，有针对性地提出对策建议，有效帮助金融机构完善产品设计。要通过行政审判，探索符合金融领域规律的审查标准和方式，促进政府依法行政和有效防范化解金融风险。要充分发挥金融商事审判的延伸服务功能，对金融机构自身管理方面存在的缺陷，要及时发现，及时反馈，为金融监管部门和金融机构查堵漏洞、防范风险提出司法建议。

17. 加强监督指导工作，回应金融案件审判需求。各级人民法院要在审判工作中密切关注因金融改革和创新而出现的各种新情况和新问题，深入开展前瞻性调查研究，及时总结审判经验。要发挥指导性案例以及其他典型案件的规范指引作用，通过多种信息披露形式展示指导性案例和其他典型案例的处理模式和思路，引导金融市场主体预防避免类似金融纠纷。最高人民法院将加紧制定物权法担保物权、保险法、融资租赁、证券市场虚假陈述、质押式国债回购、票据贴现回购、国家资本金、银行卡以及利息裁判标准等方面的司法解释和指导意见，以有效回应金融审判实践的需求。

18. 构建专业审判机制，拓展金融解纷资源。各级人民法院要积极培育和利用专业资源，探索构建高效的专业审判模式。要大力培养专家型法官，加强与专业研究机构、高校的合作与资源共享，努力打造金融专家法官队伍。要针对金融案件专业性强的特点，积极借助外部智力资源，建立专家咨询、专家研讨机制，努力提高金融案件审判的专业化水平。要尝试专家陪审机制，通过聘请金融法律专家作为专家陪审员，充分发挥金融专业人士在专业性强、案件类型新、社会影响大的金融案件审判中的作用。

19. 探索集中审理制度，完善统一协调机制。对于众多债权人向同一金融机构集中提起的系列诉讼案件、金融机构破产案件、集团诉讼案件、群体性案件等，可能引发区域性或系统性金融风险和存在影响社会和谐稳定因素的特殊类型民商事金融案件，相关的不同地区、不同审级法院之间应加强信息沟通，在上级法院的统一指导下探索集中受理、诉讼保全、集中协调、集中审理、集中判决、协调执行，以防范金融风险扩散，避免各地法院针对同一金融机构的同类案件出现裁判标准不统一，以及针对同一金融机构的多个案件在执行中出现矛盾和冲突的现象，依法平等保护各地债权人的合法权益。

20. 加强司法宣传工作，发挥审判导向作用。各级人民法院要加强金融法制宣传工作，及时通过召开新闻发布会、组织专题或系列报道等多种形式，教育和引导各类金融主体增强依法经营和风险防范意识，倡导守法诚信的金融市场风尚，努力营造公平规范有序的金融市场交易秩序。

我国金融发展已经处于一个新的历史起点，人民法院为防范化解金融风险和推进金融改革发展提供司法保障的范围之广阔，任务之艰巨，将大大超过以往任何时期。各级人民法院要把中央经济工作会议和第四次全国金融工作会议的精神，切实贯彻到金融案件的审判和执行实践中，进一步增强大局意识和风险意识，坚持"为大局服务，为人民司法"工作主题，践行社会主义法治理念，充分发挥审判职能作用，共同为防范化解金融风险，维护金融秩序稳定，推动金融市场协调发展，保障金融改革创新，保障国家金融安全做出新的更大的贡献。

9. 最高人民法院关于依法妥善审理民间借贷纠纷案件促进经济发展维护社会稳定的通知

（2011 年 12 月 2 日，法〔2011〕336 号）

各省、自治区、直辖市高级人民法院，解放军军事法院，新疆维吾尔自治区高级人民法院生产建设兵团分院：

当前我国经济保持平稳较快发展，整体形势良好，但是受国际国内经济形势变化等多种因素的影响，一些地方出现了与民间借贷相关的债务不能及时清偿、债务人出逃、中小企业倒闭等事件，对当地经济发展和社会稳定造成了较大冲击，相关纠纷案件在短期内大量增加。为践行能动司法理念，充分发挥审判职能作用，妥善化解民间借贷纠纷，促进经济发展，维护社会稳定，现将有关事项通知如下：

一、高度重视民间借贷纠纷案件的审判执行工作。民间借贷客观上拓宽了中小企业的融资渠道，一定程度上解决了部分社会融资需求，增强了经济运行的自我调整和适应能力，促进了多层次信贷市场的形成和发展，但实践中民间借贷也存在着交易隐蔽、风险不易监控等特点，容易引发高利贷、中小企业资金链断裂甚至破产以及非法集资、暴力催收导致人身伤害等违法犯罪问题，对金融秩序乃至经济发展、社会稳定造成不利影响，也使得人民法院妥善化解民间借贷纠纷的难度增加。因此，人民法院应当高度重视民间借贷纠纷案件的审判执行工作，将其作为"为大局服务，为人民司法"的重要工作内容，作为深入推进三项重点工作的重要切入点，通过依法妥善审理民间借贷纠纷，规范和引导民间借贷健康有序发展，切实维护社会和谐稳定。

二、做好民间借贷纠纷案件的立案受理工作。当事人就民间借贷纠纷起诉的，人民法院要依据民事诉讼法的有关规定做好立案受理工作。立案时要认真进行审查，对于涉嫌非法集资等经济犯罪的案件，依法移送有关部门处理；对于可能影响社会稳定的案件，及时与政府及有关部门沟通协调，积极配合做好相关预案工作，切实防范可能引发的群体性、突发性事件。

三、依法惩治与民间借贷相关的刑事犯罪。人民法院在审理与民间借贷相关的非法集资等经济犯罪案件时，要依照《最高人民法院关于在审理经济纠纷案件中涉及经济犯罪嫌疑若干问题的规定》的有关规定，根据具体情况分别处理。对于非法集资等经济犯罪案件，要依法及时审判，切实维护金融秩序。对于与民间借贷相关的黑社会性质的组织犯罪及其他暴力性犯罪，要依法从严惩处，切实维护人民群众人身财产安全。要严格贯彻宽严相济的刑事政策，注意区分性质不同的违法犯罪行为，真正做到罚当其罪。

四、依法妥善审理民间借贷纠纷案件。人民法院在审理民间借贷纠纷案件时，要严格适用民法通则、合同法等有关法律法规和司法解释的规定，同时注意把握国家经济政策精神，努力做到依法公正与妥善合理的有机统一。要依法认定民间借贷的合同效力，保护合法借贷关系，切实维护当事人的合法权益，确保案件处理取得良好的法律效果和社会效果。对于因赌博、吸毒等违法犯罪活动而形成的借贷关系或者出借人明知借款人是为了进行上述违法犯罪活动的借贷关系，依法不予保护。

五、加大对民间借贷纠纷案件的调解力度。人民法院审理民间借贷纠纷案件，要深入贯彻"调解优先、调判结合"工作原则。对于涉及众多出借人或者借款人的案件、可能引发工人讨薪等群体性事件的案件、出借人与借款人之间情绪严重对立的案件以及判决后难以执行的案件等，要先行调解，重点调解，努力促成当事人和解。要充分借助政府部门、行业组织、社会团体等各方面力量，加强与人民调解、行政调解的程序对接，形成化解矛盾的最大合力，共同维护社会和谐稳定。

六、依法保护合法的借贷利息。人民法院在审理民间借贷纠纷案件时，要依法保护合法的借贷利息，依法遏制高利贷化倾向。出借人依照合同约定请求支付借款利息的，人民法院应当依据合同法和《最高人民法院关于人民法院审理借贷案件的若干意见》第6条、第7条的规定处理。出借人将利息预先在本金中扣除的，应当按照实际借款数额返还借款并计算利息。当事人仅约定借期内利率，未约定逾期利率，出借人以借期内的利率主张逾期还款利息的，依法予以支持。当事人既未约定借期内利率，也未约定逾期利率的，出借人参照中国人民银行同期同类贷款基准利率，主张自逾期还款之日起的利息损失的，依法予以支持。

七、注意防范、制裁虚假诉讼。人民法院在审理民间借贷纠纷案件过程中，要依法全面、客观地审核双方当事人提交的全部证据，从各证据与案件事实的关联程度、各证据之间的联系等方面进行综合审查判断。对形式有瑕疵的"欠条"或者"收条",要结合其他证据认定是否存在借贷关系;对现金交付的借贷,可根据交付凭证、支付能力、交易习惯、借贷金额的大小、当事人间关系以及当事人陈述的交易细节经过等因素综合判断。发现有虚假诉讼嫌疑的,要及时依职权或者提请有关部门调查取证,查清事实真相。经查证确属虚假诉讼的,驳回其诉讼请求,并对其妨害民事诉讼的行为依法予以制裁;对于以骗取财物、逃废债务为目的实施虚假诉讼,构成犯罪的,依法追究刑事责任。

八、妥善适用有关司法措施。对于暂时资金周转困难但仍在正常经营的借款人,在不损害出借人合法权益的前提下,灵活适用诉讼保全措施,尽量使该借款人度过暂时的债务危机。对于出借人举报的有转移财产、逃避债务可能的借款人,要依法视情加大诉讼保全力度,切实维护债权人的合法权益。在审理因民间借贷债务而引发的企业破产案件时,对于符合国家产业政策且具有挽救价值和希望的负债中小企业,要积极适用重整、和解程序,尽快实现企业再生;对没有挽救希望,必须通过破产清算退出市场的中小企业,要制定综合预案,统筹协调,稳步推进,切实将企业退市引发的不良影响降到最低。

九、积极促进建立健全民间借贷纠纷防范和解决机制。人民法院在化解民间借贷纠纷的工作中,要紧紧围绕党和国家工作大局,紧紧依靠党委领导和政府支持,积极采取司法应对措施,全力维护社会和谐稳定。要加强与政府有关职能部门的沟通协调,充分发挥联动效能。要建立和完善系列案件审判执行统一协调机制,避免因裁判标准不一致或者执行工作简单化而激化社会矛盾。要结合民间借贷纠纷案件审判工作实际,及时提出司法建议,为有关部门依法采取有效措施提供参考。要加强法制宣传,特别是对典型案件的宣传,引导各类民间借贷主体增强风险防范意识,倡导守法诚信的社会风尚。

十、加强对民间借贷纠纷案件新情况新问题的调查研究。人民法院在民间借贷纠纷案件的审判工作中,要认真总结审判经验,密切关注各类敏感疑难问题和典型案件,对审理民间借贷纠纷案件过程中出现的新情况新问题,要认真分析研究成因,尽早提出对策,必要时及时层报最高人民法院。

10. 最高人民法院关于如何确认公民与企业之间借贷行为效力问题的批复

(1999 年 2 月 9 日)

黑龙江省高级人民法院：

你院黑高法〔1998〕192 号《关于公民与企业之间借贷合同效力如何确认的请示》收悉。经研究，答复如下：

公民与非金融企业（以下简称企业）之间的借贷属于民间借贷。只要双方当事人意思表示真实即可认定有效。但是，具有下列情形之一的，应当认定无效：

（一）企业以借贷名义向职工非法集资；

（二）企业以借贷名义非法向社会集资；

（三）企业以借贷名义向社会公众发放贷款；

（四）其他违反法律、行政法规的行为。

借贷利率超过银行同期同类贷款利率 4 倍的，按照最高人民法院法（民）发〔1991〕21 号《关于人民法院审理借贷案件的若干意见》的有关规定办理。

此复

11. 最高人民法院关于印发《关于审理联营合同纠纷案件若干问题的解答》的通知

（1990 年 11 月 12 日）

全国地方各级人民法院，各级军事法院，铁路运输中级法院和基层法院，各海事法院：

现将《关于审理联营合同纠纷案件若干问题的解答》发给你们，望在经济审判工作中贯彻执行。执行中有何问题和意见，请及时报告我院。

附：

关于审理联营合同纠纷案件若干问题的解答

根据《中华人民共和国民法通则》和其他有关法律、法规，现就人民法院在审理联营合同纠纷案件中提出的一些问题，解答如下：

一、关于联营合同纠纷案件的受理问题

（一）联营各方因联营合同的履行、变更、解除所发生的经济纠纷，如联营投资、盈余分配、违约责任、债务承担、资产清退等纠纷向人民法院起诉的，凡符合民事诉讼法（试行）第八十一条规定的起诉条件的，人民法院应予受理。

（二）联营各方因联营体内部机构设置、人员组成等管理方面的问题发生纠纷向人民法院起诉的，人民法院不予受理。

二、关于联营合同纠纷案件的管辖问题

（一）联营合同纠纷案件的地域管辖，因不同的联营形式而有所区别：

1. 法人型联营合同纠纷案件，由法人型联营体的主要办事机构所在地人民法院管辖。

2. 合伙型联营合同纠纷案件，由合伙型联营体注册登记地人民法院管辖。

3. 协作型联营合同纠纷案件，由被告所在地人民法院管辖。

（二）由联营体主要办事机构所在地或联营体注册登记地人民法院管辖确有困难的，如法人型联营体已经办理注销手续，合伙型联营体应经工商部门注册登记而未办理注册登记，或者联营期限届满已经解体的，可由被告所在地人民法院管辖。

三、关于联营合同的主体资格认定问题

（一）联营合同的主体应当是实行独立核算，能够独立承担民事责任的企业法人和事业法人。

个体工商户、农村承包经营户、个人合伙，以及不具备法人资格的私营企业和其他经济组织与企业法人或者事业法人联营的，也可以成为联营合同的主体。

（二）企业法人、事业法人的分支机构不具备法人条件的，未经法人授权，不得以自己的名义对外签订联营合同；擅自以自己名义对外签订联营合同且未经法人追认的，应当确认无效。

党政机关和隶属党政机关编制序列的事业单位、军事机关、工会、共青团、妇联、文联、科协和各种协会、学会及民主党派等，不能成为联营合同的主体。

四、关于联营合同中的保底条款问题

（一）联营合同中的保底条款，通常是指联营一方虽向联营体投资，并参与共同经营，分享联营的盈利，但不承担联营的亏损责任，在联营体亏损时，仍要收回其出资和收取固定利润的条款。保底条款违背了联营活动中应当遵循的共负盈亏、共担风险的原则，损害了其他联营方和联营体的债权人的合法权益，因此，应当确认无效。联营企业发生亏损的，联营一方依保底条款收取的固定利润，应当如数退出，用于补偿联营的亏损，如无亏损，或补偿后仍有剩余的，剩余部分可作为联营的盈余，由双方重新商定合理分配或按联营各方的投资比例重新分配。

（二）企业法人、事业法人作为联营一方向联营体投资，但不参加共同经营，也不承担联营的风险责任，不论盈亏均按期收回本息，或者按期收取固定利润的，是明为联营，实为借贷，违反了有关金融法规，应当确认合同无效。除本金可以返还外，对出资方已经取得或者约定取得的利息应予收缴，对另一方则应处以相当于银行利息的罚款。

（三）金融信托投资机构作为联营一方依法向联营体投资的，可以按照合同约定分享固定利润，但亦应承担联营的亏损责任。

五、关于在联营期间退出联营的处理问题

（一）组成法人型联营体或者合伙型联营体的一方或者数方在联营期间中途退出联营的，如果联营体并不因此解散，应当清退退出方作为出资投入的财产。原物存在的，返还原物；原物已不存在或者返还确有困难的，折价偿还。退出方对于退出前联营所得的盈利和发生的债务，应当按照联营合同的约定或者出资比例分享和分担。合伙型联营体的退出方还应对退出前联营的全部债务承担连带清偿责任。如果联营体因联营一方或者数方中途退出联营而无法继续存在的，可以解除联营合同，并对联营的财产和债务作出处理。

（二）不符合法律规定或合同约定的条件而中途退出联营的，退出方应当赔偿由此给联营体造成的实际经济损失。但如联营其他方对此也有过错的，则应按联营各方的过错大小，各自承担相应的经济责任。

六、关于联营合同的违约金、赔偿金的计算问题

根据民法通则第一百一十二条第二款规定，联营合同订明违约金数额或比例的，按照合同的约定处理。约定的违约金数额或比例过高的，人民法院可根据实际经济损失酌减；约定的违约金不足补偿实际经济损失的，可由赔偿金补足。联营合同订明赔偿金计算方法的，按照约定的计算方法及实际情况计算过错方应支付的赔偿金。联营合同既未订明违约金数额或比例，又未订明赔偿金计算方法的，应由过错方赔偿实际经济损失。

七、关于联营合同解除后的财产处理问题

（一）联营体为企业法人的，联营体因联营合同的解除而终止。联营的财产经过清算清偿债务有剩余的，按照约定或联营各方的出资比例进行分配。

联营体为合伙经营组织的，联营合同解除后，联营的财产经清偿债务有剩余的，按照联营合同约定的盈余分配比例，清退投资，分配利润。联营合同未约定，联营各方又协商不成的，按照出资比例进行分配。

（二）在清退联营投资时，联营各方原投入的设备、房屋等固定资产，原物存在的，返还原物；原物已不存在或者返还原物确有困难的，作价还款。

（三）联营体在联营期间购置的房屋、设备等固定资产不能分割的，可以作价变卖后进行分配。变卖时，联营各方有优先购买权。

（四）联营体在联营期间取得的商标权、专权利，解除联营合同后的归属及归属后的经济补偿，应当根据《中华人民共和国商标法》、《中华人民共和国专

利法》的有关规定处理。商标权应当归联营一方享有。专利权可以归联营一方享有，也可以归联营各方共同享有。联营一方单独享有商标权、专利权的，应当给予其他联营方适当的经济补偿。

八、关于无效联营收益的处理问题

联营合同被确认无效后，联营体在联营合同履行期间的收益，应先用于清偿联营的债务及补偿无过错方因合同无效所遭受的经济损失。

当事人恶意串通，损害国家利益、集体或第三人的合法利益，或者因合同内容违反国家利益或社会公共利益而导致联营合同无效的，根据民法通则第六十一条第二款和第一百三十四条第三款规定，对联营体在联营合同履行期间的收益，应当作为非法所得予以收缴，收归国家、集体所有或者返还第三人，对联营各方还可并处罚款；构成犯罪的，移送公安、检察机关查处。

九、关于联营各方对联营债务的承担问题

（一）联营各方对联营债务的责任应依联营的不同形式区别对待：

1. 联营体是企业法人的，以联营体的全部财产对外承担民事责任。联营各方对联营体的责任则以各自认缴的出资额为限。对抽逃认缴资金以逃避债务的，人民法院除应责令抽逃者如数缴回外，还可对责任人员处以罚款。

2. 联营体是合伙经营组织的，可先以联营体的财产清偿联营债务。联营体的财产不足以抵债的，由联营各方按照联营合同约定的债务承担比例，以各自所有或经营管理的财产承担民事责任；合同未约定债务承担比例，联营各方又协商不成的，按照出资比例或盈余分配比例确认联营各方应承担的责任。

合伙型联营各方应当依照有关法律、法规的规定或者合同的约定对联营债务负连带清偿责任。

3. 联营是协作型的，联营各方按照合同的约定，分别以各自所有或经营管理的财产承担民事责任。

（二）农业集体经济组织以提供自己所有的土地使用权参加合伙型联营的，应当按照联营合同的约定承担联营债务，如合同未约定债务承担比例的，可参照出资比例或者盈余分配比例承担。

（三）以提供技术使用权作为合伙型联营投资的联营一方，应当按照联营合同的约定承担联营债务，如其自己所有的或者经营管理的财产不足清偿联营债务的，可以一定期限的技术使用权折价抵偿债务。

12. 国务院关于鼓励和引导民间投资健康发展的若干意见

（2010 年 5 月 7 日）

各省、自治区、直辖市人民政府，国务院各部委、各直属机构：

改革开放以来，我国民间投资不断发展壮大，已经成为促进经济发展、调整产业结构、繁荣城乡市场、扩大社会就业的重要力量。在毫不动摇地巩固和发展公有制经济的同时，毫不动摇地鼓励、支持和引导非公有制经济发展，进一步鼓励和引导民间投资，有利于坚持和完善我国社会主义初级阶段基本经济制度，以现代产权制度为基础发展混合所有制经济，推动各种所有制经济平等竞争、共同发展；有利于完善社会主义市场经济体制，充分发挥市场配置资源的基础性作用，建立公平竞争的市场环境；有利于激发经济增长的内生动力，稳固可持续发展的基础，促进经济长期平稳较快发展；有利于扩大社会就业，增加居民收入，拉动国内消费，促进社会和谐稳定。为此，提出以下意见：

一、进一步拓宽民间投资的领域和范围

（一）深入贯彻落实《国务院关于鼓励支持和引导个体私营等非公有制经济发展的若干意见》（国发〔2005〕3 号）等一系列政策措施，鼓励和引导民间资本进入法律法规未明确禁止准入的行业和领域。规范设置投资准入门槛，创造公平竞争、平等准入的市场环境。市场准入标准和优惠扶持政策要公开透明，对各类投资主体同等对待，不得单对民间资本设置附加条件。

（二）明确界定政府投资范围。政府投资主要用于关系国家安全、市场不能有效配置资源的经济和社会领域。对于可以实行市场化运作的基础设施、市政工程和其他公共服务领域，应鼓励和支持民间资本进入。

（三）进一步调整国有经济布局和结构。国有资本要把投资重点放在不断加强和巩固关系国民经济命脉的重要行业和关键领域，在一般竞争性领域，要为民间资本营造更广阔的市场空间。

（四）积极推进医疗、教育等社会事业领域改革。将民办社会事业作为社会

公共事业发展的重要补充，统筹规划，合理布局，加快培育形成政府投入为主、民间投资为辅的公共服务体系。

二、鼓励和引导民间资本进入基础产业和基础设施领域

（五）鼓励民间资本参与交通运输建设。鼓励民间资本以独资、控股、参股等方式投资建设公路、水运、港口码头、民用机场、通用航空设施等项目。抓紧研究制定铁路体制改革方案，引入市场竞争，推进投资主体多元化，鼓励民间资本参与铁路干线、铁路支线、铁路轮渡以及站场设施的建设，允许民间资本参股建设煤运通道、客运专线、城际轨道交通等项目。探索建立铁路产业投资基金，积极支持铁路企业加快股改上市，拓宽民间资本进入铁路建设领域的渠道和途径。

（六）鼓励民间资本参与水利工程建设。建立收费补偿机制，实行政府补贴，通过业主招标、承包租赁等方式，吸引民间资本投资建设农田水利、跨流域调水、水资源综合利用、水土保持等水利项目。

（七）鼓励民间资本参与电力建设。鼓励民间资本参与风能、太阳能、地热能、生物质能等新能源产业建设。支持民间资本以独资、控股或参股形式参与水电站、火电站建设，参股建设核电站。进一步放开电力市场，积极推进电价改革，加快推行竞价上网，推行项目业主招标，完善电力监管制度，为民营发电企业平等参与竞争创造良好环境。

（八）鼓励民间资本参与石油天然气建设。支持民间资本进入油气勘探开发领域，与国有石油企业合作开展油气勘探开发。支持民间资本参股建设原油、天然气、成品油的储运和管道输送设施及网络。

（九）鼓励民间资本参与电信建设。鼓励民间资本以参股方式进入基础电信运营市场。支持民间资本开展增值电信业务。加强对电信领域垄断和不正当竞争行为的监管，促进公平竞争，推动资源共享。

（十）鼓励民间资本参与土地整治和矿产资源勘探开发。积极引导民间资本通过招标投标形式参与土地整理、复垦等工程建设，鼓励和引导民间资本投资矿山地质环境恢复治理，坚持矿业权市场全面向民间资本开放。

三、鼓励和引导民间资本进入市政公用事业和政策性住房建设领域

（十一）鼓励民间资本参与市政公用事业建设。支持民间资本进入城市供水、供气、供热、污水和垃圾处理、公共交通、城市园林绿化等领域。鼓励民间资本积极参与市政公用企事业单位的改组改制，具备条件的市政公用事业项

目可以采取市场化的经营方式，向民间资本转让产权或经营权。

（十二）进一步深化市政公用事业体制改革。积极引入市场竞争机制，大力推行市政公用事业的投资主体、运营主体招标制度，建立健全市政公用事业特许经营制度。改进和完善政府采购制度，建立规范的政府监管和财政补贴机制，加快推进市政公用产品价格和收费制度改革，为鼓励和引导民间资本进入市政公用事业领域创造良好的制度环境。

（十三）鼓励民间资本参与政策性住房建设。支持和引导民间资本投资建设经济适用住房、公共租赁住房等政策性住房，参与棚户区改造，享受相应的政策性住房建设政策。

四、鼓励和引导民间资本进入社会事业领域

（十四）鼓励民间资本参与发展医疗事业。支持民间资本兴办各类医院、社区卫生服务机构、疗养院、门诊部、诊所、卫生所（室）等医疗机构，参与公立医院转制改组。支持民营医疗机构承担公共卫生服务、基本医疗服务和医疗保险定点服务。切实落实非营利性医疗机构的税收政策。鼓励医疗人才资源向民营医疗机构合理流动，确保民营医疗机构在人才引进、职称评定、科研课题等方面与公立医院享受平等待遇。从医疗质量、医疗行为、收费标准等方面对各类医疗机构加强监管，促进民营医疗机构健康发展。

（十五）鼓励民间资本参与发展教育和社会培训事业。支持民间资本兴办高等学校、中小学校、幼儿园、职业教育等各类教育和社会培训机构。修改完善《中华人民共和国民办教育促进法实施条例》，落实对民办学校的人才鼓励政策和公共财政资助政策，加快制定和完善促进民办教育发展的金融、产权和社保等政策，研究建立民办学校的退出机制。

（十六）鼓励民间资本参与发展社会福利事业。通过用地保障、信贷支持和政府采购等多种形式，鼓励民间资本投资建设专业化的服务设施，兴办养（托）老服务和残疾人康复、托养服务等各类社会福利机构。

（十七）鼓励民间资本参与发展文化、旅游和体育产业。鼓励民间资本从事广告、印刷、演艺、娱乐、文化创意、文化会展、影视制作、网络文化、动漫游戏、出版物发行、文化产品数字制作与相关服务等活动，建设博物馆、图书馆、文化馆、电影院等文化设施。鼓励民间资本合理开发旅游资源，建设旅游设施，从事各种旅游休闲活动。鼓励民间资本投资生产体育用品，建设各类体育场馆及健身设施，从事体育健身、竞赛表演等活动。

五、鼓励和引导民间资本进入金融服务领域

（十八）允许民间资本兴办金融机构。在加强有效监管、促进规范经营、防范金融风险的前提下，放宽对金融机构的股比限制。支持民间资本以入股方式参与商业银行的增资扩股，参与农村信用社、城市信用社的改制工作。鼓励民间资本发起或参与设立村镇银行、贷款公司、农村资金互助社等金融机构，放宽村镇银行或社区银行中法人银行最低出资比例的限制。落实中小企业贷款税前全额拨备损失准备金政策，简化中小金融机构呆账核销审核程序。适当放宽小额贷款公司单一投资者持股比例限制，对小额贷款公司的涉农业务实行与村镇银行同等的财政补贴政策。支持民间资本发起设立信用担保公司，完善信用担保公司的风险补偿机制和风险分担机制。鼓励民间资本发起设立金融中介服务机构，参与证券、保险等金融机构的改组改制。

六、鼓励和引导民间资本进入商贸流通领域

（十九）鼓励民间资本进入商品批发零售、现代物流领域。支持民营批发、零售企业发展，鼓励民间资本投资连锁经营、电子商务等新型流通业态。引导民间资本投资第三方物流服务领域，为民营物流企业承接传统制造业、商贸业的物流业务外包创造条件，支持中小型民营商贸流通企业协作发展共同配送。加快物流业管理体制改革，鼓励物流基础设施的资源整合和充分利用，促进物流企业网络化经营，搭建便捷高效的融资平台，创造公平、规范的市场竞争环境，推进物流服务的社会化和资源利用的市场化。

七、鼓励和引导民间资本进入国防科技工业领域

（二十）鼓励民间资本进入国防科技工业投资建设领域。引导和支持民营企业有序参与军工企业的改组改制，鼓励民营企业参与军民两用高技术开发和产业化，允许民营企业按有关规定参与承担军工生产和科研任务。

八、鼓励和引导民间资本重组联合和参与国有企业改革

（二十一）引导和鼓励民营企业利用产权市场组合民间资本，促进产权合理流动，开展跨地区、跨行业兼并重组。鼓励和支持民间资本在国内合理流动，实现产业有序梯度转移，参与西部大开发、东北地区等老工业基地振兴、中部地区崛起以及新农村建设和扶贫开发。支持有条件的民营企业通过联合重组等方式做大做强，发展成为特色突出、市场竞争力强的集团化公司。

（二十二）鼓励和引导民营企业通过参股、控股、资产收购等多种形式，参与国有企业的改制重组。合理降低国有控股企业中的国有资本比例。民营企业在参与国有企业改制重组过程中，要认真执行国家有关资产处置、债务处理和社会保障等方面的政策要求，依法妥善安置职工，保证企业职工的正当权益。

九、推动民营企业加强自主创新和转型升级

（二十三）贯彻落实鼓励企业增加研发投入的税收优惠政策，鼓励民营企业增加研发投入，提高自主创新能力，掌握拥有自主知识产权的核心技术。帮助民营企业建立工程技术研究中心、技术开发中心，增加技术储备，搞好技术人才培训。支持民营企业参与国家重大科技计划项目和技术攻关，不断提高企业技术水平和研发能力。

（二十四）加快实施促进科技成果转化的鼓励政策，积极发展技术市场，完善科技成果登记制度，方便民营企业转让和购买先进技术。加快分析测试、检验检测、创业孵化、科技评估、科技咨询等科技服务机构的建设和机制创新，为民营企业的自主创新提供服务平台。积极推动信息服务外包、知识产权、技术转移和成果转化等高技术服务领域的市场竞争，支持民营企业开展技术服务活动。

（二十五）鼓励民营企业加大新产品开发力度，实现产品更新换代。开发新产品发生的研究开发费用可按规定享受加计扣除优惠政策。鼓励民营企业实施品牌发展战略，争创名牌产品，提高产品质量和服务水平。通过加速固定资产折旧等方式鼓励民营企业进行技术改造，淘汰落后产能，加快技术升级。

（二十六）鼓励和引导民营企业发展战略性新兴产业。广泛应用信息技术等高新技术改造提升传统产业，大力发展循环经济、绿色经济，投资建设节能减排、节水降耗、生物医药、信息网络、新能源、新材料、环境保护、资源综合利用等具有发展潜力的新兴产业。

十、鼓励和引导民营企业积极参与国际竞争

（二十七）鼓励民营企业"走出去"，积极参与国际竞争。支持民营企业在研发、生产、营销等方面开展国际化经营，开发战略资源，建立国际销售网络。支持民营企业利用自有品牌、自主知识产权和自主营销，开拓国际市场，加快培育跨国企业和国际知名品牌。支持民营企业之间、民营企业与国有企业之间组成联合体，发挥各自优势，共同开展多种形式的境外投资。

（二十八）完善境外投资促进和保障体系。与有关国家建立鼓励和促进民间

资本国际流动的政策磋商机制，开展多种形式的对话交流，发展长期稳定、互惠互利的合作关系。通过签订双边民间投资合作协定、利用多边协定体系等，为民营企业"走出去"争取有利的投资、贸易环境和更多优惠政策。健全和完善境外投资鼓励政策，在资金支持、金融保险、外汇管理、质检通关等方面，民营企业与其他企业享受同等待遇。

十一、为民间投资创造良好环境

（二十九）清理和修改不利于民间投资发展的法规政策规定，切实保护民间投资的合法权益，培育和维护平等竞争的投资环境。在制订涉及民间投资的法律、法规和政策时，要听取有关商会和民营企业的意见和建议，充分反映民营企业的合理要求。

（三十）各级人民政府有关部门安排的政府性资金，包括财政预算内投资、专项建设资金、创业投资引导资金，以及国际金融组织贷款和外国政府贷款等，要明确规则、统一标准，对包括民间投资在内的各类投资主体同等对待。支持民营企业的产品和服务进入政府采购目录。

（三十一）各类金融机构要在防范风险的基础上，创新和灵活运用多种金融工具，加大对民间投资的融资支持，加强对民间投资的金融服务。各级人民政府及有关监管部门要不断完善民间投资的融资担保制度，健全创业投资机制，发展股权投资基金，继续支持民营企业通过股票、债券市场进行融资。

（三十二）全面清理整合涉及民间投资管理的行政审批事项，简化环节、缩短时限，进一步推动管理内容、标准和程序的公开化、规范化，提高行政服务效率。进一步清理和规范涉企收费，切实减轻民营企业负担。

十二、加强对民间投资的服务、指导和规范管理

（三十三）统计部门要加强对民间投资的统计工作，准确反映民间投资的进展和分布情况。投资主管部门、行业管理部门及行业协会要切实做好民间投资的监测和分析工作，及时把握民间投资动态，合理引导民间投资。要加强投资信息平台建设，及时向社会公开发布国家产业政策、发展建设规划、市场准入标准、国内外行业动态等信息，引导民间投资者正确判断形势，减少盲目投资。

（三十四）建立健全民间投资服务体系。充分发挥商会、行业协会等自律性组织的作用，积极培育和发展为民间投资提供法律、政策、咨询、财务、金融、技术、管理和市场信息等服务的中介组织。

（三十五）在放宽市场准入的同时，切实加强监管。各级人民政府有关部门

要依照有关法律法规要求，切实督促民间投资主体履行投资建设手续，严格遵守国家产业政策和环保、用地、节能以及质量、安全等规定。要建立完善企业信用体系，指导民营企业建立规范的产权、财务、用工等制度，依法经营。民间投资主体要不断提高自身素质和能力，树立诚信意识和责任意识，积极创造条件满足市场准入要求，并主动承担相应的社会责任。

（三十六）营造有利于民间投资健康发展的良好舆论氛围。大力宣传党中央、国务院关于鼓励、支持和引导非公有制经济发展的方针、政策和措施。客观、公正宣传报道民间投资在促进经济发展、调整产业结构、繁荣城乡市场和扩大社会就业等方面的积极作用。积极宣传依法经营、诚实守信、认真履行社会责任、积极参与社会公益事业的民营企业家的先进事迹。

各地区、各部门要把鼓励和引导民间投资健康发展工作摆在更加重要的位置，进一步解放思想，转变观念，深化改革，创新求实，根据本意见要求，抓紧研究制定具体实施办法，尽快将有关政策措施落到实处，努力营造有利于民间投资健康发展的政策环境和舆论氛围，切实促进民间投资持续健康发展，促进投资合理增长、结构优化、效益提高和经济社会又好又快发展。

13. 司法部关于办理民间借贷合同公证的意见

（1992 年 8 月 12 日）

各省、自治区、直辖市司法厅（局）：

随着我国商品经济的不断发展，民间借贷活动日益增多。民间借贷对于缓解国家借贷资金不足的矛盾，促进社会经济的发展起了一定作用，但也存在着高利贷、纠纷多等问题。为保护合法的民间借贷活动，制止民间借贷活动中的各种违法行为，保护借贷双方当事人的合法权益，满足人民群众对公证的需求，公证机关可以根据国家有关法律、政策和当事人的要求，办理民间借贷合同公证。根据《民法通则》的有关规定，参照最高人民法院《关于人民法院审理借贷案件的若干意见》，现就公证机关办理民间借贷合同公证的有关问题提出如下意见：

一、公民之间、公民与非金融机构的法人及其他经济组织之间签订借贷合同，申请公证的，公证机关可根据《民法通则》和国家的有关政策规定，以及最高人民法院《关于人民法院审理借贷案件的若干意见》给予公证。

二、公证机关办理民间借贷合同公证，应帮助当事人完善合同条款，明确双方的权利义务及违约罚则，做到合同真实合法，手续完备，证据齐全。

三、公证处办理民间借贷合同公证，一般应要求借款人提供担保，担保的具体形式，可由当事人协商约定。

四、民间借贷合同经公证机关公证后，借款人到期不偿还借款（包含利息）时，公证处可以根据出借人的申请，出具强制执行证书，由出借人向有管辖权的人民法院申请强制执行。

五、过去司法部的有关规定与此相抵触的，按本《意见》执行。

14. 中国银监会办公厅关于人人贷
有关风险提示的通知

（2011 年 8 月 23 日）

各银监局，各政策性银行、国有商业银行、股份制商业银行，邮政储蓄银行：

在当前银行信贷偏紧情况下，人人贷（Peer to Peer，简称 P2P）信贷服务中介公司呈现快速发展态势。这类中介公司收集借款人、出借人信息，评估借款人的抵押物，如房产、汽车、设备等，然后进行配对，并收取中介服务费。最近，有关媒体对这类中介公司的运作及影响作了大量报道，引起多方关注。对此，银监会组织开展了专门调研，发现大量潜在风险，特提示如下：

一、主要问题与风险

人人贷中介服务主要存在以下问题和风险：一是影响宏观调控效果。在国家对房地产以及"两高一剩"行业调控政策趋紧的背景下，民间资金可能通过人人贷中介公司流入限制性行业。二是容易演变为非法金融机构。由于行业门槛低，且无强有力的外部监管，人人贷中介机构有可能突破资金不进账户的底线，演变为吸收存款、发放贷款的非法金融机构，甚至变成非法集资。三是业务风险难以控制。人人贷的网络交易特征，使其面临着巨大的信息科技风险。同时，这类中介公司无法像银行一样登陆征信系统了解借款人资信情况，并进行有效的贷后管理，一旦发生恶意欺诈，或者进行洗钱等违法犯罪活动，将对社会造成危害。四是不实宣传影响银行体系整体声誉。如一些银行仅仅为人人贷公司提供开户服务，却被后者当作合作伙伴来宣传。五是监管职责不清，法律性质不明。由于目前国内相关立法尚不完备，对其监管的职责界限不清，人人贷的性质也缺乏明确的法律、法规界定。六是国外实践表明，这一模式信用风险偏高，贷款质量远远劣于普通银行业金融机构。七是人人贷公司开展房地产二次抵押业务同样存在风险隐患。近年来，房地产价格一直呈上涨态势，从而出现房地产价格高于抵押贷款价值的现象，一旦形势发生逆转，就可能对贷方利益造成影响。同时，人人贷中介公司为促成交易、获得中介费用，还可能有意高估房产价格，严重影响抵押权的实现。

二、监管措施与要求

针对人人贷中介公司可能存在的风险与问题，银行业金融机构务必采取有效措施，做好风险预警监测与防范工作：

第一，建立与人人贷中介公司之间的"防火墙"。银行业金融机构必须按照"三个办法、一个指引"要求，落实贷款全流程管理，严防人人贷中介公司帮助放款人从银行获取资金后用于民间借贷，防止民间借贷风险向银行体系蔓延。

第二，加强银行从业人员管理。防止银行从业人员涉足此类信贷服务，牟取不正当利益。

第三，加强与工商管理部门的沟通，商请针对"贷款超市"、"融资公司"等不实宣传行为予以严肃查处，切实维护银行合法权益，避免声誉风险。

请各银监局将本通知转发至辖内银监分局和银行业法人金融机构。

15. 中国银行业监督管理委员会、中国人民银行关于小额贷款公司试点的指导意见

（2008 年 5 月 4 日）

各银监局，中国人民银行上海总部、各分行、营业管理部、各省会（首府）城市中心支行、副省级城市中心支行：

为全面落实科学发展观，有效配置金融资源，引导资金流向农村和欠发达地区，改善农村地区金融服务，促进农业、农民和农村经济发展，支持社会主义新农村建设，现就小额贷款公司试点事项提出如下指导意见：

一、小额贷款公司的性质

小额贷款公司是由自然人、企业法人与其他社会组织投资设立，不吸收公众存款，经营小额贷款业务的有限责任公司或股份有限公司。

小额贷款公司是企业法人，有独立的法人财产，享有法人财产权，以全部财产对其债务承担民事责任。小额贷款公司股东依法享有资产收益、参与重大决策和选择管理者等权利，以其认缴的出资额或认购的股份为限对公司承担责任。

小额贷款公司应执行国家金融方针和政策，在法律、法规规定的范围内开展业务，自主经营，自负盈亏，自我约束，自担风险，其合法的经营活动受法律保护，不受任何单位和个人的干涉。

二、小额贷款公司的设立

小额贷款公司的名称应由行政区划、字号、行业、组织形式依次组成，其中行政区划指县级行政区划的名称，组织形式为有限责任公司或股份有限公司。

小额贷款公司的股东需符合法定人数规定。有限责任公司应由 50 个以下股东出资设立；股份有限公司应有 2～200 名发起人，其中须有半数以上的发起人在中国境内有住所。

小额贷款公司的注册资本来源应真实合法，全部为实收货币资本，由出资

人或发起人一次足额缴纳。

有限责任公司的注册资本不得低于 500 万元，股份有限公司的注册资本不得低于 1000 万元。单一自然人、企业法人、其他社会组织及其关联方持有的股份，不得超过小额贷款公司注册资本总额的 10%。

申请设立小额贷款公司，应向省级政府主管部门提出正式申请，经批准后，到当地工商行政管理部门申请办理注册登记手续并领取营业执照。此外，还应在五个工作日内向当地公安机关、中国银行业监督管理委员会派出机构和中国人民银行分支机构报送相关资料。

小额贷款公司应有符合规定的章程和管理制度，应有必要的营业场所、组织机构、具备相应专业知识和从业经验的工作人员。

出资设立小额贷款公司的自然人、企业法人和其他社会组织，拟任小额贷款公司董事、监事和高级管理人员的自然人，应无犯罪记录和不良信用记录。

小额贷款公司在当地税务部门办理税务登记，并依法缴纳各类税费。

三、小额贷款公司的资金来源

小额贷款公司的主要资金来源为股东缴纳的资本金、捐赠资金，以及来自不超过两个银行业金融机构的融入资金。

在法律、法规规定的范围内，小额贷款公司从银行业金融机构获得融入资金的余额，不得超过资本净额的 50%。融入资金的利率、期限由小额贷款公司与相应银行业金融机构自主协商确定，利率以同期"上海银行间同业拆放利率"为基准加点确定。

小额贷款公司应向注册地中国人民银行分支机构申领贷款卡。向小额贷款公司提供融资的银行业金融机构，应将融资信息及时报送所在地中国人民银行分支机构和中国银行业监督管理委员会派出机构，并应跟踪监督小额贷款公司融资的使用情况。

四、小额贷款公司的资金运用

小额贷款公司在坚持为农民、农业和农村经济发展服务的原则下自主选择贷款对象。小额贷款公司发放贷款，应坚持"小额、分散"的原则，鼓励小额贷款公司面向农户和微型企业提供信贷服务，着力扩大客户数量和服务覆盖面。同一借款人的贷款余额不得超过小额贷款公司资本净额的 5%。在此标准内，可以参考小额贷款公司所在地经济状况和人均 GDP 水平，制定最高贷款额度限制。

小额贷款公司按照市场化原则进行经营，贷款利率上限放开，但不得超过司法部门规定的上限，下限为人民银行公布的贷款基准利率的 0.9 倍，具体浮动幅度按照市场原则自主确定。有关贷款期限和贷款偿还条款等合同内容，均由借贷双方在公平自愿的原则下依法协商确定。

五、小额贷款公司的监督管理

凡是省级政府能明确一个主管部门（金融办或相关机构）负责对小额贷款公司的监督管理，并愿意承担小额贷款公司风险处置责任的，方可在本省（区、市）的县域范围内开展组建小额贷款公司试点。

小额贷款公司应建立发起人承诺制度，公司股东应与小额贷款公司签订承诺书，承诺自觉遵守公司章程，参与管理并承担风险。

小额贷款公司应按照《公司法》要求建立健全公司治理结构，明确股东、董事、监事和经理之间的权责关系，制定稳健有效的议事规则、决策程序和内审制度，提高公司治理的有效性。小额贷款公司应建立健全贷款管理制度，明确贷前调查、贷时审查和贷后检查业务流程和操作规范，切实加强贷款管理。小额贷款公司应加强内部控制，按照国家有关规定建立健全企业财务会计制度，真实记录和全面反映其业务活动和财务活动。

小额贷款公司应按照有关规定，建立审慎规范的资产分类制度和拨备制度，准确进行资产分类，充分计提呆账准备金，确保资产损失准备充足率始终保持在100%以上，全面覆盖风险。

小额贷款公司应建立信息披露制度，按要求向公司股东、主管部门、向其提供融资的银行业金融机构、有关捐赠机构披露经中介机构审计的财务报表和年度业务经营情况、融资情况、重大事项等信息，必要时应向社会披露。

小额贷款公司应接受社会监督，不得进行任何形式的非法集资。从事非法集资活动的，按照国务院有关规定，由省级人民政府负责处置。对于跨省份非法集资活动的处置，需要由处置非法集资部际联席会议协调的，可由省级人民政府请求处置非法集资部际联席会议协调处置。其他违反国家法律法规的行为，由当地主管部门依据有关法律法规实施处罚；构成犯罪的，依法追究刑事责任。

中国人民银行对小额贷款公司的利率、资金流向进行跟踪监测，并将小额贷款公司纳入信贷征信系统。小额贷款公司应定期向信贷征信系统提供借款人、贷款金额、贷款担保和贷款偿还等业务信息。

六、小额贷款公司的终止

小额贷款公司法人资格的终止包括解散和破产两种情况。小额贷款公司可因下列原因解散：（一）公司章程规定的解散事由出现；（二）股东大会决议解散；（三）因公司合并或者分立需要解散；（四）依法被吊销营业执照、责令关闭或者被撤销；（五）人民法院依法宣布公司解散。小额贷款公司解散，依照《公司法》进行清算和注销。

小额贷款公司被依法宣告破产的，依照有关企业破产的法律实施破产清算。

小额贷款公司依法合规经营，没有不良信用记录的，可在股东自愿的基础上，按照《村镇银行组建审批指引》和《村镇银行管理暂行规定》规范改造为村镇银行。

七、其他

中国银行业监督管理委员会派出机构和中国人民银行分支机构，要密切配合当地政府，创造性地开展工作，加强对小额贷款公司工作的政策宣传。同时，积极开展小额贷款培训工作，有针对性地对小额贷款公司及其客户进行相关培训。

本指导意见未尽事宜，按照《中华人民共和国公司法》、《中华人民共和国合同法》等法律法规执行。

本指导意见由中国银行业监督管理委员会和中国人民银行负责解释。

请各银监局和人民银行上海总部、各分行、营业管理部、各省会（首府）城市中心支行、副省级城市中心支行联合将本指导意见转发至银监分局、人民银行地市中心支行、县（市）支行和相关单位。

16. 贷款通则（节录）

（1996 年 6 月 28 日中国人民银行令第 2 号公布，自 1996 年 8 月 1 日起施行）

第一章 总 则

第一条 为了规范贷款行为，维护借贷双方的合法权益，保证信贷资产的安全，提高贷款使用的整体效益，促进社会经济的持续发展。根据《中华人民共和国中国人民银行法》《中华人民共和国商业银行法》等有关法律规定，制定本通则。

第二条 本通则所称贷款人，系指在中国境内依法设立的经营贷款业务的中资金融机构。

本通则所称借款人，系指从经营贷款业务的中资金融机构取得贷款的法人、其他经济组织、个体工商户和自然人。

本通则中所称贷款系指贷款人对借款人提供的并按约定的利率和期限还本付息的货币资金。

本通则中的贷款币种包括人民币和外币。

第三条 贷款的发放和使用应当符合国家的法律、行政法规和中国人民银行发布的行政规章。应当遵循效益性、安全性和流动性的原则。

第四条 借款人与贷款人的惜贷活动应当遵循平等、自愿、公平和诚实信用的原则。

第五条 贷款人开展贷款业务，应当遵循公平竞争、密切协作的原则，不得从事不正当竞争。

第六条 中国人民银行及其分支机构是实施《贷款通则》的监管机关。

第二章 贷款种类

第七条 自营贷款、委托贷款和特定贷款：自营贷款，系指贷款人以合法方式筹集的资金自主发放的贷款，其风险由贷款人承担，并由贷款人收回本金和利息。

委托贷款，系指由政府部门、企事业单位及个人等委托人提供资金，由贷款人（即受托人）根据委托人确定的贷款对象、用途、金额、期限、利率等代为发放、监督使用并协助收回的贷款。贷款人（受托人）只收取手续费，不承担贷款风险。

特定贷款，系指经国务院批准并对贷款可能造成的损失采取相应补救措施后责成国有独资商业银行发放的贷款。

第八条 短期贷款、中期贷款和长期贷款：

短期贷款，系指贷款期限在 1 年以内（含 1 年）的贷款。

中期贷款，系指贷款期限在 1 年以上（不含 1 年）5 年以下（含 5 年）的贷款。

长期贷款，系指贷款期限在 5 年（不含 5 年）以上的贷款。

第九条 信用贷款、担保贷款和票据贴现：

信用贷款，系指以借款人的信誉发放的贷款。

担保贷款，系指保证贷款、抵押贷款、质押贷款。

保证贷款，系指按《中华人民共和国担保法》规定的保证方式以第三人承诺在借款人不能偿还贷款时，按约定承担一般保证责任或者连带责任而发放的贷款。

抵押贷款，系指按《中华人民共和国担保法》规定的抵押方式以借款人或第三人的财产作为抵押物发放的贷款。

质押贷款，系指按《中华人民共和国担保法》规定的质押方式以借款人或第三人的动产或权利作为质物发放的贷款。

票据贴现，系指贷款人以购买借款人未到期商业票据的方式发放的贷款。

第十条 除委托贷款以外，贷款人发放贷款，借款人应当提供担保。贷款人应当对保证人的偿还能力，抵押物、质物的权属和价值以及实现抵押权、质权的可行性进行严格审查。

经贷款审查、评估，确认借款人资信良好，确能偿还贷款的，可以不提供担保。

第三章 贷款期限和利率

第十一条 贷款期限：贷款期限根据借款人的生产经营周期、还款能力和贷款人的资金供给能力由借贷双方共同商议后确定，并在借款合同中载明。自营贷款期限最长一般不得超过 10 年，超过 10 年应当报中国人民银行备案。票据贴现的贴现期限最长不得超过 6 个月，贴现期限为从贴现之日起到票据到期日止。

第十二条　贷款展期：不能按期归还贷款的，借款人应当在贷款到期日之前，向贷款人申请贷款展期。是否展期由贷款人决定。申请保证贷款、抵押贷款、质押贷款展期的，还应当由保证人、抵押人、出质人出具同意的书面证明。已有约定的，按照约定执行。

短期贷款展期期限累计不得超过原贷款期限；中期贷款展期期限累计不得超过原贷款期限的一半；长期贷款展期期限累计不得超过 3 年。国家另有规定者除外。借款人未申请展期或申请展期未得到批准，其贷款从到期日次日起，转入逾期贷款账户。

第十三条　贷款利率的确定：

贷款人应当按照中国人民银行规定的贷款利率的上下限，确定每笔贷款利率，并在借款合同中载明。

第十四条　贷款利息的计收：

贷款人和借款人应当按借款合同和中国人民银行有关计息规定按期计收或交付利息。

贷款的展期期限加上原期限达到新的利率期限档次时，从展期之日起，贷款利息按新的期限档次利率计收。

逾期贷款按规定计收罚息。

第十五条　贷款的贴息：

根据国家政策，为了促进某些产业和地区经济的发展，有关部门可以对贷款补贴利息。

对有关部门贴息的贷款，承办银行应当自主审查发放，并根据本通则有关规定严格管理。

第十六条　贷款停息、减息、缓息和免息：

除国务院决定外，任何单位和个人无权决定停息、减息、缓息和免息。贷款人应当依据国务院决定，按照职责权限范围具体办理停息、减息、缓息和免息。

第四章　借款人

第十七条　借款人应当是经工商行政管理机关（或主管机关）核准登记的企（事）业法人、其他经济组织、个体工商户或具有中华人民共和国国籍的具有完全民事行为能力的自然人。借款人申请贷款，应当具备产品有市场、生产经营有效益、不挤占挪用信贷资金、恪守信用等基本条件，并且应当符合以下要求：

一、有按期还本付息的能力，原应付贷款利息和到期贷款已清偿；没有清偿的，已经做了贷款人认可的偿还计划。

二、除自然人和不需要经工商部门核准登记的事业法人外，应当经过工商部门办理年检手续。

三、已开立基本账户或一般存款账户。

四、除国务院规定外，有限责任公司和股份有限公司对外股本权益性投资累计额未超过其净资产总额的50%。

五、借款人的资产负债率符合贷款人的要求。

六、申请中期、长期贷款的，新建项目的企业法人所有者权益与项目所需总投资的比例不低于国家规定的投资项目的资本金比例。

第十八条 借款人的权利：

一、可以自主向主办银行或者其他银行的经办机构申请贷款并依条件取得贷款；

二、有权按合同约定提取和使用全部贷款；

三、有权拒绝借款合同以外的附加条件；

四、有权向贷款人的上级和中国人民银行反映、举报有关情况；

五、在征得贷款人同意后，有权向第三人转让债务。

第十九条 借款人的义务：

一、应当如实提供贷款人要求的资料（法律规定不能提供者除外），应当向贷款人如实提供所有开户行、账号及存贷款余额情况，配合贷款人的调查、审查和检查；

二、应当接受贷款人对其使用信贷资金情况和有关生产经营、财务活动的监督；

三、应当按借款合同约定用途使用贷款；

四、应当按借款合同约定及时清偿贷款本息；

五、将债务全部或部分转让给第三人的，应当取得贷款人的同意；

六、有危及贷款人债权安全情况时，应当及时通知贷款人，同时采取保全措施。

第二十条 对借款人的限制：

一、不得在一个贷款人同一辖区内的两个或两个以上同级分支机构取得贷款。

二、不得向贷款人提供虚假的或者隐瞒重要事实的资产负债表、损益表等。

三、不得用贷款从事股本权益性投资，国家另有规定的除外。

四、不得用贷款在有价证券、期货等方面从事投机经营。

五、除依法取得经营房地产资格的借款人以外，不得用贷款经营房地产业务；依法取得经营房地产资格的借款人，不得用贷款从事房地产投机。

六、不得套取贷款用于借贷牟取非法收入。

七、不得违反国家外汇管理规定使用外币贷款。

八、不得采取欺诈手段骗取贷款。

第五章　贷款人

第二十一条　贷款人必须经中国人民银行批准经营贷款业务，持有中国人民银行颁发的《金融机构法人许可证》或《金融机构营业许可证》，并经工商行政管理部门核准登记。

第二十二条　贷款人的权利：

根据贷款条件和贷款程序自主审查和决定贷款，除国务院批准的特定贷款外，有权拒绝任何单位和个人强令其发放贷款或者提供担保。

一、要求借款人提供与借款有关的资料；

二、根据借款人的条件，决定贷与不贷、贷款金额、期限和利率等；

三、了解借款人的生产经营活动和财务活动；

四、依合同约定从借款人账户上划收贷款本金和利息；

五、借款人未能履行借款合同规定义务的，贷款人有权依合同约定要求借款人提前归还贷款或停止支付借款人尚未使用的贷款；

六、在贷款将受或已受损失时，可依据合同规定，采取使贷款免受损失的措施。

第二十三条　贷款人的义务：

一、应当公布所经营的贷款的种类、期限和利率，并向借款人提供咨询。

二、应当公开贷款审查的资信内容和发放贷款的条件。

三、贷款人应当审议借款人的借款申请，并及时答复贷与不贷。短期贷款答复时间不得超过 1 个月，中期、长期贷款答复时间不得超过 6 个月；国家另有规定者除外。

四、应当对借款人的债务、财务、生产、经营情况保密，但对依法查询者除外。

第二十四条　对贷款人的限制：

一、贷款的发放必须严格执行《中华人民共和国商业银行法》第三十九条关于资产负债比例管理的有关规定，第四十条关于不得向关系人发放信用贷款、向关系人发放担保贷款的条件不得优于其他借款人同类贷款条件的规定。

二、借款人有下列情形之一者，不得对其发放贷款：

（一）不具备本通则第四章第十七条所规定的资格和条件的；

（二）生产、经营或投资国家明文禁止的产品、项目的；

（三）违反国家外汇管理规定的；

（四）建设项目按国家规定应当报有关部门批准而未取得批准文件的；

（五）生产经营或投资项目未取得环境保护部门许可的；

（六）在实行承包、租赁、联营、合并（兼并）、合作、分立、产权有偿转让、股份制改造等体制变更过程中，未清偿原有贷款债务、落实原有贷款债务或提供相应担保的；

（七）有其他严重违法经营行为的。

三、未经中国人民银行批准，不得对自然人发放外币币种的贷款。

四、自营贷款和特定贷款，除按中国人民银行规定计收利息之外．不得收取其他任何费用；委托贷款，除按中国人民银行规定计收手续费之外，不得收取其他任何费用。

五、不得给委托人垫付资金，国家另有规定的除外。

六、严格控制信用贷款，积极推广担保贷款。

第六章 贷款程序

第二十五条 贷款申请：借款人需要贷款，应当向主办银行或者其他银行的经办机构直接申请。借款人应当填写包括借款金额、借款用途、偿还能力及还款方式等主要内容的《借款申请书》并提供以下资料：

一、借款人及保证人基本情况；

二、财政部门或会计（审计）事务所核准的上年度财务报告，以及申请借款前一期的财务报告；

三、原有不合理占用的贷款的纠正情况；

四、抵押物、质物清单和有处分权人的同意抵押、质押的证明及保证人拟同意保证的有关证明文件；

五、项目建议书和可行性报告；

六、贷款人认为需要提供的其他有关资料。

第二十六条 对借款人的信用等级评估：

应当根据借款人的领导者素质、经济实力、资金结构、履约情况、经营效益和发展前景等因素，评定借款人的信用等级。评级可由贷款人独立进行，内部掌握，也可由有权部门批准的评估机构进行。

第二十七条 贷款调查：

贷款人受理借款人申请后，应当对借款人的信用等级以及借款的合法性、安全性、盈利性等情况进行凋查，核实抵押物、质物、保证人情况，测定贷款的风险度。

第二十八条 贷款审批：

贷款人应当建立审贷分离、分级审批的贷款管理制度。审查人员应当对调查人员提供的资料进行核实、评定．复测贷款风险度，提出意见，按规定权限报批。

第二十九条 签订借款合同：

所有贷款应当由贷款人与借款人签订借款合同。借款合同应当约定借款种类，借款用途、金额、利率，借款期限，还款方式，借、贷双方的权利、义务，违约责任和双方认为需要约定的其他事项。

保证贷款应当由保证人与贷款人签订保证合同，或保证人在借款合同上载明与贷款人协商一致的保证条款，加盖保证人的法人公章，并由保证人的法定代表人或其授权代理人签署姓名。抵押贷款、质押贷款应当由抵押人、出质人与贷款人签订抵押合同、质押合同，需要办理登记的，应依法办理登记。

第三十条 贷款发放：

贷款人要按借款合同规定按期发放贷款。贷款人不按合同约定按期发放贷款的，应偿付违约金。借款人不按合同约定用款的，应偿付违约金。

第三十一条 贷后检查：

贷款发放后，贷款人应当对借款人执行借款合同情况及借款人的经营情况进行追踪调查和检查。

第三十二条 贷款归还：

借款人应当按照借款合同规定按时足额归还贷款本息。

贷款人在短期贷款到期三个星期之前、中长期贷款到期 1 个月之前，应当向借款人发送还本付息通知单；借款人应当及时筹备资金，按期还本付息。

贷款人对逾期的贷款要及时发出催收通知单，做好这期贷款本息的催收工作。

贷款人对不能按借款合同约定期限归还的贷款，应当按规定加罚利息；对不能归还或者不能落实还本付息事宜的，应当督促归还或者依法起诉。

借款人提前归还贷款，应当与贷款人协商。

第七章　不良贷款监管

第三十三条　贷款人应当建立和完善贷款的质量监管制度，对不良贷款进行分类、登记、考核和催收。

第三十四条　不良贷款系指呆账贷款、呆滞贷款、逾期贷款。

呆账贷款，系指按财政部有关规定列为呆账的贷款。

呆滞贷款，系指按财政部有关规定，逾期（含展期后到期）超过规定年限以上仍未归还的贷款，或虽未逾期或逾期不满规定年限但生产经营已终止、项目已停建的贷款（不含呆账贷款）。

逾期贷款，系指借款合同约定到期（含展期后到期）未归还的贷款（不含呆滞贷款和呆账贷款）。

第三十五条　不良贷款的登记：

不良贷款由会计、信贷部门提供数据，由稽核部门负责审核并按规定权限认定，贷款人应当按季填报不良贷款情况表。在报上级行的同时，应当报中国人民银行当地分支机构。

第三十六条　不良贷款的考核：

贷款人的呆账贷款、呆滞贷款、逾期贷款不得超过中国人民银行规定的比例。贷款人应当对所属分支机构下达和考核呆账贷款、呆滞贷款和逾期贷款的有关指标。

第三十七条　不良贷款的催收和呆账贷款的冲销：

信贷部门负责不良贷款的催收，稽核部门负责对催收情况的检查。贷款人应当按照国家有关规定提取呆账准备金，并按照呆账冲销的条件和程序冲销呆账贷款。

未经国务院批准，贷款人不得豁免贷款。除国务院批准外，任何单位和个人不得强令贷款人豁免贷款。

第八章　贷款管理责任制

第三十八条　贷款管理实行行长（经理、主任，下同）负责制。

贷款实行分级经营管理，各级行长应当在授权范围内对贷款的发放和收回负全部责任。行长可以授权副行长或贷款管理部门负责审批贷款，副行长或贷款管理部门负责人应当对行长负责。

第三十九条　贷款人各级机构应当建立有行长或副行长（经理、主任，下同）和有关部门负责人参加的贷款审查委员会（小组），负责贷款的审查。

第四十条 建立审贷分离制:

贷款调查评估人员负责贷款调查评估,承担调查失误和评估失准的责任;贷款审查人员负责贷款风险的审查,承担审查失误的责任;贷款发放人员负责贷款的检查和清收,承担检查失误、清收不力的责任。

第四十一条 建立贷款分级审批制:

贷款人应当根据业务量大小、管理水平和贷款风险度确定各级分支机构的审批权限,超过审批权限的贷款,应当报上级审批。各级分支机构应当根据贷款种类、借款人的信用等级和抵押物、质物、保证人等情况确定每一笔贷款的风险度。

第四十二条 建立和健全信贷工作岗位责任制:

各级贷款管理部门应将贷款管理的每一个环节的管理责任落实到部门、岗位、个人,严格划分各级信贷工作人员的职责。

第四十三条 贷款人对大额借款人建立驻厂信贷员制度。

第四十四条 建立离职审计制:

贷款管理人员在调离原工作岗位时,应当对其在任职期间和权限内所发放的贷款风险情况进行审计。

第九章 贷款债权保全和清偿的管理

第四十五条 借款人不得违反法律规定,借兼并、破产或者股份制改造等途径,逃避银行债务,侵吞信贷资金;不得借承包、租赁等途径逃避贷款人的信贷监管以及偿还贷款本息的责任。

第四十六条 贷款人有权参与处于兼并、破产或股份制改造等过程中的借款人的债务重组,应当要求借款人落实贷款还本付息事宜。

第四十七条 贷款人应当要求实行承包、租赁经营的借款人,在承包、租赁合同中明确落实原贷款债务的偿还责任。

第四十八条 贷款人对实行股份制改造的借款人,应当要求其重新签订借款合同,明确原贷款债务的清偿责任。

对实行整体股份制改造的借款人,应当明确其所欠贷款债务由改造后公司全部承担;对实行部分股份制改造的借款人,应当要求改造后的股份公司按占用借款人的资本金或资产的比例承担原借款人的贷款债务。

第四十九条 贷款人对联营后组成新的企业法人的借款人,应当要求其依据所占用的资本金或资产的比例将贷款债务落实到新的企业法人。

第五十条 贷款人对合并(兼并)的借款人,应当要求其在合并(兼并)

前清偿贷款债务或提供相应的担保。

借款人不清偿贷款债务或未提供相应担保，贷款人应当要求合并（兼并）企业或合并后新成立的企业承担归还原借款人贷款的义务，并与之重新签订有关合同或协议。

第五十一条 贷款人对与外商合资（合作）的借款人，应当要求其继续承担合资（合作）前的贷款归还责任，并要求其将所得收益优先归还贷款。借款人用已作为贷款抵押、质押的财产与外商合资（合作）时必须征求贷款人同意。

第五十二条 贷款人对分立的借款人，应当要求其在分立前清偿贷款债务或提供相应的担保。

借款人不清偿贷款债务或未提供相应担保，贷款人应当要求分立后的各企业，按照分立时所占资本或资产比例或协议，对原借款人所欠贷款承担清偿责任。对设立子公司的借款人，应当要求其子公司按所得资本或资产的比例承担和偿还母公司相应的贷款债务。

第五十三条 贷款人对产权有偿转让或申请解散的借款人，应当要求其在产权转让或解散前必须落实贷款债务的清偿。

第五十四条 贷款人应当按照有关法律参与借款人破产财产的认定与债权债务的处置，对于破产借款人已设定财产抵押、质押或其他担保的贷款债权，贷款人依法享有优先受偿权；无财产担保的贷款债权按法定程序和比例受偿。

第十章　贷款管理特别规定

第五十五条 建立贷款主办行制度：借款人应按中国人民银行的规定与其开立基本账户的贷款人建立贷款主办行关系。特 借款人发生企业分立、股份制改造、重大项目建设等涉及信贷资金使用和安全的重大经济活动，事先应当征求主办行的意见。一个借款人只能有一个贷款主办行，主办行应当随基本账户的变更而变更。

主办行不包资金，但应当按规定有计划地对借款人提供贷款，为借款人提供必要的信息咨询、代理等金融服务。

贷款主办行制度与实施办法，由中国人民银行另行规定。

第五十六条 银团贷款应当确定一个贷款人为牵头行，并签订银团贷款协议，明确各贷款人的权利和义务，共同评审贷款项目。牵头行应当按协议确定的比例监督贷款的偿还。银团贷款管理办法由中国人民银行另行规定。

第五十七条 特定贷款管理：

国有独资商业银行应当按国务院规定发放和管理特定贷款。

特定贷款管理办法另行规定。

第五十八条　非银行金融机构贷款的种类、对象、范围，应当符合中国人民银行规定。

第五十九条　贷款人发放异地贷款，或者接受异地存款，应当报中国人民银行当地分支机构备案。

第六十条　信贷资金不得用于财政支出。

第六十一条　各级行政部门和企事业单位、供销合作社等合作经济组织、农村合作基金会和其他基金会，不得经营存贷款等金融业务。企业之间不得违反国家规定办理借贷或者变相借贷融资业务。

第十一章　罚　则

第六十二条　贷款人违反资产负债比例管理有关规定发放贷款的，应当依照《中华人民共和国商业银行法》第七十五条，由中国人民银行责令改正，处以罚款，有违法所得的没收违法所得，并且应当依照第七十六条对直接负责的主管人员和其他直接责任人员给予处罚。

第六十三条　贷款人违反规定向关系人发放信用贷款或者发放担保贷款的条件优于其他借款人同类贷款条件的，应当依照《中华人民共和国商业银行法》第七十四条处罚，并且应当依照第七十六条对有关直接责任人员给予处罚。

第六十四条　贷款人的工作人员对单位或者个人强令其发放贷款或者提供担保未予拒绝的，应当依照《中华人民共和国商业银行法》第八十五条给予纪律处分，造成损失的应当承担相应的赔偿责任。

第六十五条　贷款人的有关责任人员违反本通则有关规定，应当给予纪律处分和罚款；情节严重或屡次违反的，应当调离工作岗位，取消任职资格；造成严重经济损失或者构成其他经济犯罪的，应当依照有关法律规定追究刑事责任。

第六十六条　贷款人有下列情形之一，由中国人民银行责令改正；逾期不改正的，中国人民银行可以处以5000元以上1万元以下罚款：

一、没有公布所经营贷款的种类、期限、利率的；

二、没有公开贷款条件和发放贷款时要审查的内容的；

三、没有在规定期限内答复借款人贷款申请的。

第六十七条　贷款人有下列情形之一，由中国人民银行责令改正；有违法所得的，没收违法所得，并处以违法所得1倍以上3倍以下罚款；没有违法所得的，处以5万元以上30万元以下罚款；构成犯罪的，依法追究刑事责任：

一、贷款人违反规定代垫委托贷款资金的；

二、未经中国人民银行批准，对自然人发放外币贷款的；

三、贷款人违反中国人民银行规定，对自营贷款或者特定贷款在计收利息之外收取其他任何费用的，或者对委托贷款在计收手续费之外收取其他任何费用的。

第六十八条 任何单位和个人强令银行发放贷款或者提供担保的，应当依照《中华人民共和国商业银行法》第八十五条，对直接负责的主管人员和其他直接责任人员或者个人给予纪律处分；造成经济损失的，承担全部或者部分赔偿责任。

第六十九条 借款人采取欺诈手段骗取贷款，构成犯罪的，应当依照《中华人民共和国商业银行法》第八十条等法律规定处以罚款并追究刑事责任。

第七十条 借款人违反本通则第九章第四十五条规定，蓄意通过兼并、破产或者股份制改造等途径侵吞信贷资金的，应当依据有关法律规定承担相应部分的赔偿责任并处以罚款；造成贷款人重大经济损失的，应当依照有关法律规定追究直接责任人员的刑事责任。

借款人违反本通则第九章其他条款规定，致使贷款债务落空，由贷款人停止发放新贷款，并提前收回原发放的贷款。造成信贷资产损失的，借款人及其主管人员或其他个人，应当承担部分或全部赔偿责任。在未履行赔偿责任之前，其他任何贷款人不得对其发放贷款。

第七十一条 借款人有下列情形之一，由贷款人对其部分或全部贷款加收利息；情节特别严重的，由贷款人停止支付借款人尚未使用的贷款，并提前收回部分或全部贷款：

一、不按借款合同规定用途使用贷款的。

二、用贷款进行股本权益性投资的。

三、用贷款在有价证券、期货等方面从事投机经营的。

四、未依法取得经营房地产资格的借款人用贷款经营房地产业务的；依法取得经营房地产资格的借款人，用贷款从事房地产投机的。

五、不按借款合同规定清偿贷款本息的。

六、套取贷款相互借贷牟取非法收人的。

第七十二条 借款人有下列情形之一，由贷款人责令改正。情节特别严重或逾期不改正的，由贷款人停止支付借款人尚未使用的贷款，并提前收回部分或全部贷款：

一、向贷款人提供虚假或者隐瞒重要事实的资产负债表、损益表等资料的；

二、不如实向贷款人提供所有开户行、账号及存贷款余额等资料的；

三、拒绝接受贷款人对其使用信贷资金情况和有关生产经营、财务活动监督的。

第七十三条 行政部门、企事业单位。股份合作经济组织、供销合作社、农村合作基金会和其他基金会擅自发放贷款的；企业之间擅自办理借贷或者变相借贷的，由中国人民银行对出借方按违规收入处以 1 倍以上至 5 倍以下罚款，并由中国人民银行予以取缔。

第七十四条 当事人对中国人民银行处罚决定不服的，可按《中国人民银行行政复议办法（试行)》的规定申请复议，复议期间仍按原处罚执行。

17. 最高人民法院关于执行程序中计算迟延
履行期间的债务利息适用法律若干问题的解释

(2014 年 6 月 9 日由最高人民法院审判委员会第 1619 次会议通过，自 2014 年 8 月 1 日起施行)

为规范执行程序中迟延履行期间债务利息的计算，根据《中华人民共和国民事诉讼法》的规定，结合司法实践，制定本解释。

第一条 根据民事诉讼法第二百五十三条规定加倍计算之后的迟延履行期间的债务利息，包括迟延履行期间的一般债务利息和加倍部分债务利息。

迟延履行期间的一般债务利息，根据生效法律文书确定的方法计算；生效法律文书未确定给付该利息的，不予计算。

加倍部分债务利息的计算方法为：加倍部分债务利息＝债务人尚未清偿的生效法律文书确定的除一般债务利息之外的金钱债务×日万分之一点七五×迟延履行期间。

第二条 加倍部分债务利息自生效法律文书确定的履行期间届满之日起计算；生效法律文书确定分期履行的，自每次履行期间届满之日起计算；生效法律文书未确定履行期间的，自法律文书生效之日起计算。

第三条 加倍部分债务利息计算至被执行人履行完毕之日；被执行人分次履行的，相应部分的加倍部分债务利息计算至每次履行完毕之日。

人民法院划拨、提取被执行人的存款、收入、股息、红利等财产的，相应部分的加倍部分债务利息计算至划拨、提取之日；人民法院对被执行人财产拍卖、变卖或者以物抵债的，计算至成交裁定或者抵债裁定生效之日；人民法院对被执行人财产通过其他方式变价的，计算至财产变价完成之日。

非因被执行人的申请，对生效法律文书审查而中止或者暂缓执行的期间及再审中止执行的期间，不计算加倍部分债务利息。

第四条 被执行人的财产不足以清偿全部债务的，应当先清偿生效法律文书确定的金钱债务，再清偿加倍部分债务利息，但当事人对清偿顺序另有约定的除外。

第五条　生效法律文书确定给付外币的，执行时以该种外币按日万分之一点七五计算加倍部分债务利息，但申请执行人主张以人民币计算的，人民法院应予准许。

以人民币计算加倍部分债务利息的，应当先将生效法律文书确定的外币折算或者套算为人民币后再进行计算。

外币折算或者套算为人民币的，按照加倍部分债务利息起算之日的中国外汇交易中心或者中国人民银行授权机构公布的人民币对该外币的中间价折合成人民币计算；中国外汇交易中心或者中国人民银行授权机构未公布汇率中间价的外币，按照该日境内银行人民币对该外币的中间价折算成人民币，或者该外币在境内银行、国际外汇市场对美元汇率，与人民币对美元汇率中间价进行套算。

第六条　执行回转程序中，原申请执行人迟延履行金钱给付义务的，应当按照本解释的规定承担加倍部分债务利息。

第七条　本解释施行时尚未执行完毕部分的金钱债务，本解释施行前的迟延履行期间债务利息按照之前的规定计算；施行后的迟延履行期间债务利息按照本解释计算。

本解释施行前本院发布的司法解释与本解释不一致的，以本解释为准。

18. 最高人民法院关于逾期付款违约金应当按照何种标准计算问题的批复

(1999 年 2 月 12 日起公布)

广东省高级人民法院：

你院〔1998〕粤法经一行字第 17 号《关于逾期贷款如何计算利息问题的请示》收悉。经研究，答复如下：

对于合同当事人没有约定逾期付款违约金标准的，人民法院可以参照中国人民银行规定的金融机构计收逾期贷款利息的标准计算逾期付款违约金。中国人民银行调整金融机构计收逾期贷款利息的标准时，人民法院可以相应调整计算逾期付款违约金的计算标准。参照中办民银行 1996 年 4 月 30 日发布的银发〔1996〕156 号《关于降低金融机构存、贷款利率的通知》的规定，目前，逾期付款违约金标准可以按每日万分之四计算。

本批复公布后，人民法院尚未审结的案件中有关计算逾期付款违约金的问题，按照本批复办理。本批复公布前，已经按我院 1996 年 5 月 16 日作出的法复〔1996〕7 号《关于逾期付款违约金的应当依据何种标准计算问题的批复》审结的案件不再变动。

此复

19. 最高人民法院关于修改《最高人民法院关于逾期付款违约金应当按照何种标准计算问题的批复》的批复

（2000 年 11 月 15 日公布）

各省、自治区、直辖市高级人民法院，解放军军事法院，新疆维吾尔自治区高级人民法院生产建设兵团分院：

一些法院反映，我院法释〔1999〕8 号《关于逾期付款违约金应当按照何种标准计算问题的批复》的有关内容与中国人民银行《关于降低金融机构存贷款利率公告》不一致。经研究，现批复如下：

将最高人民法院法释〔1999〕8 号批复中"参照中国人民银行 1996 年 4 月 30 日发布的银发〔1996〕156 号《关于降低金融机构存、贷款利率的通知》的规定，目前，逾期付款违约金标准可以按每日万分之四计算"的内容删除。

此复

20. 中国人民银行关于人民币贷款利率有关问题的通知

(2013 年 12 月 10 日发布)

中国人民银行各分行、营业管理部，各政策性银行、国有独资商业银行、股份制商业银行：

为稳步推进利率市场化改革，充分发挥利率杠杆的调节作用。现就有关人民币贷款利率及计结息等有关事宜通知如下：

一、关于人民币贷款计息和结息问题。人民币各项贷款（不含个人住房贷款）的计息和结息方式，由借贷双方协商确定。

二、关于在合同期内贷款利率的调整问题。人民币中、长期贷款利率由原来的一年一定，改为由借贷双方按商业原则确定，可在合同期间按月、按季、按年调整，也可采用固定利率的确定方式。

5 年期以上档次贷款利率，由金融机构参照人民银行公布的 5 年期以上贷款利率自主确定。

三、关于罚息利率问题。逾期贷款（借款人未按合同约定日期还款的借款）罚息利率由现行按日万分之二点一计收利息，改为在借款合同载明的贷款利率水平上加收 30%～50%；借款人未按合同约定用途使用借款的罚息利率，由现行按日万分之五计收利息，改为在借款合同载明的贷款利率水平上加收 50%～100%。

对逾期或未按合同约定用途使用借款的贷款，从逾期或未按合同约定用途使用贷款之日起，按罚息利率计收利息，直至清偿本息为止。对不能按时支付的利息，按罚息利率计收复利。

四、对 2004 年 1 月 1 日（含 2004 年 1 月 1 日）以后新发放的贷款按本通知执行。对 2004 年 1 月 1 日以前发放的未到期贷款仍按原借款合同执行，但经借贷双方当事人协商一致的，也可执行本通知。

五、本通知自 2004 年 1 月 1 日起执行。此前人民银行发布的有关人民币贷款利率的规定与本通知不符的，以本通知为准。

21. 中华人民共和国物权法（节录）

（中华人民共和国第十届全国人民代表大会第五次会议于 2007 年 3 月 16 日通过，自 2007 年 10 月 1 日起施行）

第四编 担保物权

第十五章 一般规定

第一百七十条 担保物权人在债务人不履行到期债务或者发生当事人约定的实现担保物权的情形，依法享有就担保财产优先受偿的权利，但法律另有规定的除外。

第一百七十一条 债权人在借贷、买卖等民事活动中，为保障实现其债权，需要担保的，可以依照本法和其他法律的规定设立担保物权。

第三人为债务人向债权人提供担保的，可以要求债务人提供反担保。反担保适用本法和其他法律的规定。

第一百七十二条 设立担保物权，应当依照本法和其他法律的规定订立担保合同。担保合同是主债权债务合同的从合同。主债权债务合同无效，担保合同无效，但法律另有规定的除外。

担保合同被确认无效后，债务人、担保人、债权人有过错的，应当根据其过错各自承担相应的民事责任。

第一百七十三条 担保物权的担保范围包括主债权及其利息、违约金、损害赔偿金、保管担保财产和实现担保物权的费用。当事人另有约定的，按照约定。

第一百七十四条 担保期间，担保财产毁损、灭失或者被征收等，担保物权人可以就获得的保险金、赔偿金或者补偿金等优先受偿。被担保债权的履行期未届满的，也可以提存该保险金、赔偿金或者补偿金等。

第一百七十五条 第三人提供担保，未经其书面同意，债权人允许债务人转移全部或者部分债务的，担保人不再承担相应的担保责任。

第一百七十六条 被担保的债权既有物的担保又有人的担保的，债务人不履行到期债务或者发生当事人约定的实现担保物权的情形，债权人应当按照约定实现债权；没有约定或者约定不明确，债务人自己提供物的担保的，债权人应当先就该物的担保实现债权；第三人提供物的担保的，债权人可以就物的担保实现债权，也可以要求保证人承担保证责任。提供担保的第三人承担担保责任后，有权向债务人追偿。

第一百七十七条 有下列情形之一的，担保物权消灭：

（一）主债权消灭；

（二）担保物权实现；

（三）债权人放弃担保物权；

（四）法律规定担保物权消灭的其他情形。

第一百七十八条 担保法与本法的规定不一致的，适用本法。

第十六章 抵押权

第一节 一般抵押权

第一百七十九条 为担保债务的履行，债务人或者第三人不转移财产的占有，将该财产抵押给债权人的，债务人不履行到期债务或者发生当事人约定的实现抵押权的情形，债权人有权就该财产优先受偿。

前款规定的债务人或者第三人为抵押人，债权人为抵押权人，提供担保的财产为抵押财产。

第一百八十条 债务人或者第三人有权处分的下列财产可以抵押：

（一）建筑物和其他土地附着物；

（二）建设用地使用权；

（三）以招标、拍卖、公开协商等方式取得的荒地等土地承包经营权；

（四）生产设备、原材料、半成品、产品；

（五）正在建造的建筑物、船舶、航空器；

（六）交通运输工具；

（七）法律、行政法规未禁止抵押的其他财产。

抵押人可以将前款所列财产一并抵押。

第一百八十一条 经当事人书面协议，企业、个体工商户、农业生产经营者可以将现有的以及将有的生产设备、原材料、半成品、产品抵押，债务人不履行到期债务或者发生当事人约定的实现抵押权的情形，债权人有权就实现抵押权时的动产优先受偿。

第一百八十二条 以建筑物抵押的，该建筑物占用范围内的建设用地使用权一并抵押。以建设用地使用权抵押的，该土地上的建筑物一并抵押。

抵押人未依照前款规定一并抵押的，未抵押的财产视为一并抵押。

第一百八十三条 乡镇、村企业的建设用地使用权不得单独抵押。以乡镇、村企业的厂房等建筑物抵押的，其占用范围内的建设用地使用权一并抵押。

第一百八十四条 下列财产不得抵押：

（一）土地所有权；

（二）耕地、宅基地、自留地、自留山等集体所有的土地使用权，但法律规定可以抵押的除外；

（三）学校、幼儿园、医院等以公益为目的的事业单位、社会团体的教育设施、医疗卫生设施和其他社会公益设施；

（四）所有权、使用权不明或者有争议的财产；

（五）依法被查封、扣押、监管的财产；

（六）法律、行政法规规定不得抵押的其他财产。

第一百八十五条 设立抵押权，当事人应当采取书面形式订立抵押合同。

抵押合同一般包括下列条款：

（一）被担保债权的种类和数额；

（二）债务人履行债务的期限；

（三）抵押财产的名称、数量、质量、状况、所在地、所有权归属或者使用权归属；

（四）担保的范围。

第一百八十六条 抵押权人在债务履行期届满前，不得与抵押人约定债务人不履行到期债务时抵押财产归债权人所有。

第一百八十七条 以本法第一百八十条第一款第一项至第三项规定的财产或者第五项规定的正在建造的建筑物抵押的，应当办理抵押登记。抵押权自登记时设立。

第一百八十八条 以本法第一百八十条第一款第四项、第六项规定的财产或者第五项规定的正在建造的船舶、航空器抵押的，抵押权自抵押合同生效时设立；未经登记，不得对抗善意第三人。

第一百八十九条 企业、个体工商户、农业生产经营者以本法第一百八十一条规定的动产抵押的，应当向抵押人住所地的工商行政管理部门办理登记。抵押权自抵押合同生效时设立；未经登记，不得对抗善意第三人。

依照本法第一百八十一条规定抵押的，不得对抗正常经营活动中已支付合理价款并取得抵押财产的买受人。

第一百九十条 订立抵押合同前抵押财产已出租的，原租赁关系不受该抵押权的影响。抵押权设立后抵押财产出租的，该租赁关系不得对抗已登记的抵押权。

抵押期间，抵押人经抵押权人同意转让抵押财产的，应当将转让所得的价款向抵押权人提前清偿债务或者提存。转让的价款超过债权数额的部分归抵押人所有，不足部分由债务人清偿。

第一百九十一条 抵押期间，抵押人未经抵押权人同意，不得转让抵押财产，但受让人代为清偿债务消灭抵押权的除外。

第一百九十二条 抵押权不得与债权分离而单独转让或者作为其他债权的担保。债权转让的，担保该债权的抵押权一并转让，但法律另有规定或者当事人另有约定的除外。

第一百九十三条 抵押人的行为足以使抵押财产价值减少的，抵押权人有权要求抵押人停止其行为。抵押财产价值减少的，抵押权人有权要求恢复抵押财产的价值，或者提供与减少的价值相应的担保。抵押人不恢复抵押财产的价值也不提供担保的，抵押权人有权要求债务人提前清偿债务。

第一百九十四条 抵押权人可以放弃抵押权或者抵押权的顺位。抵押权人与抵押人可以协议变更抵押权顺位以及被担保的债权数额等内容，但抵押权的变更，未经其他抵押权人书面同意，不得对其他抵押权人产生不利影响。

债务人以自己的财产设定抵押，抵押权人放弃该抵押权、抵押权顺位或者变更抵押权的，其他担保人在抵押权人丧失优先受偿权益的范围内免除担保责任，但其他担保人承诺仍然提供担保的除外。

第一百九十五条 债务人不履行到期债务或者发生当事人约定的实现抵押权的情形，抵押权人可以与抵押人协议以抵押财产折价或者以拍卖、变卖该抵押财产所得的价款优先受偿。协议损害其他债权人利益的，其他债权人可以在知道或者应当知道撤销事由之日起一年内请求人民法院撤销该协议。

抵押权人与抵押人未就抵押权实现方式达成协议的，抵押权人可以请求人民法院拍卖、变卖抵押财产。

抵押财产折价或者变卖的，应当参照市场价格。

第一百九十六条 依照本法第一百八十一条规定设定抵押的，抵押财产自下列情形之一发生时确定：

（一）债务履行期届满，债权未实现；

（二）抵押人被宣告破产或者被撤销；

（三）当事人约定的实现抵押权的情形；

（四）严重影响债权实现的其他情形。

第一百九十七条　债务人不履行到期债务或者发生当事人约定的实现抵押权的情形，致使抵押财产被人民法院依法扣押的，自扣押之日起抵押权人有权收取该抵押财产的天然孳息或者法定孳息，但抵押权人未通知应当清偿法定孳息的义务人的除外。

前款规定的孳息应当先充抵收取孳息的费用。

第一百九十八条　抵押财产折价或者拍卖、变卖后，其价款超过债权数额的部分归抵押人所有，不足部分由债务人清偿。

第一百九十九条　同一财产向两个以上债权人抵押的，拍卖、变卖抵押财产所得的价款依照下列规定清偿：

（一）抵押权已登记的，按照登记的先后顺序清偿；顺序相同的，按照债权比例清偿；

（二）抵押权已登记的先于未登记的受偿；

（三）抵押权未登记的，按照债权比例清偿。

第二百条　建设用地使用权抵押后，该土地上新增的建筑物不属于抵押财产。该建设用地使用权实现抵押权时，应当将该土地上新增的建筑物与建设用地使用权一并处分，但新增建筑物所得的价款，抵押权人无权优先受偿。

第二百零一条　依照本法第一百八十条第一款第三项规定的土地承包经营权抵押的，或者依照本法第一百八十三条规定以乡镇、村企业的厂房等建筑物占用范围内的建设用地使用权一并抵押的，实现抵押权后，未经法定程序，不得改变土地所有权的性质和土地用途。

第二百零二条　抵押权人应当在主债权诉讼时效期间行使抵押权；未行使的，人民法院不予保护。

第二节　最高额抵押权

第二百零三条　为担保债务的履行，债务人或者第三人对一定期间内将要连续发生的债权提供担保财产的，债务人不履行到期债务或者发生当事人约定的实现抵押权的情形，抵押权人有权在最高债权额限度内就该担保财产优先受偿。

最高额抵押权设立前已经存在的债权，经当事人同意，可以转入最高额抵押担保的债权范围。

第二百零四条 最高额抵押担保的债权确定前，部分债权转让的，最高额抵押权不得转让，但当事人另有约定的除外。

第二百零五条 最高额抵押担保的债权确定前，抵押权人与抵押人可以通过协议变更债权确定的期间、债权范围以及最高债权额，但变更的内容不得对其他抵押权人产生不利影响。

第二百零六条 有下列情形之一的，抵押权人的债权确定：

（一）约定的债权确定期间届满；

（二）没有约定债权确定期间或者约定不明确，抵押权人或者抵押人自最高额抵押权设立之日起满二年后请求确定债权；

（三）新的债权不可能发生；

（四）抵押财产被查封、扣押；

（五）债务人、抵押人被宣告破产或者被撤销；

（六）法律规定债权确定的其他情形。

第二百零七条 最高额抵押权除适用本节规定外，适用本章第一节一般抵押权的规定。

第十七章　质　权

第一节　动产质权

第二百零八条 为担保债务的履行，债务人或者第三人将其动产出质给债权人占有的，债务人不履行到期债务或者发生当事人约定的实现质权的情形，债权人有权就该动产优先受偿。

前款规定的债务人或者第三人为出质人，债权人为质权人，交付的动产为质押财产。

第二百零九条 法律、行政法规禁止转让的动产不得出质。

第二百一十条 设立质权，当事人应当采取书面形式订立质权合同。

质权合同一般包括下列条款：

（一）被担保债权的种类和数额；

（二）债务人履行债务的期限；

（三）质押财产的名称、数量、质量、状况；

（四）担保的范围；

（五）质押财产交付的时间。

第二百一十一条 质权人在债务履行期届满前，不得与出质人约定债务人不履行到期债务时质押财产归债权人所有。

第二百一十二条　质权自出质人交付质押财产时设立。

第二百一十三条　质权人有权收取质押财产的孳息，但合同另有约定的除外。

前款规定的孳息应当先充抵收取孳息的费用。

第二百一十四条　质权人在质权存续期间，未经出质人同意，擅自使用、处分质押财产，给出质人造成损害的，应当承担赔偿责任。

第二百一十五条　质权人负有妥善保管质押财产的义务；因保管不善致使质押财产毁损、灭失的，应当承担赔偿责任。

质权人的行为可能使质押财产毁损、灭失的，出质人可以要求质权人将质押财产提存，或者要求提前清偿债务并返还质押财产。

第二百一十六条　因不能归责于质权人的事由可能使质押财产毁损或者价值明显减少，足以危害质权人权利的，质权人有权要求出质人提供相应的担保；出质人不提供的，质权人可以拍卖、变卖质押财产，并与出质人通过协议将拍卖、变卖所得的价款提前清偿债务或者提存。

第二百一十七条　质权人在质权存续期间，未经出质人同意转质，造成质押财产毁损、灭失的，应当向出质人承担赔偿责任。

第二百一十八条　质权人可以放弃质权。债务人以自己的财产出质，质权人放弃该质权的，其他担保人在质权人丧失优先受偿权益的范围内免除担保责任，但其他担保人承诺仍然提供担保的除外。

第二百一十九条　债务人履行债务或者出质人提前清偿所担保的债权的，质权人应当返还质押财产。

债务人不履行到期债务或者发生当事人约定的实现质权的情形，质权人可以与出质人协议以质押财产折价，也可以就拍卖、变卖质押财产所得的价款优先受偿。

质押财产折价或者变卖的，应当参照市场价格。

第二百二十条　出质人可以请求质权人在债务履行期届满后及时行使质权；质权人不行使的，出质人可以请求人民法院拍卖、变卖质押财产。

出质人请求质权人及时行使质权，因质权人怠于行使权利造成损害的，由质权人承担赔偿责任。

第二百二十一条　质押财产折价或者拍卖、变卖后，其价款超过债权数额的部分归出质人所有，不足部分由债务人清偿。

第二百二十二条　出质人与质权人可以协议设立最高额质权。

最高额质权除适用本节有关规定外，参照本法第十六章第二节最高额抵押权的规定。

第二节 权利质权

第二百二十三条 债务人或者第三人有权处分的下列权利可以出质：

（一）汇票、支票、本票；

（二）债券、存款单；

（三）仓单、提单；

（四）可以转让的基金份额、股权；

（五）可以转让的注册商标专用权、专利权、著作权等知识产权中的财产权；

（六）应收账款；

（七）法律、行政法规规定可以出质的其他财产权利。

第二百二十四条 以汇票、支票、本票、债券、存款单、仓单、提单出质的，当事人应当订立书面合同。质权自权利凭证交付质权人时设立；没有权利凭证的，质权自有关部门办理出质登记时设立。

第二百二十五条 汇票、支票、本票、债券、存款单、仓单、提单的兑现日期或者提货日期先于主债权到期的，质权人可以兑现或者提货，并与出质人协议将兑现的价款或者提取的货物提前清偿债务或者提存。

第二百二十六条 以基金份额、股权出质的，当事人应当订立书面合同。以基金份额、证券登记结算机构登记的股权出质的，质权自证券登记结算机构办理出质登记时设立；以其他股权出质的，质权自工商行政管理部门办理出质登记时设立。

基金份额、股权出质后，不得转让，但经出质人与质权人协商同意的除外。出质人转让基金份额、股权所得的价款，应当向质权人提前清偿债务或者提存。

第二百二十七条 以注册商标专用权、专利权、著作权等知识产权中的财产权出质的，当事人应当订立书面合同。质权自有关主管部门办理出质登记时设立。

知识产权中的财产权出质后，出质人不得转让或者许可他人使用，但经出质人与质权人协商同意的除外。出质人转让或者许可他人使用出质的知识产权中的财产权所得的价款，应当向质权人提前清偿债务或者提存。

第二百二十八条 以应收账款出质的，当事人应当订立书面合同。质权自信贷征信机构办理出质登记时设立。

应收账款出质后，不得转让，但经出质人与质权人协商同意的除外。出质人转让应收账款所得的价款，应当向质权人提前清偿债务或者提存。

第二百二十九条　权利质权除适用本节规定外，适用本章第一节动产质权的规定。

22. 中华人民共和国担保法

（1995 年 6 月 30 日第八届全国人民代表大会常务委员会第十四次会议通过，1995 年 6 月 30 日中华人民共和国主席令第五十号公布，自 1995 年 10 月 1 日起施行）

第一章 总 则

第一条 为促进资金融通和商品流通，保障债权的实现，发展社会主义市场经济，制定本法。

第二条 在借贷、买卖、货物运输、加工承揽等经济活动中，债权人需要以担保方式保障其债权实现的，可以依照本法规定设定担保。

本法规定的担保方式为保证、抵押、质押、留置和定金。

第三条 担保活动应当遵循平等、自愿、公平、诚实信用的原则。

第四条 第三人为债务人向债权人提供担保时，可以要求债务人提供反担保。

反担保适用本法担保的规定。

第五条 担保合同是主合同的从合同，主合同无效，担保合同无效。担保合同另有约定的，按照约定。

担保合同被确认无效后，债务人、担保人、债权人有过错的，应当根据其过错各自承担相应的民事责任。

第二章 保 证

第一节 保证和保证人

第六条 本法所称保证，是指保证人和债权人约定，当债务人不履行债务时，保证人按照约定履行债务或者承担责任的行为。

第七条 具有代为清偿债务能力的法人、其他组织或者公民，可以作保证人。

第八条　国家机关不得为保证人，但经国务院批准为使用外国政府或者国际经济组织贷款进行转贷的除外。

第九条　学校、幼儿园、医院等以公益为目的的事业单位、社会团体不得为保证人。

第十条　企业法人的分支机构、职能部门不得为保证人。

企业法人的分支机构有法人书面授权的，可以在授权范围内提供保证。

第十一条　任何单位和个人不得强令银行等金融机构或者企业为他人提供保证；银行等金融机构或者企业对强令其为他人提供保证的行为，有权拒绝。

第十二条　同一债务有两个以上保证人的，保证人应当按照保证合同约定的保证份额，承担保证责任。没有约定保证份额的，保证人承担连带责任，债权人可以要求任何一个保证人承担全部保证责任，保证人都负有担保全部债权实现的义务。已经承担保证责任的保证人，有权向债务人追偿，或者要求承担连带责任的其他保证人清偿其应当承担的份额。

第二节　保证合同和保证方式

第十三条　保证人与债权人应当以书面形式订立保证合同。

第十四条　保证人与债权人可以就单个主合同分别订立保证合同，也可以协议在最高债权额限度内就一定期间连续发生的借款合同或者某项商品交易合同订立一个保证合同。

第十五条　保证合同应当包括以下内容：

（一）被保证的主债权种类、数额；

（二）债务人履行债务的期限；

（三）保证的方式；

（四）保证担保的范围；

（五）保证的期间；

（六）双方认为需要约定的其他事项。

保证合同不完全具备前款规定内容的，可以补正。

第十六条　保证的方式有：

（一）一般保证；

（二）连带责任保证。

第十七条　当事人在保证合同中约定，债务人不能履行债务时，由保证人承担保证责任的，为一般保证。

一般保证的保证人在主合同纠纷未经审判或者仲裁，并就债务人财产依法强制执行仍不能履行债务前，对债权人可以拒绝承担保证责任。

有下列情形之一的，保证人不得行使前款规定的权利：

（一）债务人住所变更，致使债权人要求其履行债务发生重大困难的；

（二）人民法院受理债务人破产案件，中止执行程序的；

（三）保证人以书面形式放弃前款规定的权利的。

第十八条 当事人在保证合同中约定保证人与债务人对债务承担连带责任的，为连带责任保证。

连带责任保证的债务人在主合同规定的债务履行期届满没有履行债务的，债权人可以要求债务人履行债务，也可以要求保证人在其保证范围内承担保证责任。

第十九条 当事人对保证方式没有约定或者约定不明确的，按照连带责任保证承担保证责任。

第二十条 一般保证和连带责任保证的保证人享有债务人的抗辩权。债务人放弃对债务的抗辩权的，保证人仍有权抗辩。

抗辩权是指债权人行使债权时，债务人根据法定事由，对抗债权人行使请求权的权利。

第三节 保证责任

第二十一条 保证担保的范围包括主债权及利息、违约金、损害赔偿金和实现债权的费用。保证合同另有约定的，按照约定。

当事人对保证担保的范围没有约定或者约定不明确的，保证人应当对全部债务承担责任。

第二十二条 保证期间，债权人依法将主债权转让给第三人的，保证人在原保证担保的范围内继续承担保证责任。保证合同另有约定的，按照约定。

第二十三条 保证期间，债权人许可债务人转让债务的，应当取得保证人书面同意，保证人对未经其同意转让的债务，不再承担保证责任。

第二十四条 债权人与债务人协议变更主合同的，应当取得保证人书面同意，未经保证人书面同意的，保证人不再承担保证责任。保证合同另有约定的，按照约定。

第二十五条 一般保证的保证人与债权人未约定保证期间的，保证期间为主债务履行期届满之日起六个月。

在合同约定的保证期间和前款规定的保证期间，债权人未对债务人提起诉讼或者申请仲裁的，保证人免除保证责任；债权人已提起诉讼或者申请仲裁的，保证期间适用诉讼时效中断的规定。

第二十六条　连带责任保证的保证人与债权人未约定保证期间的，债权人有权自主债务履行期届满之日起六个月内要求保证人承担保证责任。

在合同约定的保证期间和前款规定的保证期间，债权人未要求保证人承担保证责任的，保证人免除保证责任。

第二十七条　保证人依照本法第十四条规定就连续发生的债权作保证，未约定保证期间的，保证人可以随时书面通知债权人终止保证合同，但保证人对于通知到债权人前所发生的债权，承担保证责任。

第二十八条　同一债权既有保证又有物的担保的，保证人对物的担保以外的债权承担保证责任。

债权人放弃物的担保的，保证人在债权人放弃权利的范围内免除保证责任。

第二十九条　企业法人的分支机构未经法人书面授权或者超出授权范围与债权人订立保证合同的，该合同无效或者超出授权范围的部分无效，债权人和企业法人有过错的，应当根据其过错各自承担相应的民事责任；债权人无过错的，由企业法人承担民事责任。

第三十条　有下列情形之一的，保证人不承担民事责任：

（一）主合同当事人双方串通，骗取保证人提供保证的；

（二）主合同债权人采取欺诈、胁迫等手段，使保证人在违背真实意思的情况下提供保证的。

第三十一条　保证人承担保证责任后，有权向债务人追偿。

第三十二条　人民法院受理债务人破产案件后，债权人未申报债权的，保证人可以参加破产财产分配，预先行使追偿权。

第三章　抵　押

第一节　抵押和抵押物

第三十三条　本法所称抵押，是指债务人或者第三人不转移对本法第三十四条所列财产的占有，将该财产作为债权的担保。债务人不履行债务时，债权人有权依照本法规定以该财产折价或者以拍卖、变卖该财产的价款优先受偿。

前款规定的债务人或者第三人为抵押人，债权人为抵押权人，提供担保的财产为抵押物。

第三十四条　下列财产可以抵押：

（一）抵押人所有的房屋和其他地上定着物；

（二）抵押人所有的机器、交通运输工具和其他财产；

（三）抵押人依法有权处分的国有的土地使用权、房屋和其他地上定着物；

（四）抵押人依法有权处分的国有的机器、交通运输工具和其他财产；

（五）抵押人依法承包并经发包方同意抵押的荒山、荒沟、荒丘、荒滩等荒地的土地使用权；

（六）依法可以抵押的其他财产。

抵押人可以将前款所列财产一并抵押。

第三十五条 抵押人所担保的债权不得超出其抵押物的价值。

财产抵押后，该财产的价值大于所担保债权的余额部分，可以再次抵押，但不得超出其余额部分。

第三十六条 以依法取得的国有土地上的房屋抵押的，该房屋占用范围内的国有土地使用权同时抵押。

以出让方式取得的国有土地使用权抵押的，应当将抵押时该国有土地上的房屋同时抵押。

乡（镇）、村企业的土地使用权不得单独抵押。以乡（镇）、村企业的厂房等建筑物抵押的，其占用范围内的土地使用权同时抵押。

第三十七条 下列财产不得抵押：

（一）土地所有权；

（二）耕地、宅基地、自留地、自留山等集体所有的土地使用权，但本法第三十四条第（五）项、第三十六条第三款规定的除外；

（三）学校、幼儿园、医院等以公益为目的的事业单位、社会团体的教育设施、医疗卫生设施和其他社会公益设施；

（四）所有权、使用权不明或者有争议的财产；

（五）依法被查封、扣押、监管的财产；

（六）依法不得抵押的其他财产。

第二节 抵押合同和抵押物登记

第三十八条 抵押人和抵押权人应当以书面形式订立抵押合同。

第三十九条 抵押合同应当包括以下内容：

（一）被担保的主债权种类、数额；

（二）债务人履行债务的期限；

（三）抵押物的名称、数量、质量、状况、所在地、所有权权属或者使用权权属；

（四）抵押担保的范围；

（五）当事人认为需要约定的其他事项。

抵押合同不完全具备前款规定内容的，可以补正。

第四十条　订立抵押合同时，抵押权人和抵押人在合同中不得约定在债务履行期届满抵押权人未受清偿时，抵押物的所有权转移为债权人所有。

第四十一条　当事人以本法第四十二条规定的财产抵押的，应当办理抵押物登记，抵押合同自登记之日起生效。

第四十二条　办理抵押物登记的部门如下：

（一）以无地上定着物的土地使用权抵押的，为核发土地使用权证书的土地管理部门；

（二）以城市房地产或者乡（镇）、村企业的厂房等建筑物抵押的，为县级以上地方人民政府规定的部门；

（三）以林木抵押的，为县级以上林木主管部门；

（四）以航空器、船舶、车辆抵押的，为运输工具的登记部门；

（五）以企业的设备和其他动产抵押的，为财产所在地的工商行政管理部门。

第四十三条　当事人以其他财产抵押的，可以自愿办理抵押物登记，抵押合同自签订之日起生效。

当事人未办理抵押物登记的，不得对抗第三人。当事人办理抵押物登记的，登记部门为抵押人所在地的公证部门。

第四十四条　办理抵押物登记，应当向登记部门提供下列文件或者其复印件：

（一）主合同和抵押合同；

（二）抵押物的所有权或者使用权证书。

第四十五条　登记部门登记的资料，应当允许查阅、抄录或者复印。

第三节　抵押的效力

第四十六条　抵押担保的范围包括主债权及利息、违约金、损害赔偿金和实现抵押权的费用。抵押合同另有约定的，按照约定。

第四十七条　债务履行期届满，债务人不履行债务致使抵押物被人民法院依法扣押的，自扣押之日起抵押权人有权收取由抵押物分离的天然孳息以及抵押人就抵押物可以收取的法定孳息。抵押权人未将扣押抵押物的事实通知应当清偿法定孳息的义务人的，抵押权的效力不及于该孳息。

前款孳息应当先充抵收取孳息的费用。

第四十八条 抵押人将已出租的财产抵押的，应当书面告知承租人，原租赁合同继续有效。

第四十九条 抵押期间，抵押人转让已办理登记的抵押物的，应当通知抵押权人并告知受让人转让物已经抵押的情况；抵押人未通知抵押权人或者未告知受让人的，转让行为无效。

转让抵押物的价款明显低于其价值的，抵押权人可以要求抵押人提供相应的担保；抵押人不提供的，不得转让抵押物。

抵押人转让抵押物所得的价款，应当向抵押权人提前清偿所担保的债权或者向与抵押权人约定的第三人提存。超过债权数额的部分，归抵押人所有，不足部分由债务人清偿。

第五十条 抵押权不得与债权分离而单独转让或者作为其他债权的担保。

第五十一条 抵押人的行为足以使抵押物价值减少的，抵押权人有权要求抵押人停止其行为。抵押物价值减少时，抵押权人有权要求抵押人恢复抵押物的价值，或者提供与减少的价值相当的担保。

抵押人对抵押物价值减少无过错的，抵押权人只能在抵押人因损害而得到的赔偿范围内要求提供担保。抵押物价值未减少的部分，仍作为债权的担保。

第五十二条 抵押权与其担保的债权同时存在，债权消灭的，抵押权也消灭。

第四节　抵押权的实现

第五十三条 债务履行期届满抵押权人未受清偿的，可以与抵押人协议以抵押物折价或者以拍卖、变卖该抵押物所得的价款受偿；协议不成的，抵押权人可以向人民法院提起诉讼。

抵押物折价或者拍卖、变卖后，其价款超过债权数额的部分归抵押人所有，不足部分由债务人清偿。

第五十四条 同一财产向两个以上债权人抵押的，拍卖、变卖抵押物所得的价款按照以下规定清偿：

（一）抵押合同以登记生效的，按照抵押物登记的先后顺序清偿；顺序相同的，按照债权比例清偿；

（二）抵押合同自签订之日起生效的，该抵押物已登记的，按照本条第（一）项规定清偿；未登记的，按照合同生效时间的先后顺序清偿，顺序相同的，按照债权比例清偿。抵押物已登记的先于未登记的受偿。

第五十五条 城市房地产抵押合同签订后，土地上新增的房屋不属于抵押物。需要拍卖该抵押的房地产时，可以依法将该土地上新增的房屋与抵押物一同拍卖，但对拍卖新增房屋所得，抵押权人无权优先受偿。

依照本法规定以承包的荒地的土地使用权抵押的，或者以乡（镇）、村企业的厂房等建筑物占用范围内的土地使用权抵押的，在实现抵押权后，未经法定程序不得改变土地集体所有和土地用途。

第五十六条 拍卖划拨的国有土地使用权所得的价款，在依法缴纳相当于应缴纳的土地使用权出让金的款额后，抵押权人有优先受偿权。

第五十七条 为债务人抵押担保的第三人，在抵押权人实现抵押权后，有权向债务人追偿。

第五十八条 抵押权因抵押物灭失而消灭。因灭失所得的赔偿金，应当作为抵押财产。

第五节 最高额抵押

第五十九条 本法所称最高额抵押，是指抵押人与抵押权人协议，在最高债权额限度内，以抵押物对一定期间内连续发生的债权作担保。

第六十条 借款合同可以附最高额抵押合同。

债权人与债务人就某项商品在一定期间内连续发生交易而签订的合同，可以附最高额抵押合同。

第六十一条 最高额抵押的主合同债权不得转让。

第六十二条 最高额抵押除适用本节规定外，适用本章其他规定。

第四章 质 押

第一节 动产质押

第六十三条 本法所称动产质押，是指债务人或者第三人将其动产移交债权人占有，将该动产作为债权的担保。债务人不履行债务时，债权人有权依照本法规定以该动产折价或者以拍卖、变卖该动产的价款优先受偿。

前款规定的债务人或者第三人为出质人，债权人为质权人，移交的动产为质物。

第六十四条 出质人和质权人应当以书面形式订立质押合同。

质押合同自质物移交于质权人占有时生效。

第六十五条 质押合同应当包括以下内容：

（一）被担保的主债权种类、数额；

（二）债务人履行债务的期限；

（三）质物的名称、数量、质量、状况；

（四）质押担保的范围；

（五）质物移交的时间；

（六）当事人认为需要约定的其他事项。

质押合同不完全具备前款规定内容的，可以补正。

第六十六条 出质人和质权人在合同中不得约定在债务履行期届满质权人未受清偿时，质物的所有权转移为质权人所有。

第六十七条 质押担保的范围包括主债权及利息、违约金、损害赔偿金、质物保管费用和实现质权的费用。质押合同另有约定的，按照约定。

第六十八条 质权人有权收取质物所生的孳息。质押合同另有约定的，按照约定。

前款孳息应当先充抵收取孳息的费用。

第六十九条 质权人负有妥善保管质物的义务。因保管不善致使质物灭失或者毁损的，质权人应当承担民事责任。

质权人不能妥善保管质物可能致使其灭失或者毁损的，出质人可以要求质权人将质物提存，或者要求提前清偿债权而返还质物。

第七十条 质物有损坏或者价值明显减少的可能，足以危害质权人权利的，质权人可以要求出质人提供相应的担保。出质人不提供的，质权人可以拍卖或者变卖质物，并与出质人协议将拍卖或者变卖所得的价款用于提前清偿所担保的债权或者向与出质人约定的第三人提存。

第七十一条 债务履行期届满债务人履行债务的，或者出质人提前清偿所担保的债权的，质权人应当返还质物。

债务履行期届满质权人未受清偿的，可以与出质人协议以质物折价，也可以依法拍卖、变卖质物。

质物折价或者拍卖、变卖后，其价款超过债权数额的部分归出质人所有，不足部分由债务人清偿。

第七十二条 为债务人质押担保的第三人，在质权人实现质权后，有权向债务人追偿。

第七十三条 质权因质物灭失而消灭。因灭失所得的赔偿金，应当作为出质财产。

第七十四条 质权与其担保的债权同时存在，债权消灭的，质权也消灭。

第二节 权利质押

第七十五条 下列权利可以质押：

（一）汇票、支票、本票、债券、存款单、仓单、提单；

（二）依法可以转让的股份、股票；

（三）依法可以转让的商标专用权，专利权、著作权中的财产权；

（四）依法可以质押的其他权利。

第七十六条 以汇票、支票、本票、债券、存款单、仓单、提单出质的，应当在合同约定的期限内将权利凭证交付质权人。质押合同自权利凭证交付之日起生效。

第七十七条 以载明兑现或者提货日期的汇票、支票、本票、债券、存款单、仓单、提单出质的，汇票、支票、本票、债券、存款单、仓单、提单兑现或者提货日期先于债务履行期的，质权人可以在债务履行期届满前兑现或者提货，并与出质人协议将兑现的价款或者提取的货物用于提前清偿所担保的债权或者向与出质人约定的第三人提存。

第七十八条 以依法可以转让的股票出质的，出质人与质权人应当订立书面合同，并向证券登记机构办理出质登记。质押合同自登记之日起生效。

股票出质后，不得转让，但经出质人与质权人协商同意的可以转让。出质人转让股票所得的价款应当向质权人提前清偿所担保的债权或者向与质权人约定的第三人提存。

以有限责任公司的股份出质的，适用公司法股份转让的有关规定。质押合同自股份出质记载于股东名册之日起生效。

第七十九条 以依法可以转让的商标专用权，专利权、著作权中的财产权出质的，出质人与质权人应当订立书面合同，并向其管理部门办理出质登记。质押合同自登记之日起生效。

第八十条 本法第七十九条规定的权利出质后，出质人不得转让或者许可他人使用，但经出质人与质权人协商同意的可以转让或者许可他人使用。出质人所得的转让费、许可费应当向质权人提前清偿所担保的债权或者向与质权人约定的第三人提存。

第八十一条 权利质押除适用本节规定外，适用本章第一节的规定。

第五章 留 置

第八十二条 本法所称留置，是指依照本法第八十四条的规定，债权人按照合同约定占有债务人的动产，债务人不按照合同约定的期限履行债务的，债权人有权依照本法规定留置该财产，以该财产折价或者以拍卖、变卖该财产的价款优先受偿。

第八十三条 留置担保的范围包括主债权及利息、违约金、损害赔偿金、留置物保管费用和实现留置权的费用。

第八十四条 因保管合同、运输合同、加工承揽合同发生的债权，债务人不履行债务的，债权人有留置权。

法律规定可以留置的其他合同，适用前款规定。

当事人可以在合同中约定不得留置的物。

第八十五条 留置的财产为可分物的，留置物的价值应当相当于债务的金额。

第八十六条 留置权人负有妥善保管留置物的义务。因保管不善致使留置物灭失或者毁损的，留置权人应当承担民事责任。

第八十七条 债权人与债务人应当在合同中约定，债权人留置财产后，债务人应当在不少于两个月的期限内履行债务。债权人与债务人在合同中未约定的，债权人留置债务人财产后，应当确定两个月以上的期限，通知债务人在该期限内履行债务。

债务人逾期仍不履行的，债权人可以与债务人协议以留置物折价，也可以依法拍卖、变卖留置物。

留置物折价或者拍卖、变卖后，其价款超过债权数额的部分归债务人所有，不足部分由债务人清偿。

第八十八条 留置权因下列原因消灭：

（一）债权消灭的；

（二）债务人另行提供担保并被债权人接受的。

第六章 定 金

第八十九条 当事人可以约定一方向对方给付定金作为债权的担保。债务人履行债务后，定金应当抵作价款或者收回。给付定金的一方不履行约定的债务的，无权要求返还定金；收受定金的一方不履行约定的债务的，应当双倍返还定金。

第九十条 定金应当以书面形式约定。当事人在定金合同中应当约定交付定金的期限。定金合同从实际交付定金之日起生效。

第九十一条 定金的数额由当事人约定，但不得超过主合同标的额的百分之二十。

第七章　附　则

第九十二条　本法所称不动产是指土地以及房屋、林木等地上定着物。

本法所称动产是指不动产以外的物。

第九十三条　本法所称保证合同、抵押合同、质押合同、定金合同可以是单独订立的书面合同，包括当事人之间的具有担保性质的信函、传真等，也可以是主合同中的担保条款。

第九十四条　抵押物、质物、留置物折价或者变卖，应当参照市场价格。

第九十五条　海商法等法律对担保有特别规定的，依照其规定。

第九十六条　本法自 1995 年 10 月 1 日起施行。

23. 最高人民法院关于适用《中华人民共和国担保法》若干问题的解释

（2000 年 9 月 29 日由最高人民法院审判委员会第 1133 次会议通过，2000 年 12 月 13 日起施行）

为了正确适用《中华人民共和国担保法》（以下简称担保法），结合审判实践经验，对人民法院审理担保纠纷案件适用法律问题作出如下解释。

一、关于总则部分的解释

第一条 当事人对由民事关系产生的债权，在不违反法律、法规强制性规定的情况下，以担保法规定的方式设定担保的，可以认定为有效。

第二条 反担保人可以是债务人，也可以是债务人之外的其他人。

反担保方式可以是债务人提供的抵押或者质押，也可以是其他人提供的保证、抵押或者质押。

第三条 国家机关和以公益为目的的事业单位、社会团体违反法律规定提供担保的，担保合同无效。因此给债权人造成损失的，应当根据担保法第五条第二款的规定处理。

第四条 董事、经理违反《中华人民共和国公司法》第六十条的规定，以公司资产为本公司的股东或者其他个人债务提供担保的，担保合同无效。除债权人知道或者应当知道的外，债务人、担保人应当对债权人的损失承担连带赔偿责任。

第五条 以法律、法规禁止流通的财产或者不可转让的财产设定担保的，担保合同无效。

以法律、法规限制流通的财产设定担保的，在实现债权时，人民法院应当按照有关法律、法规的规定对该财产进行处理。

第六条 有下列情形之一的，对外担保合同无效：

（一）未经国家有关主管部门批准或者登记对外担保的；

（二）未经国家有关主管部门批准或者登记，为境外机构向境内债权人提供担保的；

（三）为外商投资企业注册资本、外商投资企业中的外方投资部分的对外债务提供担保的；

（四）无权经营外汇担保业务的金融机构、无外汇收入的非金融性质的企业法人提供外汇担保的；

（五）主合同变更或者债权人将对外担保合同项下的权利转让，未经担保人同意和国家有关主管部门批准的，担保人不再承担担保责任。但法律、法规另有规定的除外。

第七条　主合同有效而担保合同无效，债权人无过错的，担保人与债务人对主合同债权人的经济损失，承担连带赔偿责任；债权人、担保人有过错的，担保人承担民事责任的部分，不应超过债务人不能清偿部分的二分之一。

第八条　主合同无效而导致担保合同无效，担保人无过错的，担保人不承担民事责任；担保人有过错的，担保人承担民事责任的部分，不应超过债务人不能清偿部分的三分之一。

第九条　担保人因无效担保合同向债权人承担赔偿责任后，可以向债务人追偿，或者在承担赔偿责任的范围内，要求有过错的反担保人承担赔偿责任。

担保人可以根据承担赔偿责任的事实对债务人或者反担保人另行提起诉讼。

第十条　主合同解除后，担保人对债务人应当承担的民事责任仍应承担担保责任。但是，担保合同另有约定的除外。

第十一条　法人或者其他组织的法定代表人、负责人超越权限订立的担保合同，除相对人知道或者应当知道其超越权限的以外，该代表行为有效。

第十二条　当事人约定的或者登记部门要求登记的担保期间，对担保物权的存续不具有法律约束力。

担保物权所担保的债权的诉讼时效结束后，担保权人在诉讼时效结束后的二年内行使担保物权的，人民法院应当予以支持。

二、关于保证部分的解释

第十三条　保证合同中约定保证人代为履行非金钱债务的，如果保证人不能实际代为履行，对债权人因此造成的损失，保证人应当承担赔偿责任。

第十四条　不具有完全代偿能力的法人、其他组织或者自然人，以保证人身份订立保证合同后，又以自己没有代偿能力要求免除保证责任的，人民法院不予支持。

第十五条 担保法第七条规定的其他组织主要包括：

（一）依法登记领取营业执照的独资企业、合伙企业；

（二）依法登记领取营业执照的联营企业；

（三）依法登记领取营业执照的中外合作经营企业；

（四）经民政部门核准登记的社会团体；

（五）经核准登记领取营业执照的乡镇、街道、村办企业。

第十六条 从事经营活动的事业单位、社会团体为保证人的，如无其他导致保证合同无效的情况，其所签订的保证合同应当认定为有效。

第十七条 企业法人的分支机构未经法人书面授权提供保证的，保证合同无效。因此给债权人造成损失的，应当根据担保法第五条第二款的规定处理。

企业法人的分支机构经法人书面授权提供保证的，如果法人的书面授权范围不明，法人的分支机构应当对保证合同约定的全部债务承担保证责任。

企业法人的分支机构经营管理的财产不足以承担保证责任的，由企业法人承担民事责任。

企业法人的分支机构提供的保证无效后应当承担赔偿责任的，由分支机构经营管理的财产承担。企业法人有过错的，按照担保法第二十九条的规定处理。

第十八条 企业法人的职能部门提供保证的，保证合同无效。债权人知道或者应当知道保证人为企业法人的职能部门的，因此造成的损失由债权人自行承担。

债权人不知保证人为企业法人的职能部门，因此造成的损失，可以参照担保法第五条第二款的规定和第二十九条的规定处理。

第十九条 两个以上保证人对同一债务同时或者分别提供保证时，各保证人与债权人没有约定保证份额的，应当认定为连带共同保证。

连带共同保证的保证人以其相互之间约定各自承担的份额对抗债权人的，人民法院不予支持。

第二十条 连带共同保证的债务人在主合同规定的债务履行期届满没有履行债务的，债权人可以要求债务人履行债务，也可以要求任何一个保证人承担全部保证责任。

连带共同保证的保证人承担保证责任后，向债务人不能追偿的部分，由各连带保证人按其内部约定的比例分担。没有约定的，平均分担。

第二十一条 按份共同保证的保证人按照保证合同约定的保证份额承担保证责任后，在其履行保证责任的范围内对债务人行使追偿权。

第二十二条 第三人单方以书面形式向债权人出具担保书，债权人接受且未提出异议的，保证合同成立。

主合同中虽然没有保证条款，但是，保证人在主合同上以保证人的身份签字或者盖章的，保证合同成立。

第二十三条　最高额保证合同的不特定债权确定后，保证人应当对在最高债权额限度内就一定期间连续发生的债权余额承担保证责任。

第二十四条　一般保证的保证人在主债权履行期间届满后，向债权人提供了债务人可供执行财产的真实情况的，债权人放弃或者怠于行使权利致使该财产不能被执行，保证人可以请求人民法院在其提供可供执行财产的实际价值范围内免除保证责任。

第二十五条　担保法第十七条第三款第（一）项规定的债权人要求债务人履行债务发生的重大困难情形，包括债务人下落不明、移居境外，且无财产可供执行。

第二十六条　第三人向债权人保证监督支付专款专用的，在履行了监督支付专款专用的义务后，不再承担责任。未尽监督义务造成资金流失的，应当对流失的资金承担补充赔偿责任。

第二十七条　保证人对债务人的注册资金提供保证的，债务人的实际投资与注册资金不符，或者抽逃转移注册资金的，保证人在注册资金不足或者抽逃转移注册资金的范围内承担连带保证责任。

第二十八条　保证期间，债权人依法将主债权转让给第三人的，保证债权同时转让，保证人在原保证担保的范围内对受让人承担保证责任。但是保证人与债权人事先约定仅对特定的债权人承担保证责任或者禁止债权转让的，保证人不再承担保证责任。

第二十九条　保证期间，债权人许可债务人转让部分债务未经保证人书面同意的，保证人对未经其同意转让部分的债务，不再承担保证责任。但是，保证人仍应当对未转让部分的债务承担保证责任。

第三十条　保证期间，债权人与债务人对主合同数量、价款、币种、利率等内容作了变动，未经保证人同意的，如果减轻债务人的债务的，保证人仍应当对变更后的合同承担保证责任；如果加重债务人的债务的，保证人对加重的部分不承担保证责任。

债权人与债务人对主合同履行期限作了变动，未经保证人书面同意的，保证期间为原合同约定的或者法律规定的期间。

债权人与债务人协议变动主合同内容，但并未实际履行的，保证人仍应当承担保证责任。

第三十一条 保证期间不因任何事由发生中断、中止、延长的法律后果。

第三十二条 保证合同约定的保证期间早于或者等于主债务履行期限的，视为没有约定，保证期间为主债务履行期届满之日起六个月。

保证合同约定保证人承担保证责任直至主债务本息还清时为止等类似内容的，视为约定不明，保证期间为主债务履行期届满之日起二年。

第三十三条 主合同对主债务履行期限没有约定或者约定不明的，保证期间自债权人要求债务人履行义务的宽限期届满之日起计算。

第三十四条 一般保证的债权人在保证期间届满前对债务人提起诉讼或者申请仲裁的，从判决或者仲裁裁决生效之日起，开始计算保证合同的诉讼时效。

连带责任保证的债权人在保证期间届满前要求保证人承担保证责任的，从债权人要求保证人承担保证责任之日起，开始计算保证合同的诉讼时效。

第三十五条 保证人对已经超过诉讼时效期间的债务承担保证责任或者提供保证的，又以超过诉讼时效为由抗辩的，人民法院不予支持。

第三十六条 一般保证中，主债务诉讼时效中断，保证债务诉讼时效中断；连带责任保证中，主债务诉讼时效中断，保证债务诉讼时效不中断。

一般保证和连带责任保证中，主债务诉讼时效中止的，保证债务的诉讼时效同时中止。

第三十七条 最高额保证合同对保证期间没有约定或者约定不明的，如最高额保证合同约定有保证人清偿债务期限的，保证期间为清偿期限届满之日起六个月。没有约定债务清偿期限的，保证期间自最高额保证终止之日或自债权人收到保证人终止保证合同的书面通知到达之日起六个月。

第三十八条 同一债权既有保证又有第三人提供物的担保的，债权人可以请求保证人或者物的担保人承担担保责任。当事人对保证担保的范围或者物的担保的范围没有约定或者约定不明的，承担了担保责任的担保人，可以向债务人追偿，也可以要求其他担保人清偿其应当分担的份额。

同一债权既有保证又有物的担保的，物的担保合同被确认无效或者被撤销，或者担保物因不可抗力的原因灭失而没有代位物的，保证人仍应当按合同的约定或者法律的规定承担保证责任。

债权人在主合同履行期届满后怠于行使担保物权，致使担保物的价值减少或者毁损、灭失的，视为债权人放弃部分或者全部物的担保。保证人在债权人放弃权利的范围内减轻或者免除保证责任。

第三十九条 主合同当事人双方协议以新贷偿还旧贷，除保证人知道或者应当知道的外，保证人不承担民事责任。

新贷与旧贷系同一保证人的，不适用前款的规定。

第四十条 主合同债务人采取欺诈、胁迫等手段，使保证人在违背真实意思的情况下提供保证的，债权人知道或者应当知道欺诈、胁迫事实的，按照担保法第三十条的规定处理。

第四十一条 债务人与保证人共同欺骗债权人，订立主合同和保证合同的，债权人可以请求人民法院予以撤销。因此给债权人造成损失的，由保证人与债务人承担连带赔偿责任。

第四十二条 人民法院判决保证人承担保证责任或者赔偿责任的，应当在判决书主文中明确保证人享有担保法第三十一条规定的权利。判决书中未予明确追偿权的，保证人只能按照承担责任的事实，另行提起诉讼。

保证人对债务人行使追偿权的诉讼时效，自保证人向债权人承担责任之日起开始计算。

第四十三条 保证人自行履行保证责任时，其实际清偿额大于主债权范围的，保证人只能在主债权范围内对债务人行使追偿权。

第四十四条 保证期间，人民法院受理债务人破产案件的，债权人既可以向人民法院申报债权，也可以向保证人主张权利。

债权人申报债权后在破产程序中未受清偿的部分，保证人仍应当承担保证责任。债权人要求保证人承担保证责任的，应当在破产程序终结后六个月内提出。

第四十五条 债权人知道或者应当知道债务人破产，既未申报债权也未通知保证人，致使保证人不能预先行使追偿权的，保证人在该债权在破产程序中可能受偿的范围内免除保证责任。

第四十六条 人民法院受理债务人破产案件后，债权人未申报债权的，各连带共同保证的保证人应当作为一个主体申报债权，预先行使追偿权。

三、关于抵押部分的解释

第四十七条 以依法获准尚未建造的或者正在建造中的房屋或者其他建筑物抵押的，当事人办理了抵押物登记，人民法院可以认定抵押有效。

第四十八条 以法定程序确认为违法、违章的建筑物抵押的，抵押无效。

第四十九条 以尚未办理权属证书的财产抵押的，在第一审法庭辩论终结前能够提供权利证书或者补办登记手续的，可以认定抵押有效。

当事人未办理抵押物登记手续的，不得对抗第三人。

第五十条 以担保法第三十四条第一款所列财产一并抵押的，抵押财产的范围应当以登记的财产为准。抵押财产的价值在抵押权实现时予以确定。

第五十一条 抵押人所担保的债权超出其抵押物价值的，超出的部分不具有优先受偿的效力。

第五十二条 当事人以农作物和与其尚未分离的土地使用权同时抵押的，土地使用权部分的抵押无效。

第五十三条 学校、幼儿园、医院等以公益为目的的事业单位、社会团体，以其教育设施、医疗卫生设施和其他社会公益设施以外的财产为自身债务设定抵押的，人民法院可以认定抵押有效。

第五十四条 按份共有人以其共有财产中享有的份额设定抵押的，抵押有效。

共同共有人以其共有财产设定抵押，未经其他共有人的同意，抵押无效。但是，其他共有人知道或者应当知道而未提出异议的视为同意，抵押有效。

第五十五条 已经设定抵押的财产被采取查封、扣押等财产保全或者执行措施的，不影响抵押权的效力。

第五十六条 抵押合同对被担保的主债权种类、抵押财产没有约定或者约定不明，根据主合同和抵押合同不能补正或者无法推定的，抵押不成立。

法律规定登记生效的抵押合同签订后，抵押人违背诚实信用原则拒绝办理抵押登记致使债权人受到损失的，抵押人应当承担赔偿责任。

第五十七条 当事人在抵押合同中约定，债务履行期届满抵押权人未受清偿时，抵押物的所有权转移为债权人所有的内容无效。该内容的无效不影响抵押合同其他部分内容的效力。

债务履行期届满后抵押权人未受清偿时，抵押权人和抵押人可以协议以抵押物折价取得抵押物。但是，损害顺序在后的担保物权人和其他债权人利益的，人民法院可以适用合同法第七十四条、第七十五条的有关规定。

第五十八条 当事人同一天在不同的法定登记部门办理抵押物登记的，视为顺序相同。

因登记部门的原因致使抵押物进行连续登记的，抵押物第一次登记的日期，视为抵押登记的日期，并依此确定抵押权的顺序。

第五十九条 当事人办理抵押物登记手续时，因登记部门的原因致使其无法办理抵押物登记，抵押人向债权人交付权利凭证的，可以认定债权人对该财产有优先受偿权。但是，未办理抵押物登记的，不得对抗第三人。

第六十条 以担保法第四十二条第（二）项规定的不动产抵押的，县级以上地方人民政府对登记部门未作规定，当事人在土地管理部门或者房产管理部门办理了抵押物登记手续，人民法院可以确认其登记的效力。

第六十一条 抵押物登记记载的内容与抵押合同约定的内容不一致的，以登记记载的内容为准。

第六十二条 抵押物因附合、混合或者加工使抵押物的所有权为第三人所有的，抵押权的效力及于补偿金；抵押物所有人为附合物、混合物或者加工物的所有人的，抵押权的效力及于附合物、混合物或者加工物；第三人与抵押物所有人为附合物、混合物或者加工物的共有人的，抵押权的效力及于抵押人对共有物享有的份额。

第六十三条 抵押权设定前为抵押物的从物的，抵押权的效力及于抵押物的从物。但是，抵押物与其从物为两个以上的人分别所有时，抵押权的效力不及于抵押物的从物。

第六十四条 债务履行期届满，债务人不履行债务致使抵押物被人民法院依法扣押的，自扣押之日起抵押权人收取的由抵押物分离的天然孳息和法定孳息，按照下列顺序清偿：

（一）收取孳息的费用；

（二）主债权的利息；

（三）主债权。

第六十五条 抵押人将已出租的财产抵押的，抵押权实现后，租赁合同在有效期内对抵押物的受让人继续有效。

第六十六条 抵押人将已抵押的财产出租的，抵押权实现后，租赁合同对受让人不具有约束力。

抵押人将已抵押的财产出租时，如果抵押人未书面告知承租人该财产已抵押的，抵押人对出租抵押物造成承租人的损失承担赔偿责任；如果抵押人已书面告知承租人该财产已抵押的，抵押权实现造成承租人的损失，由承租人自己承担。

第六十七条 抵押权存续期间，抵押人转让抵押物未通知抵押权人或者未告知受让人的，如果抵押物已经登记的，抵押权人仍可以行使抵押权；取得抵押物所有权的受让人，可以代替债务人清偿其全部债务，使抵押权消灭。受让人清偿债务后可以向抵押人追偿。

如果抵押物未经登记的，抵押权不得对抗受让人，因此给抵押权人造成损失的，由抵押人承担赔偿责任。

第六十八条 抵押物依法被继承或者赠与的，抵押权不受影响。

第六十九条 债务人有多个普通债权人的，在清偿债务时，债务人与其中一个债权人恶意串通，将其全部或者部分财产抵押给该债权人，因此丧失了履行其他债务的能力，损害了其他债权人的合法权益，受损害的其他债权人可以请求人民法院撤销该抵押行为。

第七十条 抵押人的行为足以使抵押物价值减少的，抵押权人请求抵押人恢复原状或提供担保遭到拒绝时，抵押权人可以请求债务人履行债务，也可以请求提前行使抵押权。

第七十一条 主债权未受全部清偿的，抵押权人可以就抵押物的全部行使其抵押权。

抵押物被分割或者部分转让的，抵押权人可以就分割或者转让后的抵押物行使抵押权。

第七十二条 主债权被分割或者部分转让的，各债权人可以就其享有的债权份额行使抵押权。

主债务被分割或者部分转让的，抵押人仍以其抵押物担保数个债务人履行债务。但是，第三人提供抵押的，债权人许可债务人转让债务未经抵押人书面同意的，抵押人对未经其同意转让的债务，不再承担担保责任。

第七十三条 抵押物折价或者拍卖、变卖该抵押物的价款低于抵押权设定时约定价值的，应当按照抵押物实现的价值进行清偿。不足清偿的剩余部分，由债务人清偿。

第七十四条 抵押物折价或者拍卖、变卖所得的价款，当事人没有约定的，按下列顺序清偿：

（一）实现抵押权的费用；

（二）主债权的利息；

（三）主债权。

第七十五条 同一债权有两个以上抵押人的，债权人放弃债务人提供的抵押担保的，其他抵押人可以请求人民法院减轻或者免除其应当承担的担保责任。

同一债权有两个以上抵押人的，当事人对其提供的抵押财产所担保的债权份额或者顺序没有约定或者约定不明的，抵押权人可以就其中任一或者各个财产行使抵押权。

抵押人承担担保责任后，可以向债务人追偿，也可以要求其他抵押人清偿其应当承担的份额。

第七十六条 同一动产向两个以上债权人抵押的，当事人未办理抵押物登记，实现抵押权时，各抵押权人按照债权比例受偿。

第七十七条 同一财产向两个以上债权人抵押的，顺序在先的抵押权与该财产的所有权归属一人时，该财产的所有权人可以以其抵押权对抗顺序在后的抵押权。

第七十八条　同一财产向两个以上债权人抵押的，顺序在后的抵押权所担保的债权先到期的，抵押权人只能就抵押物价值超出顺序在先的抵押担保债权的部分受偿。

顺序在先的抵押权所担保的债权先到期的，抵押权实现后的剩余价款应予提存，留待清偿顺序在后的抵押担保债权。

第七十九条　同一财产法定登记的抵押权与质权并存时，抵押权人优先于质权人受偿。

同一财产抵押权与留置权并存时，留置权人优先于抵押权人受偿。

第八十条　在抵押物灭失、毁损或者被征用的情况下，抵押权人可以就该抵押物的保险金、赔偿金或者补偿金优先受偿。

抵押物灭失、毁损或者被征用的情况下，抵押权所担保的债权未届清偿期的，抵押权人可以请求人民法院对保险金、赔偿金或补偿金等采取保全措施。

第八十一条　最高额抵押权所担保的债权范围，不包括抵押物因财产保全或者执行程序被查封后或债务人、抵押人破产后发生的债权。

第八十二条　当事人对最高额抵押合同的最高限额、最高额抵押期间进行变更，以其变更对抗顺序在后的抵押权人的，人民法院不予支持。

第八十三条　最高额抵押权所担保的不特定债权，在特定后，债权已届清偿期的，最高额抵押权人可以根据普通抵押权的规定行使其抵押权。

抵押权人实现最高额抵押权时，如果实际发生的债权余额高于最高限额的，以最高限额为限，超过部分不具有优先受偿的效力；如果实际发生的债权余额低于最高限额的，以实际发生的债权余额为限对抵押物优先受偿。

四、关于质押部分的解释

（一）动产质押

第八十四条　出质人以其不具有所有权但合法占有的动产出质的，不知出质人无处分权的质权人行使质权后，因此给动产所有人造成损失的，由出质人承担赔偿责任。

第八十五条　债务人或者第三人将其金钱以特户、封金、保证金等形式特定化后，移交债权人占有作为债权的担保，债务人不履行债务时，债权人可以以该金钱优先受偿。

第八十六条　债务人或者第三人未按质押合同约定的时间移交质物的，因此给质权人造成损失的，出质人应当根据其过错承担赔偿责任。

第八十七条 出质人代质权人占有质物的，质押合同不生效；质权人将质物返还于出质人后，以其质权对抗第三人的，人民法院不予支持。

因不可归责于质权人的事由而丧失对质物的占有，质权人可以向不当占有人请求停止侵害、恢复原状、返还质物。

第八十八条 出质人以间接占有的财产出质的，质押合同自书面通知送达占有人时视为移交。占有人收到出质通知后，仍接受出质人的指示处分出质财产的，该行为无效。

第八十九条 质押合同中对质押的财产约定不明，或者约定的出质财产与实际移交的财产不一致的，以实际交付占有的财产为准。

第九十条 质物有隐蔽瑕疵造成质权人其他财产损害的，应由出质人承担赔偿责任。但是，质权人在质物移交时明知质物有瑕疵而予以接受的除外。

第九十一条 动产质权的效力及于质物的从物。但是，从物未随同质物移交质权人占有的，质权的效力不及于从物。

第九十二条 按照担保法第六十九条的规定将质物提存的，质物提存费用由质权人负担；出质人提前清偿债权的，应当扣除未到期部分的利息。

第九十三条 质权人在质权存续期间，未经出质人同意，擅自使用、出租、处分质物，因此给出质人造成损失的，由质权人承担赔偿责任。

第九十四条 质权人在质权存续期间，为担保自己的债务，经出质人同意，以其所占有的质物为第三人设定质权的，应当在原质权所担保的债权范围之内，超过的部分不具有优先受偿的效力。转质权的效力优于原质权。

质权人在质权存续期间，未经出质人同意，为担保自己的债务，在其所占有的质物上为第三人设定质权的无效。质权人对因转质而发生的损害承担赔偿责任。

第九十五条 债务履行期届满质权人未受清偿的，质权人可以继续留置质物，并以质物的全部行使权利。出质人清偿所担保的债权后，质权人应当返还质物。

债务履行期届满，出质人请求质权人及时行使权利，而质权人怠于行使权利致使质物价格下跌的，由此造成的损失，质权人应当承担赔偿责任。

第九十六条 本解释第五十七条、第六十二条、第六十四条、第七十一条、第七十二条、第七十三条、第七十四条、第八十条之规定，适用于动产质押。

（二）权利质押

第九十七条 以公路桥梁、公路隧道或者公路渡口等不动产收益权出质的，按照担保法第七十五条第（四）项的规定处理。

第九十八条 以汇票、支票、本票出质，出质人与质权人没有背书记载"质押"字样，以票据出质对抗善意第三人的，人民法院不予支持。

第九十九条 以公司债券出质的，出质人与质权人没有背书记载"质押"字样，以债券出质对抗公司和第三人的，人民法院不予支持。

第一百条 以存款单出质的，签发银行核押后又受理挂失并造成存款流失的，应当承担民事责任。

第一百零一条 以票据、债券、存款单、仓单、提单出质的，质权人再转让或者质押的无效。

第一百零二条 以载明兑现或者提货日期的汇票、支票、本票、债券、存款单、仓单、提单出质的，其兑现或者提货日期后于债务履行期的，质权人只能在兑现或者提货日期届满时兑现款项或者提取货物。

第一百零三条 以股份有限公司的股份出质的，适用《中华人民共和国公司法》有关股份转让的规定。

以上市公司的股份出质的，质押合同自股份出质向证券登记机构办理出质登记之日起生效。

以非上市公司的股份出质的，质押合同自股份出质记载于股东名册之日起生效。

第一百零四条 以依法可以转让的股份、股票出质的，质权的效力及于股份、股票的法定孳息。

第一百零五条 以依法可以转让的商标专用权，专利权、著作权中的财产权出质的，出质人未经质权人同意而转让或者许可他人使用已出质权利的，应当认定为无效。因此给质权人或者第三人造成损失的，由出质人承担民事责任。

第一百零六条 质权人向出质人、出质债权的债务人行使质权时，出质人、出质债权的债务人拒绝的，质权人可以起诉出质人和出质债权的债务人，也可以单独起诉出质债权的债务人。

五、关于留置部分的解释

第一百零七条 当事人在合同中约定排除留置权，债务履行期届满，债权人行使留置权的，人民法院不予支持。

第一百零八条 债权人合法占有债务人交付的动产时，不知债务人无处分该动产的权利，债权人可以按照担保法第八十二条的规定行使留置权。

第一百零九条 债权人的债权已届清偿期，债权人对动产的占有与其债权的发生有牵连关系，债权人可以留置其所占有的动产。

第一百一十条　留置权人在债权未受全部清偿前，留置物为不可分物的，留置权人可以就其留置物的全部行使留置权。

第一百一十一条　债权人行使留置权与其承担的义务或者合同的特殊约定相抵触的，人民法院不予支持。

第一百一十二条　债权人的债权未届清偿期，其交付占有标的物的义务已届履行期的，不能行使留置权。但是，债权人能够证明债务人无支付能力的除外。

第一百一十三条　债权人未按担保法第八十七条规定的期限通知债务人履行义务，直接变价处分留置物的，应当对此造成的损失承担赔偿责任。债权人与债务人按照担保法第八十七条的规定在合同中约定宽限期的，债权人可以不经通知，直接行使留置权。

第一百一十四条　本解释第六十四条、第八十条、第八十七条、第九十一条、第九十三条的规定，适用于留置。

六、关于定金部分的解释

第一百一十五条　当事人约定以交付定金作为订立主合同担保的，给付定金的一方拒绝订立主合同的，无权要求返还定金；收受定金的一方拒绝订立合同的，应当双倍返还定金。

第一百一十六条　当事人约定以交付定金作为主合同成立或者生效要件的，给付定金的一方未支付定金，但主合同已经履行或者已经履行主要部分的，不影响主合同的成立或者生效。

第一百一十七条　定金交付后，交付定金的一方可以按照合同的约定以丧失定金为代价而解除主合同，收受定金的一方可以双倍返还定金为代价而解除主合同。对解除主合同后责任的处理，适用《中华人民共和国合同法》的规定。

第一百一十八条　当事人交付留置金、担保金、保证金、订约金、押金或者订金等，但没有约定定金性质的，当事人主张定金权利的，人民法院不予支持。

第一百一十九条　实际交付的定金数额多于或者少于约定数额，视为变更定金合同；收受定金一方提出异议并拒绝接受定金的，定金合同不生效。

第一百二十条　因当事人一方迟延履行或者其他违约行为，致使合同目的不能实现，可以适用定金罚则。但法律另有规定或者当事人另有约定的除外。

当事人一方不完全履行合同的，应当按照未履行部分所占合同约定内容的比例，适用定金罚则。

第一百二十一条 当事人约定的定金数额超过主合同标的额百分之二十的，超过的部分，人民法院不予支持。

第一百二十二条 因不可抗力、意外事件致使主合同不能履行的，不适用定金罚则。因合同关系以外第三人的过错，致使主合同不能履行的，适用定金罚则。受定金处罚的一方当事人，可以依法向第三人追偿。

七、关于其他问题的解释

第一百二十三条 同一债权上数个担保物权并存时，债权人放弃债务人提供的物的担保的，其他担保人在其放弃权利的范围内减轻或者免除担保责任。

第一百二十四条 企业法人的分支机构为他人提供保证的，人民法院在审理保证纠纷案件中可以将该企业法人作为共同被告参加诉讼。但是商业银行、保险公司的分支机构提供保证的除外。

第一百二十五条 一般保证的债权人向债务人和保证人一并提起诉讼的，人民法院可以将债务人和保证人列为共同被告参加诉讼。但是，应当在判决书中明确在对债务人财产依法强制执行后仍不能履行债务时，由保证人承担保证责任。

第一百二十六条 连带责任保证的债权人可以将债务人或者保证人作为被告提起诉讼，也可以将债务人和保证人作为共同被告提起诉讼。

第一百二十七条 债务人对债权人提起诉讼，债权人提起反诉的，保证人可以作为第三人参加诉讼。

第一百二十八条 债权人向人民法院请求行使担保物权时，债务人和担保人应当作为共同被告参加诉讼。

同一债权既有保证又有物的担保的，当事人发生纠纷提起诉讼的，债务人与保证人、抵押人或者出质人可以作为共同被告参加诉讼。

第一百二十九条 主合同和担保合同发生纠纷提起诉讼的，应当根据主合同确定案件管辖。担保人承担连带责任的担保合同发生纠纷，债权人向担保人主张权利的，应当由担保人住所地的法院管辖。

主合同和担保合同选择管辖的法院不一致的，应当根据主合同确定案件管辖。

第一百三十条 在主合同纠纷案件中，对担保合同未经审判，人民法院不应当依据对主合同当事人所作出的判决或者裁定，直接执行担保人的财产。

第一百三十一条 本解释所称"不能清偿"指对债务人的存款、现金、有价证券、成品、半成品、原材料、交通工具等可以执行的动产和其他方便执行的财产执行完毕后，债务仍未能得到清偿的状态。

第一百三十二条 在案件审理或者执行程序中，当事人提供财产担保的，人民法院应当对该财产的权属证书予以扣押，同时向有关部门发出协助执行通知书，要求其在规定的时间内不予办理担保财产的转移手续。

第一百三十三条 担保法施行以前发生的担保行为，适用担保行为发生时的法律法规和有关司法解释。

担保法施行以后因担保行为发生的纠纷案件，在本解释公布施行前已经终审，当事人申请再审或者按审判监督程序决定再审的，不适用本解释。

担保法施行以后因担保行为发生的纠纷案件，在本解释公布施行后尚在一审或二审阶段的，适用担保法和本解释。

第一百三十四条 最高人民法院在担保法施行以前作出的有关担保问题的司法解释，与担保法和本解释相抵触的，不再适用。

24. 国务院办公厅关于依法惩处非法集资 有关问题的通知

（2007 年 7 月 25 日发布）

各省、自治区、直辖市人民政府，国务院各部委、各直属机构：

近年来，非法集资在我国许多地区重新抬头，并向多领域和职业化发展。2006 年，全国公安机关立案侦查的非法集资案件 1999 起，涉案总价值 296 亿元。2007 年 1 至 3 月，仅非法吸收公众存款、集资诈骗两类案件就立案 342 起，涉案总价值 59.8 亿元，分别较去年同期上升 101.2% 和 482.3%。若不采取切实有效措施予以治理整顿，势必造成更大的社会危害。为了维护正常的经济社会秩序，保护人民群众的合法权益，促进国民经济又好又快发展，经国务院同意，现就依法惩处非法集资有关问题通知如下：

一、充分认识非法集资的社会危害性，坚决遏制非法集资案件高发势头

非法集资涉及面广，危害极大。一是扰乱了社会主义市场经济秩序。非法集资活动以高回报为诱饵，以骗取资金为目的，破坏了金融秩序，影响金融市场的健康发展。二是严重损害群众利益，影响社会稳定。非法集资有很强的欺骗性，容易蔓延，犯罪分子骗取群众资金后，往往大肆挥霍或迅速转移、隐匿，使受害者（多数是下岗工人、离退休人员）损失惨重，极易引发群体事件，甚至危害社会稳定。三是损害了政府的声誉和形象。非法集资活动往往以"响应国家林业政策"、"支持生态环境保护"等为名，行违法犯罪之实，既影响了国家政策的贯彻执行，又严重损害了政府的声誉和形象。

为切实做好依法惩处非法集资工作，国务院批准建立了由银监会牵头的"处置非法集资部际联席会议"（以下简称"联席会议"）制度。地方各级人民政府、有关部门务必统一思想，提高认识，共同做好工作。要把思想和行动统一到国务院的部署和要求上来，统一到维护国家经济安全、社会稳定与构建和谐社会的大局上来，充分认识非法集资的危害性，加强组织领导，周密部署，

果断处置，有效遏制非法集资案件高发势头。

二、当前非法集资的主要形式和特征

非法集资情况复杂，表现形式多样。有的打着"支持地方经济发展"、"倡导绿色、健康消费"等旗号，有的引用产权式返租、电子商务、电子黄金、投资基金等新概念，手段隐蔽，欺骗性很强。从目前案发情况看，非法集资大致可划分为债权、股权、商品营销、生产经营等四大类。2006年，以生产经营合作为名的非法集资涉案价值占全部非法集资案件涉案价值的60%以上，需要引起高度关注。

非法集资的主要特征：一是未经有关监管部门依法批准，违规向社会（尤其是向不特定对象）筹集资金。如未经批准吸收社会资金；未经批准公开、非公开发行股票、债券等。二是承诺在一定期限内给予出资人货币、实物、股权等形式的投资回报。有的犯罪分子以提供种苗等形式吸收资金，承诺以收购或包销产品等方式支付回报；有的则以商品销售的方式吸收资金，以承诺返租、回购、转让等方式给予回报。三是以合法形式掩盖非法集资目的。为掩饰其非法目的，犯罪分子往往与受害者签订合同，伪装成正常的生产经营活动，最大限度地实现其骗取资金的最终目的。

三、地方人民政府要切实担负起依法惩处非法集资的责任，确保社会稳定

省级人民政府要把依法惩处非法集资列入重要工作议程，加快建立健全本地区依法惩处非法集资的工作机制和工作制度，做好相关工作。一是加强监测预警。要对本地区的非法集资问题保持高度警惕，进行全程监测，主动排查风险，做到早发现，早预警，防患于未然。二是及时调查取证。发现问题后，要组织当地银监、公安、工商等部门提前介入，开展调查取证工作。对社会影响大、性质恶劣的非法集资案件，要采取适当预防措施，控制涉案人员和资产，保护证据，防止事态扩大和失控。同时，要制定风险处置预案，防止引发群体性事件。三是果断处置。对于事实清楚且可以定性的非法集资，要果断采取措施，依法妥善处置；难以定性的，要及时上报"联席会议"组织认定。涉及多个地区的，有关省级人民政府之间要加强沟通协调，共同做好相关工作。省级人民政府要及时总结经验，依据国家法律法规，参照各行业主管、监管部门的政策规定，制定本地区相关规章，为依法惩处非法集资工作提供法制保障。

四、有关部门要加强协调，认真做好依法惩处非法集资工作

依法惩处非法集资工作政策性强，情况复杂，有关方面要加强协调，齐抓

共管。有关部门要逐步建立健全反应灵敏、配合密切、应对有力的工作机制，增强工作的针对性和有效性。行业主管、监管部门要将防控本行业非法集资作为监督管理的重要内容，指定专门机构和人员负责，建立日常信息沟通渠道和工作协调机制，认真做好非法集资情况的监测预警工作。一旦发现非法集资苗头，应及时商省级人民政府依法妥善处置，并通报"联席会议"。要抓紧制定和完善本行业防范、监控和处置非法集资的规章及行业标准。"联席会议"要加大工作力度，对近年来非法集资案件进行深入分析，集中力量查处典型案件，严惩首恶，教育协从，维护人民群众的权益。银监会作为"联席会议"的牵头部门，要主动与有关部门和地方人民政府加强沟通，切实做好组织协调工作。

要坚持预防为主的方针，加大工作力度，加强宣传教育，改善金融服务，逐步构建疏堵并举、防治结合的综合治理长效机制。对于近年来非法集资案件多发的行业，要主动开展风险排查，防止风险进一步积聚。有关行业主管、监管部门要尽快公布举报电话、信箱和电子邮箱，通过有奖举报等方式鼓励公众参与，在门户网站上开辟专门的投资者教育园地，探索建立风险提示和预警的长效机制。要加强对广告的监督管理，依法落实广告审查制度，加强监督检查，对检查发现、群众举报、媒体披露的线索要及时调查核实，对发布非法集资广告的当事人和有关责任人要严肃查处。

五、加强舆论引导和法制宣传，提高公众对非法集资的识别能力

银监会要牵头制订宣传教育规划，充分利用报刊、电视、广播、互联网等传媒手段，宣传依法惩处非法集资的法律法规，通报非法集资的新形式和新特点，提示风险，提高社会公众的风险意识和识别能力，引导其远离非法集资。要加大对典型案件的公开报道力度，以专栏文章、专题节目等方式揭露犯罪分子的惯用伎俩，震慑犯罪分子，形成对非法集资的强大舆论攻势。要在广大农村、城市街道、社区、车站等公共场所设置宣传栏，张贴宣传画，扩大覆盖面，强化宣传效果。要按照国务院的统一部署，组织协调相关部门开展宣传教育活动，正确引导社会舆论。地方人民政府要进一步根据本地区的特点，加强舆论引导和法制宣传。

25. 非法金融机构和非法金融业务活动取缔办法

(1998 年 7 月 13 日中华人民共和国国务院令第 247 号发布，根据 2011 年 1 月 8 日《国务院关于废止和修改部分行政法规的决定》修订)

第一章 总 则

第一条 为了取缔非法金融机构和非法金融业务活动，维护金融秩序，保护社会公众利益，制定本办法。

第二条 任何非法金融机构和非法金融业务活动，必须予以取缔。

第三条 本办法所称非法金融机构，是指未经中国人民银行批准，擅自设立从事或者主要从事吸收存款、发放贷款、办理结算、票据贴现、资金拆借、信托投资、金融租赁、融资担保、外汇买卖等金融业务活动的机构。

非法金融机构的筹备组织，视为非法金融机构。

第四条 本办法所称非法金融业务活动，是指未经中国人民银行批准，擅自从事的下列活动：

（一）非法吸收公众存款或者变相吸收公众存款；

（二）未经依法批准，以任何名义向社会不特定对象进行的非法集资；

（三）非法发放贷款、办理结算、票据贴现、资金拆借、信托投资、金融租赁、融资担保、外汇买卖；

（四）中国人民银行认定的其他非法金融业务活动。

前款所称非法吸收公众存款，是指未经中国人民银行批准，向社会不特定对象吸收资金，出具凭证，承诺在一定期限内还本付息的活动；所称变相吸收公众存款，是指未经中国人民银行批准，不以吸收公众存款的名义，向社会不特定对象吸收资金，但承诺履行的义务与吸收公众存款性质相同的活动。

第五条 未经中国人民银行依法批准，任何单位和个人不得擅自设立金融机构或者擅自从事金融业务活动。

对非法金融机构和非法金融业务活动，工商行政管理机关不予办理登记。

对非法金融机构和非法金融业务活动，金融机构不予开立账户、办理结算和提供贷款。

第六条　非法金融机构和非法金融业务活动由中国人民银行予以取缔。

非法金融机构设立地或者非法金融业务活动发生地的地方人民政府，负责组织、协调、监督与取缔有关的工作。

第七条　中国人民银行依法取缔非法金融机构和非法金融业务活动，任何单位和个人不得干涉，不得拒绝、阻挠。

第八条　中国人民银行工作人员在履行取缔非法金融机构和非法金融业务活动的职责中，应当依法保守秘密。

第二章　取缔程序

第九条　对非法金融机构、非法吸收公众存款或者变相吸收公众存款以及非法集资，中国人民银行一经发现，应当立即调查、核实；经初步认定后，应当及时提请公安机关依法立案侦查。

第十条　在调查、侦查非法金融机构和非法金融业务活动的过程中，中国人民银行和公安机关应当互相配合。

第十一条　对非法金融机构和非法金融业务活动的犯罪嫌疑人、涉案资金和财产，由公安机关依法采取强制措施，防止犯罪嫌疑人逃跑和转移资金、财产。

第十二条　对非法金融机构和非法金融业务活动，经中国人民银行调查认定后，作出取缔决定，宣布该金融机构和金融业务活动为非法，责令停止一切业务活动，并予公告。

第十三条　中国人民银行发现金融机构为非法金融机构或者非法金融业务活动开立账户、办理结算和提供贷款的，应当责令该金融机构立即停止有关业务活动。任何单位和个人不得擅自动用有关资金。

设立非法金融机构或者从事非法金融业务活动骗取工商行政管理机关登记的，一经发现，工商行政管理机关应当立即注销登记或者变更登记。

第十四条　中国人民银行对非法金融机构和非法金融业务活动进行调查时，被调查的单位和个人必须接受中国人民银行依法进行的调查，如实反映情况，提供有关资料，不得拒绝、隐瞒。

第十五条　中国人民银行调查非法金融机构和非法金融业务活动时，对与案件有关的情况和资料，可以采取记录、复制、录音等手段取得证据。

在证据可能灭失或者以后难以取得的情况下，中国人民银行可以依法先行登记保存，当事人或者有关人员不得销毁或者转移证据。

第三章 债权债务的清理清退

第十六条 因非法金融业务活动形成的债权债务，由从事非法金融业务活动的机构负责清理清退。

第十七条 非法金融机构一经中国人民银行宣布取缔，有批准部门、主管单位或者组建单位的，由批准部门、主管单位或者组建单位负责组织清理清退债权债务；没有批准部门、主管单位或者组建单位的，由所在地的地方人民政府负责组织清理清退债权债务。

第十八条 因参与非法金融业务活动受到的损失，由参与者自行承担。

第十九条 非法金融业务活动所形成的债务和风险，不得转嫁给未参与非法金融业务活动的国有银行和其他金融机构以及其他任何单位。

第二十条 债权债务清理清退后，有剩余非法财物的，予以没收，就地上缴中央金库。

第二十一条 因清理清退发生纠纷的，由当事人协商解决；协商不成的，通过司法程序解决。

第四章 罚 则

第二十二条 设立非法金融机构或者从事非法金融业务活动，构成犯罪的，依法追究刑事责任；尚不构成犯罪的，由中国人民银行没收非法所得，并处非法所得1倍以上5倍以下的罚款；没有非法所得的，处10万元以上50万元以下的罚款。

第二十三条 擅自批准设立非法金融机构或者擅自批准从事非法金融业务活动的，对直接负责的主管人员和其他直接责任人员依法给予行政处分；构成犯罪的，依法追究刑事责任。

第二十四条 金融机构违反规定，为非法金融机构或者非法金融业务活动开立账户、办理结算或者提供贷款的，由中国人民银行责令改正，没收违法所得，并处违法所得1倍以上5倍以下的罚款；没有违法所得的，处10万元以上50万元以下的罚款；对直接负责的主管人员和其他直接责任人员依法给予纪律处分；构成犯罪的，依法追究刑事责任。

第二十五条 拒绝、阻碍中国人民银行依法执行职务，构成犯罪的，依法追究刑事责任；尚不构成犯罪的，由公安机关依法给予治安管理处罚。

第二十六条 中国人民银行工作人员在履行取缔非法金融机构和非法金融

业务活动的职责中泄露秘密的，依法给予行政处分；构成犯罪的，依法追究刑事责任。

第二十七条　中国人民银行、公安机关和工商行政管理机关工作人员玩忽职守、滥用职权、徇私舞弊，构成犯罪的，依法追究刑事责任；尚不构成犯罪的，依法给予行政处分。

中国人民银行工作人员对非法金融机构和非法金融业务活动案件，应当移交公安机关而不移交，构成犯罪的，依法追究刑事责任；尚不构成犯罪的，依法给予行政处分。

第五章　附　则

第二十八条　取缔非法证券机构和非法证券业务活动参照本办法执行，由中国证券监督管理委员会负责实施，并可以根据本办法的原则制定具体实施办法。

取缔非法商业保险机构和非法商业保险业务活动参照本办法执行，由国务院商业保险监督管理部门负责实施，并可以根据本办法的原则制定具体实施办法。

第二十九条　本办法施行前设立的各类基金会、互助会、储金会、资金服务部、股金服务部、结算中心、投资公司等机构，超越国家政策范围，从事非法金融业务活动的，应当按照国务院的规定，限期清理整顿。超过规定期限继续从事非法金融业务活动的，依照本办法予以取缔；情节严重，构成犯罪的，依法追究刑事责任。

第三十条　本办法自发布之日起施行。

26. 中国人民银行关于取缔地下钱庄及打击高利贷行为的通知

(2002 年 1 月 31 日发布)

中国人民银行各分行、营业管理部、省会（首府）城市中心支行，中国农业银行，中国农业发展银行：

近年来，在部分农村地区，民间信用活动活跃，高利借贷现象突出，甚至出现了专门从事高利借贷活动的地下钱庄，破坏了正常的金融秩序，影响了社会安定。为进一步整顿和规范金融市场秩序，依法打击、取缔非法金融活动和非法金融机构，现就有关问题通知如下：

一、人民银行各分行、营业管理部应严格按照国务院《非法金融机构和非法金融业务活动取缔办法》（国务院〔1998〕第247号令）的规定，依法取缔辖区内的非法金融机构和非法金融业务活动。

人民银行各分行、营业管理部要组织力量摸清当地地下钱庄和高利借贷活动的情况；对非法设立金融机构、非法吸收或者变相吸收公众存款以及非法集资活动，一经发现，应立即调查、核实，经初步认定后，及时提请公安机关依法立案侦查；对经调查认定的各类形式的地下钱庄和高利借贷活动，要坚决取缔，予以公告，没收其非法所得，并依法处以罚款；构成犯罪的，由司法机关依法追究刑事责任。

发现金融机构为非法金融机构和非法金融业务开立账户、办理结算和提供贷款的，应当责令该金融机构立即停止有关业务活动，并依法给予处罚。

二、严格规范民间借贷行为。民间个人借贷活动必须严格遵守国家法律、行政法规的有关规定，遵循自愿互助、诚实信用的原则。民间个人借贷中，出借人的资金必须是属于其合法收入的自有货币资金，禁止吸收他人资金转手放款。民间个人借贷利率由借贷双方协商确定，但双方协商的利率不得超过中国人民银行公布的金融机构同期、同档次贷款利率（不含浮动）的4倍。超过上述标准的，应界定为高利借贷行为。

三、人民银行各分支行应督促有关金融机构不断改进金融服务，加大对农村、农业和农民的信贷支持力度，逐步解决农民贷款难的问题。特别要注重引导各地农村信用社充分发挥农村金融的主力军和联系农民的金融纽带作用，全面推广农户小额信用贷款，简化贷款手续，拓宽服务范围，支持农户扩大生产经营，解决生活中的困难。

四、人民银行各分支行要会同有关部门，采取各种有效方式向广大群众宣传国家金融法规和信贷政策。特别是在地下钱庄和高利贷比较活跃的地方，要选择典型案例，宣传地下钱庄非法高利融资的危害性，教育广大群众增强风险防范意识，自觉抵制高利借贷活动，防止上当受骗。

五、取缔地下钱庄、打击民间高利贷工作要按照国务院《非法金融机构和非法金融业务活动取缔办法》的要求，充分发挥地方人民政府的组织、协调与监督作用。人民银行各分支行应密切关注辖区内非法金融机构和非法金融业务活动的情况，及时向所在地人民政府汇报打击取缔非法金融机构和非法金融业务活动的情况，积极参与由公安、工商和农村金融机构等部门参加的领导小组的工作，采取切实有效措施，加强对金融机构的监督管理，维护金融秩序的稳定。

27. 中华人民共和国民事诉讼法（节录）

（1991 年 4 月 9 日第七届全国人民代表大会第四次会议通过，根据 2007 年 10 月 28 日第十届全国人民代表大会常务委员会第三十次会议《关于修改〈中华人民共和国民事诉讼法〉的决定》第一次修正，根据 2012 年 8 月 31 日第十一届全国人民代表大会常务委员会第二十八次会议《关于修改〈中华人民共和国民事诉讼法〉的决定》第二次修正）

第二十三条 因合同纠纷提起的诉讼，由被告住所地或者合同履行地人民法院管辖。

第五十六条 对当事人双方的诉讼标的，第三人认为有独立请求权的，有权提起诉讼。

对当事人双方的诉讼标的，第三人虽然没有独立请求权，但案件处理结果同他有法律上的利害关系的，可以申请参加诉讼，或者由人民法院通知他参加诉讼。人民法院判决承担民事责任的第三人，有当事人的诉讼权利义务。

前两款规定的第三人，因不能归责于本人的事由未参加诉讼，但有证据证明发生法律效力的判决、裁定、调解书的部分或者全部内容错误，损害其民事权益的，可以自知道或者应当知道其民事权益受到损害之日起六个月内，向作出该判决、裁定、调解书的人民法院提起诉讼。人民法院经审理，诉讼请求成立的，应当改变或者撤销原判决、裁定、调解书；诉讼请求不成立的，驳回诉讼请求。

第六十三条 证据包括：

（一）当事人的陈述；

（二）书证；

（三）物证；

（四）视听资料；

（五）电子数据；

（六）证人证言；

（七）鉴定意见；

（八）勘验笔录。

证据必须查证属实，才能作为认定事实的根据。

第六十四条　当事人对自己提出的主张，有责任提供证据。

当事人及其诉讼代理人因客观原因不能自行收集的证据，或者人民法院认为审理案件需要的证据，人民法院应当调查收集。

人民法院应当按照法定程序，全面地、客观地审查核实证据。

第六十五条　当事人对自己提出的主张应当及时提供证据。

人民法院根据当事人的主张和案件审理情况，确定当事人应当提供的证据及其期限。当事人在该期限内提供证据确有困难的，可以向人民法院申请延长期限，人民法院根据当事人的申请适当延长。当事人逾期提供证据的，人民法院应当责令其说明理由；拒不说明理由或者理由不成立的，人民法院根据不同情形可以不予采纳该证据，或者采纳该证据但予以训诫、罚款。

第六十六条　人民法院收到当事人提交的证据材料，应当出具收据，写明证据名称、页数、份数、原件或者复印件以及收到时间等，并由经办人员签名或者盖章。

第六十七条　人民法院有权向有关单位和个人调查取证，有关单位和个人不得拒绝。

人民法院对有关单位和个人提出的证明文书，应当辨别真伪，审查确定其效力。

第六十八条　证据应当在法庭上出示，并由当事人互相质证。对涉及国家秘密、商业秘密和个人隐私的证据应当保密，需要在法庭出示的，不得在公开开庭时出示。

第六十九条　经过法定程序公证证明的法律事实和文书，人民法院应当作为认定事实的根据，但有相反证据足以推翻公证证明的除外。

第八章　调　解

第九十三条　人民法院审理民事案件，根据当事人自愿的原则，在事实清楚的基础上，分清是非，进行调解。

第九十四条　人民法院进行调解，可以由审判员一人主持，也可以由合议庭主持，并尽可能就地进行。

人民法院进行调解，可以用简便方式通知当事人、证人到庭。

第九十五条　人民法院进行调解，可以邀请有关单位和个人协助。被邀请的单位和个人，应当协助人民法院进行调解。

第九十六条 调解达成协议，必须双方自愿，不得强迫。调解协议的内容不得违反法律规定。

第九十七条 调解达成协议，人民法院应当制作调解书。调解书应当写明诉讼请求、案件的事实和调解结果。

调解书由审判人员、书记员署名，加盖人民法院印章，送达双方当事人。

调解书经双方当事人签收后，即具有法律效力。

第九十八条 下列案件调解达成协议，人民法院可以不制作调解书：

（一）调解和好的离婚案件；

（二）调解维持收养关系的案件；

（三）能够即时履行的案件；

（四）其他不需要制作调解书的案件。

对不需要制作调解书的协议，应当记入笔录，由双方当事人、审判人员、书记员签名或者盖章后，即具有法律效力。

第九十九条 调解未达成协议或者调解书送达前一方反悔的，人民法院应当及时判决。

第九章　保全和先予执行

第一百条 人民法院对于可能因当事人一方的行为或者其他原因，使判决难以执行或者造成当事人其他损害的案件，根据对方当事人的申请，可以裁定对其财产进行保全、责令其作出一定行为或者禁止其作出一定行为；当事人没有提出申请的，人民法院在必要时也可以裁定采取保全措施。

人民法院采取保全措施，可以责令申请人提供担保，申请人不提供担保的，裁定驳回申请。

人民法院接受申请后，对情况紧急的，必须在四十八小时内作出裁定；裁定采取保全措施的，应当立即开始执行。

第一百零一条 利害关系人因情况紧急，不立即申请保全将会使其合法权益受到难以弥补的损害的，可以在提起诉讼或者申请仲裁前向被保全财产所在地、被申请人住所地或者对案件有管辖权的人民法院申请采取保全措施。申请人应当提供担保，不提供担保的，裁定驳回申请。

人民法院接受申请后，必须在四十八小时内作出裁定；裁定采取保全措施的，应当立即开始执行。

申请人在人民法院采取保全措施后三十日内不依法提起诉讼或者申请仲裁的，人民法院应当解除保全。

第一百零二条 保全限于请求的范围，或者与本案有关的财物。

第一百零三条 财产保全采取查封、扣押、冻结或者法律规定的其他方法。人民法院保全财产后，应当立即通知被保全财产的人。

财产已被查封、冻结的，不得重复查封、冻结。

第一百零四条 财产纠纷案件，被申请人提供担保的，人民法院应当裁定解除保全。

第一百零五条 申请有错误的，申请人应当赔偿被申请人因保全所遭受的损失。

第一百零六条 人民法院对下列案件，根据当事人的申请，可以裁定先予执行：

（一）追索赡养费、扶养费、抚育费、抚恤金、医疗费用的；

（二）追索劳动报酬的；

（三）因情况紧急需要先予执行的。

第一百零七条 人民法院裁定先予执行的，应当符合下列条件：

（一）当事人之间权利义务关系明确，不先予执行将严重影响申请人的生活或者生产经营的；

（二）被申请人有履行能力。

人民法院可以责令申请人提供担保，申请人不提供担保的，驳回申请。申请人败诉的，应当赔偿被申请人因先予执行遭受的财产损失。

第一百零八条 当事人对保全或者先予执行的裁定不服的，可以申请复议一次。复议期间不停止裁定的执行。

第一百一十九条 起诉必须符合下列条件：

（一）原告是与本案有直接利害关系的公民、法人和其他组织；

（二）有明确的被告；

（三）有具体的诉讼请求和事实、理由；

（四）属于人民法院受理民事诉讼的范围和受诉人民法院管辖。

第一百二十条 起诉应当向人民法院递交起诉状，并按照被告人数提出副本。

书写起诉状确有困难的，可以口头起诉，由人民法院记入笔录，并告知对方当事人。

第一百二十一条 起诉状应当记明下列事项：

（一）原告的姓名、性别、年龄、民族、职业、工作单位、住所、联系方式，法人或者其他组织的名称、住所和法定代表人或者主要负责人的姓名、职务、联系方式；

（二）被告的姓名、性别、工作单位、住所等信息，法人或者其他组织的名称、住所等信息；

（三）诉讼请求和所根据的事实与理由；

（四）证据和证据来源，证人姓名和住所。

第一百二十二条 当事人起诉到人民法院的民事纠纷，适宜调解的，先行调解，但当事人拒绝调解的除外。

第一百二十三条 人民法院应当保障当事人依照法律规定享有的起诉权利。对符合本法第一百一十九条的起诉，必须受理。符合起诉条件的，应当在七日内立案，并通知当事人；不符合起诉条件的，应当在七日内作出裁定书，不予受理；原告对裁定不服的，可以提起上诉。

第一百二十四条 人民法院对下列起诉，分别情形，予以处理：

（一）依照行政诉讼法的规定，属于行政诉讼受案范围的，告知原告提起行政诉讼；

（二）依照法律规定，双方当事人达成书面仲裁协议申请仲裁、不得向人民法院起诉的，告知原告向仲裁机构申请仲裁；

（三）依照法律规定，应当由其他机关处理的争议，告知原告向有关机关申请解决；

（四）对不属于本院管辖的案件，告知原告向有管辖权的人民法院起诉；

（五）对判决、裁定、调解书已经发生法律效力的案件，当事人又起诉的，告知原告申请再审，但人民法院准许撤诉的裁定除外；

（六）依照法律规定，在一定期限内不得起诉的案件，在不得起诉的期限内起诉的，不予受理；

（七）判决不准离婚和调解和好的离婚案件，判决、调解维持收养关系的案件，没有新情况、新理由，原告在六个月内又起诉的，不予受理。

第一百二十五条 人民法院应当在立案之日起五日内将起诉状副本发送被告，被告应当在收到之日起十五日内提出答辩状。答辩状应当记明被告的姓名、性别、年龄、民族、职业、工作单位、住所、联系方式；法人或者其他组织的名称、住所和法定代表人或者主要负责人的姓名、职务、联系方式。人民法院应当在收到答辩状之日起五日内将答辩状副本发送原告。

被告不提出答辩状的，不影响人民法院审理。

第一百二十六条 人民法院对决定受理的案件，应当在受理案件通知书和应诉通知书中向当事人告知有关的诉讼权利义务，或者口头告知。

第一百二十七条 人民法院受理案件后，当事人对管辖权有异议的，应当在提交答辩状期间提出。人民法院对当事人提出的异议，应当审查。异议成立的，裁定将案件移送有管辖权的人民法院；异议不成立的，裁定驳回。

当事人未提出管辖异议，并应诉答辩的，视为受诉人民法院有管辖权，但违反级别管辖和专属管辖规定的除外。

第一百二十八条 合议庭组成人员确定后，应当在三日内告知当事人。

第一百二十九条 审判人员必须认真审核诉讼材料，调查收集必要的证据。

第一百三十条 人民法院派出人员进行调查时，应当向被调查人出示证件。调查笔录经被调查人校阅后，由被调查人、调查人签名或者盖章。

第一百三十一条 人民法院在必要时可以委托外地人民法院调查。

委托调查，必须提出明确的项目和要求。受委托人民法院可以主动补充调查。

受委托人民法院收到委托书后，应当在三十日内完成调查。因故不能完成的，应当在上述期限内函告委托人民法院。

第一百三十二条 必须共同进行诉讼的当事人没有参加诉讼的，人民法院应当通知其参加诉讼。

第一百三十三条 人民法院对受理的案件，分别情形，予以处理：

（一）当事人没有争议，符合督促程序规定条件的，可以转入督促程序；

（二）开庭前可以调解的，采取调解方式及时解决纠纷；

（三）根据案件情况，确定适用简易程序或者普通程序；

（四）需要开庭审理的，通过要求当事人交换证据等方式，明确争议焦点。

第一百三十四条 人民法院审理民事案件，除涉及国家秘密、个人隐私或者法律另有规定的以外，应当公开进行。

离婚案件，涉及商业秘密的案件，当事人申请不公开审理的，可以不公开审理。

第一百三十五条 人民法院审理民事案件，根据需要进行巡回审理，就地办案。

第一百三十六条 人民法院审理民事案件，应当在开庭三日前通知当事人和其他诉讼参与人。公开审理的，应当公告当事人姓名、案由和开庭的时间、地点。

第一百三十七条 开庭审理前，书记员应当查明当事人和其他诉讼参与人是否到庭，宣布法庭纪律。

开庭审理时，由审判长核对当事人，宣布案由，宣布审判人员、书记员名单，告知当事人有关的诉讼权利义务，询问当事人是否提出回避申请。

第一百三十八条 法庭调查按照下列顺序进行：

（一）当事人陈述；

（二）告知证人的权利义务，证人作证，宣读未到庭的证人证言；

（三）出示书证、物证、视听资料和电子数据；

（四）宣读鉴定意见；

（五）宣读勘验笔录。

第一百三十九条 当事人在法庭上可以提出新的证据。

当事人经法庭许可，可以向证人、鉴定人、勘验人发问。

当事人要求重新进行调查、鉴定或者勘验的，是否准许，由人民法院决定。

第一百四十条 原告增加诉讼请求，被告提出反诉，第三人提出与本案有关的诉讼请求，可以合并审理。

第一百四十一条 法庭辩论按照下列顺序进行：

（一）原告及其诉讼代理人发言；

（二）被告及其诉讼代理人答辩；

（三）第三人及其诉讼代理人发言或者答辩；

（四）互相辩论。

法庭辩论终结，由审判长按照原告、被告、第三人的先后顺序征询各方最后意见。

第一百四十二条 法庭辩论终结，应当依法作出判决。判决前能够调解的，还可以进行调解，调解不成的，应当及时判决。

第一百四十三条 原告经传票传唤，无正当理由拒不到庭的，或者未经法庭许可中途退庭的，可以按撤诉处理；被告反诉的，可以缺席判决。

第一百四十四条 被告经传票传唤，无正当理由拒不到庭的，或者未经法庭许可中途退庭的，可以缺席判决。

第一百四十五条 宣判前，原告申请撤诉的，是否准许，由人民法院裁定。

人民法院裁定不准许撤诉的，原告经传票传唤，无正当理由拒不到庭的，可以缺席判决。

第一百四十六条 有下列情形之一的，可以延期开庭审理：

（一）必须到庭的当事人和其他诉讼参与人有正当理由没有到庭的；

（二）当事人临时提出回避申请的；

（三）需要通知新的证人到庭，调取新的证据，重新鉴定、勘验，或者需要补充调查的；

（四）其他应当延期的情形。

第一百四十七条 书记员应当将法庭审理的全部活动记入笔录，由审判人员和书记员签名。

法庭笔录应当当庭宣读，也可以告知当事人和其他诉讼参与人当庭或者在五日内阅读。当事人和其他诉讼参与人认为对自己的陈述记录有遗漏或者差错的，有权申请补正。如果不予补正，应当将申请记录在案。

法庭笔录由当事人和其他诉讼参与人签名或者盖章。拒绝签名盖章的，记明情况附卷。

第一百四十八条 人民法院对公开审理或者不公开审理的案件，一律公开宣告判决。

当庭宣判的，应当在十日内发送判决书；定期宣判的，宣判后立即发给判决书。

宣告判决时，必须告知当事人上诉权利、上诉期限和上诉的法院。

宣告离婚判决，必须告知当事人在判决发生法律效力前不得另行结婚。

第一百四十九条 人民法院适用普通程序审理的案件，应当在立案之日起六个月内审结。有特殊情况需要延长的，由本院院长批准，可以延长六个月；还需要延长的，报请上级人民法院批准。

第一百五十条 有下列情形之一的，中止诉讼：

（一）一方当事人死亡，需要等待继承人表明是否参加诉讼的；

（二）一方当事人丧失诉讼行为能力，尚未确定法定代理人的；

（三）作为一方当事人的法人或者其他组织终止，尚未确定权利义务承受人的；

（四）一方当事人因不可抗拒的事由，不能参加诉讼的；

（五）本案必须以另一案的审理结果为依据，而另一案尚未审结的；

（六）其他应当中止诉讼的情形。

中止诉讼的原因消除后，恢复诉讼。

第一百五十一条 有下列情形之一的，终结诉讼：

（一）原告死亡，没有继承人，或者继承人放弃诉讼权利的；

（二）被告死亡，没有遗产，也没有应当承担义务的人的；

（三）离婚案件一方当事人死亡的；

（四）追索赡养费、扶养费、抚育费以及解除收养关系案件的一方当事人死亡的。

第一百五十二条 判决书应当写明判决结果和作出该判决的理由。判决书

内容包括

（一）案由、诉讼请求、争议的事实和理由；

（二）判决认定的事实和理由、适用的法律和理由；

（三）判决结果和诉讼费用的负担；

（四）上诉期间和上诉的法院。

判决书由审判人员、书记员署名，加盖人民法院印章。

第一百五十三条 人民法院审理案件，其中一部分事实已经清楚，可以就该部分先行判决。

第一百五十四条 裁定适用于下列范围：

（一）不予受理；

（二）对管辖权有异议的；

（三）驳回起诉；

（四）保全和先予执行；

（五）准许或者不准许撤诉；

（六）中止或者终结诉讼；

（七）补正判决书中的笔误；

（八）中止或者终结执行；

（九）撤销或者不予执行仲裁裁决；

（十）不予执行公证机关赋予强制执行效力的债权文书；

（十一）其他需要裁定解决的事项。

对前款第一项至第三项裁定，可以上诉。

裁定书应当写明裁定结果和作出该裁定的理由。裁定书由审判人员、书记员署名，加盖人民法院印章。口头裁定的，记入笔录。

第一百五十五条 最高人民法院的判决、裁定，以及依法不准上诉或者超过上诉期没有上诉的判决、裁定，是发生法律效力的判决、裁定。

第一百五十六条 公众可以查阅发生法律效力的判决书、裁定书，但涉及国家秘密、商业秘密和个人隐私的内容除外。

28. 最高人民法院关于适用《中华人民共和国民事诉讼法》的解释（节录）

（2014 年 12 月 18 日由最高人民法院审判委员会第 1636 次会议通过，2015 年 2 月 4 日起施行）

第十八条 合同约定履行地点的，以约定的履行地点为合同履行地。

合同对履行地点没有约定或者约定不明确，争议标的为给付货币的，接收货币一方所在地为合同履行地；交付不动产的，不动产所在地为合同履行地；其他标的，履行义务一方所在地为合同履行地。即时结清的合同，交易行为地为合同履行地。

合同没有实际履行，当事人双方住所地都不在合同约定的履行地的，由被告住所地人民法院管辖。

第九十条 当事人对自己提出的诉讼请求所依据的事实或者反驳对方诉讼请求所依据的事实，应当提供证据加以证明，但法律另有规定的除外。

在作出判决前，当事人未能提供证据或者证据不足以证明其事实主张的，由负有举证证明责任的当事人承担不利的后果。

第九十一条 人民法院应当依照下列原则确定举证证明责任的承担，但法律另有规定的除外：

（一）主张法律关系存在的当事人，应当对产生该法律关系的基本事实承担举证证明责任；

（二）主张法律关系变更、消灭或者权利受到妨害的当事人，应当对该法律关系变更、消灭或者权利受到妨害的基本事实承担举证证明责任。

第九十二条 一方当事人在法庭审理中，或者在起诉状、答辩状、代理词等书面材料中，对于己不利的事实明确表示承认的，另一方当事人无须举证证明。

对于涉及身份关系、国家利益、社会公共利益等应当由人民法院依职权调查的事实，不适用前款自认的规定。

自认的事实与查明的事实不符的，人民法院不予确认。

第九十三条 下列事实，当事人无须举证证明：

（一）自然规律以及定理、定律；

（二）众所周知的事实；

（三）根据法律规定推定的事实；

（四）根据已知的事实和日常生活经验法则推定出的另一事实；

（五）已为人民法院发生法律效力的裁判所确认的事实；

（六）已为仲裁机构生效裁决所确认的事实；

（七）已为有效公证文书所证明的事实。

前款第二项至第四项规定的事实，当事人有相反证据足以反驳的除外；第五项至第七项规定的事实，当事人有相反证据足以推翻的除外。

29. 最高人民法院关于民事诉讼证据
的若干规定（节录）

（2001 年 12 月 6 日最高人民法院审判委员会第 1201 次会议通过，2002 年 4 月 1 日起施行）

第六十四条 审判人员应当依照法定程序，全面、客观地审核证据，依据法律的规定，遵循法官职业道德，运用逻辑推理和日常生活经验，对证据有无证明力和证明力大小独立进行判断，并公开判断的理由和结果。

第六十六条 审判人员对案件的全部证据，应当从各证据与案件事实的关联程度、各证据之间的联系等方面进行综合审查判断。

第六十七条 在诉讼中，当事人为达成调解协议或者和解的目的作出妥协所涉及的对案件事实的认可，不得在其后的诉讼中作为对其不利的证据。

第七十三条 双方当事人对同一事实分别举出相反的证据，但都没有足够的依据否定对方证据的，人民法院应当结合案件情况，判断一方提供证据的证明力是否明显大于另一方提供证据的证明力，并对证明力较大的证据予以确认。

因证据的证明力无法判断导致争议事实难以认定的，人民法院应当依据举证责任分配的规则作出裁判。

30. 中华人民共和国刑法（节录）

[1979 年 7 月 1 日第五届全国人民代表大会第二次会议通过，1997 年 3 月 14 日第八届全国人民代表大会第五次会议修订，根据 1999 年 12 月 25 日中华人民共和国刑法修正案，2001 年 8 月 31 日中华人民共和国刑法修正案（二），2001 年 12 月 29 日中华人民共和国刑法修正案（三），2002 年 12 月 28 日中华人民共和国刑法修正案（四），2005 年 2 月 28 日中华人民共和国刑法修正案（五），2006 年 6 月 29 日中华人民共和国刑法修正案（六），2009 年 2 月 28 日中华人民共和国刑法修正案（七）修正，根据 2009 年 8 月 27 日《全国人民代表大会常务委员会关于修改部分法律的决定》修正，根据 2011 年 2 月 25 日中华人民共和国刑法修正案（八），2015 年 8 月 29 日中华人民共和国刑法修正案（九）修正]

第一百七十四条 【擅自设立金融机构罪】未经国家有关主管部门批准，擅自设立商业银行、证券交易所、期货交易所、证券公司、期货经纪公司、保险公司或者其他金融机构的，处三年以下有期徒刑或者拘役，并处或者单处二万元以上二十万元以下罚金；情节严重的，处三年以上十年以下有期徒刑，并处五万元以上五十万元以下罚金。

【伪造、变造、转让金融机构经营许可证、批准文件罪】伪造、变造、转让商业银行、证券交易所、期货交易所、证券公司、期货经纪公司、保险公司或者其他金融机构的经营许可证或者批准文件的，依照前款的规定处罚。

单位犯前两款罪的，对单位判处罚金，并对其直接负责的主管人员和其他直接责任人员，依照第一款的规定处罚。

第一百七十五条 【高利转贷罪】以转贷牟利为目的，套取金融机构信贷资金高利转贷他人，违法所得数额较大的，处三年以下有期徒刑或者拘役，并处违法所得一倍以上五倍以下罚金；数额巨大的，处三年以上七年以下有期徒刑，并处违法所得一倍以上五倍以下罚金。

单位犯前款罪的，对单位判处罚金，并对其直接负责的主管人员和其他直接责任人员，处三年以下有期徒刑或者拘役。

第一百七十五条之一 【骗取贷款、票据承兑、金融票证罪】以欺骗手段取得银行或者其他金融机构贷款、票据承兑、信用证、保函等，给银行或者其他金融机构造成重大损失或者有其他严重情节的，处三年以下有期徒刑或者拘役，并处或者单处罚金；给银行或者其他金融机构造成特别重大损失或者有其他特别严重情节的，处三年以上七年以下有期徒刑，并处罚金。

单位犯前款罪的，对单位判处罚金，并对其直接负责的主管人员和其他直接责任人员，依照前款的规定处罚。

第一百七十六条 【非法吸收公众存款罪】非法吸收公众存款或者变相吸收公众存款，扰乱金融秩序的，处三年以下有期徒刑或者拘役，并处或者单处二万元以上二十万元以下罚金；数额巨大或者有其他严重情节的，处三年以上十年以下有期徒刑，并处五万元以上五十万元以下罚金。

单位犯前款罪的，对单位判处罚金，并对其直接负责的主管人员和其他直接责任人员，依照前款的规定处罚。

第一百九十二条 【集资诈骗罪】以非法占有为目的，使用诈骗方法非法集资，数额较大的，处五年以下有期徒刑或者拘役，并处二万元以上二十万元以下罚金；数额巨大或者有其他严重情节的，处五年以上十年以下有期徒刑，并处五万元以上五十万元以下罚金；数额特别巨大或者有其他特别严重情节的，处十年以上有期徒刑或者无期徒刑，并处五万元以上五十万元以下罚金或者没收财产。

31. 最高人民法院、最高人民检察院、公安部关于办理非法集资刑事案件适用法律若干问题的意见

（2014 年 3 月 25 日发布）

各省、自治区、直辖市高级人民法院，人民检察院，公安厅、局，解放军军事法院、军事检察院，新疆维吾尔自治区高级人民法院生产建设兵团分院，新疆生产建设兵团人民检察院、公安局：

为解决近年来公安机关、人民检察院、人民法院在办理非法集资刑事案件中遇到的问题，依法惩治非法吸收公众存款、集资诈骗等犯罪，根据刑法、刑事诉讼法的规定，结合司法实践，现就办理非法集资刑事案件适用法律问题提出以下意见：

一、关于行政认定的问题

行政部门对于非法集资的性质认定，不是非法集资刑事案件进入刑事诉讼程序的必经程序。行政部门未对非法集资作出性质认定的，不影响非法集资刑事案件的侦查、起诉和审判。

公安机关、人民检察院、人民法院应当依法认定案件事实的性质，对于案情复杂、性质认定疑难的案件，可参考有关部门的认定意见，根据案件事实和法律规定作出性质认定。

二、关于"向社会公开宣传"的认定问题

《最高人民法院关于审理非法集资刑事案件具体应用法律若干问题的解释》第一条第一款第二项中的"向社会公开宣传"，包括以各种途径向社会公众传播吸收资金的信息，以及明知吸收资金的信息向社会公众扩散而予以放任等情形。

三、关于"社会公众"的认定问题

下列情形不属于《最高人民法院关于审理非法集资刑事案件具体应用法律若干问题的解释》第一条第二款规定的"针对特定对象吸收资金"的行为，应

当认定为向社会公众吸收资金：

（一）在向亲友或者单位内部人员吸收资金的过程中，明知亲友或者单位内部人员向不特定对象吸收资金而予以放任的；

（二）以吸收资金为目的，将社会人员吸收为单位内部人员，并向其吸收资金的。

四、关于共同犯罪的处理问题

为他人向社会公众非法吸收资金提供帮助，从中收取代理费、好处费、返点费、佣金、提成等费用，构成非法集资共同犯罪的，应当依法追究刑事责任。能够及时退缴上述费用的，可依法从轻处罚；其中情节轻微的，可以免除处罚；情节显著轻微、危害不大的，不作为犯罪处理。

五、关于涉案财物的追缴和处置问题

向社会公众非法吸收的资金属于违法所得。以吸收的资金向集资参与人支付的利息、分红等回报，以及向帮助吸收资金人员支付的代理费、好处费、返点费、佣金、提成等费用，应当依法追缴。集资参与人本金尚未归还的，所支付的回报可予折抵本金。

将非法吸收的资金及其转换财物用于清偿债务或者转让给他人，有下列情形之一的，应当依法追缴：

（一）他人明知是上述资金及财物而收取的；

（二）他人无偿取得上述资金及财物的；

（三）他人以明显低于市场的价格取得上述资金及财物的；

（四）他人取得上述资金及财物系源于非法债务或者违法犯罪活动的；

（五）其他依法应当追缴的情形。

查封、扣押、冻结的易贬值及保管、养护成本较高的涉案财物，可以在诉讼终结前依照有关规定变卖、拍卖。所得价款由查封、扣押、冻结机关予以保管，待诉讼终结后一并处置。

查封、扣押、冻结的涉案财物，一般应在诉讼终结后，返还集资参与人。涉案财物不足全部返还的，按照集资参与人的集资额比例返还。

六、关于证据的收集问题

办理非法集资刑事案件中，确因客观条件的限制无法逐一收集集资参与人的言词证据的，可结合已收集的集资参与人的言词证据和依法收集并查证属实

的书面合同、银行账户交易记录、会计凭证及会计账簿、资金收付凭证、审计报告、互联网电子数据等证据，综合认定非法集资对象人数和吸收资金数额等犯罪事实。

七、关于涉及民事案件的处理问题

对于公安机关、人民检察院、人民法院正在侦查、起诉、审理的非法集资刑事案件，有关单位或者个人就同一事实向人民法院提起民事诉讼或者申请执行涉案财物的，人民法院应当不予受理，并将有关材料移送公安机关或者检察机关。

人民法院在审理民事案件或者执行过程中，发现有非法集资犯罪嫌疑的，应当裁定驳回起诉或者中止执行，并及时将有关材料移送公安机关或者检察机关。

公安机关、人民检察院、人民法院在侦查、起诉、审理非法集资刑事案件中，发现与人民法院正在审理的民事案件属同一事实，或者被申请执行的财物属于涉案财物的，应当及时通报相关人民法院。人民法院经审查认为确属涉嫌犯罪的，依照前款规定处理。

八、关于跨区域案件的处理问题

跨区域非法集资刑事案件，在查清犯罪事实的基础上，可以由不同地区的公安机关、人民检察院、人民法院分别处理。

对于分别处理的跨区域非法集资刑事案件，应当按照统一制定的方案处置涉案财物。

国家机关工作人员违反规定处置涉案财物，构成渎职等犯罪的，应当依法追究刑事责任。

32. 最高人民法院关于非法集资刑事案件性质认定问题的通知

(2011 年 8 月 18 日发布)

各省、自治区、直辖市高级人民法院，解放军军事法院，新疆维吾尔自治区高级人民法院生产建设兵团分院：

为依法、准确、及时审理非法集资刑事案件，现就非法集资性质认定的有关问题通知如下：

一、行政部门对于非法集资的性质认定，不是非法集资案件进入刑事程序的必经程序。行政部门未对非法集资作出性质认定的，不影响非法集资刑事案件的审判。

二、人民法院应当依照刑法和最高人民法院《关于审理非法集资刑事案件具体应用法律若干问题的解释》等有关规定认定案件事实的性质，并认定相关行为是否构成犯罪。

三、对于案情复杂、性质认定疑难的案件，人民法院可以在有关部门关于是否符合行业技术标准的行政认定意见的基础上，根据案件事实和法律规定作出性质认定。

四、非法集资刑事案件的审判工作涉及领域广、专业性强，人民法院在审理此类案件当中要注意加强与有关行政主（监）管部门以及公安机关、人民检察院的配合。审判工作中遇到重大问题难以解决的，请及时报告最高人民法院。

33. 最高人民法院关于审理非法集资刑事案件具体应用法律若干问题的解释

（2010 年 11 月 22 日由最高人民法院审判委员会第 1502 次会议通过，自 2011 年 1 月 4 日起施行）

为依法惩治非法吸收公众存款、集资诈骗等非法集资犯罪活动，根据刑法有关规定，现就审理此类刑事案件具体应用法律的若干问题解释如下：

第一条 违反国家金融管理法律规定，向社会公众（包括单位和个人）吸收资金的行为，同时具备下列四个条件的，除刑法另有规定的以外，应当认定为刑法第一百七十六条规定的"非法吸收公众存款或者变相吸收公众存款"：

（一）未经有关部门依法批准或者借用合法经营的形式吸收资金；

（二）通过媒体、推介会、传单、手机短信等途径向社会公开宣传；

（三）承诺在一定期限内以货币、实物、股权等方式还本付息或者给付回报；

（四）向社会公众即社会不特定对象吸收资金。

未向社会公开宣传，在亲友或者单位内部针对特定对象吸收资金的，不属于非法吸收或者变相吸收公众存款。

第二条 实施下列行为之一，符合本解释第一条第一款规定的条件的，应当依照刑法第一百七十六条的规定，以非法吸收公众存款罪定罪处罚：

（一）不具有房产销售的真实内容或者不以房产销售为主要目的，以返本销售、售后包租、约定回购、销售房产份额等方式非法吸收资金的；

（二）以转让林权并代为管护等方式非法吸收资金的；

（三）以代种植（养殖）、租种植（养殖）、联合种植（养殖）等方式非法吸收资金的；

（四）不具有销售商品、提供服务的真实内容或者不以销售商品、提供服务为主要目的，以商品回购、寄存代售等方式非法吸收资金的；

（五）不具有发行股票、债券的真实内容，以虚假转让股权、发售虚构债券等方式非法吸收资金的；

（六）不具有募集基金的真实内容，以假借境外基金、发售虚构基金等方式非法吸收资金的；

（七）不具有销售保险的真实内容，以假冒保险公司、伪造保险单据等方式非法吸收资金的；

（八）以投资入股的方式非法吸收资金的；

（九）以委托理财的方式非法吸收资金的；

（十）利用民间"会"、"社"等组织非法吸收资金的；

（十一）其他非法吸收资金的行为。

第三条　非法吸收或者变相吸收公众存款，具有下列情形之一的，应当依法追究刑事责任：

（一）个人非法吸收或者变相吸收公众存款，数额在 20 万元以上的，单位非法吸收或者变相吸收公众存款，数额在 100 万元以上的；

（二）个人非法吸收或者变相吸收公众存款对象 30 人以上的，单位非法吸收或者变相吸收公众存款对象 150 人以上的；

（三）个人非法吸收或者变相吸收公众存款，给存款人造成直接经济损失数额在 10 万元以上的，单位非法吸收或者变相吸收公众存款，给存款人造成直接经济损失数额在 50 万元以上的；

（四）造成恶劣社会影响或者其他严重后果的。

具有下列情形之一的，属于刑法第一百七十六条规定的"数额巨大或者有其他严重情节"：

（一）个人非法吸收或者变相吸收公众存款，数额在 100 万元以上的，单位非法吸收或者变相吸收公众存款，数额在 500 万元以上的；

（二）个人非法吸收或者变相吸收公众存款对象 100 人以上的，单位非法吸收或者变相吸收公众存款对象 500 人以上的；

（三）个人非法吸收或者变相吸收公众存款，给存款人造成直接经济损失数额在 50 万元以上的，单位非法吸收或者变相吸收公众存款，给存款人造成直接经济损失数额在 250 万元以上的；

（四）造成特别恶劣社会影响或者其他特别严重后果的。

非法吸收或者变相吸收公众存款的数额，以行为人所吸收的资金全额计算。案发前后已归还的数额，可以作为量刑情节酌情考虑。

非法吸收或者变相吸收公众存款，主要用于正常的生产经营活动，能够及时清退所吸收资金，可以免予刑事处罚；情节显著轻微的，不作为犯罪处理。

第四条 以非法占有为目的，使用诈骗方法实施本解释第二条规定所列行为的，应当依照刑法第一百九十二条的规定，以集资诈骗罪定罪处罚。

使用诈骗方法非法集资，具有下列情形之一的，可以认定为"以非法占有为目的"：

（一）集资后不用于生产经营活动或者用于生产经营活动与筹集资金规模明显不成比例，致使集资款不能返还的；

（二）肆意挥霍集资款，致使集资款不能返还的；

（三）携带集资款逃匿的；

（四）将集资款用于违法犯罪活动的；

（五）抽逃、转移资金、隐匿财产，逃避返还资金的；

（六）隐匿、销毁账目，或者搞假破产、假倒闭，逃避返还资金的；

（七）拒不交代资金去向，逃避返还资金的；

（八）其他可以认定非法占有目的的情形。

集资诈骗罪中的非法占有目的，应当区分情形进行具体认定。行为人部分非法集资行为具有非法占有目的的，对该部分非法集资行为所涉集资款以集资诈骗罪定罪处罚；非法集资共同犯罪中部分行为人具有非法占有目的，其他行为人没有非法占有集资款的共同故意和行为的，对具有非法占有目的的行为人以集资诈骗罪定罪处罚。

第五条 个人进行集资诈骗，数额在10万元以上的，应当认定为"数额较大"；数额在30万元以上的，应当认定为"数额巨大"；数额在100万元以上的，应当认定为"数额特别巨大"。

单位进行集资诈骗，数额在50万元以上的，应当认定为"数额较大"；数额在150万元以上的，应当认定为"数额巨大"；数额在500万元以上的，应当认定为"数额特别巨大"。

集资诈骗的数额以行为人实际骗取的数额计算，案发前已归还的数额应予扣除。行为人为实施集资诈骗活动而支付的广告费、中介费、手续费、回扣，或者用于行贿、赠与等费用，不予扣除。行为人为实施集资诈骗活动而支付的利息，除本金未归还可予折抵本金以外，应当计入诈骗数额。

第六条 未经国家有关主管部门批准，向社会不特定对象发行、以转让股权等方式变相发行股票或者公司、企业债券，或者向特定对象发行、变相发行股票或者公司、企业债券累计超过200人的，应当认定为刑法第一百七十九条规定的"擅自发行股票、公司、企业债券"。构成犯罪的，以擅自发行股票、公司、企业债券罪定罪处罚。

第七条 违反国家规定，未经依法核准擅自发行基金份额募集基金，情节严重的，依照刑法第二百二十五条的规定，以非法经营罪定罪处罚。

第八条 广告经营者、广告发布者违反国家规定，利用广告为非法集资活动相关的商品或者服务作虚假宣传，具有下列情形之一的，依照刑法第二百二十二条的规定，以虚假广告罪定罪处罚：

（一）违法所得数额在 10 万元以上的；

（二）造成严重危害后果或者恶劣社会影响的；

（三）二年内利用广告作虚假宣传，受过行政处罚二次以上的；

（四）其他情节严重的情形。

明知他人从事欺诈发行股票、债券，非法吸收公众存款，擅自发行股票、债券，集资诈骗或者组织、领导传销活动等集资犯罪活动，为其提供广告等宣传的，以相关犯罪的共犯论处。

第九条 此前发布的司法解释与本解释不一致的，以本解释为准。

34. 最高人民法院关于在审理经济纠纷案件中涉及经济犯罪嫌疑若干问题的规定

（1998 年 4 月 9 日最高人民法院审判委员会第 974 次会议通过，1998 年 4 月 29 日起施行）

根据《中华人民共和国民法通则》《中华人民共和国刑法》《中华人民共和国民事诉讼法》《中华人民共和国刑事诉讼法》等有关规定，对审理经济纠纷案件中涉及经济犯罪嫌疑问题作以下规定：

第一条 同一公民、法人或其他经济组织因不同的法律事实，分别涉及经济纠纷和经济犯罪嫌疑的，经济纠纷案件和经济犯罪嫌疑案件应当分开审理。

第二条 单位直接负责的主管人员和其他直接责任人员，以为单位骗取财物为目的，采取欺骗手段对外签订经济合同，骗取的财物被该单位占有、使用或处分构成犯罪的，除依法追究有关人员的刑事责任，责令该单位返还骗取的财物外，如给被害人造成经济损失的，单位应当承担赔偿责任。

第三条 单位直接负责的主管人员和其他直接责任人员，以该单位的名义对外签订经济合同，将取得的财物部分或全部占为己有构成犯罪的，除依法追究行为人的刑事责任外，该单位对行为人因签订、履行该经济合同造成的后果，依法应当承担民事责任。

第四条 个人借用单位的业务介绍信、合同专用章或者盖有公章的空白合同书，以出借单位名义签订经济合同，骗取财物归个人占有、使用、处分或者进行其他犯罪活动，给对方造成经济损失构成犯罪的，除依法追究借用人的刑事责任外，出借业务介绍信、合同专用章或者盖有公章的空白合同书的单位，依法应当承担赔偿责任。但是，有证据证明被害人明知签订合同对方当事人是借用行为，仍与之签订合同的除外。

第五条 行为人盗窃、盗用单位的公章、业务介绍信、盖有公章的空白合同书，或者私刻单位的公章签订经济合同，骗取财物归个人占有、使用、处分或者进行其他犯罪活动构成犯罪的，单位对行为人该犯罪行为所造成的经济损失不承担民事责任。

行为人私刻单位公章或者擅自使用单位公章、业务介绍信、盖有公章的空白合同书以签订经济合同的方法进行的犯罪行为，单位有明显过错，且该过错行为与被害人的经济损失之间具有因果关系的，单位对该犯罪行为所造成的经济损失，依法应当承担赔偿责任。

第六条　企业承包、租赁经营合同期满后，企业按规定办理了企业法定代表人的变更登记，而企业法人未采取有效措施收回其公章、业务介绍信、盖有公章的空白合同书，或者没有及时采取措施通知相对人，致原企业承包人、租赁人得以用原承包、租赁企业的名义签订经济合同，骗取财物占为己有构成犯罪的，该企业对被害人的经济损失，依法应当承担赔偿责任。但是，原承包人、承租人利用擅自保留的公章、业务介绍信、盖有公章的空白合同书以原承包、租赁企业的名义签订经济合同，骗取财物占为己有构成犯罪的，企业一般不承担民事责任。

单位聘用的人员被解聘后，或者受单位委托保管公章的人员被解除委托后，单位未及时收回其公章，行为人擅自利用保留的原单位公章签订经济合同，骗取财物占为己有构成犯罪，如给被害人造成经济损失的，单位应当承担赔偿责任。

第七条　单位直接负责的主管人员和其他直接责任人员，将单位进行走私或其他犯罪活动所得财物以签订经济合同的方法予以销售，买方明知或者应当知道的，如因此造成经济损失，其损失由买方自负。但是，如果买方不知该经济合同的标的物是犯罪行为所得财物而购买的，卖方对买方所造成的经济损失应当承担民事责任。

第八条　根据《中华人民共和国刑事诉讼法》第七十七条第一款的规定，被害人对本《规定》第二条因单位犯罪行为造成经济损失的，对第四条、第五条第一款、第六条应当承担刑事责任的被告人未能返还财物而遭受经济损失提起附带民事诉讼的，受理刑事案件的人民法院应当依法一并审理。被害人因其遭受经济损失也有权对单位另行提起民事诉讼。若被害人另行提起民事诉讼的，有管辖权的人民法院应当依法受理。

第九条　被害人请求保护其民事权利的诉讼时效在公安机关、检察机关查处经济犯罪嫌疑期间中断。如果公安机关决定撤销涉嫌经济犯罪案件或者检察机关决定不起诉的，诉讼时效从撤销案件或决定不起诉之次日起重新计算。

第十条　人民法院在审理经济纠纷案件中，发现与本案有牵连，但与本案不是同一法律关系的经济犯罪嫌疑线索、材料，应将犯罪嫌疑线索、材料移送有关公安机关或检察机关查处，经济纠纷案件继续审理。

第十一条 人民法院作为经济纠纷受理的案件，经审理认为不属经济纠纷案件而有经济犯罪嫌疑的，应当裁定驳回起诉，将有关材料移送公安机关或检察机关。

第十二条 人民法院已立案审理的经济纠纷案件，公安机关或检察机关认为有经济犯罪嫌疑，并说明理由附有关材料函告受理该案的人民法院的，有关人民法院应当认真审查。经过审查，认为确有经济犯罪嫌疑的，应当将案件移送公安机关或检察机关，并书面通知当事人，退还案件受理费；如认为确属经济纠纷案件的，应当依法继续审理，并将结果函告有关公安机关或检察机关。